U0917648

教育部人文社会科学研究项目
《中国校园安全立法研究》（编号10YJA820016）的研究成果

中国学校安全立法研究

ZHONGGUO XUEXIAO ANQUAN LIFA YANJIU

方益权　尹晓敏 等◎著

中国社会科学出版社

图书在版编目(CIP)数据

中国学校安全立法研究/方益权、尹晓敏等著.—北京：中国社会科学出版社，2013.4

ISBN 978-7-5161-2353-9

Ⅰ.①中… Ⅱ.①方…②尹… Ⅲ.①学校管理—安全管理—立法—研究—中国 Ⅳ.①D922.164

中国版本图书馆 CIP 数据核字(2013)第 061290 号

出版人 赵剑英
责任编辑 张 林
特约编辑 杨树明
责任校对 徐 楠
责任印制 戴 宽

出 版 中国社会科学出版社
社 址 北京鼓楼西大街甲 158 号（邮编 100720）
网 址 http://www.csspw.cn
中文域名:中国社科网 010-64070619
发行部 010-84083685
门市部 010-84029450
经 销 新华书店及其他书店

印刷装订 三河市君旺印装厂
版 次 2013 年 4 月第 1 版
印 次 2013 年 4 月第 1 次印刷

开 本 710×1000 1/16
印 张 22.25
插 页 2
字 数 353 千字
定 价 58.00 元

目　录

第一章

现实图景：我国学校安全及其立法的现状分析

学校安全，在每个国家都是头等大事。做好学校安全工作，为广大学生创造良好的学习和生活环境，对于保证青少年学生的健康成长和维护社会稳定至关重要。长期以来，党中央国务院对中小学、幼儿园学生的安全健康成长十分重视，全社会也给予了高度关注。在社会各方的共同努力下，近年来我国学校安全工作的力度明显加大，学生伤害事故发生率不断下降，非正常死亡学生数逐年减少。然而与此同时，由于我国正处于经济和社会发展的转型期，各种社会矛盾不断产生，各类安全隐患及安全问题也日趋多样化、复杂化，并以不同形式呈现在学校中。其突出表现之一就是伤害青少年学生的恶性刑事治安案件急剧增加，严重威胁着学生的生命安全。2010 年，从福建省南平市延平区“3·23”杀人案，到陕西省南郑县“5·12”伤害案，短短 50 天发生了六起学校血案。接连发生的学校血案让人揪心，也让整个社会都在思考这样一个问题：目前我国的学校安全状况究竟如何？我们该怎样为孩子们撑起长效的学校安全伞？

第一节　我国学校安全现状分析

一　宏观视角：我国学校安全总体形势趋好

据教育部发布的《2010 年全国教育事业发展统计公报》显示：截至 2010 年年底，全国共有小学 25.74 万所，在校生 9940.70 万人；全国共有初中学校 5.49 万所（其中职业初中 0.01 万所），在校生 5279.33 万人；全国共有幼儿园 15.04 万所，在园幼儿（包括学前班）2976.67 万人；全国高中阶段教育（包括普通高中、成人高中、中等职业学校）共有学校 28584 所，在校学生 4677.34 万人；全国共有特殊教育学校 1706 所，在校残疾儿童 42.56 万人。[①] 确保中小学幼儿园学生的安全健康成长，直接关系亿万家庭的和谐幸福，直接关系广大人民群众的切身利益，是社会主义和谐社会建设进程中的一件大事。近年来，全国各地各级政府及各类学校普遍重视学校安全工作，在各有关部门的大力配合、支持下，经过教育部门广大师生的共同努力，我国中小学、幼儿园安全总体形势稳定，学校及周边环境持续好转，各种安全隐患逐年降低。在创建良好的学校安全环境，强化师生安全教育，提高师生安全防护能力，完善安全管理制度，建立健全安全管理机构，加强安全设施建设，保障学校安全基本条件，建立人防、物防和技防为一体的学校治安防控体系，严防重大事故发生等各方面都取得了明显的成效。学校重大安全事故、重大火灾事故、重大食物中毒、传染病流行等呈不断下降态势。

具体地说，近些年我国学校安全工作的基本情况和主要做法可概述为：（1）学校安全工作的意识趋于自觉主动。全国绝大部分学校能从维护师生安全和社会稳定的大局出发，从保护学生身体健康和生命安全的高度，认真学习领会党和政府、教育部门有关学校安全工作的一系列文件和指示精神，认真吸取事故教训，切实提高校（园）长、广大师生员工的安全意识，把学校安全工作抓紧抓好。2010 年 11 月，教育部教育督导团办公室公布的《关于全国开展学校幼儿园安全督导检查情况报告》显示，“各地各学校均成立了校园安全领导机构和工作机构，为确保校园安全提供组织保障和工作指导。大部分省（自治区、直辖市）都成立了校园安全工作领导小组，由党委、政府主要负责同志或分管负责同志任组长，教育、公安、工商、卫生、民政、文化、综治等部门主要负责同志为成员”。“同时，各地还出台许多相关规定、意见和措施，切实加强对校园安全工作的指导与规范。”[②]（2）学校安全工

① 《2010 年全国教育事业发展统计公报》，《中国教育报》2011 年 7 月 8 日。

② 《关于全国开展学校幼儿园安全督导检查情况报告》，《中国教育报》2010 年 11 月 9 日。

作的目标指向不断明晰。近年来，全国各地学校、幼儿园能够按照构建社会主义和谐社会的客观要求，以落实学校安全保卫工作责任制为核心，以强化学校安全防范工作薄弱环节为重点，以推进“平安学校”建设为载体，进一步加强学校、幼儿园安全防范工作。（3）学校安全管理的力度持续加强。全国各地的学校、幼儿园能坚持谁主管谁负责、谁开办谁负责的原则，落实学校校长、幼儿园园长作为学校内部安全管理第一责任人的责任。各类学校普遍设置了治安保卫机构，能根据需要配备一定数量的专、兼职治安保卫人员和门卫；普遍落实每日值班制度，安排一定数量的教职员工担任治安员，参与学校内部安全管理和治安执勤；普遍实行外来人员、车辆登记制度，内部人员、车辆出入证制度，小学、幼儿园家长接送制度；普遍实行学校安全隐患自查制度，发现问题及时整改。学校、幼儿园基本能按照国家课程标准和地方课程设置要求，将安全教育纳入教学内容，每学期开展一次以上以学生自身防护等为主题的安全防范教育。

正是基于上述切实有效的工作，因此从全国范围看，我国学校安全总体形势趋好。教育部基教司副司长王定华于2009年7月17日做客新华网时指出：“这些年为了加强学生的安全工作，教育部和全国各级教育行政部门做了大量的工作，成效也是非常明显的。中小学生非正常死亡的数量每年都在减少。排除那些非常特殊的事件、自然灾害以外，这些年死亡的数字都是在减少的，对此我们也感到非常欣慰。”[①] 从安全管理、安全教育、安全事故率和非正常死亡率等总体情况看，我国学校安全工作逐步向成熟、平稳的新阶段迈进，为平安健康文明和谐学校的创建工作提供了坚实的基础和有力的保障。

例如，从全国范围看，近年来我国学校食品卫生安全管理机制不断健全，安全管理工作不断加强。2009年，全国12个省份学校体育卫生工作督导与食品卫生专项整治督导工作表明，“近年我国学校食品卫生安全管理机制不断健全”。[②] 2008年11月下旬至12月，教育部组织国家

① 《教育部基教司副司长王定华谈如何架设中小学生暑期安全防护墙》，http：//www.gzxw.gov.cn/Nczxx/Jyxw/200907/80772.shtm，最后访问日期：2009年7月24日。

② 李小伟：《12省份学校体育卫生工作督导与食品卫生专项整治督导工作表明学校食品卫生安全管理机制不断健全》，《中国教育报》2009年4月1日。

教育督导团、督导组结合中小学体育卫生工作开展专项督导，对河北、山西等8省市中小学食品卫生工作进行检查，实地检查了16个市（地）、32个县（市、区）的158所学校。2009年1月，教育部、卫生部、国家食品药品监管局联合对湖南、广西、海南、陕西4省区学校食品卫生专项整治行动进行了督察，实地检查了10个县（市、区）的58所学校。督导检查结果显示，近年来，我国各地政府和教育行政部门及学校对食品卫生安全工作越来越重视，结合各地各校实际制定了一系列加强学校食品卫生管理的制度，加大了投入力度，加强了管理和督促检查，使学校食堂基础设施和食品卫生管理水平有了较大改善，主要表现为：

1. 学校食品卫生安全管理工作机制不断建立健全。目前，各级教育行政部门和学校普遍成立了相应的学校食品卫生安全工作领导小组，实行了一把手总负责、分管领导具体负责、相关部门齐抓共管的工作机制。一些地方还将学校食品卫生安全管理工作纳入各级政府、教育行政部门和学校整体目标考核内容，层层签订学校食品卫生安全工作目标责任书。

2. 学校食品卫生安全管理不断规范。各级教育行政部门普遍制定了学校食品卫生安全管理的文件和要求，学校建立了食堂环境卫生，食品采购、储存、加工、餐饮具消毒等各个环节的卫生制度。例如，浙江省在全省范围内开展学校卫生健康行动，创建“校园放心店”、实行学校食堂量化分级管理、食品原料统一配送等。

3. 加强学校食品卫生管理人员的培训及学校卫生人员的配备工作，学校食品卫生管理水平不断提高。例如，山西省阳城县规定乡村学校卫生保健人员统一由乡村卫生机构有资质的专业人员担任，县政府给予每人每年1000元的津贴。

4. 多渠道筹措经费，学校食品卫生设施不断改善。例如，重庆市市级财政2007年和2008年共安排专项资金6000万元，为饮水困难的农村中小学打井、修建蓄水池和供水管道，解决了3300所农村中小学师生的安全饮水问题。

5. 加大检查力度，督促学校食品卫生管理措施的落实。有些地区还制定下发文件，明确规定年度学校食品卫生检查的时间和内容。例如，陕西省教育厅、卫生厅2008年联合下发了《关于建立春秋两季学校卫生安全检查制度的意见》，要求每年春、秋季开学后，一周内完成以卫生防疫和食品卫生管理为重点的学校卫生安全检查。[①] 基于上述情况，国家食品药品监督管理局和教育部特别指出："近年来，全国各地餐饮服务监管部门和教育行政部门在当地政府领导下，密切合作，不断强化学校食堂监督管理，学校食堂食品安全形势明显好转。"[②]

又如，从全国范围看，近年来我国学校校舍安全工程也得到稳步推进。2009 年 5 月 8 日，由国务院副秘书长项兆伦、时任教育部部长周济主持的全国中小学校舍安全工程电视电话会议指出：2001 年以来，国务院统一部署实施了农村中小学危房改造、西部地区农村寄宿制学校建设和中西部农村初中校舍改造、中小学布局调整等工程，建立了农村中小学校舍维修改造长效机制，农村中小学面貌有了很大改善。各级财政为此投入了大量资金。截至 2008 年年底，仅中央财政投入的专项资金就达 600 亿元。为进一步提高校舍安全水平，2009 年 4 月 1 日，国务院常务会议审议通过了《全国中小学校舍安全工程实施方案》，决定从 2009 年开始，在全国实施中小学校舍安全工程，要建立每一栋校舍的安全档案。要在排查鉴定的基础上，详细掌握所有中小学校舍的安全信息，形成完整的校舍信息库，逐步建立起中小学校舍信息动态管理系统。[③] 全国各地均将校舍安全工程纳入民生工程任务予以重点保障。按照校舍安全工程要求，结合各地实际，加大省级统筹力度，编制了各地校舍安全工程总体规划和分年度实施计划，加强督促检查指导，保障工程质量和进度。

2010 年 5 月以来，为贯彻落实中央领导同志关于学校安全工作的重要指示和全国综治维稳工作电视电话会议及中央综治办、教育部、公安部"4·29"、"5·12"、"8·6"紧急视频会议精神，教育部教育督导团办公室分别于 5 月中旬和 8 月下旬对天津、内蒙古、黑龙江、江

① 李小伟：《12 省份学校体育卫生工作督导与食品卫生专项整治督导工作表明学校食品卫生安全管理机制不断健全》，《中国教育报》2009 年 4 月 1 日。

② 国家食品药品监督管理局，中华人民共和国教育部：《关于进一步加强学校食堂食品安全工作的意见》，国食药监食［2010］160 号。

③ 《全国中小学校舍安全工程电视电话会议文字实录》，http：//www. gov. cn/wszb/zhibo325/wzsl. htm，最后访问日期：2009 年 5 月 8 日。

苏、江西、山东、河南、湖南、贵州、甘肃、河北、安徽、山东、广西、陕西等15个省、自治区、直辖市的学校安全防范工作进行了督导检查。同时，于2010年8月，向各地印发了《关于开展中小学、幼儿园安全工作专项督导检查的通知》，要求各地集中开展一次学校安全工作专项督导检查。各地认真贯彻教育部文件精神，集中开展学校安全督导检查并于9月底将督导检查情况以书面形式报给了督导办。根据各地报送的材料，结合督导办专项督导检查掌握的情况，总体上看，全国各地各级党委、政府坚决贯彻中央领导同志指示以及中央综治办、公安部、教育部视频会议精神，在思想上高度重视，在行动上狠抓落实，采取的措施行之有效。学校安全工作的长效机制建设扎实推进，有效遏制了学校恶性事件的发生，学校安全形势总体趋于缓和，学校总体保持安全稳定。各级教育行政部门和教育督导部门在各级党委和政府的领导下，主动加强与综治、公安等部门的沟通联络，紧急动员部署，深入排查摸底，消除学校安全隐患，加强学校安全教育，完善学校安全管理制度，健全学校防范措施，治理学校周边环境，打响了一场强化学校安全工作的攻坚战，学校安全防范工作得到有效加强。①

从地方学校安全的视角看，我国部分省市的学校安全工作亮点频现，成效突出，各项工作有序推进，地区学校安全形势不断趋于好转。

以近年来我国唯一一个连续发布中小学生安全情况官方报告的地区——上海市为例，《2007年上海市中小学生安全情况报告》指出，2007年上海市教育、公安、交通、卫生、工商、市容和城管等部门密切合作，坚持“安全第一，预防为主”方针，加强中小学生安全教育和学校安全管理，抓好学校及周边事故隐患的发现和整改，使上海市中小学安全责任事故进一步下降，学校安全工作的人防、物防和技防水平进一步提高，为广大中小学生健康成长提供了有效的保障。2007年上海市预防中小学生伤害事故的主要措施有：市教委投资3000万元，采取政府主导、多元投入的办法，完成240所农民工子女学校安全条件改善工程；市教委出资50万元，为上海农民工子女学校近18万名学生投保校方责任险，实现了校方责任险的全覆盖；完成黄浦等13个区县

① 《关于全国开展学校幼儿园安全督导检查情况报告》，《中国教育报》2010年11月9日。

1095所中小学和591所幼儿园的勘察任务，共发现489所中小学和173所幼儿园在安全管理、校舍建筑、设施设备等方面存在的安全隐患；研究出台了《上海市中小学、幼托园所校车管理若干规定》，从校（用车学校）、车（车辆要求）、人（驾驶人要求）、责（管理部门责任）、证（校车证）、线（运行线路）等方面明确了管理要求，对全市近2000辆自有和租赁校车实施了户籍式管理；组织开展全市中小学安全检查和学校周边环境整治。先后对1562所中小学和1066所幼儿园及周边进行检查，发现和整改安全隐患368处，等等。[①]《2008年上海市中小学生安全情况报告》指出，2008年上海市教育、公安、工商、市容、交通等部门继续密切配合，加大对学校技防设施建设的投入，加强对学校安全教育和安全管理工作的指导，不断提高中小学安全保障水平。2008年上海市预防中小学生伤害事故的主要措施有：市、区两级政府共投入资金1.2亿元，按时间节点和任务目标完成了2655所中小学、中等职业学校、幼儿园、农民工子女学校的技防设施安装工作；根据国家新出台的中小学校车标准，及时修订下发校车规范管理文件，规范校车复核、信息登录、登记备案和校车标牌申领工作；基本完成中小学幼儿园风险勘察三年行动计划任务；继续为全市中小学（含所有农民工子女学校）购买校方责任险；市教委共对2721所中小学、幼儿园、中等职业学校的校舍建筑、设备设施、在建工程等进行了排查，共排查出安全隐患309处并得到及时整改，等等。[②]《2009年上海市中小学生安全情况报告》指出，2009年上海市中小学生安全事故总量有所减少，据各区县教育行政部门上报统计，全年共发生相关事故1717起，比上年减少39起。各类安全事故中，轻微伤和轻伤占96%，校方责任事故占事故总数的2.8%，比上一年略有下降。[③]《2010年上海市中小学生安全情况报告》指出，2010年上海市按照“安全第一，科学发展”的要求，着力查处学校及周边安全隐患，着力开展中小学生安全教育，坚决打击侵害中小学生生命财产安全的犯罪行为，积极为中小学生健康成长创造良

---

① 上海市教委：《2007年上海市中小学生安全情况报告》2008年9月17日。

② 上海市教委：《2008年上海市中小学生安全情况报告》2009年2月18日。

③ 上海市教委：《2009年上海市中小学生安全情况报告》2010年2月3日。

好环境，使学生伤害事故基本处于平稳可控状态。①

又以全国范围内学校安全工作相当突出的内蒙古自治区下辖地级市——赤峰市为例，2009 年 4 月，内蒙古赤峰市人民政府《关于全市学校安全工作情况的报告》指出：全市目前有各级各类学校 1742 所，现有教师 6.3 万人，学生 72 万人，其中住宿生占学生总数的 42%。自 2002 年该市在全国率先提出“教育工作，安全第一，责任重于泰山”的口号以来，在市委、市政府的正确领导下，始终把学校的安全工作放在教育工作的首位及全市工作的重要位置，通过实施“一把手”工程、“一票否决制”、“逐级签订责任状”、管理“四化”、教育“八有”等一系列举措，初步形成了人防、物防和技防于一体的学校安全防控体系，防止了重大安全事件的发生，学校的安全形势和学校周边的安全环境持续好转，各类安全隐患大幅度降低。近年来，赤峰市学生非正常死亡率持续下降，远远低于全国每年学生非正常死亡率在万分之一以上的平均水平，达到甚至超过了发达国家每年学生非正常死亡率在十万分之一左右的水平。如 2005 年学生非正常死亡人数为学生总数的十万分之一（7 人）；2006 年学生非正常死亡人数为学生总数的二十万分之一（4 人）；2007 年学生非正常死亡人数为学生总数的二十七万分之一（3 人）；2008 年学生非正常死亡人数为学生总数的四十万分之一（2 人）。几年来，全市学校未出现重大群体性安全事故和死亡责任事故，学校的一般性安全事件也逐年下降。2007 年之前，赤峰市的多项举措在全国都是首创，为此，多次受到教育部、自治区的表彰。②

再如，2010 年 3 月，浙江省宁波市教育局召开全市学校安全工作会议时指出，“近年来宁波市各类学校安全事故继续保持稳中有降的良好态势，学生非正常死亡人数继续走低。2009 年，宁波市大中小学生、幼儿园小朋友非正常死亡 55 人，比 2008 年减少 4 人。”③ 2009 年 1 月，广东佛山市教育系统安全管理工作会议指出，“佛山市近五年来学生非正常死亡率实现连续下降，从 2003 年的 1.05‰下降到 2007 年的

---

① 上海市教委：《2010 年上海市中小学生安全情况报告》2011 年 1 月 15 日。

② 《赤峰市人民政府关于全市学校安全工作情况的报告》，http：//8350997.blog.sohu.com/143257585.html，最后访问日期，2009 年 4 月 24 日。

③ 陈敏：《宁波非正常死亡学生数下降 制作危险点示意图》，《宁波日报》2010 年 3 月 8 日。

0.75‰。2008 年佛山市学生非正常死亡率进一步下降到 0.45‰。”① 2010 年 5 月，长沙市研究部署学校安全工作的专题市长办公会上，长沙市教育局负责人指出：长沙市现有中小学 2203 所，其中公办中小学 1417 所，在校学生 70 余万人。近年来，市委、市政府高度重视中小学、幼儿园安全工作，采取了一系列有效措施防范各类安全事故发生。到目前为止，全市教育系统没有发生大的安全责任事故，在全省学校及周边治安综合治理工作检查中连续 3 年排名第一。②

二　中观视角：我国学校安全形势依然严峻

我国幅员辽阔、人口众多，学校又是高密度人群聚集的场所，无论哪一个环节上稍有疏忽，都极易发生各类学校安全事故。特别是随着经济社会发展中一些新的不安全因素的增多，学校安全问题将是一个长期的、有时还是十分突出的问题。近年来，我国各级政府和各类学校在学校安全上虽然做了大量卓有成效的工作，但从整体情况看，我国学校安全形势依然严峻，还存在一系列不可忽视的问题，主要表现在：学校安全工作开展不平衡、部分学校的安全责任意识还未真正提升、各类学校安全隐患大量存在、部分学校安全管理不力、学校周边环境堪忧、学校安全管理制度不健全、学校安全管理组织机构和领导体制不完善、安全教育工作亟急待推进等。

（一）学校安全工作开展不平衡

2010 年 9 月 3 日，教育部基教司副司长王定华在中央电视台《新闻 1+1》节目中指出，“学校安全工作开展不平衡，有些地方做得好一些，有些地方就需要再迎头赶上”，“部分学校安全管理缺乏经费保障，有些县区财政比较困难，学校的办公经费只能维持正常的开支，学校要聘人搞安保，安装一些监控的设备，经费缺口就比较大”。③ 2010 年 11 月，教育部教育督导团办公室发布的《关于全国开展学校幼儿园安全督导检

① 李晓玲：《佛山 29 所学校房屋仍有安全隐患》，《南方日报》2009 年 1 月 7 日。

② 黄秋霞等：《长沙校园安全状况调查，部分学校监管仍待加强》，《法制周报》2010 年 5 月 7 日。

③ 《开学第一天，安全每一天》，http：//news.sina.com.cn/c/sd/2010－09－03/141721032890.shtml，最后访问日期，2011 年 11 月 12 日。

查情况报告》显示，我国学校安全工作的开展存在着显著的不平衡性。表现为：经济发达地区学校、幼儿园好于经济欠发达地区学校、幼儿园，城市学校、幼儿园好于农村学校、幼儿园，公办学校、幼儿园好于民办学校、幼儿园，中小学好于幼儿园。具体地说，一是学校之间保安配备水平参差不齐。有的学校、幼儿园配置了专职保安，有的学校、幼儿园聘用的是退休教师和社会人员，有的学校、幼儿园是本校教工负责安全工作。不少地方学校、幼儿园保安人员缺口较大，部分保安没有经过专门培训。二是学校安全防范设施配备情况差异较大。全国部分学校、幼儿园无110报警系统，无视频监控设备，无专用防暴器械，无卫生室、灭火器和应急灯等安全设施。三是民办教育机构较之公办学校存在较多的安全隐患。部分民办机构办学不规范，安全隐患多，安全管理经费和措施不到位，成为学校安全工作的薄弱环节。[①] 例如，2010年5月17日，青海省学校幼儿园及周边安全专项整治工作领导小组的督察显示：幼儿园特别是私立幼儿园的安全存在很大隐患，监控设施仍未安装，办园条件较差，幼儿密度大，通风条件差，无消防通道。西宁市276所幼儿园，只有31所是由单位所办，其余都是社会力量办园，办园条件都达不到要求。[②] 又如，2010年11月22日，山东省临沂市教育局李金强同志在接受《沂蒙晚报》记者采访时也特别指出，“学校安全建设城乡差距明显”。一方面，该市安全防范基础建设工作开展不平衡。以安保力量的配备为例，一是县区间不平衡，个别县区对新配备的学校安保人员的经费保障机制还尚未理顺，存在资金不到位、不落实的问题。有的县区虽然已经部分配备学校安保人员，但由于资金不足，难以招聘到足量符合标准条件的保安。二是城乡不平衡，广大农村小学配备专职保安的要求一直难以得到全面落实。三是公办学校与私立学校间不平衡，民办学校安保配备薄弱现象相当突出。另外，幼儿园成为学校安全防范工作的软肋。该市现有幼儿园3328所，其中登记注册的只有941所，其余70%多为私立“黑园所”，而且绝大多数分布在广大农村，师资力量薄

① 《关于全国开展学校幼儿园安全督导检查情况报告》，《中国教育报》2010年11月9日。

② 《省学校幼儿园及周边安全专项整治工作领导小组深入学校督导检查校园安全保卫工作》，《青海教育》2010年第7期。

弱、教育设施简陋、管理不规范，配备专职保安的要求难以得到落实。“黑园所”已成为学校安全防范工作的最薄弱层面。“这些幼儿园为了节约成本，消防设备、安全保卫等保障都不达标，存在很大的安全隐患。”[①]“长期以来，由于多种原因，政府对公办学校和民办学校在不少方面施行‘区别对待’政策。从目前实际来看，在安保人员配备、技术防范设备等诸多安全保障上，民办学校明显逊于公办学校。这种差距固然与各校重视程度不一有关，但政府投入不均至少也是原因之一。”[②]

（二）部分学校的安全责任意识还未真正提升

安全责任意识未真正提升的主要表现是：一是有些学校还不同程度地存在着对学校安全工作认识不足、领导不力的问题。有些学校对“安全第一”的认识不足，三重三轻（“重硬件，轻软件”、“重管理，轻教育”、“重口号，轻投入”）的现象依然存在。有些学校对安全管理工作思路不清，情况不明，找不准工作重点和难点。部分校长甚至因学校从未出现过安全事故而抱有侥幸心理，对安全工作不能恪尽职守，面对困难存有畏难情绪，对学校安全隐患的整治领导不力。有些学校在安全问题上强调客观原因多，制度不落实，措施不得力，存在“不抓不动”、“时冷时热”的现象，缺乏时刻警觉、一抓到底的精神和意志，缺乏打“持久战”和“攻坚战”的充分心理准备。二是学校安全工作职责不清，分工不明。有些学校安全工作职责不明晰、不具体，缺乏分工明确的人员配置、缺乏具体规范的工作标准、缺乏操作性强的工作措施。有些学校教职工的团队合作意识不够强，安全工作中频频出现“脱链”现象，部门之间不同程度地存在着条块分割、各自为政的现象，遇事就打“太极拳”，缺乏相关部门与人员之间的有效沟通和协调配合，无法形成学校安全工作的合力。三是对学校安全工作消极被动、穷于应付。有些学校不结合实际深入抓工作落实，而是将安全工作写在纸上，贴在墙上，只为应付检查。对学校安全工作规律掌握不够，缺乏对安全工作的主动探索精神和创新意识，安全工作中满足于上传下达，简单机械地被动应付。

---

① 赵义：《校园安全，谁来为学生撑好安全这把伞》，《沂蒙晚报》2010年11月25日。

② 骆岩岩等：《民办学校安保升级困难，资金紧张无钱聘保安》，《信息日报》2010年5月8日。

四是学校安全检查不严，督促不够。在一些学校，有关安全的规章制度琳琅满目，但往往是制度定了，文件发了，落实起来却走样，有的常常是我行我素，凭老经验办事，个别学校甚至存在“簿子上开会”、“记录上演习”的现象，也就是所谓的“严不起来，实不下去”。没有建立健全学校安全管理工作的有效机制，没有做到一级对一级负责，没有形成“纵向到底，横向到边，全员参与”的学校安全工作网络格局。个别学校的领导检查安全工作流于形式，不及时整改所发现的问题，存在麻痹侥幸心理。由于责任追究制度不严、执行不力，极易造成具体工作人员的不作为，造成学校安全工作的“空转”和“虚位运行”。

（三）各类学校安全隐患大量存在

其一，校舍安全隐患

校舍安全直接关系到广大师生的生命安全，关系到社会和谐稳定。尽管住房和城乡建设部曾多次发出通知，要求从对党、对人民、对历史负责的高度出发，认真做好全国中小学校舍安全工程的各项工作，真正把校舍安全工程建成“放心工程”、“安全工程”，把中小学校舍建成最安全、最牢固、让人民群众最放心的建筑。但是，现实中校舍安全仍问题重重。自 2001 年以来，国务院统一部署实施了农村中小学危房改造、西部地区农村寄宿制学校建设和中西部农村初中校舍改造等工程，提高了农村校舍质量，农村中小学面貌有很大改善。但目前我国一些地区的中小学校舍，仍有相当部分达不到抗震设防和其他防灾要求，C 级和 D 级危房①仍较多存在，尤其是 20 世纪 90 年代以前和“普九”早期建设的校舍，问题更为突出。即便是已经修缮改造完毕的校舍，也仍有一部分不符合抗震设防等防灾标准和设计规范。② 例如，2009 年 5 月根据国

---

① 危房，即危险房屋。依据《城市危险房屋管理规定》，危险房屋是指“结构已严重损坏或承重构件已属危险构件，随时有倒塌可能，丧失结构稳定和承载能力，不能保证居住和使用安全的房屋”。房屋危险性鉴定等级分为 4 级。A 级：结构承载力能满足正常使用要求，没有腐朽危险点，房屋结构安全。B 级：结构承载力基本满足正常使用要求，个别结构构件处于危险状态，但不影响主体结构，基本满足正常使用要求。C 级：部分承重结构承载力不能满足正常使用要求，局部出现险情，构成局部危房。D 级：承重结构承载力不能满足正常使用要求，房屋整体出现险情，构成整幢危房，属危房中程度最重的一类，须立即拆除。

② 宗河：《全国中小学校舍安全工程领导小组办公室负责人解读校舍安全工程》，《中国教育报》2009 年 5 月 18 日。

家部署要求，江苏省各地按照“县不漏乡、乡不漏校、校不漏栋、栋不漏点”的原则，先后对近万所中小学、9 万多栋建筑、近 9000 万平方米校舍进行了排查和鉴定。结果表明，现有中小学校舍的抗震防灾能力不容乐观。其中有 C、D 级危房，有未达到新抗震设防标准的，也有不符合防灾要求的。全省排查鉴定结果表明，江苏省中小学校舍安全面临的形势比较严峻，实施校舍安全工程的任务艰巨而繁重。①

又如，2011 年 11 月至 2012 年 3 月，国家审计署对河北、山西等 18 个省（自治区、直辖市）中小学校舍安全工程建设情况进行了审计，重点审计了 54 个县（市、区、旗）2009 年至 2011 年工程规划、建设进展、工程质量以及项目和资金管理情况。审计结果表明，校安工程实施以来阶段性成效显著，但是也存在着一些亟待整改的问题，例如，有 17 个省存在部分民办中小学校舍未进行排查鉴定问题，涉及校舍 9483 栋；18 个省已鉴定为存在安全隐患的民办中小学校舍中，有超过一半未纳入校安工程规划，涉及校舍 6727 栋；17 个省有 1623 所中小学的 D 级危房未及时拆除。②

具体地说，全国范围内的校舍安全问题主要有四类。一是结构安全问题。这类建筑一般建成时间较早，多为砖木、砖混结构；屋架、梁结构构件采用木制、水泥制品或钢筋拉杆；楼面为多孔板。二是校舍破损。如屋面破损渗漏；楼梯栏杆等设施牢固度、高度不达标；电线老化；部分木质材料腐烂；无消防设施或设施不全等。三是选址不合理。部分校舍所处位置周边存在发生泥石流、山体滑坡、洪水灾害等危险。四是缺乏防雷设施。有一些农村学校及 20 世纪 90 年代以前建造的城区学校未安装防雷设施；有的校舍虽然安装了防雷设施，但由于没有进行定期的防雷安全检测和维修，装置老化而失去了防雷电功能。例如，2007 年 5 月 23 日，重庆开县义和镇兴业村小学学生被雷电击中，造成 7 名小学生死亡、44 名小学生受伤，其中 5 人重伤。事后调查发现，发

---

① 蒋廷玉、李月宁：《中小学校舍安全“线路图”确定，D 级危房全部拆除》，《新华日报》2010 年 5 月 24 日。

② 《18 个省中小学校舍安全工程审计结果》（《审计署办公厅 2012 年第 30 号公告》），http：//www.gov.cn/zwgk/2012 - 06/27/content_ 2171111.htm，最后访问日期：2012 年 6 月 27 日。

生事故的小学教室并没有采取避雷措施。[①] 近年来，因校舍安全隐患而引发的学校安全事故不绝于耳，如 2009 年 11 月 11 日，河北永年县一学校餐厅因雪坍塌致 3 死 25 伤。[②] 2009 年 12 月 26 日，广西博白县博白镇桂花村雾水岭小学发生挡土墙倒塌，伤及 24 名学生，其中 3 名重伤学生经抢救无效死亡。[③] 2010 年 3 月 11 日，福建省福州市马尾区金砂中心小学校园内黑板报墙体突然倒塌，致使 5 名学生死亡，3 名学生受伤。[④] 2010 年 9 月 7 日，陕西泾阳县太平镇张阁幼儿园（未取得办园资格）围墙倒塌致 13 名幼儿不同程度受伤。[⑤] 2010 年 10 月 21 日，广西柳江县洛满镇洛满中心小学一栋两层教学楼二楼走廊护栏发生坍塌事故，共有 27 名学生坠落并不同程度受伤。[⑥]

其二，食品安全隐患

由于我国经济社会发展不均衡，部分地区学校食堂，特别是农村学校食堂的食品安全仍然存在着一系列问题与隐患。一些学校及相关餐饮单位，没有认真贯彻《食品安全法》、《食品安全法实施条例》、《餐饮服务许可管理办法》、《餐饮服务食品安全监督管理办法》等法律规范，以确保学校食堂食品安全，而是不同程度地存在着食品安全意识不强，食堂基础条件薄弱，设施设备不完善，管理制度不健全，责任落实不到位，导致学校食品安全事件时有发生。[⑦] 从全国范围看，一些学校及幼儿园没有卫生许可证、餐饮服务许可证，或超出卫生许可的范围经营，食堂管理混乱，达不到卫生许可证复核的相关要求；一些学校及幼儿园食堂使

---

① 刘士国、张道功、李春：《我国校园安全立法相关问题的深层次思考——以一起校园伤害事故为视角》，《巢湖学院学报》2008 年第 1 期。

② 霍发林、韩占虎：《河北永年一学校餐厅因雪坍塌致 3 死 25 伤》，http://news.qq.com/a/20091112/000904.htm，最后访问日期：2009 年 11 月 12 日。

③ 林艳华：《广西一小学倒墙致 24 名学生死伤，遇难者获赔 21 万》，http://www.js.jcy.gov.cn/readnews.asp? nid = 18587，最后访问日期：2010 年 5 月 27 日。

④ 《教育部办公厅关于福州市金砂中心小学墙体倒塌致 5 名学生遇难事故的通报》（教发厅［2010］2 号文件），http://baike.baidu.com/view/3455799.htm，最后访问日期：2011 年 5 月 25 日。

⑤ 《泾阳县一幼儿园围墙倒塌，瞬间压埋 13 个孩子》，《三秦都市报》2010 年 9 月 8 日。

⑥ 《广西柳江一教学楼走廊护栏坍塌，27 名学生坠落受伤》，《中国青年报》2010 年 10 月 22 日。

⑦ 《教育部等两部门：加强学校食堂食品安全工作》，《人民日报》2010 年 5 月 31 日。

用面积小，各功能间不能专门设置，无专用的食品库房、粗加工间、配餐间、更衣室；一些学校及幼儿园食堂卫生设施老化、不能正常运转、数量不充足、没有有效的排烟气设施、防腐冰箱冰柜、食品加工用具，做不到生食、半成品、成品存放严格分开；一些学校及幼儿园的食堂餐具消毒、保洁设施数量不足，达不到规范操作的要求；一些学校的学生自备餐具，但食堂没有设置统一、卫生、安全的学生餐具保洁设施；一些学校自建供水设施但未取得供水卫生许可证。例如，2010 年 9 月，湖南桃江县狮子山小学暴发一起因饮用学校自备水导致的细菌性痢疾疫情，经省、市、县三级疾病预防控制中心联合调查，确认是一起学生直接饮用被粪便污染的自备水源水引起的宋氏志贺菌痢疾暴发。经调查：该学校有学生 425 人，校内一水井是学校饮水水源，水井旁边 10 米内为猪圈，20 米内有一厕所。自备井供水和二次供水没有经过卫生许可，且井水没有经过消毒处理就直接供应校内使用。经采样检测，井水细菌总数和总大肠菌群指标严重超标，提示井水被细菌污染非常严重。①

2008 年 11 月下旬至 12 月，教育部组织国家教育督导团督导组结合中小学体育卫生工作开展专项督导，督导中发现：（1）仍有少数地区教育行政部门和学校领导不重视食品卫生安全工作，主管人员责任心不强，制度落实不到位，尤其是对承包食堂监管不到位，致使一些承包食堂卫生隐患不能得到有效治理。比如，甘肃省被检查的学校食堂基本上是个人承包制，规模比较大的学校还分别由几个承包人承包，粗加工、操作间、售卖区混在一起，存在明显卫生安全隐患。（2）学校食品卫生设施条件简陋。由于基础薄弱，食堂设施仍然简陋，特别是农村学校食堂普遍存在食品加工场所面积不足、布局不合理、设施不完善等问题。不少农村学校因食堂硬件条件达不到要求，得不到卫生许可证，存在无证经营现象。广西 20% 以上的学校食堂没有卫生许可证，陕西省 17.6% 的学校食堂没有卫生许可证，重庆市则有 19% 的学校食堂没有卫生许可证。（3）食品卫生安全管理制度和措施没有切实落实。在部分被检学校特别是农村学校中，食品卫生管理制度和措施没有得到切

---

①　张春祥等：《湖南某小学饮用水被细菌入侵，学生集体拉肚子》，《三湘都市报》2010 年 9 月 25 日。

实落实，存在食品原料采购索证索票不全，台账记录不完整等现象；一些学校库房卫生不符合要求，食品与非食品没有按要求分开存放，少数学校食堂仓库中有“三无”食品；在抽查的学校中，还存在食品加工工具和容器不符合卫生要求，生、熟食品加工工具和容器无明显区分标志的现象，一些学校食品留样不规范、标志不清；有的学校食堂环境卫生较差，地面脏乱，部分用具存在发霉现象，少数学校食堂从业人员没有有效的健康合格证，食品卫生知识欠缺、操作不规范。（4）学校自备水源管理存在卫生安全隐患。农村学校的自备水源普遍无水质检测记录，有些学校的二次供水设施（水塔和蓄水池等）无卫生许可证、无定期清洗消毒记录。有的学校自备水源周围卫生防护条件较差，距离厕所、垃圾堆等污染源不足 30 米。个别学校桶装饮用水管理不规范，未建立桶装饮用水卫生管理制度。①

从一些地方政府部门对学校食品安全专项督察的情况看，我国学校的食品安全隐患也是普遍存在的。例如，2008 年 10 月 16 日至 10 月 31 日，新疆昌吉回族自治州卫生监督所根据自治州食品安全协调领导小组《自治州学校、托幼园所食堂及学生“小饭桌”食品安全专项整治实施方案》，对各县（市）学校、托幼园所食堂及学生“小饭桌”食品安全专项整治工作落实情况进行了督导检查，发现如下主要问题：一是大部分学校将学生食堂承包，以包代管、以包了之。学校后勤管理部门对经营者的进货渠道缺乏严格的监督检查，不把学校食品原料的采购、储存、加工和销售关，导致食堂卫生管理问题较多；二是按《昌吉州学校餐饮卫生安全专项整治工作方案》要求，学校学生食堂的量化分级的等级要达到“B”级，然而多数学校食堂量化分级为“C”级；三是多数学校食堂原料进货索证台账登记不全，原料索证与实物不符。② 又如，为加强学校食品卫生安全工作，吉林省卫生厅和省教育厅于 2009 年 1 月 11 日至 2 月 12 日联合对部分高校和中小学校进行食品卫生安全

① 李小伟：《12 省份学校体育卫生工作督导与食品卫生专项整治督导工作表明学校食品卫生安全管理机制不断健全》，《中国教育报》2009 年 4 月 1 日。

② 《昌吉州卫生监督所对全州学校、托幼机构餐饮卫生安全专项整治工作进行督导》，http：//www. xj. xinhuanet. com/pingan/cj/2008 - 11/10/content_ 14878697. htm，最后访问日期：2008 年 11 月 10 日。

监督检查，主要检查学校食堂卫生管理、学校食堂布局及卫生设施、食品原料采购索证及食品贮存、食品加工过程、冷荤间设置和专用设施、食品销售、食品用具和餐具消毒、食品留样、从业人员体检和培训情况等内容。检查发现部分学校重教学质量，轻食品安全管理；重学校教学楼建设，轻学校食堂投入，使食堂建设长期处于低水平，与日益发展的学校现代化建设不相适应，存在一定的卫生安全隐患。一些学校食堂的功能布局不合理，卫生设施达不到要求，食品原料索证不全，食品储存、加工、餐具消毒等环节的卫生安全还存在隐患。部分学校食堂管理人员和食品从业人员对食品卫生知识掌握不够，食品卫生安全意识不强。有的学校食堂不按规定和要求进行食品留样。①

2010 年 7 月 22 日，《光明日报》刊登了一篇题为《2010 年以来学校食堂群体性食物中毒事故多》的文章，文章指出，“从卫生部获悉，今年以来，发生在集中供餐单位的群体性食物中毒事故 68 起，中毒 1646 人，死亡 18 人。其中学校食堂发生 36 起，中毒 922 人，死亡 1 人，是事故报告最多的场所”。② 另据教育部网站 2012 年 5 月 20 日通报的信息，从 3 月份起，学校食物中毒事件发生率明显上升，已收到各地上报疑似食物中毒事件共 8 起，事件发生地包括新疆维吾尔自治区吉木乃县托斯特乡牧业寄宿小学和县城初级中学，陕西省咸阳市淳化县胡家庙镇黄甫中心小学，云南省昭通市镇雄县塘房镇顶拉小学、猫猫爪树小学，云南省普洱市景东县漫湾镇中学及漫湾镇中心完小，云南省红河州泸西县阿勒小学，云南省文山市城北幼儿园，陕西省宝鸡市渭滨区相家庄小学和窑院小学等。教育部网站通报称，“仍有少数地方和学校对食品安全管理和传染病防控管理不到位，措施落实不力，存在不少漏洞和隐患，食物中毒和肠道传染病流行事件时有发生”③。

其三，消防安全隐患

火灾事故危害极大，最易造成群死群伤和重大财产损失。当前，全

① 《吉林省卫生厅和省教育厅联合对部分高校和中小学校进行食品卫生安全监督检查》，http：//www.jlwsjd.gov.cn/Upfiles/2009410145848764.doc，最后访问日期：2009 年 3 月 20 日。

② 《2010 年以来学校食堂群体性食物中毒事故多》，《光明日报》2010 年 7 月 22 日。

③ 《教育部办公厅关于近期学校食物中毒事件的通报》（教体艺厅〔2012〕2 号），2012 年 5 月 10 日。

国范围内一些学校的消防安全工作推进不力，如安全措施不到位、责任落实不到位、监督检查不到位、隐患整改不到位等，存在诸多不容忽视的消防安全问题：

一是一些学校消防安全意识淡薄，没有建立消防档案和学校消防安全管理组织机构，没有落实消防安全岗位责任，防火巡查检查制度、消防设施器材维护管理制度、用火用电安全管理制度、自查火灾隐患整改制度、灭火及应急疏散预案定期演练制度等消防安全制度不健全，没有形成自我管理、自我检查、自我整改的学校消防工作模式。一些学校不能及时修改和完善防火安全管理制度，不能加强人员培训和防火安全教育、组织疏散演练，不能定期进行防火安全检查，不能对学生宿舍、食堂、锅炉房、供电设施、仓库、实验室、阅览室、会议室等人员集中可能发生火灾的场所定期进行全面细致的检查，不能对危旧建筑、电网线路等进行重点排查，学校消防安全“死角”多多。

二是一些学校未按国家有关消防设计规范设置灭火器和消火栓等消防设施、器材，普遍存在灭火器配置级别过小、配置数量不足或配置不合理等情况，造成学校总的灭火级别不够。例如，2010 年 4 月，重庆渝北消防支队结合学校及周边环境专项整治行动，与区教委联合开展了农村中小学校舍消防安全排查活动，结果发现大多数学校都存在着灭火器数量不足等隐患。[①] 又如，2010 年 8 月，山东枣庄高新大队与区教委联合开展了农村中小学校舍消防安全大排查活动，结果发现大多数学校均存在着未设置应急照明及疏散指示标志、消防设施损坏、配置灭火器数量不足等火灾隐患。[②] 学校未按国家有关消防设计规范设置使用消防设施主要表现为：一些学校因对本校火灾危险等级及可燃物的火灾种类并不十分清楚，致使灭火器配置类型不合理，往往贻误灭火时机；一些学校对教职工使用灭火器的培训不到位，导致教职工对学校所配置灭火器的灭火性能不了解，不会正确使用灭火器；一些学校错误地认为灭火器是一次配置终身享用，因此没有专人管理维护，致使许多配置的灭火

---

① 《渝北农村学校灭火器配置不足被责整改》，http：//info. fire. hc360. com/2010/05/110944192707. shtml，最后访问日期：2010 年 5 月 11 日。

② 《枣庄高新大队对灭火器配置不足学校责令整改》，http：//xf. sdnews. com. cn/show. asp? id = 21911，最后访问日期：2010 年 8 月 24 日。

器污损严重、贮气压力不足、灭火药剂失效、罐体锈蚀、喷射软管老化破损，或由于人为随意挪用造成压力表、器头连接处松动、喷嘴堵塞变形等；一些学校为了应付日常的消防检查或节省开支而不考虑灭火器的灭火效果，购买质次价低的灭火器或灭火剂。

三是一些学校未按照要求设置应急照明与疏散指示标志，消防疏散通道堵塞，消防安全出口锁闭。例如，2010 年 5 月，在海口市全市中小学校、幼儿园消防安全专项整治工作中发现，一些学校学生宿舍楼存在消防安全疏散通道不符合消防技术规范要求等问题。如某学校一男女合用宿舍楼本来有两个疏散楼梯，但是校方为了方便管理，使用铁栏杆在楼层过道间进行隔离，导致未能保证双向疏散的要求。[①] 一些学校不能严格执行消防法律法规，对新建、改建、扩建的校舍未经消防部门审验合格后即投入使用，同时还存在着公安消防机构填发的法律文书、消防设施检查记录、火灾隐患及整改记录、防火检查记录、灭火和应急疏散演练记录、灭火器管理等消防安全管理原始资料不全等问题。

其四，交通安全隐患

据不完全统计，当前，交通事故和溺水造成的学生死亡人数已超过我国全年学生事故死亡总人数的 60%，而且交通事故伤亡的数量呈逐年上升趋势，全国每年有两万多名中小学生因交通事故伤残、死亡。[②] 近年来，随着我国经济的高速发展，机动车保有量急剧增加，单位时间内机动车流量剧增。由于交通流量大，学生上下学途中存在极大的安全隐患，尤其是一些临交通主干道的学校。福建省未成年人保护委员会黄文炳指出，溺水和交通事故是学生非正常死亡的主要杀手，其中溺水是头号杀手。福建省教育厅 2009 年公布的数据显示：2009 年上半年福建全省师生非正常死亡 145 人，其中溺水 64 人，占死亡人数的 44.1%；交通事故死亡 43 人，占死亡人数的 29.7%。[③] 上海市教委于 2010 年 2

---

① 陈望、林宇：《海口许多学校存在消防安全隐患，已整改 33 处》，http://news.qq.com/a/20100519/002354.htm，最后访问日期：2010 年 5 月 19 日。

② 杨婷：《统计显示：交通事故成为未成年人“头号杀手”》，《中国青年报》2010 年 11 月 7 日。

③ 《溺水是学生暑期非正常死亡的头号杀手》，http://news.163.com/09/0716/15/5EBRFAHM000120GR.html，最后访问日期：2009 年 7 月 16 日。

月发布的《2009年上海市中小学生安全情况报告》，也显示交通死亡中小学生人数明显上升。2009年上海市共发生学生交通事故150起，比2008年上升27起，因交通事故死亡16人，比2008年上升11人。交通事故的主要原因为水泥搅拌车、土方车、卡车、大巴等机动车驾驶员违章驾驶，学生不遵守交通规则乱穿马路，家长用电瓶车、助动车违章带孩子等。①

当前，我国中小学生道路交通安全防范存在的主要问题是：首先，有的学校还没有将道路交通安全教育纳入学校德育教学的范围。即使在一部分学校开展了道路交通安全教育，但其教育仍不够经常、不够认真、不能坚持，往往是一阵风、走过场，造成儿童的交通安全知识不入脑，不入心，这种现象在农村中小学校表现得尤为突出。其次，目前在农村地区寄宿、寄养的学生多，很多学龄儿童的父母在外地打工，小孩寄宿在祖父母或外祖父母家。由于祖辈监管能力的限制，很多孩子放学后和节假日会在马路上玩耍、游戏，甚至在马路上相互追逐打闹，造成极大的道路交通安全隐患。再次，由于中小学生的交通安全意识淡薄以及对交通安全法律法规、安全常识掌握不深等原因，造成中小学生交通违法行为随处可见，屡禁不止，主要表现为路面行走不遵规、骑行车辆不遵规、搭乘车辆不遵规等。从近年我国各地发生的学生道路交通事故案例来看，因中小学生违反道路交通法规造成的交通事故比例还是相当大的。最后，部分学校幼儿园、学生家长安排接送子女上下学的交通工具存在隐患，如租用“黑校车”，即租用社会上没有准运资格的客运车辆或者非客运车辆集中接送，乘坐农用车、拖拉机等上下学，导致一些交通安全事故的发生，2011年“11·16”甘肃正宁县特大交通事故即属此类。2011年11月16日9时15分许，甘肃省庆阳市正宁县榆林子小博士幼儿园一辆号牌为甘MA4975的运送幼儿的校车（核载9人、实载64人），由西向东行驶至正宁县正（宁）周（家）公路榆林子镇下沟村一组砖厂门前路段时，与由东向西行驶的号牌为陕D72231的重型自卸货车发生正面相撞，造成21人死亡（其中幼儿19人）、43人受伤。据事故调查分析，事故原因是甘MA4975小客车严重超员，在大雾

① 上海市教委：《2009年上海市中小学生安全情况报告》，2010年2月3日。

天气下逆向超速行驶，导致事故发生。该事故暴露出一些地区存在车辆违法严重超载以及有关部门在校车安全管理方面责任不落实、措施不到位、监管有漏洞等突出问题。

（四）部分学校安全管理不力

所谓“安全管理不力”，从法学的视角观之，便是学校与教师未尽其对学生所应尽的安全注意义务[①]。由于中小学幼儿园学生年龄的不同，学校与教师所应尽的注意义务也有所不同。对于依法属于无民事行为能力[②]的学生，学校应对安全事故持“高标准”之相当注意义务。[③]由于这类学生在法律上不具有辨认和控制自己行为的能力，这就要求学校幼儿园在教育、管理、保护学生上尽“高标准”之相当注意义务。教育中以安全教育为重要内容、管理上以安全防范为重要理念，保护上以“零事故”为重要目标，采取一切合乎于理性的谨慎措施以防范事故的发生。对于依法具有限制民事行为能力[④]的学生，学校应对安全事故持低于无民事行为能力学生之相当注意义务。从法的视角看，这类学生具有了一定的辨认和控制自己行为的能力，采用“中等偏上标准”既考虑到了这一阶段学生所具有的一定“避免和消除相应危险”之能力，强调学生应当加强自我管理和保护，学会为自己的行为负责，同时又要求学校基于学生尚未成年的事实对学生承担较高标准的相当注意义务，是较为合理的。[⑤] 现实中，一些中小学幼儿园未尽其应尽的安全注意义务而引发的安全事故或隐患即属于“学校安全管理不力”。例如，2010 年 7 月 19 日，广东省江门市金晖幼儿园发生校车闷死学童事故。该园一名 3 岁学童由于被老师遗忘，困在车内长达 8 个小时，窒息死

---

① “注意义务”（duty of care）是英美侵权行为法中一个非常重要的概念。在牛津大学出版的法律字典中“注意义务”被定义为：“一种为了避免造成损害而加以合理注意的法定责任。”参见 A Dictionary Of Law, by Oxford University Press（1994）, p. 137。

② 无民事行为能力，是指不具有以自己的行为取得民事权利和负担民事义务的资格，不能产生法律关系发生、变更、消灭的效果。根据我国《民法通则》的规定，无民事行为能力人包括未满 10 周岁的未成年人和不能辨认自己行为的精神病人。

③ 方益权：《学生伤害事故中学校的法律责任及其认定标准》，《政法论坛》2004 年第 4 期。

④ 限制民事行为能力又称部分民事行为能力或不完全行为能力。根据我国《民法通则》的规定，限制民事行为能力人包括 10 周岁以上的未成年人和不能完全辨认自己行为的精神病人。

⑤ 尹晓敏：《论高校学生伤害事故中校方的注意义务——为过错认定寻找有效路径》，《高等教育研究》2007 年第 4 期。

亡。蓬江区教育局作为幼儿园的主管部门，认定事故是由金晖幼儿园在安全管理过程中的人为疏忽所导致。[①] 2010 年 5 月 19 日，潮州市潮安县磷溪镇一名 4 岁女童被遗忘在校车内，发现时已经窒息致死。[②] 2010 年 7 月 1 日，茂名市 4 岁女童邓圆圆被遗忘在封闭的校车内，高温下被活活闷死。[③] 2011 年 8 月 2 日，安徽省安庆市宜秀区育才双语幼儿园 3 岁女童被遗忘在校车上 8 小时，窒息而亡。[④] 2011 年 9 月 13 日，荆州市荆州区紫荆花幼儿园发生惨剧，两名入园幼儿被遗忘校车一整天，被发现时已停止呼吸，送院后抢救无效而死亡。[⑤]

现实中学校安全管理不力，未尽应尽的安全注意义务表现在诸多方面，如学校组织安排的实习、劳动、体育运动等活动，超出学生一般生理承受能力，或者未采取应有的安全防护措施，或者是学校在知道有不适应某种场合和活动的特异体质的学生而未予以必要照顾。例如某小学二年级教师，在大扫除中要求二年级学生擦三楼窗户，由于窗户没有护栏，一名女生在擦窗户时坠楼身亡。又如，2009 年 4 月 8 日，吉林省通榆县向海学校在组织学校 287 名学生参加植树节活动——为向海保护区内珍稀树种涂抹杀虫胶的过程中，因没有采取必要的安全防护措施，导致 28 人轻度溴氰菊酯中毒，233 人急性溴氰菊酯接触反应。[⑥] 再如，某中学一体育教师，由于忘记其所任教班级的一名男生患有先天性心脏病，在体育考试时未予必要照顾，致使该生在跑 400 米时心脏病突发而猝死。

（五）学校周边环境堪忧

随着市场经济的发展，商机、市场、利益的牵动，学校周边成了一些人投机获利的宝地。如此一来，以学校为中心、以学生为消费对象的商圈，在学校这个特殊环境悄然产生、迅猛发展。客观地说，学校商圈

① 《广东省江门市金晖幼儿园发生校车闷死学童事故》，《中国青年报》2010 年 7 月 28 日。

② 据报道，潮安这家出事幼儿园是全县 60 家无证幼儿园之一，到出事之前，这家“非法”幼儿园已经营业了两年多。

③ 刘芳文：《广东江门一 3 岁男孩困在校车内 8 小时窒息死亡》，《中国青年报》2010 年 7 月 28 日。

④ 《被困 8 小时 3 岁女童闷死校车内，事发安庆育才双语幼儿园》，《综合安徽商报》2011 年 8 月 4 日。

⑤ 张勇军：《荆州两幼儿被遗忘校车内身亡》，《武汉晚报》2011 年 9 月 14 日。

⑥ 《吉林两百学生集体中毒》，《深圳晚报》2009 年 4 月 19 日。

也是市场经济发展的必然产物，本应无可厚非，但是商圈无序发展、商机相对有限导致恶意竞争，这个商圈就成了怪圈。学校特殊的商业怪圈，无时无刻不在扰乱着学校周边的环境和秩序，其潜在的危害不容低估。例如无证及占道经营就是其中的顽疾之一，很多学校门口成为流动摊贩的集中地，特别是到课间、午休、放学时间，家长、接送学生的车辆加上小商小贩拥堵学校周边及主要街路，人流熙攘、良莠混杂，无论是治安管理还是交通疏导都十分艰难，治安和刑事案件时有发生，交通险情接连不断，公安机关苦不堪言。一些中小学学校附近的黑心网吧、电玩场所，违反规定接待中小学生玩电子游戏，上网浏览不健康网站猎奇，危害学生身心健康。一些学校周边书店出售武侠、玄幻、凶杀、色情等不健康书籍，对学生的思想产生毒害，甚至出售《校园江湖》、《校园恶霸是怎样炼成的》等暴力违禁书刊，诱导学生产生错误的世界观、人生观和价值观。

应当认识到，学校周边环境对学校安全影响非常大。“学校周边200米范围内的营业性网吧、游戏室和卫生条件很差的饮食门店，是伤害、暴力和食物中毒的高危环境。”[①] 近年来，全国不少地方中小学学校周边地区发生了一些影响较大的刑事、治安案件和治安灾害事故，对此，全国各地各级政府高度重视，社会各界和广大人民群众也广泛关注。公安部、教育部联合发出了《关于进一步加强中小学校交通安全工作的通知》、《公安机关维护校园及周边治安秩序八条措施》，教育部印发了《关于进一步做好中小学幼儿园安全工作的“六条措施”》等进行整治部署，学校周边秩序整治成了各地各级政府必须认真研究解决的问题。由于学校周边环境治理工作是一项长期的系统工程，必须举全社会之力，坚持多措并举、打防结合、各部门联动，持之以恒才能收到实效。所谓“多措并举”，就是各地要在贯彻落实公安部、教育部“八条措施”、“六条措施”和《通知》精神整治学校周边环境工作中，采取多警种、大警力，突出重点、多波次、地毯式地对学校周边进行清理整治。所谓“打防结合、各部门联动”，就是在坚持不间断地对学校周边违法犯罪行为保持高压打击态势的同时，必须要政府各部门联动，与打

① 周丽等：《深圳市中小学校校园安全状况分析》，《中国学校卫生》2006年第8期。

击和清理整治同步，建立维护学校周边环境的长效机制。近年来，从全国范围看，各地学校周边环境虽然得到一定程度的综合整治，各项措施也不断趋于完善，学校周边环境有所改善。但与此同时，还必须清醒地认识到，以学校这个既与社会融为一体、但其内部运转机制又与社会大相径庭的特定场域对其周边环境的要求来说，目前的学校周边环境距离学校长治久安的目标和人民群众的期望，还有很大差距。

（六）学校安全管理制度不健全、组织机构和领导体制不完善

一是学校各级各类人员、各部门安全工作职责没有以制度的形式确定下来。一些学校不能合理地建章立制，没有严格的学校门卫制度、安全保卫制度、实验安全制度、食堂卫生管理制度、饮食从业人员岗位责任制度、宿舍管理制度、消防安全制度、安全隐患定期排查制度、安全事故报告和处理制度、学生安全信息通报制度①、安全法制教育制度等。由于学校安全管理规范化制度的缺失，导致部分学校的安全管理工作浮于表面：几乎所有的地方教育行政部门和学校负责人在谈到学校安全工作时，都会提到“要把学校安全工作放在第一位”，但在实际工作中，“说起来重要，干起来不要”的现象还在很大程度上存在着。一些学校的安全管理工作仍然停留在“召开一揽子会议、转发一揽子文件”的层面上，安全工作的事往往都放在“综合治理”一口大锅中来“炖”，到最后，安全工作就是几句口号似的标语。事实上，许多学校安全问题如不进行专题研究，则根本得不到有效的解决。②

二是一些学校的学校安全组织机构和领导体制不尽完善，即便是在发达的大城市，这种现象也普遍存在。2008 年在中共北京市委教育工作委员会、北京市教育委员会组织开展的“中小学安全教育研究”中，分层抽取北京市 8 个区的 76 所中小学校作为调查样本校。调查发现，95.7% 的学校建立了安全工作领导小组，但不到半数的学校设立了专职

① 学生安全信息通报制度是一项非常重要的制度，不能把它等同于学校安全事故报告制度，这是两类性质完全不同的制度。学校安全事故报告制度是指学校将所发生的安全事故向上级教育行政主管部门、上级政府部门和相关安全管理部门进行报告。而学生安全信息的通报对象一般是学生家长，由班主任老师来执行。主要内容是把学生非正常缺席、擅自离校、身体不适、心理和行为异常等状况及时通报给学生家长，以引起学生家长的高度重视，配合学校共同开展对学生的教育防护工作，有效防止安全事故发生，把安全隐患消灭在萌芽状态。

② 步立建：《当前中小学安全工作的问题与对策》，《中小学管理》2007 年第 10 期。

安全管理人员或群众性治安保卫组织。个别学校的副校长、保安、门卫还不了解学校的紧急疏散路线，若遇到紧急情况，必然影响疏散工作，对学生们的安全形成潜在的威胁。96.1%的学校外聘了法制副校长或安全辅导员，但是外聘法制副校长或安全辅导员来学校指导工作的频度不高，1/5的外聘人员徒有虚名。有1/4的初中学校反映：教育主管部门对学校安全工作有部署、有检查，但对学校的整改措施支持力度不大。[①] 因此，目前我国中小学的学校安全组织机构和领导体制还需进一步完善，还需建立健全学校安全组织领导制度，以保障学校安全工作及时、有效地展开，并收到切实的效果。教育主管部门还需进一步加大对所辖中小学学校安全工作的部署检查和支持力度。

（七）安全教育工作亟待推进

学校的安全教育是公共危机教育在学校这个特殊场合的一种特殊形式，是公共危机教育的一个重要组成部分，是公共危机管理能力可持续性增强的一个源泉。据《中国教育报》报道，教育部基础教育司和联合国儿童基金会曾就中小学生安全教育和管理的问题，对我国天津、山东、福建等8省市的中小学学生、家长、教师及学校领导进行了调查。调查从安全教育的时间、内容、资源、形式、效果、教师的安全知识技能等6个方面展开。结果显示：在体育课、课外活动、楼梯、校门口附近最易发生安全问题；中、小学安全教育资源普遍缺乏、时间不足、预防演习少。调查结果还显示，近六成的教师报告每学期对学生开展主题安全教育的时间累计在10课时以下，不到四成的教师及五成五左右的学生报告学校从未开展过预防灾害的演习活动。一半以上的教师经常开展的安全教育内容为交通安全、饮食安全、法制教育和运动安全，不过安全教育的形式以说教听读为主，实际演练较少，教育效果不够理想。另外，教师比较缺乏安全教育的知识和技能，[②] 尤其缺乏应对迷恋网

① 刘艳虹：《北京市中小学安全管理现状调查》，《教学与管理》2008年第19期。

② 中小学生安全教育归属于“三生教育”的范畴。所谓“三生教育”，即“生命教育、生存教育、生活教育”，就是要通过教育的力量，使受教育者接受生命教育、生存教育和生活教育，树立正确的生命观、生存观、生活观的主体认知和行为过程。学校广泛开展“三生教育”是近几年学校教育工作安排的新内容，由于教师在学历教育中并未开设“三生教育”的相关专业类课程，故而导致教师相关教育知识与技能的缺乏。

络、心理辅导和自然灾害方面的知识和技能。①

基于上例调查数据和资料，可以概括出当前我国一些地方中小学安全教育凸显出的“四个最”：

一是最令人气愤：蜻蜓点水。一些学校安全宣传做表面文章，学生安全教育面上宣传多，深入宣传少，注重在校门口、教学楼、办公楼等处悬挂安全教育横幅标语，缺乏深入班级、走近学生、选取典型案例进行实实在在的安全教育的精神。导致学生安全教育“蜻蜓点水”、流于形式，缺乏系统性、规范性和针对性，安全教育的时间、人员、内容、效果“四要素”不到位，安全教育的计划、课时、师资、教材“四落实”也不到位。安全教育是学校工作的重中之重，任何校长都无权改变教学大纲和计划、课时安排，但是事实上，一些学校的领导并没有把安全知识与其他学科知识一样等同对待，平时喊着安全第一，实际确是“无课时、无教师、无教材”，虽三令五申，但仍我行我素。有的学校开学初、学期末必须集中进行的安全教育也免掉了，把《中小学公共安全教育指导纲要》、《中小学幼儿园安全管理办法》及《安全工作责任目标》当成了摆设。

二是最令人忧心：缺乏远虑。上例调查显示，过半数教师经常开展安全教育，但集中于常见危险。调查中一些老师说：“通常发生过的学校危险，学校就会特别注意，因为有前车之鉴。而对于一些不常见的危险，就可能会忽略。”由于在交通、饮食、运动等方面，常有学生安全事故发生，所以多数学校都把学校安全教育锁定到了这些方面。调查中部分校长也指出：“学校往往容易忽视一些不常见的潜在危险，比如地震、洪灾或者入校抢劫等非常偶然的事件。”正因为发生的概率不大，所以学校通常也抱着侥幸的心态，而忽略了与这些偶发安全事故相关的安全知识教育，特别是忽视了教会学生从这些偶发事故中逃生的技能。②

三是最令人心痛：浮于表层。上例调查显示，近四成的教师报告学校从未开展过预防演习活动，还有55.6%的中小学生也表示未参加过

---

① 陈晓康：《确保青少年的生命安全是教育工作者的神圣责任》，http：//www.syyesedu.com/yenew3.aspx？id =414&&lm =3，最后访问日期：2007年8月24日。

② 同上。

灾害预防演习。调查中还有数据表明，我国初中学校开展预防灾害演习活动的次数最少。北京西城区五年级的小学生李某在接受调查时被问及的问题是，“如果发生了火灾，你知道该怎么办吗？”他回答说：“学校老师教过我们怎么办，但是我没有操作过，所以也不知道自己能不能在遇到火灾时正确逃生。”2010 年在我国新疆连续发生的两起学生踩踏事件，就是学校安全教育浮于表层最血淋淋的教训。2010 年 3 月 22 日上午，乌鲁木齐八一中学附小部分学生在一处狭长巷道内领取清雪工具时，因其中一名学生不慎摔倒，致使身后学生发生拥挤踩踏，导致一名学生死亡，一名学生膝关节脱位伤，两名学生软组织挫伤。此时，距离 2009 年 12 月湖南育才中学踩踏事故导致 8 名学生死亡、26 人受伤的惨剧仅仅过去 3 个月。据悉，2010 年 1 月至 3 月，新疆维吾尔自治区教育厅已转发、下发关于学校安全工作各类通知文件 19 份，为全区各中小学校加强学校安全管理敲响警钟。不过，19 份通知文件并没有挡住踩踏事故的发生。[①] 更残酷的事实是，时隔 8 个月，2010 年 11 月 29 日上午新疆阿克苏市第五小学又发生踩踏事故，导致 41 名学生受伤，其中轻伤 34 人，重伤 7 人。当时正是课间操时间，学生从楼上蜂拥而下，前面的学生摔倒后引起踩踏，楼梯扶手被挤歪，造成孩子被挤伤或摔伤。[②] 其实，早在 2005 年 11 月，教育部曾专门下发通知，要求各中小学就预防学生拥挤踩踏事故建立专门制度，每学期组织一次应急演练，学生做操集合上下楼时错开时间，不知道阿克苏第五小学是否定期地、切实有效地组织学生开展突发事故应急演练？汶川大地震中，四川桑枣中学叶志平被称为“史上最牛校长”，全校师生无一伤亡，究其根本原因在于叶志平连续十多年对学生进行安全教育，每学期都组织全校师生进行突发事故紧急疏散演练，因而地震发生后，全校师生包括 2200 多名学生和上百名老师，从不同的教学楼和不同的教室中，全部冲到操场，以班级为组织站好，用时 1 分 36 秒，无一伤亡，创造了一大奇迹。尤其令人震惊的是，桑枣中学师生地震逃生的过程、模式及结果与平时模拟演习的场景几乎一模一样。如果在阿克苏第五小学，学生受到了严

---

① 高福生：《19 份通知文件缘何挡不住踩踏事故》，《教育》2010 年第 12 期。

② 秦宁：《勿再让弱小生命检验安全制度》，《京华时报》2010 年 11 月 30 日。

格的安全教育和实实在在的应急演练，悲剧或许就可以避免。亡羊补牢、遏制隐患无可非议。如果学校安全的“弦”一直就这样紧绷着并成为常态，如果各级教育行政主管部门不再是一味地层层转发文件，一味地照本宣科，而是把相关安全教育付诸实践，将教育部制定的《中小学公共安全教育指导纲要》和预防学生拥挤踩踏事故的专门制度落实在行动上，试想，学校踩踏之类的安全悲剧还会这样频频上演，成为“连续剧”吗？反观现实，热衷于“运动式”治理，热衷于“以文件落实文件、以会议贯彻会议”的情况在一些地方和学校还大有市场。细心的人们不难注意到，一有学校安全事故的“风吹草动”，教育行政部门和学校就立刻紧张起来，要么下发通知或文件对学校安全进行“重申”，要么兴师动众进行“拉网”检查。这些举措，大多是“例行公事”、“一阵风”，鲜有学校能保持安全教育常态化，疏散演练更属“奢侈”。①

四是最令人思索：无米之炊。上例调查显示，由于资金等问题，不少学校的安全教育资源非常缺乏，绝大多数学校都没有关于安全教育的影像资料，在内蒙古、贵州等一些边远地区，不少学校的安全教育资源仅限于一些教育读本。调查中，76.7%的被访教师最想得到的安全教育资源是安全教育影视录像片，此外依次为安全知识学生读本、安全教育教师读本或指南、宣传画或挂图、安全教育活动方案、安全教育法规及规章汇编等。

三　微观视角：学校恶性伤害案件触目惊心

中小学学校安全问题，在2010年成为了一个为全国公众所高度关注的焦点问题。自3月底到5月初，福建南平、广西合浦、广东雷州、江苏泰兴、山东潍坊、陕西南郑等地，先后发生暴力伤害中小学生、幼儿园儿童的恶性案件，学校惨案呈“井喷式”爆炸开来。惨案发生后，家长悲痛，民众怨恨。一时间，谴责政府，抱怨媒体，诋毁社会之声不绝于耳；一时间，学子们惶惶不可终日，家长们恐惧担心又无奈，老师

① 高福生：《“纸上谈兵”难遏校园踩踏事故发生》，http://news.xhby.net/system/2010/03/29/010715343.shtml，最后访问日期：2010年3月29日。

们整日如临大敌，主管部门高度戒备。中央领导同志对此高度重视，相继作出重要批示。胡锦涛总书记指出："此类案件社会危害极大，必须高度重视。对犯罪分子要依法严肃处理。对受伤人员要精心治疗。对学校安全检查防范要切实加强。严防类似事件再次发生。"2010 年我国发生的暴力伤害中小学生幼儿园儿童的恶性案件主要是：

1. 福建省南平市延平区"3·23"杀人案

2010 年 3 月 23 日，郑民生（男，42 岁，福建省南平市延平区人）持尖刀在南平市延平区文体路南平市实验小学门口，在不到 1 分钟的时间内疯狂捅刺 13 名小学生，致 8 人死亡、5 人重伤。郑民生被当场抓获。经查，郑民生系生活受挫、恋爱失败、情感失意而报复社会，制造影响。郑民生已于 4 月 28 日被依法执行死刑。

2. 广西壮族自治区合浦县"4·12"杀人案

2010 年 4 月 12 日，广西壮族自治区合浦县西场镇西镇村村民杨家钦（男，40 岁）在西场镇小学门前，持刀砍死 2 人（1 人为在校学生），砍伤 5 人（2 人为在校学生，1 人为学前儿童）。杨家钦被当地公安机关抓获。

3. 广东省雷州市"4·28"伤害案

2010 年 4 月 28 日，陈康炳（男，31 岁，广东省雷州市人）持刀闯入雷州市雷城第一小学教学楼 6 层四年级 1 班和五年级 2、4、5 班等 4 个教室内，砍伤 16 名学生及 1 名老师。6 月 11 日，广东省湛江市中级法院以故意杀人罪当庭判处被告人陈康炳死刑。

4. 江苏省泰兴市"4·29"伤害案

2010 年 4 月 29 日，徐玉元（男，47 岁，江苏省泰兴市人）携带单刃尖刀闯进泰兴市泰兴镇中心幼儿园，对幼儿和教师员工大肆残杀，致 29 名幼儿、3 名教工和群众共计 32 人受伤，其中重伤 4 人、轻伤 25 人、轻微伤 3 人。5 月 30 日，罪犯徐玉元在江苏泰州被依法执行死刑。

5. 山东省潍坊市坊子区"4·30"伤害案

2010 年 4 月 30 日，山东省潍坊市坊子区尚庄村村民王永来（男，48 岁）骑摩托车，携带铁锤、汽油，强行闯入尚庄小学校园，用铁锤打伤 5 名学前班学生。后将汽油浇在自己身上并抱住 2 名学生点燃。学校老师奋力将学生抢出，王永来被当场烧死。5 名受伤学生被迅速送往医院救治，无生命危险。

6. 陕西省南郑县“5·12”伤害案

2010年5月12日，陕西省南郑县圣水镇林场村一私人幼儿园发生一起凶杀案。犯罪嫌疑人吴焕明持菜刀闯入该村幼儿园，致使7名儿童（5男2女）和2名成人（幼儿园教师吴宏英及其母亲）死亡，另有11名儿童受伤，其中2名儿童伤势严重。该犯罪嫌疑人行凶后畏罪自杀。

近60天内的6起学校血案，已致19死，近百伤。死伤者绝大部分是未成年学生，最小者不过3岁。施暴者的疯狂和毫无理性的杀戮，发出了一个极其危险的社会信号。这种频发的反人类、反文明的暴行，令学校安全在我国由社会问题上升至政治问题的层面。恶性案件的频频发生，震动了中国社会，震动了全国人民，也震动了中央和地方各级政府。公安部为此采取了一系列的“应急措施”，派出大量警力在全国范围内对乡村、街道、城乡结合部、偏远地区等安全防范工作最薄弱的学校、幼儿园，对安全隐患最突出的一些私立私办学校、幼儿园、托儿班以及各类课外班等青少年校外活动场所实行拉网式排查，把各项工作部署落实到位，确保不留盲点、不留死角。公安部明确提出要坚持严打严防，打得犯罪分子不敢对孩子下手，防得犯罪分子无法对孩子下手。客观地说，公安部的措施只是临时应急方案，是“治标”之举；化解社会矛盾，把此类案件作案者的犯罪动机消灭在萌芽之中，才是“治本”之策。只有标本兼治才是杜绝此类案件发生的根本路径。针对连续发生的多起针对儿童的袭击事件，温家宝总理在接受凤凰卫视记者采访时表示：“我们除了采取强有力的治安措施之外，我们还要注意解决造成这些问题的一些深层次的原因，包括处理一些社会矛盾，化解纠纷，加强基层的调解作用。”温总理在这里提出了一个尖锐的问题：尽管每起学校被袭事件有其具体原因，但在这些具体原因后面还有着某种共同的深层次原因。那么，这些原因究竟是什么呢？

应该说，“南平惨案”事发之后，我国高层对学校安保问题已经给予了足够的重视，相关机构的应急速度和亡羊补牢的措施也堪称迅捷得力。但是，在这样的背景下，“南郑血案”的发生再次给出了清晰的警示：如果不能深究其因，从源头上彻底剔除犯罪的毒瘤，一味依靠补救和防范，都只能治其标而不能治其本。美国《侨报》2010年5月14日载文《中国校园安保　治标更须治本》，文章说，应急的强力手段固然可以在短期内达到“灭火”的目的，但暂时被压制的矛盾，却可能以更暴烈的方式爆发。唯有从根本上化解社会极端心理和行为，才能真正给孩子们创造一个安全和谐的生活环境，消除社会的隐忧。新加坡《联合早报》2010年5月13日载文《消除校园血案需从根本着手》，文章说，近来频频发生的学校血案，引起中国各级政府的重视，各地都相应加强了学校安保措施。这种亡羊补牢的行为，对预防学校血案的再次发生肯定有一定的作用，但它无疑也将进一步加大社会管理成本。更为重要的是，它能否从根本上遏制这种社会暴力事件的发生还大有疑问。

这一系列案件中的施害者本身是罪不容赦的，他们在疯狂剥夺无辜和弱小生命的同时，也放弃了自己作为一个社会人的基本道义和生命权利。然而，这类恶性案件的频发，不能简单地从个体的角度去追寻其原因。纵观这几起学校安全事件，表面上看是在伤害无辜学生，倘若从深层次分析诱因，不仅有个人矛盾没有及时化解的偶发性因素，更有贫富不均、收入差距过大和公权力滥用等深层原因。中国正处在经济高速发展、社会急剧转型的过程中，社会压力陡增，社会关系出现扭曲，而社会又缺乏有效释放群众怨气和不满情绪的“减压阀”，导致个别人的不满情绪以最极端的方式表达出来。

针对2010年所发生的暴力伤害中小学生、幼儿园儿童的恶性案件，公安部、教育部等有关部门都下发了通知、作出了部署。但是，从微观视角看，此类案件的发生尚不能说从根本上得到遏制，杜绝学校恶性伤害案件的任务依旧十分艰巨。各地区、各部门还需要进一步清醒地认识加强学校、幼儿园及周边安全工作的极端重要性，迅速行动起来、加强组织领导，调动各方面力量，务必把安全工作责任、措施落实到学校、幼儿园所在地党政、群团组织，落实到每一个基层单位，落实到城市社区、农村村组。与此同时，我国各地各级政府也要如温总理所说的那样，“注意解决造成这些问题的一些深层次的原因”，要积极启动释放群众怨气和不满情绪的“减压阀”，让群众有说话和论理的地方，避免社会矛盾这个不断膨胀的球体自我引爆，尽全力杜绝类似恶性案件的再次发生。

四　比较视角：农村学校安全不容乐观

2007年，教育部公布了《2006年全国中小学生安全形势分析报告》，这是我国首次也是唯一一次以报告的形式分析了全国中小学的安全形势。报告指出：农村是学校安全事故多发地区。2006 年全国各地上报的各类中小学学校安全事故中，27.68% 发生在城市，72.32% 发生在农村。农村中小学的安全事故发生数、死亡人数和受伤人数都明显高于城市，分别是城市的 2.9 倍、3.9 倍和 4.2 倍。农村中小学安全事故发生的主要原因是办学条件差、基础设施不完备，另外，师生安全意识淡薄、学校安全管理存在明显漏洞也是导致事故发生的重要原因。① 2006 年，国务委员陈至立在全国加强中小学管理工作电视电话会议上的讲话中也指出："目前，一些农村学校的硬件水平和管理水平偏低，安全措施还没有完全落实，尤其是农村寄宿制学校的管理漏洞和安全隐患还不同程度地存在着。"②

（一）校舍等基础设施安全问题

学校的教学、生活设施包括学校的楼房、墙体、运动器械、实验器材、道路、场地、电力、消防设备等，③ 这些基础设施质量不合格，存在安全隐患，极易引发人身伤害事故。为学生提供安全的学习、生活场所，并且对学校的教育教学和生活设施进行经常性的维护和管理，是学校的职责和义务。改善学校的教育教学设施，及时修复或拆除各种陈旧老化的教学、生活设施，能在客观上为减少学校事故的发生创造有利条件。

由教育部负责编制的《农村普通中小学校建设标准》（建标〔2008〕159 号），经住房和城乡建设部、国家发展和改革委员会批准发布，已于 2008 年 12 月 1 日起正式施行。标准指出："在农村普通中小学校项目的审批、设计和建设过程中，要严格遵守国家关于严格控制建设标准的有关要求，认真执行本建设标准，坚决控制工程造价。"标准共分六章，包括：总则，建设规模与项目构成，学校布局、选址与学校规划，建设用地指标，校舍建筑面积指标，校舍主要建筑标准。尽管农

① 《2006 年全国中小学安全形势分析报告》，《中国教育报》2007 年 3 月 22 日。

② 《加强学校管理，共建和谐校园——陈至立在全国加强中小学管理工作电视电话会议上的讲话》，http：//learning. sohu. com/20061120/n246505273. shtml，最后访问日期：2006 年 11 月 20 日。

③ 李小琴：《论学校事故及其防范》，《经济师》2005 年第 11 期。

村中小学校建设的国家标准早已颁布施行，但是，现实中农村学校仍普遍存在着校舍等基础设施的安全问题。以农村校舍安全为例，教育部、国家计委、财政部2001年年初对全国农村中小学危房进行了普查，结果显示：截至2000年年底除北京、天津、上海、江苏、浙江、广东6省（直辖市）及大连等5个计划单列市之外的25个省、自治区、直辖市及新疆生产建设兵团，共有农村中小学各类危、破校舍8400万平方米，占农村中小学校舍总面积的9.6%；其中，D类危房5700万平方米，C类危房2000万平方米，B类危房700万平方米，严重威胁师生安全。

为解决这一问题，2001年至2006年，中国政府着力推进农村中小学危房改造工程。中央财政共投入90亿元，加上地方政府的投入，共计投入430亿元。累计改造全国农村中小学D级（即安全隐患最大）危房7800万平方米，有3000多万学生从危房中搬出。尽管如此，中国目前仍有大量中小学危房尤其是农村中小学危房的存在。2008年12月26日，《中国日报》引述全国人大常委会副委员长路甬祥的说法称，全国普通中小学中危房面积达3358万平方米，占普通中小学校舍面积总数的2.5%，危房面积相当于国家体育馆“鸟巢”占地面积的134倍，其中90%的中小学危房分布在中西部地区农村。又据教育部的报告称，云南省小学、初中危房比例最高，分别达到20%和11%，其中D级危房占到约85%。[①] 由于这些危房绝大部分分布在农村，不仅给农村中小学师生的生命安全带来了严重威胁，也直接影响着农村学校正常的教育教学秩序。

农村中小学危房形成的原因是多方面的：一是危房改造缺乏长远、科学的规划，一直没有走出“低水平突击改造和重建、一段时期后又集中出现危房”的恶性循环圈，缺乏良性运行机制。二是由于多年来农村中小学校舍紧缺，且没有稳定的建设及维护资金来源，致使部分校舍得不到正常维护，超期服役，客观上增加了农村中小学危房数量。“我国农村中小学校舍维修改造存在着一些顽疾、痼疾。如，在转移支付过程当中存在着资金流通不畅、截留现象；预算安排不能完全落实；

---

① 《中国中小学危房面积达3358万平方米》，http：//news. hunantv. com/x/n/20081226/104429. html，最后访问日期：2008年12月26日。

资金使用效益不高，浪费现象严重；有些工程质量不能保证，校舍使用年限缩短；检查监督机制规定泛化，缺乏操作性。这些顽疾、痼疾的存在，使得农村中小学校舍维修改造长效机制的完善和运行受到威胁。”[①] 三是农村中小学危房的定期普查、科学鉴定、动态预警和滚动解决措施不够得力，校舍管理工作相对滞后，“三无”（无勘察设计、无规范标准、无施工资质）工程不少，使农村中小学校舍建设标准太低，建设过程中即存在质量隐患。四是由于中小学危房改造工程主要是针对校舍，尤其是教学及教辅用房，没有考虑项目配套设施建设问题，致使许多项目改造完成后，因附属设施不配套而难以正常运转。中小学危房改造工程没有考虑配套设施建设问题，还直接导致有的学校未经批准擅自缩小危改项目建设面积，将上级补助资金用于项目配套设施建设，造成校舍紧张。另外，部分地方危房改造完成后，校舍维护缺乏资金保障，难以保证危改项目达到最低 50 年使用寿命的要求。五是由于地震、水灾、泥石流等自然灾害，对农村中小学校舍的损害程度比较严重，加上自然老化作用，使部分校舍未达到使用年限即成为危房。

应当认识到，危房的产生是一个动态过程，中小学危房问题不可能一劳永逸地解决。从当前的现实看，全国尤其是农村地区中小学危房改造的任务依然十分艰巨。

（二）交通安全问题

中小学的撤校合并是近年来我国教育界的重要现象。依据国家统计局公布的数据，我国小学的数量从 1978 年开始到 2008 年，以年均 3.76% 的速度递减，在此期间，1990 年以后减少的速度是 5.06%，说明减少的速度呈递增趋势。普通中学在 1978 年至 2008 年间也在减少，年均减速是 2.6%，但 1990 年以后减少的速度下降，年均速度是 1%，速度呈递减趋势。在减少的学校中，主要是农村小学。[②]

与撤并之前相比，农村乡镇中学学生上下学并未受太多影响，因为每乡的小学生毕业后都要集中到乡内同一所中学上学，早已成了习惯。

---

① 袁媛、曲铁华：《农村中小学校舍维修改造问题的病与解》，《河北师范大学学报》（教育科学版）2009 年第 1 期。

② 《农村中小学撤并，能否有个详细规范?》，《新京报》2010 年 1 月 13 日。

但是对于撤并后新教学楼所在地以外村屯的小学生来说，每天的上学放学就成了家长、学校担心的头等大事。一般来说，新建的教学网点都在乡镇政府所在地。各个乡镇所辖的地域林立多样，有狭长的、扁圆的、三角的；学生距学校的远近各不相同，近的三五里路，远的十里八里，最远的有二十多里甚至是几十里。而有空闲、有条件接送孩子上学的家庭非常少，大部分离校远的学生，选择了新的上、下学方式——乘坐校车。由此，因乘坐校车上下学产生的安全隐患也随之而生：（1）学生等车。各村屯候车点或路边候车点的少数学生有家长接送，学生松散，多数孩子等车时处于自由散乱状态。失去监管的孩子等车时玩闹追逐，极容易被过往的车辆撞伤。（2）农村冬季冰雪路面滑，雾天路上能见度低，夏天风雨大路湿滑，春秋农忙路上车多，村路、乡路路面窄、路口多，无证驾驶人员、无牌照车辆上路的大有人在，给校车的运营带来诸多的不安全因素。（3）农村中小学生上下学乘坐超员车辆、无营运资质的车辆，甚至是报废车辆和农用车的现象相当普遍。部分农村地区出现大量"无牌、无证、无保险"的"三无黑校车"从事接送中小学生、幼儿上下学的非法运营活动。加之农村中小学生居住较为分散，造成接送车停靠站点多、每站上车人数少、营运成本高。在利益的驱使下，校车超载现象严重，多拉少跑，降低油耗，成了校车运营的"潜规则"。交通部门的围追堵查只能是水过地皮湿，治标不治本。这些超载"黑校车"的大量存在极大地增加了学生乘车的危险性，严重威胁着学生的人身安全，这也是近年来农村中小学生交通事故频发的主要原因。例如，2010年11月26日，《齐鲁晚报》刊登了一篇题为《"三无"黑校车坐椅改长凳4条凳挤51名小学生》的文章，该文写道，"将车上原有的座位全部拆掉安装上长凳，车辆没买保险及办理任何手续，核载17人竟然硬挤进51名学生，超载整两倍"。当地交警部门指出，由于缺少正规的校车，部分农村小学黑校车渐呈泛滥之势，存在诸多安全隐患。①

特别令人震惊的是，2010年12月27日发生在湖南衡南县松江镇

① 黄广华：《"三无"黑校车坐椅改长凳，4条凳挤51名小学生》，《齐鲁晚报》2010年11月26日。

因果村的一起小学生重大交通事故。一辆载满20名小学生的三轮车坠入河中，造成14名小学生死亡、多人受伤的严重后果。[①] 发生在湖南衡南的这起“校车”事故，是近年来伤亡最为严重的涉农村小学生交通安全事故。在这桩语焉不详的事故中，最让人惊讶的有两点，一是农用三轮车竟然成了当地的校车，并受到管理部门的默许。二是该校车超载的情况已经严重到无以复加的程度。也许可以断言，这样的“校车”早晚都会出事，人们只是无法预料它到底会造成怎样惨痛的人间悲剧。这两年，关于农村校车的悲剧或闹剧时有所闻。就在衡南校车坠河几天前，江苏盐城一辆接送幼儿园孩子的面包车就曾经掉入河中，所幸的是，车上的10名孩子除了受到惊吓之外，并没有大碍。但让人震惊的是，当地有关部门通过检查发现，盐城市大冈镇30多辆接送幼儿或小学生的班车，其实都没有真正的营运资质，并不同程度地存在超载的问题。类似的情况在其他地区也屡屡发现，如山东济宁市交警在一次执法检查中就发现了4辆黑校车，它们不仅不具备相关资质，而且还都是退役的不合格车辆。发生在衡南的这起黑校车事故，足以警示我们：全国各地尤其是农村地区的校车安全状况已经逼近了“危险临界点”，类似的悲剧随时都有可能再次发生!

校车建设一直都是城市交通的薄弱环节。当农村出现校车需求的时候，社会同样没能提供合格的资源。城市和农村都需要价格低廉的校车，农村地区在校车价格方面的要求更为严格，这就导致了一种可怕的淘汰现象，即合格和安全的交通工具往往无法承担校车的角色。它给了人们这样一种提示：市场不可能解决所有的社会问题，如果政府不能担负起自己的职责，市场就只能以低劣的服务去补充，事故、死亡和普遍的违法现象，只是一种如影随形的代价而已。[②]

由于“夺命校车”事故频发，2011年11月，温家宝总理在第五次全国妇女儿童工作会议上指出，国务院已经责成有关部门迅速制定校车安全条例。2012年3月28日国务院第197次常务会议审议通过了《校

---

① 当然，一系列校园血案已造成了社会的恐慌和民众的愤怒，要求《校园安全法》尽早出台的呼声也前所未有的响亮。人们寄希望于一部具有强制性、权威性的法律，来规范校园安全管理行为，避免运动式的公共治理，保障校园的长治久安。

② 《政府职能缺位，校车安全堪忧》，《北京青年报》2010年12月28日。

车安全管理条例》，并予以公布实施。《校车安全管理条例》第三条明确指出，“县级以上地方人民政府应当根据本行政区域的学生数量和分布状况等因素，依法制定、调整学校设置规划，保障学生就近入学或者在寄宿制学校入学，减少学生上下学的交通风险。实施义务教育的学校及其教学点的设置、调整，应当充分听取学生家长等有关方面的意见。县级以上地方人民政府应当采取措施，发展城市和农村的公共交通，合理规划、设置公共交通线路和站点，为需要乘车上下学的学生提供方便。对确实难以保障就近入学，并且公共交通不能满足学生上下学需要的农村地区，县级以上地方人民政府应当采取措施，保障接受义务教育的学生获得校车服务。国家建立多渠道筹措校车经费的机制，并通过财政资助、税收优惠、鼓励社会捐赠等多种方式，按照规定支持使用校车接送学生的服务。支持校车服务所需的财政资金由中央财政和地方财政分担，具体办法由国务院财政部门制定。支持校车服务的税收优惠办法，依照法律、行政法规规定的税收管理权限制定”。《校车安全管理条例》发布不久，国家质检总局、国家标准化管理委员会批准发布了《专用校车安全技术条件》（GB 24407—2012）和《专用校车学生座椅系统及其车辆固定件的强度》（GB 24406—2012）两项强制性国家标准，标准对车辆安全性能的要求明显提升。根据标准，校车配置也更加人性化。该两项标准已于2012年5月1日实施。我们期盼《校车安全管理条例》和两项校车标准的颁布实施能够切实有效地化解学生尤其是农村学生上下学的交通风险。

（三）食品安全问题

近年来，学校集体食物中毒事件的报道时有发生，特别是在农村学校。据卫生部报告，2007年上半年，我国80.91%的突发公共卫生事件发生在学校，69.42%发生在农村，其中食物中毒和传染病流行为主要问题。① 农村学校网点布局调整后，由于很多学生乘坐校车上学，校车又需要几次往返各个村落，导致很多学生早上不能及时在家吃饭，到校

① 《卫生部通报2007年上半年全国突发公共卫生事件情况》，http：//www.moh.gov.cn/publicfiles/business/htmlfiles/mohbgt/pw10708/200804/18976.htm，最后访问日期：2007年7月11日。

后即到附近食杂店等处购买食物。农村学校周边食品经营户普遍存在未办理或无年审卫生许可证的现象，不少经营户还超范围经营销售散装食品，甚至在无食品卫生许可的条件下，自制销售食品；大多数食品经营户主食品安全意识淡薄，未落实食品进货检验、索票索证、购销台账等有关制度；食品店所销售的食品普遍存在生产日期标示不明确现象，有的甚至是“三无”食品，根本无法保证食品的安全性。

更令人担忧的是，农村学校食堂普遍存在着卫生设施设备不完善、卫生管理不到位等突出问题。一是农村食堂硬件设施不完善。如食堂内外环境不整洁，学校食堂附近存在污染源；整体布局不合理，功能区划分不明显；缺乏有效的“三防”设施，处理蔬菜、肉类等设施混用，用餐场所未配备必要设施等，容易为细菌滋长、病毒传播创造条件，存在发生食物中毒或食源性传染病隐患；消毒后的餐饮具存放不符合卫生要求，在食品加工过程中易造成交叉污染和再次污染；新、改、扩建的学校食堂，未纳入学校建设统一规划并由专业人士设计图纸确保布局合理，未经卫生部门预防性监督审查即开业经营。二是农村学校食品卫生管理制度不够健全，领导对学校食堂卫生重视程度不够。如农村中小学校食堂卫生许可证持证率不高，违法经营情况较严重；部分学校没有食堂食品安全管理机构，没有配备专门的食堂管理人员，没有制定食堂工作制度或者制度根本没有落实；食堂从业人员自身卫生状况较差，工作现场衣帽穿着以及口罩佩戴不符合卫生要求，人员流动性大。三是农村学校食堂管理工作不实，脏乱差现象比较严重，违规操作随处可见。部分农村中小学校食堂食品安全管理水平低，食堂环境脏、乱、差，蔬菜乱堆，米面乱放，苍蝇乱飞，老鼠乱跑，污水乱排，灰尘满柜。采购食品及原料把关不严，没有严格执行食品采购索证管理制度，采购食品散装多，没有“QS”认证标志；食堂生熟容器及用具无明显标志，不能做到分类存放，从业人员工作衣帽穿戴不齐。

鉴于农村学校食品安全所存在的诸多问题，2012 年 5 月 23 日，教育部、中宣部等十五部门印发《农村义务教育学校食堂管理暂行办法》（教财〔2012〕2 号）。该《暂行办法》分总则、基本要求、人员管理、食品采购、食品贮存、食品加工、食品供应、财务管理、监督检查、附则 10 章 60 条。办法要求：学校食堂一般应由学校自主经营，统一管理，不得对外承包。已承包的，合同期满，立即收回；合同期未满的，给予一定的过渡期，由学校收回管理。由社会投资建设、管理的学校食堂，经当地政府与投资者充分协商取得一致后，可由政府购买收回，交学校管理。2012 年 6 月 7 日，国家食品药品监管局出台《关于进一步加强农村餐饮食品安全监管工作的指导意见》（国食药监食〔2012〕146 号），强调农村学校要配备专职食品安全管理人员，要全面落实以校长为第一责任人的学校食堂食品安全责任制，要加强对学校周边餐饮服务单位的监管，严防假劣、过期或“三无”食品危害学生身体健康，等等。

（四）农村法治与社会安全问题

2010 年，当公安部、教育部基于一系列学校恶性伤害案件而下发通知，要求各级政府加强学校安全的时候，当然并没有把农村地区的学校排除在外。但事实上，农村地区在学校安全宣传上远没有城市那么紧锣密鼓——在媒体对学校安全的大量报道中，很少看到关于农村的内容。可以肯定地说，若论学校安保的现状，农村地区相比于城市其实更为薄弱，更需要加强安保工作。比如城市的学校还有大门与门卫，而很多农村学校连校门都没有；比如农村学校比城市学校更缺少资金，无力为学校安全配置足够的设施；比如农村地区比城市存在更多的危险人物，而且这些危险人物比在城市更难得到有效的控制。固然，2010 年我国发生的几起学校惨案多数都在城市，但这样有限的案例尚不足以形成“学校惨案更可能在城市发生”的结论。学校安全不是一个概率问题，而是一个状态问题。2010 年陕西省南郑县“5·12”伤害案，这起发生在农村的惨案，提醒人们更应该关注作为最基层的农村的法治、社会生态。毋庸讳言，在最基层的农村，法治更容易遭到破坏，正义更容易受到颠覆，百姓更容易陷入贫困，而他们的权利及人格尊严更容易失去保障甚至受到侵凌，加之农村人因普遍缺少教育而致缺乏对生命的敬畏，一些具有极端人格的人也更容易出现。这些因素也许皆非陕西南郑“5·12”伤害案中犯罪嫌疑人吴焕明犯罪的根源，但改善基层法治生态，让百姓享受更多的权利，给他们以宣泄情绪、表达诉求的渠道，给他们提供更方便、更有效的权利救济路径，无疑也是加强农村学校安全的应有之义。[①]

第二节 我国学校安全立法现状分析

近二十年来，我国在学校安全方面相继出台了一些行政法规、地方性法规、规章及其他规范性文件，[②]初步形成了学校安全法律法规体系的基本框架，这对于维护学校秩序、防范学校事故、保护师生人身安全、促进教育事业发展等都发挥了积极的作用。但是从整体来看，我国学校安全立法还存在着专项立法严重滞后、立法体系不尽健全、立法内容不够完善、立法层次相对低下、法律实施机制孱弱等问题，尚不能为各级各类学校应对新时期学校安全所面临的复杂形势提供充分有效的法律依据，远不能满足保护师生和学校的合法权益、有力推进教育事业健康发展的需求。我国学校安全立法的现状，可从如下方面进行概述：

一 我国学校安全相关立法介述

我国现有的与学校安全相关的法律、法规、规章及其他规范性文件主要有：

国家教委《关于实施〈幼儿园管理条例〉和〈幼儿园工作规程（试行）〉的意见》（1989 年）；

国家教委《学校体育工作条例》（1990 年）；

国家教委、卫生部《学校卫生工作条例》（1990 年）；

国家教委《关于加强幼儿园安全工作的通知》（1991 年）；

公安部、国家教委《关于加强中小学旅游活动中交通安全工作的通知》（1992 年）；

国家教委《关于做好学校治安综合治理工作的几点意见》（1992 年）；

国家教委《中小学校园环境管理的暂行规定》（1992 年）；

全国人大常委会《中华人民共和国教师法》（1993 年）；

---

① 翟春阳：《校园安全勿在农村留空白》，《青年时报》2010 年 5 月 13 日。

② 其他规范性文件，是指行政机关及被授权组织为实施法律和执行政策，在法定权限内制定的除行政法规或规章以外的决定、命令等具有普遍性行为规则的总称。

国家教委办公厅《关于重大伤亡等事故请示报告工作的通知》(1994 年)；

国家教委办公厅《关于组织学习〈中小学安全须知〉的通知》(1995 年)；

国家教委办公厅《关于加强学校体育活动中安全教育和安全管理工作的通知》(1995 年)；

国家教委《中小学卫生保健机构工作规程》(1995 年)；

国家教委《学校健康教育评价方案（试行)》(1995 年)；

卫生部《学生集体用餐卫生监督办法》(1996 年)；

中央社会治安综合治理委员会办公室、国家教委、公安部《关于进一步加强学校治安管理工作的意见》(1996 年)；

建设部、国家计划委员会、国家教委《农村普通中小学校建设标准（试行)》(1996 年)；

国家教委《高等学校医疗保健机构工作规程》(1998 年)；

教育部、卫生部、国家药监局《关于进一步加强学生常见病防治工作管理的通知》(1999 年)；

中共中央办公厅、国务院办公厅《关于青少年活动场所建设和管理工作的通知》(2000 年)；

中央社会治安综合治理委员会办公室、教育部、公安部《关于深化学校治安综合治理工作的意见》(2000 年)；

教育部《学生伤害事故处理办法》(2002 年)；

教育部《关于坚决遏制中小学校楼梯间拥挤伤亡事故的紧急通知》(2002 年)；

教育部、卫生部《学校食堂与学生集体用餐卫生管理规定》(2002 年)；

教育部、卫生部《关于加强学校卫生防疫与食品卫生安全工作的意见》(2003 年)；

中央社会治安综合治理委员会办公室、教育部、公安部《关于深入开展安全文明校园创建活动的意见》(2004 年)；

卫生部、教育部《学校食物中毒事故行政责任追究暂行规定》(2005 年)；

公安部《公安机关维护校园及周边治安秩序八条措施》(2005 年)；

教育部《关于进一步做好中小学幼儿园安全工作的六条措施》（2005 年）；

卫生部、教育部《关于做好入托、入学儿童预防接种证查验工作的通知》（2005 年）；

全国人大常委会《中华人民共和国义务教育法》（2006 年）；

全国人大常委会《中华人民共和国未成年人保护法》（2006 年）；

教育部、公安部、司法部、建设部、交通部、文化部、卫生部、国家工商行政管理总局、国家质量监督检验检疫总局、新闻出版总署《中小学幼儿园安全管理办法》（2006 年）；

教育部《中小学公共安全教育指导纲要》（2007 年）；

国务院《中共中央国务院关于加强青少年体育增强青少年体质的意见》（2007 年）；

住房和城乡建设部、国家发展和改革委员会《农村普通中小学校建设标准》（2008 年）；

教育部、卫生部、财政部《国家学校体育卫生条件试行基本标准》（2008 年）；

卫生部、教育部《中小学生健康体检管理办法》（2008 年）；

全国人大常委会《中华人民共和国侵权责任法》（2009 年）；

教育部《关于印发〈教育系统事故灾难类突发公共事件应急预案〉等三个专项预案的通知》（2009 年）；

国家食品药品监督管理局、教育部《关于进一步加强学校食堂食品安全工作的意见》（2010 年）；

中央社会治安综合治理委员会办公室、教育部、公安部《关于进一步加强学校幼儿园安全防范工作建立健全长效工作机制的意见》（2010 年）；

国务院《校车安全管理条例》（2012 年）；

国家食品药品监督管理局《关于进一步加强农村餐饮食品安全监管工作的指导意见》（2012 年）。

除了以上国家层面的学校安全相关立法及规范性文件之外，一些地方政府也相继出台了一系列关于学校安全的地方性法规、地方政府规章及地方规范性文件。这些学校安全立法具有较强的地方针对性，有利于地方性学校安全问题的有效解决。

另外，值得一提的是，为规范学校安全工作并保证各类工作推进的有序性，国务院的一些部委及相关行业管理部门也陆续出台了部分学校安全工作专项标准，其中涉及强制性国家标准的内容，亦具有法律规范的属性和功能。由于学校安全工作专项标准的全面性与复杂性，本书在此不可能一一穷尽，只拟以学校卫生标准为例予以说明。

学校卫生标准目录

序号	标准编号	标准名称	代替标准号	批准日期	实施
		强制性国家标准①			
1	GB 7793—1987	中、小学校教室采光和照明卫生标准		1987—5—12	1988—3—1
2	GB 8771—1988	铅笔涂漆层中含铅量卫生标准		1988—2—22	1988—12—1
3	GB 8772—1988	电视教室座位布置范围和照度卫生标准		1988—2—22	1988—12—1
		推荐性国家标准②			
1	GB/T 3976—2002	学校课桌椅功能尺寸	GB 3976—1983 GB 7792—1987	2002—5—29	2003—1—1
2	GB/T 11533—1989	标准对数视力表		1989—3—27	1990—5—1
3	GB/T 16133—1995	儿童少年脊柱弯曲异常的初筛		1996—1—23	1996—7—1
4	GB/T 16134—1995	中、小学生健康检查表规范		1996—1—23	1996—7—1
5	GB/T 17099—1997★	儿童少年血红蛋白筛检		1997—11—11	1998—12—1
6	GB/T 17223—1998	小学生一日学习时间卫生标准		1998—1—21	1998—10—1

① 强制性国家标准是指在一定范围内通过法律、行政法规等强制性手段加以实施的标准，具有法律属性。强制性标准一经颁布，必须贯彻执行。否则对造成恶劣后果和重大损失的单位和个人，要追究相应的法律责任。

② 推荐性国家标准又称为非强制性标准或自愿性标准，是指通过经济手段或市场调节而自愿采用的一类标准。

续表

序号	标准编号	标准名称	代替标准号	批准日期	实施
7	GB/T 17224—1998	中学生一日学习时间卫生标准		1998—1—21	1998—10—1
8	GB/T 17225—1998	中、小学教室采暖温度标准		1998—1—21	1998—10—1
9	GB/T 17226—1998	中、小学教室换气卫生标准		1998—1—21	1998—10—1
10	GB/T 17227—1998	中、小学教科书卫生标准		1998—1—21	1998—10—1
11	GB/T 18205—2000	学校卫生监督综合评价		2000—9—30	2001—1—1
12	GB/T 18206—2000	中、小学生健康教育规范		2000—9—30	2001—1—1
13	GB/T 18741—2002	盲校建筑设计卫生标准		2002—5—29	2003—1—1
强制性行业标准					
1	WS 99—1998	黑板安全卫生要求		1998—5—25	1998—10—1
2	WS 103—1999	学生营养午餐生产企业的卫生规范		1999—1—21	1999—7—1
3	WS 219—2002	儿童少年矫正眼镜		2002—1—21	2002—7—1
推荐性行业标准					
1	WS/T 100—1998	学生营养午餐营养供给量		1998—5—25	1998—10—1
2	WS/T 101—1998	中小学生体育锻炼运动负荷的卫生标准		1998—5—25	1998—10—1
3	WS/T 200—2001	儿童少年斜视的诊断及疗效评价		2001—7—20	2002—1—1
4	WS/T 201—2001	儿童少年弱视的诊断及疗效评价		2001—7—20	2002—1—1
5	WS/T 202—2001	儿童少年屈光检测要求		2001—7—20	2002—1—1

★标注为国标委清理后废止标准。

上述关于学校安全的法律、法规、规章及规范性文件中，对学校各类安全管理事项的责任主体及其职责、学校安全工作体制与机制、监管机构与监管内容、学校及其负责人的安全责任与落实、从业人员培训、学生安全教育、事故应急救援与调查处理、事故法律责任等方面均作了一些各有侧重、相对分散的规定。关于学校安全的地方性法规则结合各地实际对国家层面的立法进行了补充和细化。关于学校安全的地方政府规章及规范性文件则进一步对学校安全法律法规从贯彻实施的细则方面进行了规范，尤其是对诸如开展学校安全专项整治等工作规定了具体细致的操作规程等，以保证上级法律法规的切实施行。可见，经过二十多年的努力，我国已形成了学校安全法律法规体系的基本框架，这对于维护学校秩序、防范学校事故、保护师生人身安全、促进教育事业发展等都发挥了积极的作用。如前文所述，从宏观视角看，我国学校安全呈现总体稳定、趋于好转的发展态势。

但是与此同时，我们也必须要清醒地看到，全国学校安全形势依然严峻，主要表现在：学校安全工作开展不平衡、部分学校的安全责任意识还未真正提升、各类学校安全隐患大量存在、部分学校安全管理不力、学校周边环境堪忧、学校安全管理制度不健全、学校安全管理组织机构和领导体制不完善、安全教育工作亟待推进等。另外，我国学校安全事故总量依然偏大，反映学校安全的一些重要指标还比较落后。尤其是 2010 年连续发生的学校血案，不仅严重威胁着青少年学生的生命安全和健康，也影响到社会和谐及我国的国际形象。学校事故频频发生的原因是多方面的，不但与经济社会发展水平和社会转型相关，还与我国学校安全法制建设所存在的如下问题须臾不可分离。

二 我国学校安全相关立法之缺憾

（一）学校安全专项立法严重滞后

“有法可依、有法必依，执法必严、违法必究”，这是依法治国的基本要求，也是我国社会主义法制建设的基本方针。学校的安全管理工作也不应例外。2010 年 5 月，全国人大代表、华中师大教育学院教授、湖北省人大常委会副主任周洪宇指出，要想从根本上解决学校安全问题，须积极寻找治本之策，那就是在充分吸取最近一系列恶性案件深刻教训的基础上，尽快建立一套维护学校安全、有利于保护青少年权益的法律法规和制度措施。这其中，制定专门的学校安全法律迫在眉睫。[①]

目前我国学校安全的相关立法散见于部分全国性的法律、法规、规章、其他规范性文件和地方性的学校安全法规、地方政府规章及地方规范性文件之中。有关保护在校学生合法权益的法律条款散见于《宪法》、《民法通则》、《未成年人保护法》、《义务教育法》、《教师法》等之中。但是，这些法律关于在校学生合法权益保护的相关规定过于原则抽象，缺乏系统性、明确性和可操作性。且现行立法对学校安全问题的规范尚存着大块的法律空白，致使许多学校安全问题的解决不是诉诸理性而稳定的法律，而是事故之前运动式的公共治理和事故之后高密度的通知整顿。“现行法律只能解决校园内的犯罪与治安的界定、处理，起不到前期预防管理的作用。尤其是在学校安全管理的全局问题如安全管理的责任、管理机构的设置和权力等方面，仍无明规。其中，颇具代表性就是学校保安是否具有执法权的问题。以福建南平案为例，事后有遇难学生家长表示，学校没有保安，是导致悲剧出现的重要原因。按照现在的规定，大中专学校有保安设置，中学有保卫干部但以安全教育为主，小学目前只有专门负责治安管理的副校长，并没有专门的保安力量。这就导致了一个尴尬的局面：学校并非执法机构，也无专业的安保力量，当学校面对诸多来自社会上的安全隐患时，常常处于无能为力之境。”[②]

据报道，早在1999年3月的九届人大二次会议上，在武汉水利电力大学郭生练教授的推动下，湖北省代表团就提交了相关议案，呼吁尽快制定《学校安全法》。而在九届人大四次会议上，来自20多个代表团的150多名代表，提交了制定《学校安全法》的连署议案。在这次会议上，总计700名代表向大会议案组提交了21份关于尽快制定《学校安全法》的议案。湖北省人大常委会副主任周洪宇就是这种声音的拥护者，2005年3月召开的全国“两会”上，他还专门提出过“关于制定学校安全法的建议”的提案。“两会”结束后，全国人大内司委对

① 朱振国：《校园安全立法迫在眉睫，保护青少年制度亟待完善》，《光明日报》2010年5月10日。

② 《校园安全法10年难产，各地突击安保被批搞运动》，http：//news. sohu. com/20100506/n271939145. shtml，最后访问日期：2010年5月6日。

学校安全情况作了专题调研，并召开有关部门参加的座谈会听取意见，组织了多次实地调研。然此后该法的立法进程仍一直未见启动。不过，当2005年3月全国“两会”期间周洪宇提交自己的建议时，对于这个建议，主管的教育部曾表示了相当的认同。2005年8月3日，教育部建议办理“对全国人大十届三次会议第5061号建议的回复”。其中，明确提出学校安全问题已经成为困扰学校和教育行政部门的一道难题，教育部高度关注从制度上和立法上推动此问题的解决。“教育部和公安部均认为，制定学校安全法确有必要”，在该回复中曾有如此表述。据周洪宇介绍，教育部当时明确表示，将首先向全国人大提出学校安全的立法建议，如果全国人大层面的立法推不动，就尽量争取能先行推动将学校安全问题纳入国务院的行政法规立法计划。然而，五年过去了，《学校安全法》依旧没有出台迹象。[①]

2010年频发的学校血案，令国家机器迅速动员起来。5月3日，由中共中央政治局常委、中央政法委书记周永康主持召开的“全国综治维稳工作电视电话会议”，将学校安全由社会问题上升至政治问题的层面。周永康称，各级党委、政府要把维护学校、幼儿园安全“作为一项重大政治任务，切实承担起第一责任”，“党政一把手要负总责、亲自抓，分管领导要具体抓、深入抓”。但政府部门针对学校安全而陆续出台的临时举措，多为应对突发情况，若想从根本上解决学校安全问题，尚需寻找一条治本之径，那就是：改变我国学校安全专项立法严重滞后的现状，尽早启动《学校安全法》的立法工作，通过学校安全立法，全面规范学校安全工作，将学校安全纳入常态化管理系统之列。

（二）学校安全立法体系不尽健全

当前，我国已经建立起以《教育法》为“教育母法”，以《教师法》、《义务教育法》、《职业教育法》、《高等教育法》等为基本法律，并辅以一系列教育行政法规、地方性教育法规和教育规章、教育规范性文件的、相对完整系统的广义上的教育法律体系。但是，由于我国法制建设时间较短，教育法制化进程尚没有深入推进，反映在学校安全问题

---

① 《校园安全法10年难产，各地突击安保被批搞运动》，http：//news. sohu. com/20100506/n271939145. shtml，最后访问日期：2010年5月6日。

上就是有关学校安全的专项法律规范相对缺位，现有的相关立法又缺乏整体性和系统性，学校安全方面的很多问题还无法可依、无章可循。具体地说，在法律这一层面上，虽有教育法等多部法律涉及学校安全，但对学校安全问题的规定过于笼统，缺乏可操作性。在法规、规章这一层面上，关于学校安全的规定政策性较强，但科学性和严密性相对欠缺。在地方规范性文件这一层面上，有关学校安全的大多属于应急性规定。例如，前文所述的关于我国国家或地方层面学校安全的政策法规大都是基于当时国家或地方的具体实际而应急提出的，具有针对性但缺乏系统性，比较零散，不能发挥法律监督的整体效能，而且也不能涵盖学校安全问题的诸多方面，无法有效解决学校安全保障的根本性问题。此外，一些规章还往往呈现出“部门立法”的倾向，如教育部2002年出台的关于学校安全工作的重要规章——《学生伤害事故处理办法》就被公众认为“带有明显的部门保护主义倾向”：在民事责任的承担主体上，《办法》对教育行政主管机关在学生安全方面的责任区分等应规定的内容未作规定；在事故责任者的处理方面，将教育行政部门应负的责任限定于行政责任和刑事责任，而规避应负的民事责任。所以既当运动员又当裁判员，有于己方便之嫌。[①]

我国学校安全立法体系不尽健全主要表现在学校安全立法的系统性和协调性不足。“系统”一词源于古希腊，为“共同”、“整体”之义。根据《辞海》的解释，系统是指“自成体系的组织；相同或相类的事物按一定的秩序和内部联系组合而成的整体”，或指“始终一贯的条理、顺序”。立法的系统性即指法律规范自成体系，并且各条文、各部分之间相互联系、始终一贯、秩序井然，从而构成一个有机的整体的一种特质。立法的协调性是立法系统性内涵的一次延伸，其基本含义就是要求立法活动所创制的法律规范在体系上内在逻辑严密一致，内容上统一和谐，关系上协调一致，而不存在矛盾、冲突甚至相互否定的现象。同时与外部法律环境、其他法律规范也协调一致。对此，恩格斯有过精辟论述：“在现代国家中，法不仅必须适应于总的经济状况，不仅必须

① 马国颖：《法律界人士评〈学生伤害事故处理法〉》，《南方都市报》2002年8月23日。

是它的表现，而且还必须是不因内在矛盾而自己推翻自己的内在和谐一致的表现。”[①] 美国法学家富勒所提出的“使法律成为可能的道德”需满足的八个条件之一即“这些规则不应当自相矛盾”，[②] 也是从法律的协调性来着眼的。如果学校安全立法不能形成和谐一致的规范体系，法规体系的原则之间、原则与规则之间、规则之间、制度之间缺乏协调性，甚至相互矛盾，学校安全立法的功能就无法实现。

现有与学校安全相关的法律规范散见于多部法律、法规、规章及相关文件之中，各种零散颁布的有关学校安全的条例、决定、通知和规定等。立法者是多性质主体，如教育、公安、卫生、交通、文化、工商、建设，乃至工会等，“法出多门，各行其是”，相互之间缺少必要衔接，不能形成配套法律体系。由于学校安全立法整体意识不强，缺乏一个立足于全局、整体和宏观、长远的立法统筹规划，法律规范的制定往往只针对于现实中亟待解决的问题，存在“头痛医头、脚痛医脚”的弊端，造成立法的临时性、应急性有余，而科学性、条理性和系统性不足，立法中相关规定的变化调整速度过快，稳定性较差。现代立法论主张，宪法统领之下，立法要有整体意识、要考虑国家的整体利益；不同法律体系之间，法律内容上有分工合作、互相配合的要求；具体的法律体系内部，成员法的内容有衔接对应、环环相扣的要求，成员法颁布执行有时间顺序的要求是现代法治的要求。[③] 学校安全立法相互之间的和谐一致是学校安全法律法规体系协调统一的基础。当前，我国学校安全立法特别是规章一级的立法数量多，立法的时间跨度长，法律制定应急性强，统筹规划不够，导致我国现有学校安全立法相互之间不够配套、衔接，一些立法的规定相互之间存在矛盾和冲突，法律法规体系内部系统性、条理性、配套性、衔接性不强，学校安全立法与其他相关立法也缺乏配套衔接和有机协调。总体来看，新通过的立法与原有立法之间、上下不同位阶的立法之间、学校安全立法与其他相关立法之间都存在一些或大或小的矛盾和冲突。

---

① 《马克思恩格斯选集》（第4卷），人民出版社1972年版，第186页。

② ［美］E. 博登海默：《法理学——法哲学及其方法》，邓正来、姬敬武译，华夏出版社1987年版，第186页。

③ 王志亮：《刑诉法修改应关注刑事法律体系的衔接》，《东方法学》2009年第1期。

在此再以教育部2002年出台的《学生伤害事故处理办法》（以下简称《办法》）为例予以说明。客观地说，《办法》的出台为教育行政主管部门和学校处理学生伤害事故纠纷提供了指导，为司法机关审理此类诉讼案件提供了参考，为学生家长维护合法权益提供了帮助，有着积极的立法意义。但是，由于我国对教育法的研究起步晚，积累的经验不足，在立法过程中难免顾此失彼，使得《办法》的法律规范呈现出一些明显的缺陷。例如，《办法》是由教育部制定的部门规章，根据《立法法》第9条的规定，教育部只能根据法律和国务院的行政法规、决定、命令，在教育部的权限范围内制定规章。但《办法》的规定已经超过本部门的权限范围，大量包含民事规范，规定当事人的民事权利和民事义务以及民事责任归责原则，这种立法行为受到了法律界的广泛质疑。中国社科院法学研究所莫纪宏博士针对《办法》中的相关免责条款指出，“教育部无权规定民事诉讼中的责任，也就是说，无权调整平等法律主体的民事关系”。他认为，部门规章可以用来约束下级，但不应该对公民有效，对于公民的约束及民事责任认定应该由法律来规定。中国政法大学行政法教授张树义先生认为，涉及公民基本权利，应该由立法机关立法规定，行政机关并无权力进行规定。《学生伤害事故处理办法》中规定学校在几种情况下不承担法律责任是不合适的。[①]

纵览《办法》，其不仅包含行政规范，如第三章“事故处理程序”、第五章“事故责任者的处理”，而且还包含了部分民事规范，如第二章“事故与责任”、第四章“事故损害的赔偿”。《办法》甚至还具体地规定了学校、学生及其监护人、其他社会主体在学生伤害事故中的民事权利、民事义务以及民事赔偿责任。我们认为，作为行政机关的教育部制定的《办法》包含民事规范，规定当事人的民事权利、义务和责任，这是不恰当的。民事权利、义务、责任乃社会主体最基本的权利、义务和责任，与此相关的制度乃民事基本制度，社会主体具有何种民事权利和义务，何种情形下承担何种民事责任，应当由全国人大及其常委会制定法律来规范。教育部作为主管教育的中央国家行政机关，享有行政职权，为实施行政管理的目的，当然可以采取行政措施，包括制定规章及

---

① 马国颖：《法律界人士评〈学生伤害事故处理法〉》，《南方都市报》2002年8月23日。

规范性文件等，但“应在本部门的权限范围内”进行，且所制定的规章“规定的事项应当属于执行法律或者国务院的行政法规、决定、命令的事项”。[①] 这就意味着，教育规章只能用来约束和调整教育行业的内部事务，仅限于规范教育行政管理事项，且效力仅仅及于其所管理的学校，不能及于学校的学生。在学生伤害事故问题上，作为教育规章的《办法》应仅限于规范对事故的预防和处置，学校及其领导人员和管理人员的行政责任、对教职工的纪律处分、对事故的行政处理和监督及相关罚则等内容，而无权调整学校与学生之间的民事关系，学校和学生这对平等民事主体之间构建的以民事权利、义务和责任为内容的民事法律关系，并不存在行政权力介入的空间。

（三）学校安全立法内容不够完善

学校安全立法内容的不完善，既表现在现行相关学校安全立法的内容相对陈旧，没有伴随着社会生活和学校安全形势的快速变迁而“与时俱进”，又表现在现有部分立法的可操作性较差，未能体现立法原则性与具体性相结合的精神，对一些学校安全共通的、定型化的问题未做出具体明确的规定。

其一，部分学校安全立法的内容陈旧、亟待修订

当前，已经颁布实施的学校安全立法在规范内容上暴露出不少问题，一些立法制定于 20 世纪 80 年代或者 90 年代，规定的内容陈旧、滞后，远远落后于形势发展和实际工作的需要。例如，我国现行的《学校卫生工作条例》（以下简称《条例》）是 1990 年经国务院批准，国家教委、卫生部发布实施的，距今已有 20 年。这期间，伴随着社会的发展，改革的深入，《条例》中学校卫生工作的内容、管理的方式乃至部分管理机构都发生了很大的变化，已经不能完全适应学校卫生工作的现状。[②] 还有一些行政法规和部门规章是在立法条件尚不具备的情况

---

① 《立法法》第 71 条规定：“国务院各部、委员会、中国人民银行、审计署和具有行政管理职能的直属机构，可以根据法律和国务院的行政法规、决定、命令，在本部门的权限范围内，制定规章。部门规章规定的事项应当属于执行法律或者国务院的行政法规、决定、命令的事项。”

② 李任伟：《〈学校卫生工作条例〉即将修订》，http：//www. mxwz. com/city/view. aspx? CID =7&ID =563968，最后访问日期：2010 年 7 月 7 日。

下，根据“急用先立”的原则，就某一方面内容制定和颁布的，不是基于对整个学校安全立法的统筹规划和全面考虑而制定的，因而，也不能很好地适应我国新时期学校安全保障和教育事业发展的需求。

其二，部分学校安全立法过于原则、可操作性差

当前，我国一些学校安全立法的规定太过原则、抽象，可操作性差，主要表现为：（1）相关法律条文中大量使用“及时”、“限期”、“按时”、“增强”、“加大”等不确定语词，频频使用“违反本条规定的，由有关行政主管部门责令限期改正，并按国家有关规定予以处罚”等不确定表述。一旦进入适用阶段，就会发现条文规定的模糊不清和模棱两可。（2）相关法律条文本身表述的含义清楚，但提倡性、号召性、宣示性条款较多，而具体操作性条款较少，条文中经常使用“积极”、“鼓励”、“加强”、“支持”等抽象性语言，在内容上与政策相差不大。例如，2006 年 6 月新修订的《中华人民共和国义务教育法》首次明确地将中小学安全工作写进了法律[①]，其中第 15、16 条主要关于“学校的规划、设置和选址、建设”，第 23 条主要关于“学校周边安全秩序的维护和治理”，第 24 条主要关于“学校的安全制度、应急机制和安全教育，以及校舍维护等”。《义务教育法》将学校安全工作规范提高到国家法律的层面上，毫无疑问地为学校安全工作的有效推进提供了法律保障。但是，令人遗憾的是，《义务教育法》关于学校安全工作的相关法律规范显然存在着原则性强、操作性弱的弊端，如《义务教育法》关于学校安全的两个核心条款——第 23 条、第 24 条指出：“各级人民政府及其有关部门依法维护学校周边秩序，保护学生、教师、学校的合法权益，为学校提供安全保障”；“学校应当建立、健全安全制度和应急机制，对学生进行安全教育，加强管理，及时消除隐患，预防发生事故。县级以上地方人民政府定期对学校校舍安全进行检查；对需要维修、改造的，及时予以维修、改造。”如此原则性的规定对于切实妥善地解决学校安全工作中大量具体问题的作用是可想而知的。

再以教育部的《学生伤害事故处理办法》（以下简称《办法》）为例，《办法》中一些法律规定也存在着“过于粗糙、不能细究，可操作性不强”

---

① 王磊：《校园安全首次写入〈义务教育法〉》，《今日安报》2006 年 8 月 22 日。

等问题。比如，《办法》对学生主体的认定未作民事行为能力上的区分。学生主体民事行为能力的认定，是学生伤害事故处理的关键所在。“学生”是一个范围很广的群体概念，受教育程度从幼儿园到研究生院，年龄跨度从几岁到几十岁，这其间法律为他们设定的行为能力和所需承担的法律责任是存在明显差异的。但《办法》没有区分适用对象，具体说来，也就是没有将学生区分为无行为能力人、限制行为能力人、完全行为能力人，因此，《办法》对学校安全事故处理的合理性和可操作性便也倍受质疑。① 另外，《办法》中存在着大量诸如此类的立法语言：“有明显不安全因素的”、“存在重大安全隐患”、“未及时采取措施的”、“学校已履行了相应职责”、“其他意外因素”、“来自学校外部的突发性、偶发性侵害”、“应当知道”、“难以知道”等等，用这些不明确或难以界定的语词进行立法表述，大大增加了法院审判学校伤害事故诉讼的难度和解决纠纷的成本，并使得本来就起到“参照”作用的《办法》更欠缺了法律价值。②

（四）学校安全立法层次相对低下

我国《立法法》第2条规定：“法律、行政法规、地方性法规、自治条例和单行条例的制定、修改和废止，适用本法。国务院部门规章和

---

① 《中华人民共和国侵权责任法》已于2010年7月1日起施行，与此前的《学生伤害事故处理办法》等法规相比，该法在学生伤害事故处理方面作了新的规定。《侵权责任法》第38条、第39条、第40条在对未成年学生主体进行区分的基础上，明确规定学校等教育机构承担民事责任的归责原则为过错推定原则（第38条）、过错责任原则（第39条、第40条）。该法中并未涉及无过错责任原则及公平原则。与之前的法律规定及司法解释相比，《侵权责任法》在学校等教育机构承担民事责任的归责原则方面发生了实质性变化，明显加强了对无民事行为能力学生的保护力度，加大了学校等教育机构的举证难度和承担民事责任的概率。

② 最高人民法院《关于人民法院制作法律文书如何引用法律规范性文件的批复》指出：“人民法院在依法审理民事和经济纠纷案件制作法律文书时，对于全国人民代表大会及其常务委员会制定的法律，国务院制定的行政法规，均可引用。各省、直辖市人民代表大会及其常务委员会制定的与宪法、法律和行政法规不相抵触的地方性法规，民族自治地方的人民代表大会依照当地政治、经济和文化特点制定的自治条例和单行条例，人民法院在依法审理当事人双方属于本行政区域内的民事和经济纠纷案件制作法律文书时，也可引用。国务院各部委发布的命令、指示和规章，各县、市人民代表大会通过和发布的决定、决议，地方各级人民政府发布的决定、命令和规章，凡与宪法、法律、行政法规不相抵触的，可在办案时参照执行，但不要引用。”所谓“参照”规章是指：在案件审理中，在法律、法规对相应问题没有明确、具体规定的情况下，法院若通过审查，认为规章对相应问题规定明确、具体，且不与法律、法规、法理相违背，即可参照规章处理具体案件。参照的含义是参考并仿照，对符合法律、行政法规的规章，人民法院审理行政案件时应当承认规章效力；反之，则不应当参照。

地方政府规章的制定、修改和废止，依照本法的有关规定执行。”《立法法》将“规章”纳入调整范围，需要我们从以下方面理解“规章”的法律地位：第一，制定规章属于立法行为。我国宪法与法律赋予国务院部门和地方政府的规章制定权，在性质上是一种立法权，行使规章制定权的行为是一种立法行为而不是行政行为；第二，规章作为“法”的一种形式，其确立的规则是具有法律约束力的法律规范，或者说其确立的行为具有法律规范的效力；第三，规章的效力是附条件的，规章在我国法律体系中的地位是附属的，是位阶最低的法律规范，它不同于其他“法”的主要之处在于其制定主体是国务院部门及地方政府。

当前，我国的学校安全立法只是散落在相关的法律中，散见于各种有关学校安全的“条例”，“方案”，“意见”和“决定”之间，它们立法层次相对低下，缺乏应有的稳定性和强制性。许多学校安全的规定和具体的实施办法都是通过各种行政文件发布的，缺乏法律权威和制度刚性。即便是教育部等国务院部委制定的关于学校安全的部门规章，在行政诉讼与民事、经济诉讼中也只能起到“参照”的作用。《行政诉讼法》第 52 条规定，“人民法院审理行政案件，以法律和行政法规、地方性法规为依据。地方性法规适用于本行政区域内发生的行政案件”。《行政诉讼法》第 52 条规定，“人民法院审理行政案件，参照国务院部、委根据法律和国务院的行政法规、决定、命令制定、发布的规章以及省、自治区、直辖市和省、自治区的人民政府所在地的市和经国务院批准的较大的市的人民政府根据法律和国务院的行政法规制定、发布的规章”。据此规定，人民法院审理行政案件时，对规章只能参照适用：即对符合法律、行政法规规定的规章，法院参照处理；对不符合或者不完全符合法律、行政法规原则精神的规章，法院可以有“灵活处理”的余地。所谓“灵活处理”，意指法院可以弃之不用，不必“参照”。这是因为目前我国规章的制定权限还不够明确，有些规章是否符合法律、法规的规定难以确认，实践中立法部门化的倾向不同程度地存在，而我国法院对抽象行政行为又没有司法审查权，不能审查或撤销行政机关制定的规章及其他规范性文件。在此情况下，人民法院审理案件只能“参照”规章，规章与法律、行政法规的规定不一致的，适用法律、行政法规；对不符合法律、行政法规的规章，人民法院不予适用。《民事诉讼法》虽无此规定，但民事审判亦应如此。总之，法官断案的法律依据是全国人大及其常委会制定的法律、国务院制定的行政法规、最高人民法院的司法解释等，国务院各部委制定的部门规章只能作为参照。以《学生伤害事故处理办法》为例，《办法》是以教育部令第12号颁布施行的，在立法层次上属于位阶较低的部门规章。根据《立法法》确立的上位法优于下位法、同位阶的法律规范具有同等的法律效力，并在各自的权限范围内施行等法律适用原则，作为教育部制定的行政规章，《办法》不得违反法律、行政法规的规定，并只能在教育部的权限范围内施行，为教育行政部门及学校处理学生伤害事故提供法律依据。如果《办法》的规定违反了法律、行政法规的规定，则其规定当然无效。由于学生伤害事故中的法律责任主要是侵权民事责任，而我国的《民法通则》对此已有较为全面的规定，因此，在处理学生伤害事故时，首先应当适用《民法通则》的有关规定，而不是《办法》的规定，并不会也不能将《办法》作为判案的依据。如此一来，《办法》由于其自身效力太低而导致被司法实践所架空！

除了《学生伤害事故处理办法》外，2006年9月，由十部（局、署）签发实施的《中小学幼儿园安全管理办法》，也存在着因立法层次相对低下而缺乏应有的法律权威和制度刚性、实施践行度较低的问题。2006年6月30日，教育部与公安部、司法部、建设部、交通部、文化部、卫生部、国家工商行政管理总局、国家质量监督检验检疫总局、新闻出版总署联合发布了《中小学幼儿园安全管理办法》（教育部令第23号），并于2006年9月1日起施行。《中小学幼儿园安全管理办法》是我国第一个专门关于中小学安全管理的法规性文件，是第一个以十部委部长令的形式发布的有关中小学安全管理工作的文件，是第一个与新修订的《义务教育法》配套的法规性文件。但是，《中小学幼儿园安全管理办法》同样存在法律效力层次过低的问题，立法层次的低下“使得有关部门在学校安全工作中缺乏积极性、主动性。没有执法权的教育行政部门和学校成为学校安全工作的主要力量，这就给部门间的协调工作带来了很大的难度，‘各部门齐抓共管’往往成为一句空的口号”。[①]

① 步立建：《当前中小学安全工作的问题与对策》，《中小学管理》2007年第10期。

此外，我国学校安全立法还存在着“习惯于以应对性政策替代法律建构”的问题。“长期以来，我们没有对于法律法规的刚性和严肃性的意识，只是将其作为一般原则的宣示，而临时的政策和措施则起到更重要的作用，它们可以改变、冲击法律法规。这说明，我们的法治观念还不强，行政权力往往大于法律的力量。”“我们不能以机会主义的态度频繁采取权宜之计，意图制造新的局面或政绩。从长远和根本上说，法律法规的严格和权威是我们的最大利益。”① 当前，我国学校安全法律研究整体上处在一个“幼稚”阶段，存在以政策出台代替法律制定，以政策解释代替法律分析的问题，导致的结果是，政策的存在“不仅替代了法律，遏止了法律的成长，支配着法律，使法律成为政策的仆从，而且给法律本身带来消极影响，使法律政策化”,②“政策的种种效应是法律难以实施的重要原因之一。不适当削弱政策的权威，法律的权威就难以建立，不减少政策的适用范围和影响，法律的作用就难以发挥。”③“习惯于以应对性政策替代法律建构”所导致的结果，是学校安全工作很难落到实处，基于纠正事故而不断出台的一系列“紧急通报”、“紧急通知”等由于政出多门，加上这些政策往往只是解决表层性而非根源性问题，缺乏前瞻性、战略性和全局性，导致一揽子会议开了，文件转发了，检查也应付了，但事故的根子没解决。

（五）学校安全法律实施机制孱弱

学校安全法律的实施机制，包括依据学校安全法律所实施的行政执法、司法、争议解决的仲裁活动及法律监督程序等。我国现行学校安全法实施机制较弱的主要原因是相关法律中缺失关于法律责任，包括承担责任情形、责任认定、责任主体、责任方式、担责程序等的明确规定，致使学校安全法律规范刚性不足而柔性有余、处于“软法”的尴尬地位。

随着现代学校制度的建立，学校应该作为公务法人享有权利和承担义务。但对于学校安全问题，我国目前仍然走的是“行政指导—行政

---

① 徐友渔：《勿用政策代替法规》，《南方都市报》2008 年 8 月 1 日。

② 蔡定剑：《历史与变革》，中国政法大学出版社 1999 年版，第 265 页。

③ 同上。

监督—行政处分（处罚）”的老路，强调教育的公益性，对学校责任的分配和承担更倾向于在公共行政体系内部解决。目前，由于我国尚缺乏一部专门法律来规范学校安全管理中多元主体之间的权利义务关系，导致学校安全工作中各主体责任模糊不清、界线不明。在责任性质上，行政责任、民事责任和刑事责任经常纠缠在一起，有时甚至以其中一种责任代替其他责任。在责任主体上，教育主管部门、学校、校长、教师、学生、家长等各主体的责任，并没有明确有效的界定和区分。事实上，权责明确是法治社会立法和执法必然的内在逻辑。只有权责明确，国家权力运行才能得以规范，才能保证国家权力不被滥用；只有权责明确，公民才能根据法律判断自己的行为是否合法，才能决定自己如何行为；只有法律明确不同主体的权责范围，公民才能自由生活在法治的国度里。若权责不清、责任不明，则势必导致法律实效的弱化，最终导致公民对法律的信任度降低，使所立之法一般预防之目的无法实现。[①]

另外，我国的学校安全法律规范还呈现出一种明显的不平衡状态，主要表现为监督性法律规范，远远少于管理性规范，使学校安全立法基本上局限于具体行政部门的权力视野和管理手段，并且现有学校安全立法的监督性规范，在法律规范结构方面普遍存在着因法律后果缺位导致强制力缺乏的情况，致使学校安全立法缺乏应有的刚性。“刚”意指强硬、有力量，法律的“刚性”亦即法律的强制性和不可变性。以强制性和不可变性为其根本含义的“刚性”必然是规范的一种固有属性。如果缺乏刚性，有“规范”之称的所谓法律规范，就是形同虚设的、没有牙齿的老虎，在实质上就不是规范。作为法律规范，其刚性就体现为具有确定的强制力。对于有关学校安全的法律责任规范而言，刚性就是法律监督产生实效的力量所在。监督一旦启动，必将产生强制性的法律后果：对合乎要求的，予以肯定；对违反要求的，予以制裁。具有这样的法律强制力的监督就是刚性的监督。现代意大利新康德主义法学家韦基奥（G. Vecchio）指出：强制力与法律是两个在逻辑上具有必然联系的概念，“哪里没有强制，哪里就没有法律”。美国法学家帕特森（E. Patterson）同样认为：“任何法律在一定意义上都具有某种法律制

① 张文显：《法理学》（第二版），高等教育出版社2003年版，第241—242页。

裁形式”，而且“制裁是任何法体、任何法律规定的必要特征”。而反观我国当前的学校安全立法，一则监督性和责任性立法非常少，二则即便有一些此类立法，却又普遍存在着刚性不足的问题。除此之外，我国学校安全立法还存在着重实体而轻程序，重治标而轻治本、重事后补救而轻事前预防的立法倾向，也导致了学校安全执法的被动和低效。凡此种种，使法律实施效果与立法目标尚存较大的距离。

第二章

他山之石:发达国家学校安全立法及其启示

世界许多国家，尤其是主要发达国家，学校安全法制建设历史悠久，成效卓著。长期以来，对于关系到国家根本利益的重大教育管理问题——学校安全问题，这些国家都无一例外地求诸法律手段，以其作为维护和保障学校安全的基本措施。由于国家体制、民族传统以及由此形成的法律制度的不同，各个国家对学校安全法的创制、运用及所体现的基本特征并不一致，如以日本为代表的是校内保护型的学校安全立法，以美国为典型的是校外保护型的学校安全立法，可谓各具特色。但是，各个国家通过学校安全立法来体现国家对学校安全的干预和管理这一原则，却是始终不变的共性。因此，对国外一些发达国家进行学校安全立法基本情况的考察，无疑有益于我国学校安全立法的去弊纠偏。

第一节　发达国家学校安全立法的基本类型

综观当今世界发达国家的学校安全立法，大致可以分成以下两种基本类型。

一　校内保护型

日本是校内保护型学校安全立法的代表。日本政府、各类学校、国民都普遍地认为，学校是育人的场所，学校的安全保障是学校进行正常教育教学活动的基础，因此学校必须对学生安全状况格外关注，并构建以学校为保护中心的学校安全管理体系。日本于20世纪中期就建立起了饮食供给、保健、学校体育和学校所应承担的责任等一系列有关中小学生在校安全的法律保护体系。

1. 学校的饮食供给。1954年日本颁布了《学校供给饮食法》，目的是“鉴于学校供给饮食有助于儿童及学生身心的健全发展，并且有助于国民饮食生活的改善，通过规定学校供给饮食的必要事项，以谋求学校供给饮食的普及充实”，并通过供给饮食使学生“培养对日常生活中的饮食正确的理解和良好的习惯”，“谋求饮食生活的合理化，改善营养及增进健康”。《学校供给饮食法施行细则》同时规定，在日本学校中由《营养士法》规定的营养士许可者、拥有对学校供给饮食的实施有必要的知识或者经验者，提供包括完全供给饮食、补充供给饮食和供给牛奶等在内的学校供给饮食内容，以切实促进学生的营养供给和健康体魄的生成。

2. 学校的保健。1958年的《学校保健法》规定了学校的保健管理及安全管理的必要事项，谋求儿童、中小学生或者幼儿的健康保持增进，并且有助于学校教育的顺利实施及确保其成果。具体包括：学生的健康诊断，即在学校里必须每学期进行儿童、中小学生或者幼儿的健康诊断；学校环境卫生，即在学校里必须适当进行换气、采光、照明及保温，努力保持环境的清洁卫生，并根据需要谋求其改善；学校环境的安全，即在学校里必须适当地进行设施及设备的检查，采取必要的修缮等防止危害的措施，以谋求学校安全的环境。

3. 学校的体育活动。1961年日本颁布了《体育振兴法》，以“有助于国民身心的健全发展和形成愉快丰富的国民生活”为目的，明确规定了关于体育振兴的基本准则，并且以有助于国民身心的健全发展和形成愉快丰富的国民生活为目的，规定“国家及地方公共团体为了防止学生登山事故、游泳事故及其他体育事故，必须努力整备设施、培养指导员、普及关于防止事故的知识及采取其他必要的措施”。

4. 学校对安全事故的责任。日本不但对学校安全保护工作提出了严格的事前防范措施，同时也对一旦发生学校安全事故后，学校所承担责任的范围以及责任的实现形式等问题作了详尽的规定。①

① 曲正伟：《日本中小学生学校安全保护简况》，《外国中小学教育》2001年第4期。

除了日本外，在当今发达国家中，法国、英国等的学校安全立法也更多地带有“校内保护型”的特点。

法国政府认为：“中小学是处于危险海洋中的与安全息息相关的一个孤岛”，[①] 因而，法国非常重视中小学学校的安全。近年来法国学校频发血案，已演变成为亟待解决的社会顽疾之一。据法国教育部网站消息，2009 法国教育部部长达尔科斯召集全国各学区督学就如何防止武器进入学校、治理学校暴力问题展开讨论，并提出“教育、防范、阻止”三项治理原则。在“教育”层面，要求对学校领导和教师进行培训，帮助其了解与学校暴力相关的法律法规，同时教会学生对自己的行为承担责任。为了向学生清楚解释在学校应遵守的行为规范和制度，法国教育部正在起草《校园安全法》，并在法案完成后尽快下达全国各学校。在“防范”层面，要求法国各学校在 2009—2010 学年建立自己的安全防卫系统，在必要的情况下，可以安装固定或移动监控装置。在“阻止”层面，要赋予校方领导检查学生课桌、书包，以及在必要时没收危险物品等权利。此外，时任教育部长的达尔克斯还计划在各学区成立由 20—50 人组成的学区机动队，由学区督学直接领导，负责防范可能发生的学校暴力事件，以及在出现暴力事件时迅速介入，控制事态。[②] 2010 年，法国教育部和内政部共同颁布了《校园安全计划：优先事项》法令，法国《世界报》于 2010 年 4 月发表多篇专题文章，密集报道法国各界强烈关注学校内外安全对策、积极强化学校安全法令及措施的最新情况。据上可知，近年法国学校安全立法进程及相关工作的推动是积极有序的，其各级各类学校致力于从“教育、防范、阻止”三个层面构建“校内保护型”的学校安全管理体系的特征也是清晰可见的。

英国在维护学校安全方面有着悠久的传统，并注重通过立法来保证中小学学校的安全。1988 年英国通过了《教育改革法案》，该法案要求学校必须对学生进行安全知识和安全技巧的教育，安全教育要贯穿日常教学工作的始终，让学生从小形成安全意识。该法案要求教师在传授安

---

① Julius Menacker, Ward Weldon and Emanuel Hurwitz . School Order and Safety as Community Issues. The Phi Delta Kappan. Sep, 1989: 40.

② 《法国加强校园暴力治理，将出台〈校园安全法〉》，《中国教育报》2009 年 7 月 8 日。

全知识时，要根据情况，灵活地进行传授。1999年英国通过了国家健康学校标准（the National Healthy Schools Standard），把小学生的学校健康及安全作为考核学校的一项重要指标。[①] 另外，一项对于英国安全教育项目有促进作用的法案，是20世纪80年代形成的“欧洲促进健康学校网络”（European Network of Health Promoting Schools），其间也涉及“促进一个能够鼓励学生和教师健康与安全意识的安全的学校环境，并使这些意识遍布全校来进行健康教育”，这些主题都在很多政策中得到了体现。比如，“国家健康学校标准”就是一项旨在为学校提供健康支持的标准化系统。在英国，为了强调安全教育对于学校学生的重要性，英格兰、苏格兰和威尔士国家课程都在进行系统的修改。近年来，在英格兰添设了与公民行为规范相关的课程，在苏格兰添设了“健康教育”的课程，在威尔士，“个人与社会教育纲要”等课程，已经被列入已有的关于健康、安全以及危机等方面教育项目之中。[②] 2009年6月3日，英国发布了教育白皮书《你的孩子，你的学校，我们的未来：建设21世纪的学校系统》，其中对“学生权利保证”和“家长权利保证”作出了规划。“学生权利保证”包括学校将治理学校欺凌，确保课堂安全，确保武器不进学校。[③] 为了应对可能出现的危险情况，英国政府要求各个小学制定危险应急预案，预案的对象包括学校老师、学生、家长、媒体及教育主管部门等。英国小学应急预案的制定科学合理，充分考虑了学生的心理生理特点及学校的建筑布局。每周，小学都会对学生进行应急训练，使训练变得经常化。这样，教师和学生就可以清楚地知道在突发事件中该怎么办，一旦发生突发事件，学生就可以从容地应对。[④] 为了有效保护校内安全，从幼儿园到高中，英国的每所学校里都设有一名荷枪实弹的警察。他们会待在一个单独的房间里，保持警觉，随时行动。在欧美国家，学校暴力多发，此举除能有效应对那些携带刀具等武

① 刘亚轩：《国外小学安全教育及其启示》，《教学与管理》2010年第26期。

② 钱丽霞、郭琳、徐新容：《国外中小学安全教育比较研究及启示》，《基础教育参考》2009年第7期。

③ 谢明辉：《英国发布基础教育改革白皮书》，《思想理论教育》2009年第22期。

④ Deeda Sessoms, A Safety Project in Elementary School, The American Journal of Nursing. Sep, 2000: 1289.

器进学校的“暴力学生”外，对社会力量企图伤害学生的行为，也能予以震慑。[①] 据上可知，英国虽然迄今尚未出台学校安全专项法案，但是，英国学校安全立法的进程正处于稳步推进之中，而且，培养学生成为安全管理的能动主体、[②] 构建以学生为中心的校内安全保护圈，同时强调政府管理机构、学生家长、社会公众等对学校安全的协同治理，是英国学校安全立法的基本取向。

二　校外保护型

美国是校外保护型学校安全立法的典型。在价值和文化等多元观念的冲击下，美国的学校安全不时地受到外界环境的影响，为此美国学校安全保护的重点更加倾向于排除外部环境对学校安全带来的不良影响。美国政府重视从立法上尽力保证学生的安全。1994 年美国国会通过了《学校安全法》，该法律的核心就是保证学校安全，为学生提供一个良好的学习环境。在国会的带动之下，美国的各州及地方政府也制定了各自的学校安全法，这就为学校安全提供了最大程度的保障。美国中小学校的学校安全保障是立体的和全方位的，校方认为“校董会和学校行政人员不可能独自维护学校安全”，[③] 对学生的安保工作是全社会的事情，并认为校方的这种看法不是在推卸责任，而是实事求是。正是因为能够清醒地认识现实，所以美国的中小学在学校安全保障上，总是积极主动地寻求与教育行政部门、公安部门、学生家长、社区机构、新闻媒体等的合作，力图形成良好的学校安全互动保障体系。实践中，教育行政部门作为美国中小学校的直接领导者，经常深入学校进行调查研究，与学校的师生座谈交流，把握师生的真实想法，并尽可能地从人力、物力和财力上给中小学提供充分的安全保障。美国中小学经常聘请警察到学校进行安全讲座，警察不但给学生传授适合他们各自年龄阶段的安全防范措施，而且还帮助校方制订学校安全计划，最大限度地降低非安全事故的发生率。美国政府认为

---

① 刘亚轩：《国外小学安全教育及其启示》，《教学与管理》2010 年第 26 期。

② 英国是世界上最重视对孩子进行全方位安全教育的国家之一。《儿童十大宣言》是目前世界公认的最为全面的儿童安全指南。

③ 杨颖秀：《美国学校安全措施及其启示》，《现代中小学教育》2001 年第 2 期。

学校暴力与教育任务是不相容的，因此把学校安全作为学区的一项重要任务，同时这一提议也得到了学校董事会和学区法院的支持，他们认为如果学区的任务不包括学校安全的话，那么学校的工作就很难保证学区的安全。美国政府同时认为，学校要与法律实施机关，青少年案件负责部门、社会、健康、福利部门等形成联盟，指定“参加力量协议”或者“了解备忘录”。建立这样的联盟和协议，仅需很少的或不需额外的花销就能给教育、社会带来新的资源，促进学校的安全。学校公务人员要注意学校或学校附近的危险性的人员，同时要注意危险性的学生转入或在学区内就学。此外，联邦允许各州通过地方法规，支持学校公务人员中公布有历史违纪的学生信息，但公布这些信息的目的不是对学生打上什么样的印象，只是一种保障有利于不对他人构成危害的督导和政府教育权力的运用。[①]

除了美国外，在当今发达国家中，韩国、俄罗斯等的学校安全立法也更多地带有“校外保护型”的特点。

韩国学校的治安状况总体良好，但是针对学生的恶性事件也时有发生。为了防止学校内发生包括遭遇暴力事件在内的各类安全事故，并及时补偿受害师生，韩国于 2007 年 1 月颁布了《有关预防学校安全事故及补偿的法律》，并于当年 9 月起正式施行该法律。其主要内容包括：政府有关教育管理部门应优先支持安全方面的预算。另外，韩国教育委员会按地域设立学校安全补偿共济会，使管辖区内师生都能加入学校安全保险，如发生安全事故时能得到相应补偿。[②] 韩国的学校安全保障措施很多，主要包括交通安全、食品环境安全、人身财产安全的保障措施，预防和补偿安全事故的相关措施以及安全教育。在韩国，幼儿园、小学和特殊学校等主要出入口半径 300 米以内的道路区域是政府划定的“儿童保护区域”。据韩国大报《朝鲜日报》2010 年 5 月 11 日报道，韩国行政安全部已与教育科学技术部、警署、市民团体联合制定《强化儿童保护区域交通安全的对策》，提交国务会议。韩国

---

① 曲正伟：《关于制定“校园安全法”的几点思考》，《教学与管理》2001 年第 13 期。

② 《从悍马撞上校车看全球校园安全》，http://hi.baidu.com/%CE%D6%B6%D9%B2%DF%C2%D4/blog/item/1337fed399022c83a0ec9c46.html，最后访问日期：2010 年 5 月 16 日。

将在幼儿园和学校周围集中安排警力，大力整治违章行驶、违章停车以及超速行驶等行为，保障儿童的交通安全。今后，在保护区域内违反交通法规将受到双倍处罚。韩国《学校保健法》规定，为保障学校的健康、卫生及良好的学习环境，教育部门应设置“学校环境卫生净化区域”。为了防止学校周边的小卖部、小吃部向儿童销售不卫生食品和劣质产品，韩国相关立法规定，学校周边200米以内为“儿童食品安全保护区域”。在韩国，学校安全事故既是“国家责任”，也是国家和地方自治团体的财政预算依据。这是2007年韩国颁布的《关于学校安全事故预防及补偿的法律》作出的规定。该法通过把学校安全事故的预防和补偿列为公共保险范围，建构实质上的学校安全网络。补偿范围不仅包括学校内的安全事故，也包括上学和放学途中发生的事故和饮食安全事故等。①

2004年，俄罗斯联邦教育科学部成立了预防和制止恐怖活动工作组。同年，俄罗斯联邦教育科学部制定了《2004—2007年学校安全计划》。负责保护公民权利和自由、捍卫法律秩序的俄罗斯联邦内务部，也下达了保证学校安全的相关命令，其措施主要包括：调整警力分布，使警察巡逻路线尽量靠近学校；设置有正式编制的学校未成年人事务巡视员职务。到2007年，俄罗斯64个联邦主体的内务部所属正式在编人员中增设了3600个巡视员岗位。根据上述法规和命令，俄罗斯联邦政府与地方开始共同构建学校安全体系。从2005年起，部分地区的中小学生开始配备身份识别卡，很多学校安装监视系统和报警系统，配备安全保卫人员。② 在各相关部门协作完成《2004—2007年学校安全计划》后，俄罗斯对学校安全问题仍然没有懈怠。2009年10月，俄罗斯制定了《关于保证学校防火安全和反恐安全措施》。为调动相关部门力量，俄罗斯联邦教育科学部下达命令，从联邦专项资金中划拨款项，进一步完善学校安全设施，包括为学校配备消防工具和监测设备，加固窗户和护栏等。此外，要严格对学校安全情况的检查，联邦紧急事务部每年都要在开学前对学校安全进行系统排查。据俄罗斯联邦紧急事务部公布的

① 《国外如何构筑校园安全防线，有哪些经验和启示》，《中国教育报》2010年6月1日。

② 同上。

数据，从 2004 年到 2010 年，俄罗斯用于保证学校安全的拨款从 12 亿卢布增加到 170 亿卢布。6 年来，有 1500 所学校因为安全检查不过关而未被允许按期开学。在各部门通力协作下，2009 年，俄罗斯中小学校首次无一死亡事件发生。①

不难发现，上述美国、韩国、俄罗斯等国家的学校安全立法及安全管理更倾向于这样的一种基本观念：即保证学校安全是一个系统工程，学校安全保障不仅仅是学校自己的事情，还需要教育行政部门、司法部门、社区组织、社会媒体、学生家长等多方面的努力和支持，并以此构建良好的学校安全互动保障体系。

第二节　发达国家学校安全立法的经验借鉴

分析主要发达国家的学校安全立法，透过其斑驳陆离的表征，可以发现一些足以体现学校安全立法基本规律的共同之处。由于当今世界学校安全法制化程度最高的国家，即学校安全立法内容最丰富、立法体系最完备、立法水平最高的国家是日本和美国，因而，本章在此拟以日本和美国为典型范例，对发达国家学校安全立法的基本情况、发展历程和有益经验等进行介绍，并以此为基础提出对我国学校安全立法的借鉴与启示。

一　日本的学校安全立法

"对日本的儿童而言，作为日本战后改革最大业绩的《日本国宪法》（1946 年）的制定具有重大的意义。因为《宪法》使日本的儿童观得到了根本性的转变。也就是说，在现行《宪法》精神的指导下，儿童作为构成日本国民的一员，也获得了基本人权的主体地位。《宪法》为保障人权而设立的个别规定，也完全成为保障儿童的人权的规定。由这些规定所延伸的各种基本法体现了日本在各个领域中对未成年人的保护。"②

---

① 《国外如何构筑校园安全防线，有哪些经验和启示》，《中国教育报》2010 年 6 月 1 日。

② 尹琳：《从未成年人法律体系看日本的儿童权利保护》，《青少年犯罪问题》2005 年第 2 期。

（一）日本学校安全立法概况

日本素以重视教育立法而著称于世，其现行的教育法规体系无论从纵向还是从横向上看，都是完善而严谨的。从纵向上看，国家颁布的教育法规形式有母法、子法、施行令、府令和省令、人事院和委员会等颁布的规则，以及由文部大臣、各种委员会和各厅长官所发生的告示、训令、通知、通达等六个层次；地方又有议会制定的条例，地方行政长官制定的规则、地方教育委员会制定的规则等三个层次。在横向上看，从基础教育法到一般教育法，从学校教育法到社会、家庭教育方面的法规，从教育行政法到教育财政方面的法规，从国立、公立学校法到私立学校方面的法规，从教科书法到课程、课时标准、课外活动和修学旅行等方面的法规，可谓应有尽有，面面俱到。据统计，日本现行的各种直接和间接的教育法规约两千项，若再加上重要的教育判例和习惯法等，就数不胜数了。正是在这样一张纵横交错，完善而严谨的教育法规网络的覆盖下，才使日本的教育事业有法可依，从而形成一种高效运作的规范化管理体系。

综观日本现行的学校安全立法，其法规体系也是系统而完备的，仅有关处理学生人身伤害事故的法律、法规就达30余部之多，形成了以《学校教育法》、《国家赔偿法》、《传染病预防法》、《日本体育及学校保健中心法施行令》等为主的一套完善的学校安全法律体系。此外，各地区还因地制宜地制定了学校安全的地方性法规，如东京地区制定了《报告处理伤害事故纲要》、《学校防灾指南》等。日本各学校也都制定有关于处理和防范学生人身伤害事故、保障学校安全的规章制度。这样，在学校安全立法方面，日本已形成了一套上自国家的法律、法规，再至地方有关机关的地方法规，下至学校的规章制度，效力上高低错落、内容上相互衔接的完备而具体的法规体系，为学校安全事故的正确和有效预防、处理、法律责任追究提供了充分的法律依据。[①]

（二）日本学校安全相关重要立法的发展

为保障儿童安全地接受教育的权利，早在1958年4月，日本就制定了《学校保健安全法》。为适应学校和社会发展的需要，该法于2008

① 李红雁：《关于制定〈校园安全法〉的若干思考》，《湖南师范大学》2002年第8期。

年6月又进行了修订，并由日本参议院全体会议于2008年6月表决通过了修正后的《学校保健安全法》。该法律规定，国立公立及私立的幼儿园至大学均有义务制定“学校安全计划”，以防范针对学生的恶性犯罪。法律要求校方必须在安全计划中针对不速之客闯入学校、上下学路上的事件事故及自然灾害等制定对策，与警察及地区居民合作共同确保安全。《学校保健安全法》于总则中指出，“该法律针对学校卫生保健管理及安全管理制定必要事项，以保障促进儿童、学生以及教职员工健康水平，确保学校教育的顺利实施和取得成效”。① 《学校保健安全法》共有四章，涉及学校安全内容的主要体现在第三章“学校安全”之中，其主要内容包括以下几个方面：其一，学校设置者为保障学校安全的责任与义务。其二，学校安全计划的制定。为确保学生安全，学校要对其设施设备进行安全检查；对学生学校生活（含上学、放学途中）及日常生活的安全进行指导；教职员要参加安全方面的进修学习；学校要制订安全方面的计划。其三，确保学校环境安全。校长作为第一责任人，对学校设施设备要努力完善，发现隐患要及时向学校举办者反映。其四，危机发生时的紧急应对。（1）当危机发生时，教职员对可能采取的应急措施的具体内容要熟知，对流程要清楚；（2）校长和教职员要学会在危机发生时如何应对与采取有效措施；（3）学校要对危机事件发生后受害的学生及其家人进行心理干预的支援。其五，学校与地方及相关机关的合作，如与学生的监护人、属地管辖的警察署及其他相应的机关团体、当地居民等展开合作。②

日本与学校保健安全相关的法律法规除了《学校保健安全法》之外，还有《学校保健安全法施行令》和《学校保健安全法施行规则》。《学校保健安全法施行令》于1958年6月颁布，现行的《学校保健安全法施行令》于2007年12月修订。日本政府根据《学校保健安全法》（1958年）第10条第2款、第12条、第17条、第18条第2款以及第20条之规定，制定该政令。《学校保健安全法施行规则》于1958年6月由文部科学省颁布，现行的《学校保健安全法施行规则》于2008年

① 张振喜：《日本〈学校保健安全法〉相关法律法规》，《中国疫苗和免疫》2009年第6期。

② 罗朝猛：《日本：全民动员给孩子个安全的校园》，《上海教育》2010年第11期。

5月由文部科学省修订。根据《学校保健安全法》及《学校保健安全法施行令》诸条款规定，为实施该法之规定而制定。[①]

为了解决其他法规中关于学校安全内容存在的不足，为了进一步明确国家在保护国民生命安全上应起到的作用，也为了保证学校安全问题上国家责任与作用的法制化、明确化、固定化，日本于2006年出台了一部专门的《学校安全法》（草案）。该学校安全单行立法缘起于日本战后最惨烈的一则学校凶杀案。2001年6月8日，一位名叫宅见的37岁日本男子，为了发泄对前妻的不满，闯入大阪的池田小学行凶，26名小学生和3名教师倒在血泊中，其中8名小学生死亡。案件发生后，时任日本首相的小泉纯一郎立即发表了讲话，他说："得知悲剧降临在孩子们身上，我感到十分的震惊。这起惨剧向我们发出一个信号，那就是，日本社会失去了控制。我们决心采取一切必要措施来应对这场悲剧，包括加强学校的安全以及为此次事件中的受害者提供帮助。"其后，日本政府组织了专门的调查组，详细调查与此事有关的一切责任问题。事隔两年，在充分调研的基础上，文部科学省向受害学生的家长递交了一份《合意书》。《合意书》追溯了事件的发生经过，向受害者家属表示了谢罪态度，承认了赔偿责任，并提出了为防止再发所采取的措施要项。文部科学省承认，在池田事件发生以前，1999年12月，京都市立日野小学就已发生过犯罪者闯入学校刺杀儿童的事件，当时虽然发出了《有关安全管理的通知》，但是2000年1月，在和歌山县桂木町立妙寺中学，又发生了犯罪者闯入学校杀害学生未遂事件，而文部科学省在事件发生后，并没有对前面的通知内容加以改进，也没有采取任何行动来了解各附属学校的安全措施状况，或在财政措施上做出特别举动。因此在罪犯持刀闯入池田小学时，学校完全没有守卫和防备，事件发生后，由于学校在危机通报、救急、有组织进行信息传递、疏散、伤员运送等方面存在不少漏洞，最终导致8条幼小的生命被无情夺走。对此，文部科学省"深深感到自己负有责任"，在向受害学生家属表示深切歉意的同时，也表示出

① 张振喜：《日本〈学校保健安全法〉相关法律法规》，《中国疫苗和免疫》2009年第6期。

要尽最大努力防止今后再次发生同类事件的态度，并做出要“大力推进具有实效性的安全对策”的保证。

2004年5月，在神户大学召开的日本教育法学会大会上，以喜多明人为代表的“日本教育法学会学校事故问题研究特别委员会”提出了《学校安全法》（草案）。此提案一经公布，便引起了教育界、学校事故事件受害者的家属及国家行政司法和议会有关人士的广泛注意。该提案呼吁国家、地方政府和学校在改善学校安全环境上负有义务。这是2001年大阪池田小学校园凶杀案后，日本教育法学会学校事故问题研究特别委员会研究小组首次用法律纲要提案形式提出学校的安全问题。该纲要提案由26项组成，内容包括要求国家、地方政府对学校的最低限度安全标准作出规定，调查安全实施的状况；要求在校长之外另配备学校安全管理人员，让具有专业知识的学校安全管理人员确保学生上学的安全，等等。此外，纲要提案认为，为吸取教训，一旦受害儿童或保护者提出要求，国家和地方政府负有对事故迅速调查、及时报告的责任。之后，一部学校安全单行立法《学校安全法》就此诞生。该法解决了许多现有法规中存在的暧昧和不足等问题，学校安全标准得以细化和法制化。[①]

自《学校安全法》（草案）颁行后，日本学校的各种安全防范措施都得到了加强。在学校方面则要求学校做好安全防范的工作，特别要与家长们做好学生校内校外的相互连接，这样一来，日本小学生上下学基本上是家长轮流陪同。另外，日本现在很多政府部门窗口，已经被要求成为“对来自于公民的各种要求给予商量回旋的场所（相谈窗口）”，并且尽量在就业等方面给予援助。[②]

从《学校保健安全法》的颁布，到《学校安全法》（草案）的出台，再到《学校保健安全法》的修订，我们可以看到，日本政府一方面站在法律的高度不断强化自身的责任与义务，另外从法律层面对学校安全保障的政策支持、人员配备、经费支援等问题予以规范化，使之更加具体、明确、富有可操作性。

---

① 李铁：《面对惨案，西方国家是怎么善后的》，《时代周报》2010年4月1日。

② 同上。

（三）日本学校安全单行法——《学校安全法》（草案）评析

1.《学校安全法》草案出台背景[①]

（1）学校安全形势严峻

一是学校恶性案件频繁发生。自21世纪以来，在自诩为安全王国的日本，在公认为最安全的地方——中小学校园里，接二连三地发生了多起恶性事件。2001年大阪池田小学校园凶杀案之后，在全国又发生了多起学校行凶案件。就犯罪发生的缘由而言，有的是将个人对社会的不满发泄到弱小的孩子身上；有的是将毕业后在就业或生活中遇到的挫折归结为学校学习期间的遭遇，于是重返母校对师生进行报复；还有的是因同学之间的不愉快导致悲剧发生，杀人者甚至还有小学六年级女生。另外，在学校犯罪事件中还出现了一个引人注目的现象，那就是针对教职员的犯罪事件，或者说受害者为教职员的犯罪事件增多了。例如，2006年1月12日，日本千叶县立百里高中发生了一起年轻男性闯入学校办公室，重伤一名女职员的事件；一个月后（2月14日）在大阪府寝屋川市立中央小学，一名曾在该小学念过书的少年持刀闯入，将一名男教师杀死、两名女职员砍成重伤。这些事件一次又一次地摧毁了日本“治安天国”的神话，也使得加强学校安全管理和重建安全教育体系成为迫在眉睫的重大课题。

二是学校意外伤害事故发生率居高不下。像上述这些引起媒体与社会关注的恶性事件，其实只是每年发生在日本中小学生中高达200万件意外事故事件之冰山一角。据日本体育振兴中心公布的统计数字表明，2004年，该中心为高中以下各级各类学校的灾害事故所支付的总赔偿件数为1980448件，总金额高达2013414亿日元（约为15亿元人民币），而且这个数字还只包括支付费用月额在5000日元以上的事故。1977年，当学校灾害共济支付件数首次超过100万时，曾在日本社会引起巨大震动，以至于国会也不得不把学校灾害补偿制度问题提到议事日程中，之后国家修改了《学校保健法》，提高了支付标准，对有关学校安全管理的一部分规定进行了立法，然而这些措施

① 详见王岚《守护学校：日本制订〈学校安全法〉草案》，《科研与决策》2006年第27期。

并没能阻止住学校灾害发生数字上升的势头。在“少子化”成为日本社会问题、入学人数不断减少的今天，学校事故事件的发生率却逐年上升。尽管死亡和致残事故呈逐渐下降趋势，另外，类似池田小学事件这样的凶恶犯罪事件却越来越多，这些问题都要求国家重视学校安全工作，重新审视过去的法规和措施，更新观念，用法律手段来切实解决学校安全问题。

三是食物中毒、交通事故、诱拐事件等时有发生。在日本，几乎所有的中小学都有“给食”制度，就是中午由学校提供校餐，因此食物中毒事件也屡有发生，其中最引起轰动的就是1996年夏天发生在大阪府堺市一所小学的病源性大肠菌0157集体感染事件。另外，由于学生按正常路线上学放学途中发生的交通事故、儿童被拐骗杀害事件等也在学校管理职责之下，因此也必须采取相应的对策。

四是自然灾害频繁。日本本来就是一个自然灾害频繁的岛国，几乎每年都有地震台风发生，而火山爆发、海啸、水灾、火灾、泥石流等也常常威胁着人们的生命，因此有必要对学校的建筑物等设施设备提出一个最低基准，以保证在灾害发生时学校校舍的安全。

（2）学校危机管理上存在着的国家政策、立法和行政方面的问题

一是政府有关学校安全政策的现状和问题。如前所述，2003年，在文部科学省向池田事件中受害学生的家长递交的《合意书》中提出“要大力推进具有实效性的安全对策”。但是，综观文部科学省此后所提出的安全对策，是否真能称之为“具有实效性”呢？日本学校事故问题研究特别委员会的结论是否定的。它认为，文部科学省提出的对策，依旧是做成一些报告书或危机管理规范并发放给全国各级各类学校，要求学校进行防犯训练，举办防犯讲座，做成防犯手册等老一套的措施。[①] 这些措施，暴露了迄今为止在危机管理政策和行政方面一直存在的两大问题。首先是“通知、文件传达主义”，政府高高在上，订立一些规范手册发给学校，具体工作则完全依赖学校第一线，把工作责任全部推给学校，这种已经被屡次发生的事件证明是行之无效的做法，根

① 汉语中“防范”是一个常用词、“防犯”是生造词，而在日文中“防犯”则是个常用词，日本有专门针对学生的“防犯”教育和“防犯”训练。

本不能称之为“具有实效性的安全对策”。再者，这些措施的前提中存在一个巨大的错误，即，只考虑到“教职员和家长如何来保护孩子们”，而没有考虑“如何保证教职员的生命安全”的问题。为此，学校事故问题研究特别委员会认为，必须树立一个新的思想观念——“为了使孩子们和教职员以及家长能够安心地从事学校教育活动，教育行政应该如何守护学校”？而安全对策本身的指导观念也同样有必要进行重新转换，如若不然，教职员或家长成为受害者的情况将会越来越严重。

2006 年寝屋川事件发生以后，大阪府便立即采取了行动，决定从经费中拨出 7 亿多日元，为除大阪市以外的府内 733 所学校各配置一名保安人员。这个措施，可以说是一个象征性的行动，它标志着：为了使儿童和教职员以及家长可以安心地进行学校活动，教育行政部门已经开始着手转变学校安全对策的指导方针。但总的看来，由教职员来承担加强防犯体制这种传统做法依然占据学校危机管理措施的主流。例如，东京都某区决定：为区内所有的小学和幼儿园配备警棍、催泪喷雾器、钢叉。虽说这些工具都是用来防身的，但是这样做的目的，无非还是想以此加强教职员的治安防范义务、加强治安防范训练。而在文部科学省制定的危机管理规范中，这一点表现得尤为明显。总之，国家不能一味地提出要求，让教师、家长、地方有关人员这样做那样做，而需要明确国家在保护国民生命安全问题上应起到的作用。为了保证国家责任和作用的明确化、有组织化、具体化和长期固定化，就必须制定一个有关学校安全的基本法，这也是学校事故问题研究特别委员会提出《学校安全法》草案的一个重要原因。

二是现行有关学校安全保障的法律不够健全。在日本，虽然也有一些关于学校安全问题的法律规定，如《宪法》第 13 条、25 条、26 条中提到，儿童和教职员有“安全、安心地生存的权利”，以及儿童有“安全地接受教育的权利”。《教育基本法》规定，为了保障以上权利的实现，教育行政部门有整备“安全的教育条件”的义务（第 10 条第 2 项）。在《学校保健法》第 2 条中，规定了学校必须对健康诊断、环境卫生检查和安全点检等有关保健安全的事项订立安全计划的要求。另外，在《日本体育振兴中心法》中也有关于学校安全问题的规定。但是，仅凭这些已有的法规，并不能完全保障儿童安全地接受教育的权利。例如，对国家和地方政府的安全义务以及学校、教职员的安全照顾责任，对学校安全（点检）的责任主体、设施基准等，都没有明确的法律规定；事故发生时，在对受害者如何给予迅速完善的医疗保障等学校灾害赔偿制度上还存在很多问题，另外对预先防范学校事故事件的学校设施设备的最低安全基准也没有具体规定，这些问题，都要依靠国家将“学校安全基准”进行立法化才能完全彻底地解决。因此，学校事故问题研究特别委员会认为，应该制定一部单独的《学校安全法》，在提出新法案的同时，将其他法规中的有关内容也一并吸收过来，以解决现有法规中存在的暧昧和不足等问题。

2. 《学校安全法》草案基本宗旨与理念

《学校安全法》草案分 4 章共 26 条。目录如下：

第 1 章　总则

1　目的

2　基本理念

3　定义、对象的范围

4　国家、地方公共团体制定学校安全标准的义务

5　学校设置者、学校的安全管理义务

6　配置学校安全职员、安全点检

7　安全教育、安全研修的机会

8　国家财政上的措施

9　国家策划制定学校安全基本计划的义务

第 2 章　学校安全基本计划

10　学校安全基本计划的内容

11　学校安全基本计划审议会的设置

12　学校安全基本计划策划制定、公布的程序

13　地方公共团体的地方学校安全计划策划制定义务

第 3 章　学校安全标准

14　学校设施设备的安全标准

15　学校环境卫生的安全标准、安全管理

16　高危险度环境下的活动的安全规模标准

17　安全的上、放学条件的整备与妥当的配置

18　学校安全职员等的配置标准

19　国家、地方公共团体的学校安全管理

第 4 章　学校安全的管理体制

20　学校及学校设置者的学校安全管理

21　学校防灾、保全对策

22　学校防犯对策

23　教育活动中注意安全的义务

24　学校灾害发生时的救护体制、报警和报告义务

25　学校灾害的不满意见、商谈和调查

26　日本学校安全中心

《学校安全法》草案的基本宗旨是：为保障儿童、青少年安全地接受教育的权利，国家及地方公共团体必须努力履行保证学校安全的责任和义务；在学校教育中，应当最优先保证儿童和教职员的生命安全。草案的《总则》部分开宗明义地提出了“作为学校安全基准制定主体的国家和政府的义务，作为学校安全管理义务主体的学校设置者及学校本身的责任和义务”。草案提出由国家制定学校安全最低标准，成立“学校安全基本计划审议会”，负责策划与制定国家级学校安全政策，设定学校安全的各项标准，对地方和学校进行管理；该草案还提出设置“学校安全职员”，配备专门负责保卫学校安全、进行安全管理和检查工作的专职人员，并要求国家必须承担学校安全研修制度和“学校安全职员”设置所需要的财政开支。①

《学校安全法》草案提出五个基本理念：（1）儿童青少年从自身的最佳利益原则出发，拥有安全地接受教育的权利。为保障此权利，国家及地方公共团体必须努力履行保证学校安全的责任和义务。（2）在学校教育中，应当最优先保证儿童和教职员的生命、身体和健康的安全。（3）在学校教育中，应该在不妨碍学校自主性教育活动的同时，努力维护和管理学校环境。（4）在整备学校环境时，不仅要遵守本法律规定的学校灾害防范的最低标准，而且还要通过创建一个舒适而有创造性的学校环境及改善教育条件，来保证儿童及教职员的安

① 罗朝猛：《日本：全民动员给孩子个安全的校园》，《上海教育》2010 年第 11 期。

全与健康。(5) 儿童及其监护人和教职员，根据以上四条所列内容，有权利向学校设置者要求整备安全舒适的学校环境。

3.《学校安全法》草案主要内容①

(1) 由国家制定学校安全最低基准

现在，关于学校设施安全的最低基准，除有少数行政指导基准以外，一般都按照《建筑基准法》、《消防法》等一般法令来执行，由于这些基准并非从孩子的角度来考虑制定，因此无法保证儿童不发生意外伤害事故。例如，2005 年在东京六本木的一座大楼就发生了旋转门挤死六岁男童的事故，当这名男孩被门夹住时，由于自动停止装置的感应器位置较高，探测不出身高 117cm 的男孩的情况，没能及时启动停止装置。因此，草案提出，应该把学校安全基准加以法制化，即国家有义务从孩子们的视线、体格、特征等出发，来制定适合孩子们日常学习生活的学校独自的安全最低基准，而学校设置者和地方政府也必须严格遵守这个基准。具体地说，这个安全基准应该包括以下三个方面。

一是国家应设置一个“学校安全基本计划审议会”，负责策划制定基本计划和国家级的学校安全政策，设定学校安全的各项基准，对地方和学校进行安全管理。为防止事故事件再度发生，开展调查研究并听取各方意见，提出建议，进行安全奖励等一系列持续的、有组织的工作。二是在发生致死致残等重大事故之后，国家应该吸取教训，设定一个安全最低基准，通过采取必要的物力和人力上的措施，防止同样事故再度发生。三是近年来，像池田小学事件、病源性大肠菌 0157 集体感染事件等类似的学校灾害问题，已成为一个社会性问题，为防止此类事故再度频发，应该制定与学校安全管理事项有关的法令。

(2) 建立“学校安全职员”制度，整备安全学校的条件

学校事故问题研究特别委员会认为，现今日本之所以经常发生学校安全事故，其根本原因在于：学校缺乏完善系统的学校安全基准，而国家却置之不顾；政府所采取的事故应对措施几乎都是发放各种通知文件，把学校的安全管理和安全教育工作完全交给第一线教职员；政府所做成的学校安全规范手册也只是一味强调教职员、家长和地方居民对儿

---

① 详见王岚《守护学校：日本制订〈学校安全法〉草案》，《科研与决策》2006 年第 27 期。

童安全保护的责任。如 2003 年 12 月，面对手持尖刀闯入一所小学的罪犯，一位 24 岁的女教师奋力抓住罪犯的手腕加以制止，从而保护了孩子们的安全。对这位勇敢的女教师，国家给予了高度评价。可是后来发生的几起教职员被害的事件证明，这种靠教师或家长舍身抵抗来防止罪犯闯入的做法，是十分危险的。国家和行政部门如果不采取真正的对应措施，就不可能履行《教育基本法》第 10 条规定的“教育行政必须对教育条件进行整备的义务”。诚然，教职员为了孩子们的安全，努力履行自己的职责，这是必要的，也是可贵的，但这并不意味着教育行政部门就可以逃避放弃自己整备“使孩子们和教职员、家长可以安心、安全地开展学校教育活动”之教育条件的义务和责任。为此，学校事故问题研究特别委员会认为，作为彻底保证儿童和教职员安全、进行治安防范的根本解决手段，国家和地方政府应划出预算，建立“学校安全职员”制度。也就是说，在负责教学教育工作的教职员之外，还应配置如门卫这样专门负责保卫学校安全、进行安全管理和监查工作的安全专职人员，并用法律形式确定下来。

前面已经提到，寝屋川事件发生以后，大阪府已拨出专款为各学校配置学校警卫人员，这是一个非常值得推广的办法。不过总的来看，采取这种措施的地方政府尚在少数，如岩手、千叶、富山、长崎、宫崎和鹿儿岛等县的学校，完全没有配置任何学校警备员，全国配置了警备员的学校平均只占学校总数的 4.9%。要改变这种令人担忧的状况，只有期待国家和各行政部门进行努力。

（3）设立“日本学校安全中心”

一旦发生学校灾害事故，围绕事故原因和善后处理等问题，受害者家属与学校之间发生纠纷的情况在所难免，而学校在提供事故发生原因和善后处理经过等信息时，也容易出现发布信息不准确、不及时的问题。这种“不诚实的对应”的做法，往往给受害者家属带来更多的痛苦。而且，由于事故报告书一般都为不公开的文书，所以家长们在对事故的相关信息及处理表示怀疑的同时，也常常表示出更多的不满。因此，学校事故问题研究特别委员会认为，应该建立规范的学校灾害情报公开制度和咨询商谈制度。另外，仅靠受害者家属与学校、教育委员会之间的当事者，往往不能从根本上有效解决学校事故的相关善后问题，而是需要中立的第三方来对事故原因进行追查，对纠纷进行判断和裁决，并有效防止类似事故的再度发生。与诉讼等可能给被害者家属造成经济负担的方法不同，学校事故的第三方裁决是一种公共性的调查救济，裁决学校事故的中立第三方是一种公共性的调查救济机关，它所做的工作是持续性的、有组织的。如现在日本神奈川县川西市正尝试进行的儿童监查员（ombudsperson）制度，就是国家和地方政府对权利受侵害儿童进行救济的一种制度，可将其作为一种模式加以借鉴。

然而，国家现有的与学校安全有关的第三者性质的机构，其境况十分令人担忧。原先作为国家对学校灾害进行共济给付并开展学校安全调查和普及事业的“日本体育/学校健康中心”的“学校安全部”，2003年10月，被改组为独立行政法人“日本体育振兴中心”的“学校健康、安全部”。在文部科学省，安全工作也只处于是“健康教育科”下面的一个“担当”的位置而已。因此，学校事故问题研究特别委员会提出，应该把改组后的日本体育振兴中心的“学校健康、安全部”重新组建成独立行政法人，名为“日本学校安全中心”，在原来的基础上进一步充实完善其机构职能，使之成为一个第三者性质的、具有调查机能的救济组织。

二　美国的学校安全立法

（一）注重学校安全基础立法

美国高度重视学校安全，在学校安全的基础性立法上把“建设安全的学校”作为立法的根本原则和宗旨。“美国政府把建设安全学校作为国家教育战略的目标之一。1987美国政府制定和颁发《美国校园安全守卫法令》，规定学校必须每年发布学校安全政策实施业绩和年度学校发生违法犯法计数数据。”[①] 1990年美国总统布什和50个州的州长共同出席了美国教育首脑会议，会议提出了作为美国教育改革战略的6项全国教育目标。克林顿政府提出了一揽子教育立法，以确保教育改革的顺利实现。1994年，经国会通过了《2000年目标：教育美国法》（Goals 2000：Educated America Act），将国家教育目标增加为8项，其

---

① 李子路：《校园安全呼吁立法保护》，http：//guancha. gmw. cn/content/2010 - 05/12/content_ 1119238. htm，最后访问日期：2010年5月12日。

中第7项目标是“安全的学校”。该项全国教育目标的主要内容是：美国的每一所学校将没有毒品和暴力，以及不经授权的枪支和酒精的出现；并将提供一种秩序井然、有益的学习环境。在“安全的学校”目标项下，具体规定了目标说明、授权的安全学校计划、申请者资格、申请与计划、基金的使用、国家的参与行动、全国性教育合作的统计等。1994年，经国会通过的《学校安全法》(Safe School Act of 1994) 是专门为实现这项目标而制定的，是联邦第一次直接拨专款用于地方学区以帮助它们实现更为安全的联邦计划，旨在鼓励地方学区为消除犯罪、暴力、吸毒以及不良纪律而展开竞争，争取获得联邦经费的资助。单独通过的安全学校法又作为《2000年目标：教育美国法》的第七章。[①]

应当看到，国家对学校安全问题的关注，已经使美国联邦、各州、各地区尽力着手解决这一问题，联邦立法者通过制定各种具体法案并要求地方政府积极贯彻实施以保障学校安全。例如，为遏止数量日益增多、程度日益加剧的学校暴力事件，美国国会于1994年制定了《校园禁枪法》。《校园禁枪法》(Gun - Free Schools Act of 1994) 即GFSA，该法案严禁在学校内拥有一些容易导致伤亡的枪支、弹药等危险物品。法案要求各州针对学校的安全与纪律制定“零忍受”策略 (Zero Tolerance)，以开除那些违反该法案的学生。于是，各州、县、区相继出台了适应本地学校的“零忍受”管理策略，用来应对学校中出现的包括持枪在内的一些反社会行为的事件。[②] 后来“零忍受”策略所涉及的范围不断扩大，凡是破坏学校安全、严重违反校纪的学生都以“零忍受”策略来处理。随着该策略在美国的普遍采用，学校治安状况有了明显好转。2003年9月，新泽西州首先制定法规，要求学区采用反欺侮政策，处理欺侮和其他骚扰。法规规定：禁止一切欺侮、骚扰或恐吓学生的行为；为犯罪和犯罪后果做出解释；制定学生行为规范；报告和调查投诉；学区必须限定学校处理违纪事件的权限。[③]

美国联邦政府的立法人员力图通过一系列措施用来应对学校安全问

---

① 王鹰：《外国中小学校的校园安全》，载劳凯声主编《中国教育法制评论》(第2辑)，教育科学出版社2003年版，第322页。

② 李树峰：《国外学校的“零忍受”策略》，《外国中小学教育》2005年第9期。

③ 万赟：《美国校园欺侮对策及其实用性借鉴》，《外国中小学教育》2006年第9期。

题，旨在使学校变得更加安全。然而，联邦政府的权力要受制于美国宪法，联邦政府不得直接干预州政府管理公立学校的权利。这样一来，联邦政府主要的努力就集中在对于各州相关项目上的财政支持方面。如果州政府没有对学校暴力等学校安全问题制定并落实相应的政策法规，联邦政府有权力减少拨款。通过这种方式，联邦立法者就可以影响各州关于学校安全的立法。例如，1994 年的《校园禁枪法》通过后，该法要求所有接受联邦教育基金的州通过《改善校园环境法案》（即 IASA 法案），IASA 法案规定各校区如发现学生带枪入校，有权将其至少开除一年。任何州到 1995 年时若仍没有类似 IASA 法的法规出台，将被取消领取联邦教育基金的资格。到 1995 年 10 月，全美 50 个州都颁布了相关立法满足 GFSA 法的要求。另外，美国为了创建安全无毒学校和社会，以保护青年人免受暴力和毒品的危害，美国国会于 1994 年制定了《安全、无毒品的学校和社区法案》（Safe and Drug - Free School and Communities Act），即 SDFSCA，此法律为《美国校园法》修正案的一部分，它努力陈述学校暴力增长造成的危害和学校的衰退，并为各种防止学校暴力的活动提供专项资金。①

此外，还值一提的是布什总统于 2001 年签署的“不让一个孩子掉队法案”（No Child Left Behind Act），即 NCLB，该法案要求学区对学校暴力事件做详细的统计，并将结果公之于众。这项法案以得克萨斯州“所有学校必须通报暴力事件”的法规为蓝本，规定每个州必须对“长久处于危险境地的学校”做出说明和认定。这样鉴别学校的方式必须为学生提供机会进入学区不同的公立学校，允许每个州对“长久处于危险境地的学校”制定不同的标准。奥巴马政府延续了《不让一个孩子掉队法》（NCBL）关于学校安全的年度公告制度，要求各学区对学校暴力事件进行详细统计，并将结果公之于众，保证学生的知情权。此前颁布的《珍妮·克雷莉法》（Jeanne Clery Act）则规定：各州公立学校和大学要发布学校犯罪年度资料，学生应该在入学前获知该校的犯罪率。美国许多学校将学校犯罪年度报告张贴在其网站上的治安或安全防

---

① ［美］米切尔·L. 耶尔、安东尼斯·凯茨亚尼斯：《美国保障校园安全的法律措施》，王石磊编译，《世界教育信息》2005 年第 9 期。

范页面以备查阅。《珍妮·克雷莉法》规定：如果全美的公立或私立学校违反了此项法案，将面临美国教育部至少27500美元的“罚款”，并采取相应的处罚措施。例如，2007年美国东密西根大学（Eastern Michigan University）因未向校内师生警告该校发生的一起谋杀案，而被联邦教育部以违反学校安全法处357500美元罚金，创下学校安全违规罚款的最高纪录，也显示了美国政府加强执行学校安全法的决心。①

州一级的学校安全立法是美国将学校安全上升为教育决策的最有力保障。以加利福尼亚州为例，从1983年开始，学校安全立法程序就已启动，并于1997年通过了该州学校安全领域的标志性立法《学校安全综合规划法案》。该法要求每所学校拟定学校安全综合计划，制定与社区紧密合作的综合安全措施与项目，并形成年度评估与更新制度。纽约州也于数年前颁布了名为《拯救计划》的学校安全法，将攻击教师、学校职员与学生的罪名，从原来的行为不检上升为D级重罪。②

按照联邦和地方立法要求，美国学校建立了系统而严格的安全保卫措施和危机管理机制。例如，设立校园警察、门禁或来客登记制度、来访者佩戴标明身份的醒目标志、学生穿着统一制服以及上下学期间出动交通协管等。与此同时，许多学校开始安装金属探测仪、监控摄像、护栏、探照灯等设施。目前，美国大多数高校都有校园警察机构，校园警察可以行使真正的警察权力——携带枪支和拘捕犯人。一些中小学校则会聘用经过专业训练的安保人员，这些“私家”警卫人员也被允许携带警棍。美国虽然没有统一的学校安全保障“国家标准”，但各种民间团体，如全美教育协会，希望通过制定各种危机预防、管理及安全教育的规范、准则，为各学校开展教育和培训活动、应对危机提供标准，使师生员工真正理解并支持学校的安全规划、教育及措施。同时，政府也设立专款，帮助学校进行紧急疏散、预防暴力或恐怖袭击等演练，训练孩子的预测、判断危险和求生能力以及应对歹徒入侵学校等紧急情况的反应能力。按规定，学校每学年都要进行一到两次综合性的安全

① 陆乐等：《校园安全让多国百姓揪心，血腥惨案频现多国校园》，《环球时报》2010年5月19日。

② 《国外如何构筑校园安全防线，有哪些经验和启示》，《中国教育报》2010年6月1日。

演习。①

（二）重点解决学校暴力问题

由于美国学校暴力是学校安全问题的核心之所在，因此，本书在此特以学校暴力为例阐析美国学校安全的相关立法及其实践。②

20世纪90年代初是美国学校暴力的“高发期”。为应对日益严峻的学校安全问题，以“教育总统”自诩的乔治·布什上台后，立即签发了《美国2000年教育战略》。该项教育改革法案特别提出，为学生创造一个安全的学习环境，家长、企业和社区组织等责无旁贷，而且学校的安全问题仅靠政府和学校是解决不了的，学校不能也不可能担当起家长、警察、医院、福利机构或者戒毒中心等角色，它替代不了社区和家庭的地位。③ 反映在学校危机管理上，一些非政府组织、社区组织、私人组织等开始进入危机管理的组织架构，实行横向联动。尤其是经过“9·11”事件后，国土安全部（DHS）将美国红十字会（ARC）和全国抗灾积极分子志愿者组织（NVOAD）等非政府组织，纳入其公共安全管理体系。它们的管理职能首次被写入《国家应对预案》（NRP）里，其中美国红十字会明确要承担“人群护理、住宿和人文关爱服务”等职责。④ 联邦教育部也将这些非政府组织列入危机管理资源库，并向各个学校推荐。⑤ 从美国近几十年来学校暴力的状况看，不难发现自20世纪90年代中期开始，美国学校暴力状况有所缓和，这主要得益于其较为完善的学校安全管理计划和相关政策法规的执行。如前所述，1994年美国国会出台了一系列有关学校安全的法案，这些系统完备的法律法规，在法律层

---

① 《国外如何构筑校园安全防线，有哪些经验和启示》，《中国教育报》2010年6月1日。

② 事实上，在世界范围内，如何防范和应对校园暴力事件也是一个让各国政府和社会民众头疼的难题。无论是2004年俄罗斯的别斯兰人质事件，还是2007年美国的弗吉尼亚理工枪击案，都成为很多人心中挥之不去的阴霾。在很多国家，校园暴力事件已经成为现代社会普遍存在的问题。据统计，在1996年至2009年间，世界各地一共发生58起校园枪击案。

③ George Bush, America 2000: An Education Strategy, Washington, D. C: 1991. 34.

④ Department of Homeland Security. National Response Plan. Washington, D. C: 2004. 12.

⑤ 方展画、王东：《美国校园危机管理的组织架构分析》，《高等教育研究》2008年第9期。

面上为学校安全保证提供了坚实的基础。而同样值得注意的是，美国有一套从教育部到地区、社区、学校的较为完善的安全计划，这从操作层面上保证了学校的安全。1998 年，美国教育部及美国司法部发布的《提前警告，及时回应：学校安全指南》（Early Warning，Timely Response：A guide to safe school）中，明确规定了安全、无暴力学校的标准：① 1. 所有的学生都能够遵守学校的规定、达到教学要求的标准，同时学校能够尊重个体差异、让学生平等地享受教学资源。2. 有良好的家校合作平台，让家长积极地参与到正确教育孩子的过程中。3. 社区以及当地相关部门都能够积极地参与到学校暴力防治工作中，为学校提供所需的资源。4. 学生与学生之间能够和谐相处，学校教职员工能够及时地为学生提供一切合理的、在情感上、生活上、学习上各个方面的帮助。5. 学校有专门开设的安全课程，与学生公开讨论学校暴力问题，教给学生适当的策略来解决暴力冲突。6. 平等地对待学生，消除由于种族、性别、社会阶级、宗教、身体容貌等带来的偏见。7. 上报潜在的以及已经发生的学校暴力事件提供安全的途径。8. 学校能够公开地、客观地评述暴力事件，并且有完善的暴力防治方案。9. 在帮助学生成为一名好学生的同时，还应该帮助其成为一名好公民，培养其诚实、善良、有责任感等良好的品质。

自从这份指南公布以来，教育部接到了无数反馈信息，要求提供“如何”制订学校安全计划的有关信息。作为回应，2000 年制定了《保护我们的孩子：行动指南》（Safeguarding Our Children：An Action Guide），这份指南为学校提供了可实际操作的步骤，用来设计和完善学校安全计划，减少学校中的暴力，帮助孩子获得他们所需要的服务。指南中强调了三个层次综合模式的重要性，即通过预防、针对性早期干预和个别强化服务来解决学校的安全问题。如图 2—1 所示。②

---

① U. S. Department of Education，U. S. Department of justice（August 1998）：Early Warning，Timely Response：A guide to safe school：3 – 5.

② U. S. Department of Education，U. S. Department of justice（2000）：Safeguarding Our Children：An Action Guide：4 – 35.

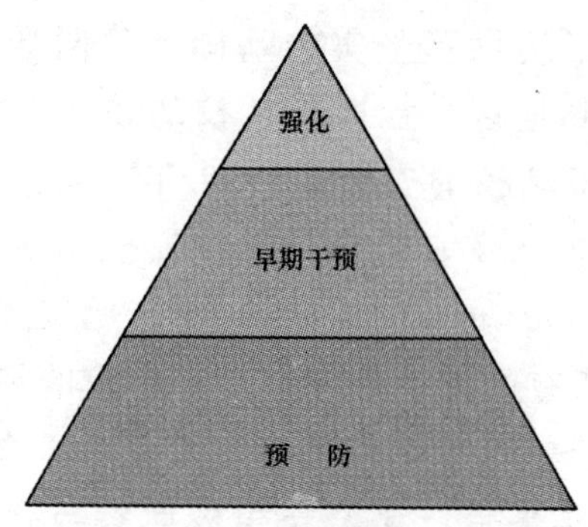

图 2—1 三层次治理模式

第一层次的预防主要是针对全校范围内的学生，通过创设一个关爱的学校环境，教授学生解决问题的技巧，给予学生学业指导等来提高所有学生的学业成绩并改善其行为表现；第二层次主要是针对 10%—15%有暴力倾向的学生，为他们提供所需要的服务；第三层次主要是针对 3%—10%已经产生暴力行为的学生，为他们提供所需要的服务。为促进学校的安全建设，2003 年 5 月，美国教育部向全国下发《学校与社区制定危机计划的实用指南》（Practical Information on Crisis Planning：A guide for Schools and Communities），其中制定了学校危机管理的四阶段模式。如图 2—2 所示。①

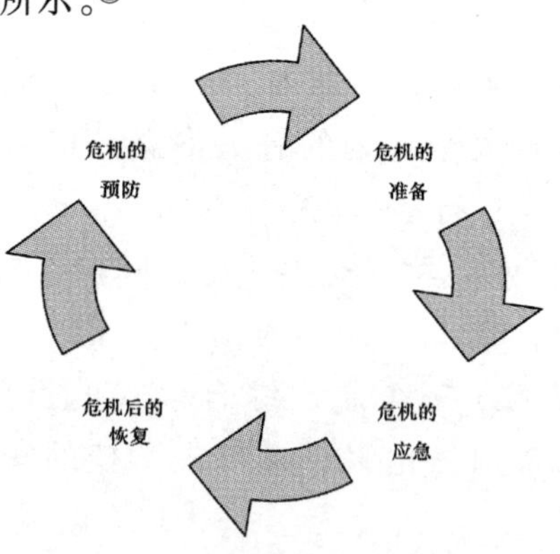

图2—2 学校危机管理的四阶段模式

① U. S. Department of education（2003）Practical Information on Crisis Planning：A Guide for School And Communities.

危机的预防（Prevention）→ 危机的准备（Preparedness）→危机的应急（Response）→危机后的恢复（Recovery）。危机的预防指学校和地区要减轻或消除可能对生命和财产造成威胁的因素；危机的准备指学校应该制定危机防治计划以便危机发生时可以立即采取有效的应对措施；危机的应急指在发生危机的过程中有条不紊地执行应急的具体步骤及相应的措施；危机的恢复指在危机事件发生后如何恢复和重建学校的基础设施，缓解危机事件给学生和教师带来的精神上的压力。如图 2—2 所示，危机管理的过程是一个循环回复的过程，从危机的预防到危机的恢复似乎危机管理的过程已经结束，但实际上这只是一个循环的结束，它又开始了另一个循环，危机管理计划根据上一循环中出现的问题和积累的经验不断地被完善。

在学校暴力及其防治体系的研究中，美国的政策与法律制定者有一点认识是共同的：学校是学生集中生长的地方，并且集合所有影响青少年的行为力量，因此学校是防治学校暴力的关键性机构。在美国，各州、学区以及很多非政府组织策划、实施了诸如“和平缔造者”、“快速成长方案”、“好行为游戏方案”、“灵活解决冲突方案”等成功的暴力干预方案。它们都经过实践的考验，最终服务于广大儿童和青少年。尽管这些方案的内容不同，适用的具体情况也有所差异，但是这些成功的学校暴力干预方案，大多数都具有以下特点：（1）专门的组织机构和服务。各州、学区建立了很多政府支持的组织和网站，如“反欺凌网络组织”、“明尼苏达无欺凌计划”等，以帮助学校了解欺凌现象，为学校制定相关政策，提供教师培训的指导大纲。很多学区成立“学校暴力防治小组”，根据“各级学校暴力事件处理原则及通报要点”，明确暴力事件固定处理流程及通报系统，并有效掌握信息，介入辅导。并且结合社区资源建立“支持性及矫治性辅导网络”，提供法律和心理服务，对学校的暴力特点，尤其是校内帮派活动的范围进行正确的评定。（2）各种社会力量协作形成教育合力。保证学校安全是一个系统工程，即学校安全保障不仅仅是学校自己的事情，还需要教育行政部门、司法部门、社区组织、社会媒体、学生家长等多方面的努力和支持。（3）不同的学校要制订不同的安全计划。将干预和预防工作及早介入孩子的生活中，为他们提供积极的经验和反暴力策略；美国要求每一个学区和学校应将制定安全计划作为学校总体工作计划的重要内容之一，都要有一个可操作的危急情况管理计划，包括管理人员、学生、家长，协调法律实施部门、社区危急情况服务部门和媒介部门等。但仅靠计划和书面协议是不够的，还要体现在长时间训练之中，使学生和教师知道怎么做，同时学校设施的建设也要对此有充分的考虑。学校公务人员要注意学校和学校附近的危险性人员，同时要注意具有危险性的学生的转入或在学区内的就学。（4）学校安全保卫系统。参照社会反击暴力威胁和犯罪的措施，各学校也采取了不同的强制措施来应对学校暴力，如采用零容忍政策、校服政策、校警和其他法律执行人员的执勤政策、参观者登记政策、使用金属检测仪和电子监视仪、预防和减少暴力方案以及学校预防枪支政策等。另外很多学校还鼓励学生在听见同学谈论暴力计划时要及时报告老师。暴力防治要坚持长效性，一旦建立和传达明确详细的行为准则，就需长期严格执行。（5）干预对象低龄化和特定化。过去，学校暴力干预的对象主要集中在攻击性处于高峰的童年晚期和青春期，而现在，越来越多的学者认同并证实，在小学或更早的幼儿园阶段对问题儿童进行干预的效果会更好，干预作用也更持久，而且还可以节约费用，降低风险。另外，考虑到环境变迁和青春期生理发育与学校暴力的潜在关系，研究者开始针对性地挑选特定时期儿童进行跟踪研究，如入学前的幼儿和即将升学的小学六年级学生，以探索更加有效的学校暴力干预方案。①

（三）重视学校安全立法创新

如前所述，美国联邦和各州注重从立法上为学校安全保障构建一个系统的法律框架，并注重根据社会与学校安全形势的发展变迁进行相应的创新性立法。在美国学校安全的创新性立法中，最为突出的是校园警察制度。美国的学校暴力事件是全世界闻名的，而其校园警察也是全世界最出名的。美国在 20 世纪 60 年代就由各州立法建立了校园警察制度，并赋予校园警察以真正警察同样的权力——可以携带枪支和拘捕犯人。在美国，有 80% 以上的各级各类学校依法建立了规模不等的校园警察机构。

校园警察制度是美国学校保卫工作的一个重要特色。在 20 世纪 40

① 李进忠：《美国校园暴力走向及其治理模式》，《基础教育参考》2007 年第 11 期。

年代以前，美国学校的保卫工作由没有执法权的保安人员负责，他们只负责看守楼门、停车场、贵重设备及仓库，对于学校内的违法犯罪活动不能做出及时的反应和有效的处理。由于没有执法权，犯罪分子在学校内十分猖獗，各种违法犯罪、骚乱频繁发生，师生员工的人身、财产安全得不到保障，甚至对社会秩序构成了严重威胁。1940 年年初，华盛顿州议会率先制定法令，授予各学校建立自身的警察的权力，在公立学校建立警察机构。随后，各州议会相继制定类似的法令，批准高校建立校园警察机构。1990 年 10 月，美国议会通过的《校园安全法》更是正式确认了校园警察制度，从而以联邦法的形式确立校园警察体制的法律地位，使学校安全保卫工作的开展有了充足的法律依据。

其一，美国校园警察机构体制。美国校园警察机构都是学校的一个职能部门，由校长或副校长直接领导，学校的校务委员会有权讨论校园警察的工作，并制定本校校园警察的规章制度（除州法律规定的以外）。校园警察机构建立，由校长和校董事会依法决定，人员聘任、升迁、淘汰由校长决定，经费开支也由学校负担。校园警察与州和联邦警察没有隶属关系，在业务上，他们是依法相互协作的关系。校园警察机构人员大体由三部分组成：有执法权的、能持枪的正式治安警察，他们配有警察证书、警徽标记、警衔、警服以及各种执法用的警具；没有执法权的保安人员，他们不能持枪，主要负责看守楼门和停车场等；临时雇用做保安工作的学生，一般期限为 1 年，也可续聘，他们可以承担护送、巡逻、维护秩序、看管停车场等任务。拥有执法权者与联邦警察或州、县、市警察具有相应同等的权利，没有执法权者只能在校区范围内按照学校董事会的决定和校长批准的规章制度，履行安全管理和安全服务职责。

其二，美国校园警察的任命、录用与训练。美国校园警察的任命与录用，均在州法典上有明文规定。对警察任命的一般程序是：由校方向所在城市的警察局提出申请，经城市警察局批准后，由校方通知被任命的警察，批准警察学校资格的警察局发给其警察证书和警徽标志，同时注册备案。校园警察在录用前，必须接受警察学校为期 14—16 周的训练，而且必须达到国家警察训练监督委员会的训练指标才能上岗。在职警察每年也要到警察训练中心接受不同期限的业务训练，如射击训练，每年要进行 1—2 次。美国校园警察一般都有学士学位，其中一部分警官具有硕士或者博士学位。

其三，美国校园警察的工作职责。总的来说，美国校园警察的职责就是保卫学校人身、财产的安全，维护学校治安秩序，做好安全防范工作，进行侦查破案，并负责消防、交通和急救等工作。美国校园警察的任务有明文规定：在本校警察管辖区内，为保护生命和财产的安全，执行法律；保证公共安全的紧急服务，解救受害者，缓解和排除险情；保证交通畅通无阻和执行交通法规；发展和社会团体的合作，警察活动要取得社会团体的支持和投入；保证高质量的发展组织，建设警察队伍（包括录用、培训和成绩评估）。以上这五项任务，前四项概括起来就是两个职能：执法的职能和服务的职能，也可以说是预防犯罪与打击犯罪的两种职能；第五项是为了更好地保证前四项任务的圆满完成，提供高质量的警察队伍。执法是为了更好的服务，服务也是为了更好的执法，预防犯罪和打击犯罪两种职能是不可分割相辅相成的。要特别指出的是，美国校园警察的执法范围不仅限于执行联邦、州、市、县的成文法，还包括执行各学校制定的规章制度，这是与地方警察的重要区别。最值得一提的是，美国校园警察十分注重为广大师生提供各种服务。例如，校园警察义务为师生提供护送服务，夜晚只要有人提出护送要求，警察部门就立即派人出车，将其送到指定地点，直到其安全进入室内才离开；学生忘记带钥匙，只需要给校园警察打个电话，警察就来帮助开门；学生在酒后不能驾驶车辆时也可以向校园警察求助，由校园警察将车辆驾驶到安全地点停放；校园警察的巡逻车内都备有急救包和药品，警察均具备一般的救护知识，随时准备救治伤者。美国校园警察通过为广大师生提供各种服务，实行人性化管理，拉近了校园警察与师生的距离，提升了校园警察的安全、护卫和服务形象。圣地亚哥大学公共安全部部长约翰· 卡彭特曾撰文道："校园警察从不被看作是镇压力量，而视为保护力量。我们认为这是美国校园警察能够站得住脚并逐渐被接受以至备受拥护的一个主要因素……我们的州长曾经说：校园警察是全美最好的警察！"①

其四，美国校园警察的经费、编制和装备。美国校园警察的经费均由学校承担，公立（州立）学校由州财政拨给学校的经费支出，私立

① 范绪锋：《加快立法，让校园安全管理不再尴尬》，《中国教育报》2001 年 5 月 12 日。

学校全部自行负担。对校园警察编制配备的数量没有法定的比例，完全由校方决定，一个学校的警察人数，主要根据学校所处环境的好坏与学校经费的多少决定。①

应当承认，放眼当今世界，学校不再是纯净安宁的避风港，更不是远离尘嚣的世外桃源，其内外治安环境日益复杂，各种各样的学校刑事案件逐渐增多，加强学校安全已成为世界各国的共识，独特的美国校警制度也正受到越来越多的青睐。目前，欧洲一些国家已设立了职责与美国校警相似的“校园护士”和“助理老师”等机构，亚洲的日本、韩国和马来西亚等国也对校警制度产生了浓厚的兴趣。②

第三节　发达国家学校安全立法的评论与启示

“他山之石，可以攻玉。”在经济一体化、信息全球化的当代，我国的学校安全立法乃至教育立法也面临着与世界潮流相互融合的趋势。为此，立足于我国的现实国情，根植于深厚的民族传统，奠基于现有的学校安全法制建设的成就，借鉴当今发达国家学校安全立法的有益经验，将无疑对我国学校安全法制化建设进程的积极推进大有裨益。

综观日、美等国的学校安全立法，不难发现，这些国家均已为学校安全保障制定了一套相对完善的法律制度，为其学校安全战略的贯彻实施提供了法律上的坚实基础。尽管由于政治体制、经济发展、文化背景不尽相同，这些国家在学校安全的管理体制建构、学校安全法律关系主体与内容的设定、法律实施与监管机制的创设等方面各具特色，各国学校安全立法的演进过程也各有特点，但若从学校安全制度设计上进行考察，会发现这些国家的学校安全立法存在一些共性之处，可资我国借鉴和吸收。

一　切实重视学校安全立法，坚持“依法护校”

发达国家在维护学校安全方面，大都有着悠久的历史传统，并

① 周博文：《美国校园警察制度及其对我国校园安全管理工作的启示》，《公安研究》2010年第10期。

② 《美国校园刑事案件泛滥，校园警察职能多工作繁忙》，《环球时报》2005年5月5日。

注重通过稳定、规范、系统、理性的立法而非应急、可变、局部、暂时的政策文件实现对学校安全的根本性保障，也就是强调以“学校安全保障的法律主义”原则，取代“学校安全维护的敕令主义”理念，坚持“依法护校”。发达国家学校安全保障的有益经验告诉我们，政府必须坚决地、根本性地转变以行政命令、行政文件直接介入学校安全具体事务管理的做法，而应更多地通过法律规范来调节错综复杂的学校安全关系。政府应从愈益繁重的教育行政事务中解脱出来，抓好学校安全战略性、方向性问题的调研和决策，以实现学校安全的切实有效维护。这既是现代学校安全管理法制化趋势的必然要求，也是国外发达国家相关经验教训的明确昭示。在2010年我国连续发生多起针对中小学幼儿园学生的恶性伤害案件后，各地各类学校纷纷掀起一场声势浩大的“校园保卫战”，希望能最大限度地预防安全事故并减少事故对学生造成的伤害。事实上，一系列学校血案已造成了社会的恐慌和民众的愤怒，要求《学校安全法》尽早出台的呼声也前所未有的响亮。人们寄希望于一部具有强制性、权威性的法律，来规范学校安全管理行为，避免运动式的公共治理，保障学校的长治久安。

二　加快学校安全立法进程，完善学校安全法规体系

有法可依，乃是“依法护校”的前提和基础。在当今一些发达国家，特别是日本，其学校安全法规体系已经完备到几乎“无事不法”的程度，极大地保障和促进了学校安全管理工作的稳步推进和良性发展。如前所述，日本素以重视教育立法而著称于世，其于20世纪中期就建立起了包括饮食供给、保健、学校体育和学校所应承担的责任等在内的，一系列有关中小学生在校安全的法律规范体系。综观日本现行的学校安全立法，其法规体系是系统而完备的，构建了一套上至国家的法律、法规，再至地方有关机关的地方法规，下至学校的规章制度，效力上高低错落、内容上相互衔接的完备而具体的法规体系，为学校安全事故的正确和有效预防、处理、法律责任追究提供了充分的法律依据。

诚然，“法律不是孤立产生和发展的，而是以一系列环境因素为基

础的"①，学校安全环境在不同国家或不同区域之间存在的差序格局，决定了学校安全立法也有"先行"与"后发"之分。发达国家是世界经济先发区域，这是学校安全立法先行的经济基础；发达国家民主政治的发展乃至整个政治文明的推进，为学校安全立法先行创造了必要的政治前提；基于深厚理性文化的人权、权利和责任等现代法治观念又为发达国家的学校安全立法先行提供了文化条件；经济、社会、文化、政治先行发展过程中不断产生新的制度需求，成为推动学校安全立法先行的一种内在驱动力。然而，与此同时我们也应当看到，教育立法包括学校安全立法的"先行"带"后发"作为一种建构主义和演化主义相结合的立法观，其在理论上也是可以自洽的。立法"先行"带"后发"的前提是承认有可以"后发"的客观条件，由此决定了它必须尊重传统、习俗、历史和现实，因为这些传统、习俗、历史和现实是"特定时空下的先决条件"，是立法"后发"之"理想图景"的最直接原因和最重要依靠。同时，立法"后发"又是可以主观设计的"理想图景"，我国中央和地方制定学校安全相关立法的努力，在根本上是建构性的。诚如马长山教授所说："从市民社会与国家的互动发展及其与法治的内在相关性来看，法治进程既是演进的也是推进的，既有权利的伸张也需要权力的运作，既是经验的也是建构的，因此在某种程度上可以说是二者的有机结合。"② 孙笑侠教授进而言之："根据当代中国的法治实践，法治或法治秩序既可以根据本土社会发展而自然演进，又完全可以是被主体经过理性设计和实行而建构起来的。"③

近20年来，我国在学校安全方面虽相继出台了一些行政法规、地方性法规、规章及其他规范性文件，初步形成了学校安全法律法规体系的基本框架，但是从整体来看，我国学校安全立法还存在着专项立法严重滞后、立法体系不尽健全、立法内容不够完善、立法层次相对低下、法律实施机制孱弱等问题，尚不能为各级各类学校应对新时期学校安全

---

① 夏立安：《法律环境》，载孙笑侠、夏立安主编《法理学导论》，高等教育出版社2004年版，第376页。

② 马长山：《国家、市民社会与法治》，商务印书馆2005年版，第15页。

③ 孙笑侠等：《先行法治化——法治浙江三十年回顾与未来展望》，浙江大学出版社2009年版，序言。

所面临的复杂形势提供充分有效的法律依据，远不能满足保护师生和学校的合法权益、有力推进教育事业健康发展的需求。鉴于此，为形成我国学校安全立法的“后发之势”，我国应积极借鉴发达国家学校安全立法的有益经验和有效举措，借助于国家权力的自觉运作，建基于国家立法部门对学校安全立法的理性规划，加快学校安全专项立法的进程，并及时制定与专项立法相配套的法律规范和实施细则，形成较为完善的学校安全法规体系，为我国学校安全管理法治化奠定坚实的基础。

三 加强学校安全立法规划，严格学校安全立法程序

立法规划，从性质上讲，是立法机关对经过预测与研究的立法项目进行通盘的考虑、总体的设计，通过一定程序和形式，对一定时间内的立法工作作出统筹安排。立法规划的主要任务和目的，在于使立法工作有计划、有步骤、有目的地进行，从而使立法工作有序化、科学化、系统化。总体上说，学校安全立法应循序渐进，在周密详尽的立法规划的指引下，保证学校安全立法进程的稳步推进。在这方面，日本的做法值得我们借鉴。从 1954 年的《学校供给饮食法》，到 1958 年《学校保健安全法》、《学校保健安全法施行令》和《学校保健安全法施行规则》的颁布，到 2006 年学校安全单行立法——《学校安全法》（草案）的出台，再到 2007 年《学校保健安全法施行令》和 2008 年《学校保健安全法》的修订，如此等等，我们可以看到，日本政府一方面站在法律的高度不断强化自身的责任与义务，另一方面从法律层面对学校安全保障的政策支持、人员配备、经费支援等问题予以规范化，使之更加具体、明确、富有可操作性。日本的学校安全立法循序渐进、按部就班，历时虽长，但步伐稳健，在不断推进的学校安全立法中逐渐提升对学校安全的保障水平，以达成日本政府、各类学校、国民都普遍地认为的“学校是育人的场所，必须对学生安全状况格外关注，构建以学校为保护中心的学校安全管理体系”。反观我国，由于学校安全立法整体意识不强，缺乏一个立足于全局、整体和宏观、长远的立法统筹规划，法律规范的制定往往只针对于现实中亟待解决的问题，造成立法的临时性、应急性有余，而科学性、条理性和系统性不足。鉴于此，如何吸取发达国家的有益经验，加强我国学校安全立法的规划性，是我国学校安全立

法发展过程中亟待解决的问题之一。

学校安全立法除需加强规划外，还应严格学校安全立法程序。现代民主立法特别重视立法程序的设计和运用，在许多法治国家，确立了“无程序即无立法”的原则，遵从立法的各项程序规则，已成为实施立法活动的前提性条件。以程序先定而形成的一整套立法的程式性规则，构成了立法程序的主要内容。综观发达国家的学校安全立法，其普遍注重立法程序的严格性以及立法过程的规范性，其学校安全法规具有很强的权威性，并以此为法规的顺利实施奠定基础。发达国家学校安全立法的这一经验，足资我们学习借鉴。因为我国的一些学校安全法律规范，由于其立法程序不够严谨、立法过程不够规范，导致立法存在着效力权威受损、实施不够有力的痼疾。要想完善我国的学校安全法律制度，一方面需要在实体上合理配置中央和地方相关立法主体的立法职权，建构与社会主义市场经济、民主政治和教育事业发展相适应的立法权限体系；另一方面需要在现行立法体制架构下，设计科学的立法程序（Legislative Procedure 或 Legislative Process），以引导、调节和规范学校安全立法行为。合理的立法权配置与科学的立法程序相结合，才能将中国的学校安全立法进一步引向以制度化、规范化和科学化为主要特点的现代立法轨道，从而使学校安全立法在服务于和谐学校建设和社会主义人才培育方面发挥更大的作用。

四　改进学校安全立法技术，提升法规的操作性

立法者在立法过程中，以科学的立法理念、正确的立法政策为指导，方可产生高质量的法律草案，但是并非仅此足矣，立法者还须善于运用各种恰当的立法技术，才能真正制定出具有较高质量的法案。仅有好的立法思想，而没有好的表达方法和技术，那些条文可能是一堆宏伟的口号、宣言和政策。立法技术对立法质量和法律是否有用、有效至关重要。立法技术有广义和狭义之分。广义的立法技术，是指在一定的立法制度中历史地形成的一切知识、经验、方法、技巧和规则等的总和。[①] 狭义的立法技术，是指关于法律的内部结构和外部结构的形式、法律的文体和语言表达方式等方面的规则。本书从狭义上来运用立法技术。长期以

① 张文显：《法理学》，法律出版社 1997 年版，第 350 页。

来，受“宜粗不宜细”等立法技术原则的影响，我国的学校安全立法普遍存在粗略性、概括性较强，而细密性、具体性、准确性较弱的缺陷，也就是概括有余而细密不足。我国的学校安全立法中提倡性、号召性、宣示性款项偏多，而具体操作性条款较少，条文中经常使用“积极”、“鼓励”、“加强”、“支持”等抽象性语言，在内容上与政策相差不大并使法律缺少可操作的规范性，难以得到有效实施。这是导致我国学校安全立法虽然数量不少，但实施状况并不理想的重要原因之一。

因此，改进立法技术是我国教育立法包括学校安全立法实践中亟待解决的一个问题。立法技术的好坏直接关系到法律的质量、法律的有效性和可操作性。在发达国家，由于立法技术相对成熟，其学校安全法规有很强的操作性，对学校安全法律关系的约束力和规范调整功能也因此得以充分发挥和生动展示。鉴于本书的篇幅所限和重点所指，本书不打算在此对日、美等发达国家的学校安全立法技术进行深入、系统的探究，但是，基于对这些国家学校安全立法技术的宏观性与总体性观察，我们可以尝试地归结出如下的立法技术精要：法律用语规范，立法语言力求准确、肯定、严谨，力避政策性、宣示性语言；规避法律结构内容的交叉重复，保持概念的统一性；具有学校安全法律责任和救济途径的相应配套规定，对学校安全法律关系的调整既有行为模式，又有后果模式，等等。基于上述分析，我国应当大力改进学校安全立法技术，使学校安全立法语言简洁、规范，含义具体、明确，清晰地界定学校安全各责任主体“该做什么”、“不该做什么”、“怎么做”、“违规责任与后果”等方面的问题，增强我国学校安全法规的操作性。

五　彰显学校安全立法的综治原则，构建学校安全的网络系统

学校安全并非局限于一校的围墙之内，而是一个整体性概念。日本国立教育政策研究所专家立田庆裕指出：在每起学校惨案的背后，都折射出社会各方面的影子，这也显示出学校安全问题不能仅靠一个社会部门来解决，而需要整个社会来协调和维护。[①] 在学校暴力及其防治体系

① 陆乐等：《校园安全让多国百姓揪心，血腥惨案频现多国校园》，《环球时报》2010 年 5 月 19 日。

的研究中，美国的政策与法律制定者共同认识到：保证学校安全是一个系统工程，即学校安全保障不仅仅是学校自己的事情，还需要教育行政部门、司法部门、社区组织、社会媒体、学生家长等多方面的努力和支持。在此立法理念的指引下，美国中小学校的学校安全保障便是立体的和全方位的。校方普遍认为："校董会和学校行政人员不可能独自维护学校安全"[①]，对学生的安保工作是全社会的事情，并认为校方的这种看法不是在推卸责任，而是实事求是。正是因为能够清醒地认识现实，所以美国的中小学在学校安全保障上，总是积极主动地寻求与教育行政部门、公安部门、学生家长、社区机构、新闻媒体等的合作，力图形成良好的学校安全互动保障体系。除了日本、美国之外，"构建以学生为中心的校内安全保护圈，同时强调政府管理机构、学生家长、社会公众等对学校安全的协同治理"也是英国、韩国、俄罗斯等国学校安全立法的基本取向。

而在我国，学校安全立法尚未充分体现"综合治理原则"，尚未形成学校安全的综合管理体制。实践中，我国绝大多数学校所构建的是主体单一性、空间封闭性、时间滞后性的学校安全管理范式，没有形成政府、学校、社区、家长、媒体等利益相关方的联动机制，各方的信息成孤岛状态，缺乏连接贯通的有效路径。鉴于此，我国的学校安全立法应当充分吸取发达国家学校安全立法的相关宝贵经验，力图彰显学校安全立法的综合治理原则，即通过立法的方式，使学校安全管理和社会安全管理融为一体，着力构建立体的学校安全防护网络。

---

① 杨颖秀：《美国学校安全措施及其启示》，《现代中小学教育》2001年第2期。

第三章

挈领提纲：学校安全立法的价值选择与基本原则

任何立法，都会涉及立法价值选择问题——法律作为社会关系的调节器，最重要的功能之一，就是如何通过立法来选择和调整各种价值。立法价值冲突既是许多法律难产的重要原因，同时也恰恰是法律需要存在的根本理由。站在立法者的角度来思考和审视尚在构思和草拟中的"中国学校安全法"的内在价值是什么，以哪些基本原则作为指导思想并贯穿始终，以及它在整个法律体系中与别的法律处于何种内在关系，特别是与作为一切立法合法性形式渊源的宪法规范的内在价值和终极价值的根本关系，是作为民生立法的重要体现的《学校安全法》及其研究的重要领域。

第一节 学校安全法的蕴意与特征

一 学校安全法的蕴意

在对学校安全法的含义进行界定之前，需对学校安全法的上位概念——教育法作一阐释。教育法，是指为促进教育事业发展，提高全民族素质，推进国家物质文明和精神文明建设，经依法制定，普遍适用于全国各级各类教育，规范和调整教育关系，保护教育主体的合法权益，维护教育秩序的法律规范的总和。其中"教育关系"是指与教育相关的各种社会关系，包括：学生与教师的关系；学生、教师与学校的关系；学生、教师与教育管理机构的关系；学校与教育管理机构的关系；教学与安全的关系等等。“教育主体”是指与教育有利害关系的各种主体，包括：学生、教师、学校、教育管理机构等，其中学生的教育主体资格当然地包括其监护人。“教育秩序”是指为维护教育教学所必需的正常的秩序，包括：学校教育秩序，教师教学秩序，教育管理秩序，等等。

基于教育法的上述定义，对学校安全法的蕴意阐释应当包括如下内容：首先，学校安全法是教育法规，属于教育法的范畴；其次，学校安全法的重心在于保障学校的安全性，调整的是学校安全、学生安全、教师安全、教学安全等学校安全关系，保护师生的安全权益；最后，学校安全法的制定主体为国家，适用范围为全国各级各类学校。在此，本书将学校安全法的概念界定为：学校安全法是指为促进国家教育事业的发展，维护教育主体的安全权益，经依法制定，普遍适用于全国各级各类教育机构，规范和调整学校安全关系，明确学校安全责任，保证学校教育教学安全和秩序的各种法律规范的总和。其中学校安全关系，是指与学校教育教学安全相关的各种关系，包括学校防火安全、学校防洪安全、学校饮食卫生安全、学校建筑安全、学校交通安全、学校医疗卫生安全等；学校安全责任，是指与学校教育、教学安全有关的各种责任，主要包括教育管理机构对学校的安全责任，学校、教师对学生的安全责任，学校对教师的安全责任，其他组织机构对学校的安全责任，等等。

二　学校安全法的特征

综观学校安全的各类立法，我们可以尝试性地概括出学校安全法的如下特征：

（一）学校安全法的渊源具有广泛性

首先，学校安全法的最高渊源来自宪法，虽然我国宪法规范中并没有直接规定学校安全的内容，但是依据我国《宪法》第 19 条、第 46 条等的规定，公民享有受教育权，当然包含着享受教育安全的权利；“国家发展社会主义的教育事业”当然包含着保障和促进各级各类学校、学生、教职员的人身财产安全和教育教学安全等内容。其次，学校安全法的直接渊源来自中华人民共和国《教育法》、《教师法》、《义务教育法》、《高等教育法》、《职业教育法》、《民办教育促进法》、《未成年人保护法》、《食品卫生法》、《消防法》、《传染病防治法》、《校车安全管理条例》等涉及学校安全管理的相关法律法规。此外，学校安全法的渊源，还包括为数众多的国务院部委对学校安全问题的相关法律规定，如《学校体育工作条例》、《学校卫生工作条例》、《中小学校园环境管理的暂行规定》、《学生集体用餐卫生监督办法》、《学生伤害事故处理办法》、《中小学幼儿园安全管理办法》、《中小学公共安全教育指导纲要》，等等。另外，我国一些省市人大及常委会、地方政府及职能部门基于地方学校安全形势对学校安全问题所作的法律规定，也是我国学校安全法的渊源。

（二）学校安全法的适用具有普遍性

首先，效力位阶是“法律”、“行政法规”的学校安全法在全国范围内适用，而非仅适用于某一省市或地区，因而具有适用范围的普遍性。国务院各部委制定的部委规章涉及学校安全的规范，如果与“法律”、“行政法规”层面的学校安全立法相符合，也具有在全国范围内的适用性。其次，学校安全法适用于全国各级各类学校，不但适用于幼儿园、中小学，也适用于职业技术院校、高等院校；不但适用于城市学校，也适用于农村学校；不但适用于公办学校，也适用于私立民办学校。最后，学校安全法的适用主体具有普遍性，不但适用于学校，也适用于教师、学生；不但适用于学校等教学机构，也适用于教育管理机构；不但适用于教学机构，也适用于其他与学校安全管理密切相关的社会机构，如治安、消防、交通、卫生、食品安全等社会管理机构。

（三）学校安全法具有预防性

首先，学校安全法为各类学校的硬件建设和安全防护提供了规范标准，例如学校及周边建筑的安全、教学设备设施安全、学校选址安全、[①] 学校抗震防洪能力等安全指标，为学校教育安全提供物质上的安全保障。其次，学校安全法为学校的教育教学、管理运作提供了安全规范，例如学校的防暴、防火、防洪、防震应急规范，食堂卫生安全规范，学校安全教育规范等操作规范，将为学校教育安全提供制度上的安全保障。最后，学校安全法为教育机构与公安、消防、交通、医疗卫生等机构的学校安全合作提供了一套良好的规范体系，通过社会各相关职

---

① “学校选址安全”，即学校是否存在地质塌方、山体滑坡、泥石流、洪水、污染源，200米范围内有无集贸市场、医院、加油站、娱乐场所，校区有无高压输电线穿过等安全风险。

能部门对学校治安、消防、交通、卫生防疫、食品安全等工作的监督检查和协助指导，以有效预防各类学校安全事故。

（四）学校安全法具有维权性

首先，学校安全法对于与学校安全保障相关的社会组织机构及职能部门进行职权划分，明确权责，防止因权责不清或者分工不明而致学校安全事故，以维护学生、教师等教育主体的合法权益。其次，学校安全法对学校安全责任进行明确界定，对于违法失职，玩忽职守，不履行法定学校安全责任的机构和个人实行相应的处罚，以维护学生、教师等教育主体的合法权益。最后，学校安全法对于因学校安全事故而致相关教育主体的合法权益受到损害的，设立法定的民事或国家赔偿标准，能有效维护学校安全事故中处于弱势地位的学生及其监护人的合法权益。[①]

（五）学校安全法具有行政性和社会性

首先，学校安全法具有行政性。学校安全法是国家为了促进教育事业的健康发展、保障学校的教育安全而制定的，旨在指导和规范各级各类学校安全管理工作，因而具有行政性，体现了国家对教育的行政指导、行政管理、行政监督等职能。而且，学校安全法还规定了教育、公安、消防、交通、食品监管、医疗卫生、防洪防震等相关社会管理机构对保障学校安全的职责，因而更彰显了学校安全法的行政性。其次，学校安全法具有社会性。学校安全法主要用于调整学校与学生、教师的教育安全关系，维护和保障学生等教育主体的合法权益，

因而学校安全法在划归教育法的同时，还可归置于社会法的范畴之列。[②] 学校安全法不仅具有广泛的社会适用主体，而且还有广泛的社会

---

① 曾祥瑞：《日本国家赔偿特别领域要论》，《行政法学研究》2004 年第 1 期。

② 社会法是我国近年来在完善市场经济法律体系，落实科学发展观、构建社会主义和谐社会的历史大潮中应运而生的新兴法律门类和法律学科。社会法的主旨在于保护公民的社会权利，尤其是保护弱势群体的利益。在社会关系中，有天生的强势群体和弱势群体之分，而且市场经济会自发地导致强者更强、弱者更弱，此时如果没有公权力的介入来保护弱者的利益，将使社会关系的失衡状态加剧并最终导致严重的社会问题。通过法治途径即制定和完善社会法是改变这种失衡局面的必然选择，尤其在当前我国深化改革而社会法理论与实践又比较薄弱的环境下，制定和完善社会法对于保障公民的社会权，使公民实现真正的解放——社会解放，构建和谐社会等具有重大而深远的理论和现实意义。我国现行的社会法主要有：《劳动法》、《劳动合同法》、《工会法》、《未成年人保护法》、《老年人权益保障法》、《妇女权益保障法》、《残疾人保障法》、《矿山安全法》、《红十字会法》、《公益事业捐赠法》等。

功用，对社会教育事业的健康发展、未成年人的保护、科教兴国战略的实施和社会的稳定都具有积极的作用。

第二节　学校安全立法的价值选择

学校安全立法对于学校安全管理法制现代化规则基础的建立具有重要意义。因此，必须对立法过程中显现出来的多种价值进行权衡、取舍、整合，建构一套合理的价值体系以保障学校安全法的合理性。

价值与英文的 value 相通，是人们的观念和社会生活中用以判断事物或行为的标准，它表达的是一种人与物之间的需要与满足的对应关系，通常表示客体的有用性或客体满足主体需要的积极意义。法的价值则是作为客体的法对一定主体需要的满足状况，以及由此所产生的法对主体的从属关系。[①] 一种法律制度有无价值、价值大小，既取决于这种法律制度的性能，又取决于一定主体的需要，取决于这个法律制度能否满足主体的需要和满足的程度。

立法价值就是在立法过程中，“立法主体通过立法活动所要追求实现的道德准则和利益”。[②] 教育立法是国家机关依据法定职权并通过法定程序创制教育法律和其他规范性文件的活动，其实质是教育法所要促进的价值法律化的过程。在一个完整而统一的教育法律体系中，总体性价值通过层层分解，落实于教育立法的目的、教育法基本原则直至具体的法律条文之中。每一款法律条文都包含着一定的价值判断，为教育的总体性价值目标服务。可以说，价值判断构成了教育法律文件的基本框架，价值选择则是教育立法工作的重要组成部分。教育立法的价值是由教育立法这一独特的社会现象的本质所决定的，它实质上是在教育立法过程中所普遍认同并协同追求的原则和目标。这些原则和目标是教育立法核心内容的高度浓缩和概括，也是人们评价教育立法优劣的标准与依据。因此，教育立法的价值涵盖了在教育立法时所追求的理想和目标，

---

① 赵震江等：《现代法理学》，北京大学出版社 1999 年版，第 103 页。

② 李林：《试论立法价值及其选择》，《天津社会科学》1996 年第 3 期。

同时也包含了教育立法进行价值权衡和选择时所遵循的标准或准则。[①]

“价值问题虽然是一个困难的问题，但它是法律科学所不能回避的。”[②]“任何值得被称之为法律制度的制度，必须关注某些超越特定社会结构和经济结构相对性的基本价值。”[③]法的价值是立法的思想先导，严格意义的立法活动都是在一定法的价值观念指导下的国家行为。这一行为的动因、意图和目标，无一不由一定的价值需要所决定并为这一价值需要服务。教育立法作为教育资源分配的重要手段，教育法的实体正义首先需要立法过程的一系列程序规则来保障和确认。教育法的价值观念对教育立法具有极其重大的影响。如何正确评价教育立法的目的，估量此法或彼法的意义？对于一系列立法问题应作怎样的抉择？这些实际上都是立法中的价值认识、价值评价和价值选择问题。[④]

学校安全立法的价值选择是一个理性判断的过程。学校安全立法的过程应是理性支配下的分析判断过程。理性保证了法律同生活的契合，使法律具有合理性。学校安全立法是用理性将理想化的社会关系上升为现实的制度化的规范机制，法律内在理性的要求，使得否认理性就意味着从根本上否认了法律的合理性。“无论这个制度建设得多么高明，多么美好，它毕竟还是人的作品，因此，它只能按照人们的理智的准则加以评判。”[⑤]任何制度的选择与形成、评价都离不开人的理性，学校安全立法是人类理性的产物，其对于理性的运用充分体现在如下学校安全立法价值的选择之中。

一　安全之保障

虽然法在其本来意义上都是面向未来的，但安全立法最为突出，这

---

① 余雅风：《论我国教育立法的价值选择》，载劳凯声主编《中国教育法制评论》（第7辑），教育科学出版社2009年版，第98页。

② 罗斯科·庞德：《通过法律的社会控制》，沈宗灵等译，商务印书馆1984年版，第55页。

③ 埃得加·博登海默：《法理学——法哲学与法律方法》，邓正来译，中国政法大学出版社1999年版，作者致中文版前言。

④ 余雅风：《论我国教育立法的价值选择》，载劳凯声主编《中国教育法制评论》（第7辑），教育科学出版社2009年版，第98页。

⑤ 路德维希·冯·米瑟斯：《自由与繁荣的国度》，韩光明等译，中国社会科学出版社1995年版，第49页。

大概是由其母体“安全”本身所决定的。因为任何安全都是对危险的一种管理方式，而危险对全体社会成员具有现实性却不具有必然性，对部分社会成员具有必然性却并不具有规定性。

由于安全是一个多义性的概念，以至于不少学者如当代西方安全研究方面的理论泰斗巴瑞·布赞、丹尼尔·费雷、罗伯特·杰维斯等认为其难以界定，只能根据不同的情况作出模糊的描述。[①] 古代汉语中没有“安全”一词，但出现于文献中的“安”表达了通常理解的“安全”这一概念。作为现代汉语的一个基本语词，“安全”在现代汉语辞书中有着基本相同的解释：安全，是指没有危险，不受威胁，不出事故。[②] 英语与汉语“安全”一词相对应的主要有 safety 和 security 两个单词。safety 具有安全、平安、稳妥的基本含义；security 具有安全、无危险、无忧虑、提供安全之物、使免除危险或忧虑之物的基本含义。[③] 前者主要强调的是一种状态，比较抽象，是一个更适合于“理论治安学”论域的范畴；后者既包含有状态，也包含有达成这种状态的过程和要素，是一个更适合于“应用治安学”论域的范畴。在我国，英汉对译的“安全”用词多为 security，这或许导源于部分学者认为安全不仅是一种状态，而且还是一种行为，应当把安全工作、安全活动、安全措施、安全机构等涵盖于“安全”的概念之中。

对于“安全”的基本属性，有人主张安全具有二元性。安全的基本属性具有主、客观之二元性：客观方面是指外界的“现实状态”[④]；主观方面是指人们的“心理状态”。[⑤] 美国耶鲁大学阿诺德·沃尔弗斯

---

① 张幼文、周建明：《经济安全：金融全球化的挑战》，上海社会科学院出版社 1999 年版，第 36 页。

② 万启智等：《新法编排汉语词典》，新华出版社 1985 年版，第 904 页。

③ 张芳杰：《牛津现代高级英汉双解辞典》，香港牛津大学出版社 1985 年版，第 1021 页。

④ 从客观状态的视角理解安全的概念，有两种基本状态：一是客观上不存在威胁，二是后果上不蒙受损害。如果客观上存在威胁，或者后果上蒙受损害，或者二者皆备，都应视为不安全。参见子杉《国家的选择与安全——全球化进程中国家安全观的演变与重构》，上海三联书店 2005 年版，第 8—9 页。

⑤ 心理状态是指人在特定时空的心理活动所表现的形态。心理状态既有暂时性，又有稳固性，是心理过程与个性心理特征统一的表现，是当前事物引起的心理过程、过去形成的个性特征和已有的心理预期相结合的产物。人们的安全心理状态，既可能导源于外界的现实状态，也可能导生于其内部感觉。

教授认为，从客观意义上讲，安全是指所拥有的价值不存在现实的威胁；从主观意义上讲，安全是指不存在价值受到攻击的恐惧感。这个说法被概括成广为接受的安全概念，即安全是指客观上不存在威胁，主观上不存在恐惧。国内的学者也多认同这个概念，有的甚至认为安全首先是一种主观感觉，同时又是一种客观存在，是具有对抗一切现实或潜在威胁的实实在在的保障。①

在学校领域中，对于“安全”基本属性的把握，既要区别客观存在与主体感觉，又要充分考虑二者间的内在联系，要注意把握如下四点：（1）学校安全是教育主体面临的一种状态，它反映主体在特定时空所受威胁的性质和程度，离开了主体，就无所谓安全或不安全。（2）学校安全是一种客观状态，没有客观存在的威胁，也就没有不安全状态。（3）学校安全是一个相对概念，客观的安全状态既可能与主体主观感受、判断、反应相一致，也可能存在一定程度的差异。（4）学校安全领域中讨论的安全范畴通常不是纯粹的自然界安全问题，它首先是社会安全问题，只有当自然环境的变化导致相应受体发生危险状态的情形，自然的安全状态才会转化为学校安全研究的安全问题。学校境域的安全既包含着一定的实体，更是一种社会关系，② 一种人与人、人与社会、人与自然以及社会与自然的非危险关系——社会安全关系。

学校安全立法的首要价值选择，是切实保障学校及其学生和教职工的人身、财产安全，尤其是保障学校学生、教职工的身体健康和生命安全，以保障师生的健康安全为立法的原则要义和价值旨归。“生命不保，何谈教育？这是我们必须共同遵循的教育准则。一个没有安全保障的学校，绝对是一所不合格的学校；一个不具备安全意识的老师，绝对是一个不称职的老师。”③ 2010 年 3 月 29 日，在第 15 个“全国中小学安全教育日”上，教育部部长袁贵仁向全国中小学发出的紧急号召，清晰地诠释了学校安全立法，应然立基的价值维度和应当遵循的价值准则。因为

① 夏保成：《国家安全论》，长春出版社 1999 年版，第 3 页。

② 共居于同一个安全体的实体通常表现为一定社会或社区“安全”的载体，而该安全体赖以构成的安全关系则是一定社会或社区“安全”的实质。

③ 靳晓燕：《教育部部长袁贵仁要求确保中小学生平安上学》，《光明日报》2010 年 3 月 30 日。

保障广大学生的安全，是全社会共同的责任，也是学校安全立法的首要职责，要通过学校安全立法，促使学校和社会各有关部门、各类利益相关主体携起手来，密切配合，不断健全学校安全教育和安全管理工作的长效机制，努力为广大学生营造一个安全的学习、生活环境，使他们平安、健康、幸福地成长。不管从法律角度还是管理角度，学校及各类社会管理机构都有责任和义务保障在校学生的健康安全。① 基于此，“安全第一”就必然成为学校安全立法首要的价值选择。这里的“安全”包括三个方面的因素：即身体、心理及权利，学生、教职工的这三个方面的安全都得到切实保障，才能被认为是“安全”的。因此，制定学校安全法要本着“安全第一”的价值准则，贯彻“以学生为本”、“以教师为本”的原则精神，这也是当今“以人为本”思想的延续。②

世界上最珍贵的是生命和健康。生命不保，何谈教育，何谈成长？健康缺失，何谈发展，何谈幸福？因此，我国未来关于学校安全的单行立法《学校安全法》，应把师生的生命健康权作为首要保障的目标，应当在立法之首即开宗明义地予以强调，然后在此立法价值目标的指引下，通过分类制定学校安全管理工作的相关法律条文，从学校安全责任主体及其职责、学校安全工作制度、学生安全教育制度、学校周边安全环境综合治理制度、学校安全事故责任和处理、学校安全事故的法律责任制度等方面构建一个系统而完善的学校安全法律制度体系。

二 秩序之维系

秩序，又称次序，即常规、常度，是指自然界、人类社会运作、发展、变化过程中的规律性现象，是各种事物存在和运作中的一定的一致性、连续性、确定性、规则性、均衡性的结构、过程、状态和模式。“所谓‘秩序’，我们将一以贯之地意指这样一种事态，其间，无数且各种各样的要素之间的相互关系是极为密切的，所以我们可以从我们对整体中的某个空间部分或某个时间部分（some spatial or temporal part)

---

① 张维平、翁莹秀：《〈校园安全法〉立法原则性问题研究》，《教育理论与实践》2005 年第 10 期。

② 同上。

所作的了解中学会对其余部分作出正确的预期，或者至少是学会作出颇有希望被证明为正确的预期”。[①] 秩序相对于无序，无序表明事物运动、发展是无连续性的、无规律性的、变幻无常的，因而是无法预测和理解的。秩序在自然界和人类社会都普遍存在，因其性质不同，而有自然秩序和社会秩序之分。

人类社会是有序性的形态，它具体体现为人们在相互的生产、生活、交往过程中形成了相对固定的稳定的社会关系，人与人之间的各种关系是有规则的可预测的，具有重复性和再现性的特征。所谓社会秩序，就是人与人之间社会关系的制度化、规范化，它表示在社会中存在着一定的社会组织制度、结构体系和社会关系的稳定性、有规律性、均衡性、连续性。社会秩序是一个非常复杂的系统，包含着许多因素。社会需要秩序，人们需要对抗无序，才能使自己的生产、生活、交往、合作得以正常进行，人的权利、自由得以顺利享有和实现。正如马克思所说的，规则和秩序本身对任何要摆脱单纯偶然性或任意性而取得社会的固定性和独立性的生产方式来说，是一个必不可少的要素。

法律秩序（legal order）是一种社会秩序。法律意义上的秩序，是建立在法律方式基础上，通过法律规则，通过法治而形成的社会秩序。《牛津法律大辞典》对法律秩序是这样阐释的：“法律秩序是从法律的立场进行观察、从其组成部分的法律职能进行考虑的、存在于特殊社会中的人、机构、关系原则和规则的总体。法律秩序和社会、政治、经济、宗教和其他的秩序并存。它被当做具有法律意义的有机的社会。”罗马人的法律谚语说：“适用法律，你便会得到秩序。”德国20世纪最伟大、影响最深远的法哲学家古斯塔夫·拉德布鲁赫也指出：“所有秩序，无论是我们在生命伊始的混沌状态中所发现的，或是我们致力于促成的，都可以从法律引申出它们的名称。”[②] 法律秩序是法律的秩序，没有法律就没有法律秩序。法律秩序的特点主要有：法律秩序是一种独特的完善的社会秩序；法律秩序是建立在法律、法律规范基础上的社会

---

① 弗里德利希·冯·哈耶克：《法律、立法与自由》（第1卷），邓正来等译，中国大百科全书出版社2000年版，第54页。

② 古斯塔夫·拉德布鲁赫：《法学导论》，米健等译，中国大百科全书出版社1997年版，第1页。

秩序；“法律是一种强制性秩序”，法律秩序具有国家性、国家权威性，与一定的国家强制力有着密切的联系。

在学校安全论域中，科学界定“秩序”的基本前提是符合社会关于秩序基本属性的同一性描述，即学校安全理论和实践所讨论的“秩序”，也是一种社会形式、一种社会关系形式、一种社会关系的规则形式。任何形态的社会制度，都是人类赖以进行生产的社会形式或社会载体，人类要进行生产，必须以一定的社会形式调整人们之间的社会关系。① 秩序就是人类用于描述、稳定、调整人们之间社会关系的最基本也是最重要的社会形式，它是客观存在着的社会关系的规则形式，是具有描述社会关系、规范社会互动、调适社会主体行为功能的社会关系规范体系。安全与秩序具有共在性。学校安全关系是学校秩序的实质，学校秩序是学校安全关系外在的规则形式，在一个安全状况良好的学校中，两者具有不可分割的、内生性的共在关系。事实上，学校安全总是需要通过一系列的安全制度和社会结构来保障，无论何种类别的学校，都得通过共同遵循的安全规则才能实现相对稳定有序的状态。作为学校安全关系外在规则形式的学校秩序的合理与否，取决于它对于客观存在的学校安全关系的适合程度。合理的学校秩序总是与客观存在和发展着的学校安全关系具有较高的吻合度，总是能够比较准确地描述客观存在和发展着的学校安全关系，而其不足与缺陷，也无可避免地与客观存在和发展着的学校安全关系的不确定性相对应或相一致。②

学校秩序是学校教育教学活动正常开展的基本条件。它作为教育机构及其成员行为方式的一个重要特征，是学校的结构要素之一。同时，由于作为教育机构的学校对秩序内在要求的客观性，决定了学校秩序对于学校来说更具有一种价值意义。其主要表现是：一方面，从学校的角度来说，学校秩序的首要价值意义在于消除混乱、维护安全，从而避免由于学校失序而导致学校无序。任何事物都是矛盾的统一体，在学校秩序领域里，学校内在地要求存在秩序，但同时学校也存在着对现存秩序

① 杨霞：《历史进步与人的解放》，中国社会科学出版社 1996 年版，第 348 页。

② 王均平：《安全，还是秩序——治安理论与实践之上位概念分析及选择》，《中国人民公安大学学报》（社会科学版）2009 年第 6 期。

的破坏力量。当对学校秩序的破坏力量能够被有效抑制的时候，学校就处在有序状态；反之，当对学校秩序的破坏力量不能被有效抑制的时候，学校失序就不可避免，其结果必然走向学校无序，不论无序的表现形式是结构无序还是行为无序，也不论是局部无序还是整体无序，都将导致学校的混乱。另一方面，从个体角度来说，学校秩序使师生对自我和他人的行为可以作出预测。当一个正常学校处于秩序状态时，由于人们的行为具有规则性，因而表现为在同样情况、同样条件下，人们的行为具有一致性、相似性、重复性、稳定性。这样，这些行为在什么情况下会发生、发生后会有什么后果、对自己和他人会有什么影响等，人们都是可以预测的。这种对自己行为及其后果的预测，以及对他人的行为及其后果的预测，是秩序状态下每一个行为主体设定行为目的、采取行为方式的前提和基础。不仅如此，由于在一个有秩序的学校中，既有的行为规则是人们对自己行为进行预测、比较、抑制、激励的依据，学校秩序又使得人们能够对自己的行为进行理性控制，知道自己在什么情况下可以积极的作为，在什么情况下又必须保持不作为的状态。此外，需要特别强调的是，学校秩序的价值意义更明显地表现为它能促使师生有安全感。从理论上讲，在一个秩序良好的社会里，师生只要根据既有的秩序、规则进行活动，就不会受到他人的攻击和侵害，就可以根据自己的愿望和既定的目标去实现自己的理想，所以，学校秩序为师生一切教育活动的有序开展提供了必须的前提条件。

秩序之维系是学校安全立法的重要价值选择。通过学校安全法律建立学校安全秩序为什么是可能的呢？这是因为，法律之所以能带来秩序，是因为秩序的真实含义是社会中人们的行为是统一和合乎规则的，法律是由国家创制的行为规则，是统治阶级以国家名义发布并为全社会人们所遵循的行为准则，其目的正是为了规范和统一人们的行为。秩序是法律的基本价值，法律与秩序密切相关。把秩序与学校安全立法联系起来，将秩序作为学校安全立法重要的价值选择，可以说是学校教育管理者、受教育者和一般社会公众最基本的共识。的确，秩序是学校教育教学活动正常进行和开展的基本条件，任何学校，包括幼儿园、中小学、职业技术院校和高等学校，都是在一定的秩序轨迹上运行着的，不同类别学校在秩序建构上的区别不在于要不要建立秩序，而在于建立什么样的秩序。学校安全法律是实现学校秩序的基本方式。建立有序的学校，防止、限制、调整人与人之间的冲突是学校安全法的基本功能，学校安全法理应具有建立和维护学校教育教学的运作秩序，使教育主体教育权和受教育权的运作得以正常进行的积极作用。

三　学生之发展

学校是学制系统内专门实施教育教学活动的机构，也就是说学校的任务是开展教育教学活动，而不像某些企业一样，以“安全生产”作为终极性的目标。这就要求立法部门在学校安全立法的过程中要贯彻科学性的原则，即遵循教育规律，以促进“学生之发展”作为立法的重要价值维度。因为学校毕竟是教育机构，安全虽然是前提，但仍不可与教育教学的重要性相提并论，否则学校就失去其存在的意义了。[①]

从更为宏大的学科背景上来看，如果说宪法、民法、刑法、行政法对于人的发展价值和目标都有一定程度的体现，即宪法主要体现了人的政治社会权利和发展价值目标，民法主要体现了对于公民的民事权益的保障，刑法主要体现了对社会公共秩序的维护和公民生命财产的安全保障，行政法主要体现了国家对于公民的行政保护，那么人的发展在学校安全立法等教育法律法规中才能得到全面充分的体现。这是因为教育是唯一以培养人为目的的活动，教育学是唯一研究人的全面发展的学科，因此教育法律不仅要从权利和义务的角度调整人与人的关系、人与社会的关系，更要关注人的动态的发展。一句话，教育法律是对人的发展的规范、保护和促进，教育法律把法律的特殊形式和教育的特殊内容结合在一起，从教育的角度、人的发展的角度来框定法律的作用。这就要求教育法律进一步显现自身的特点，进一步从人的发展出发构建一系列法律制度、规范、程序和责任，形成以促进人的发展、对于人的发展予以支持、保障和规范为中心和目的的法律。这就是教育法律的法学价值和

---

① 张维平、翁莹秀：《〈校园安全法〉立法原则性问题研究》，《教育理论与实践》2005年第10期。

特色。否则，教育法律规范就可能与其他的法律规范相混淆，就会失去自己的特点和意义。[①] 在社会主义制度条件下，教育事业和教育法律的中心任务和重要特色是个人全面发展与自由个性的发展。教育学、教育法学的研究更应当将个人全面发展与自由个性的发展作为学科建设的重大任务和核心主题，从而进一步促进法学摆脱利益中心的樊笼而开拓新的前景。[②]

按照教育法律的法理性质，我国学校安全立法不仅应当具有保障学校安全、维护学校秩序的实用性，而且应当有更高法理理念的指导。我国《学校安全法》的制定和学校安全法律体系的构建应当坚持以人为本，以“学生的发展”作为重要的立法指引和价值维度，凸显对学生个性自由发展和个体全面发展的关注，将学校安全法律纳入社会主义教育法律体系的大系统之中，这既是社会主义学校安全立法应当彰显的重要特点，更是真正意义上法律所凝结的精神的本位回归。

应当看到，人权法律产生之后，人们试图把人的发展问题、教育问题纳入人权法律领域加以解决。尽管这一努力是有意义的，但实际的效果是有限的。这是因为，人权法律更多地强调静态地对于人之权利的保护，倡导并提出一定的教育标准，而对于人的发展价值和目标，很难恰当地、具体地、全面地提出设计方案和实施措施。因此，在新的时代条件下，确认和发扬法的精神性、道德性、教育性，使法律的发展“取向于目的、价值而演变”[③]，向促进人的发展转变，不仅是一个法律学史、法理性质上的问题，而且关系到法律和法学的发展方向，具有紧迫的现实性，应当成为当代法律和法学的重要任务。这一任务也许应当更多地由教育法律全面地、历史地担当起来。

固然，对于学校安全法的内容，学者们有着不同的理解，然而，由于学校安全法在教育的基础作用下，必然排除其他方面的导向和倾向，把研究的对象集中在“人”身上，集中在学生的安全成长和发展问题上。换句话说，由于学校对于培养学生的特殊的作用，学校安全法的根

---

① 孙霄兵：《教育法律的法理性质及其法学价值》，载劳凯声主编《中国教育法制评论》（第 6 辑），教育科学出版社 2008 年版，第 10—11 页。

② 同上书，第 11 页。

③ 黄茂荣：《法学方法与现代民法》，法律出版社 2007 年版，第 108 页。

本问题成为了学生的成长问题，学校安全立法应当形成其独特的法学视阈，形成以学生的发展为核心的学校安全管理法律规范的融合，为学生的成长给出新的法学范畴和价值亮点。

第三节 学校安全立法的基本原则

由于学校安全管理的系统性和复杂性，因而学校安全立法是一项颇有难度的工作。立法者要提升学校安全立法的绩效，尤其是提升亟待制定的学校安全单行立法《学校安全法》的立法绩效，就必须对学校安全立法的基本原则，即所有学校安全法律规范应当遵循的共同准则有一个清晰而恰切的认知。倘若对学校安全法的基本原则这一具有根本性价值意蕴的理论问题的认识模糊不清，势必就会影响学校安全立法工作的有效性。鉴于此，本书在此拟以“学校安全立法的基本原则”作为“问题域”，系统探究并提出如下学校安全立法的基本原则，以充引玉之砖。

“原则”，在汉语、英语以及拉丁语中一般含有“根本规则”之意。在法学中，法律原则是指可以作为规则的基础或本源的综合性、稳定性的原理和准则。[①] 法学范畴内的“原则”一词有两种用法，其一为价值宣示意义上的用法，其二为克服法律局限性工具意义上的用法。[②] 法律原则的根本属性有两个来源，一个是其内容的根本性，另一个是其效力的贯彻始终性。就其内容的根本性来说，它是规则的规则，是进行法律推理的权威性出发点。至于“效力的贯彻始终性”，是就基本原则与具体原则的区分来说的。法律原则的含义应当从不同角度进行把握：[③]（1）从发生学的角度来看，原则形成于法官的司法活动和社会公众的道德意识，其在“法律职业和公众当中不受限制地产生的适当性的思想意识”[④] 中缓慢地演进，最后为法律所确认。（2）从原则在法律体系

---

① 张文显：《法哲学范畴研究》（修订版），中国政法大学出版社 2001 年版，第 54 页。

② 徐国栋：《民法基本原则解释——成文法局限性之克服》，中国政法大学出版社 1992 年版，第 11—12 页。

③ 周成泓：《规则、原则、程序——对法律原则的一个诠释》，《贵州大学学报》（社会科学版）2006 年第 3 期。

④ 罗纳德·德沃金：《论规则的模式——略论法律规则与原则、政策的法律效力》，潘汉典译，《法学译丛》1982 年第 2 期。

中的地位来看，原则是可以作为众多法律规则之基础或本源的综合性、稳定性的原理和准则。[①] 它对法律规则、法律概念以及法律制度等都具有一定的指导和规制作用。(3) 从内容上看，原则是"有关尊重和保障个人或由若干人组成的集团权利的一种政治决定"[②]。(4) 从方法论的角度来看，原则是用来进行法律推理的权威性出发点。(5) 从法律适用的角度来看，原则是法官处理疑难案件时所适用的一项有约束力的标准，它对法官的裁决具有实质性影响。简言之，法律原则是社会一般法律意识和道德意识的产物，是社会成员的共同的、根本的道德价值和道德标准的法律表现形式，它深深植根于一个道德共同体的"经久的社会舆论"（波斯纳语）和经济、政治和文化之中。

由于法律原则"直接决定了法律制度的基本性质、基本内容和基本价值倾向"[③]，因此，每个部门法或者基本的法律制度都需要基本原则的指导，在制定一部统一的法典时所首要确定的是基本原则，它是贯穿法典始终的灵魂，我们制定《学校安全法》也是如此。《学校安全法》是整合《教育法》、《教师法》、《义务教育法》、《高等教育法》、《职业教育法》、《民办教育促进法》、《未成年人保护法》等涉及学校安全管理的相关法律法规，对学校安全法律关系进行系统化、规范化调整的一部法律，因此学校安全立法的基本原则，既要体现其上位法的基本立法精神，也要反映学校安全管理及相关制度的特性。学校安全法律制度建构的基本原则应以教育法治与学生安全价值目标为基点。

学校安全法基本原则属于学校安全法学理论研究的基本范畴，它集中体现了学校安全法的根本价值和基本原理。客观、准确、科学地概括、分析、提炼我国学校安全法的基本原则，对于我国学校安全法的理论研究和立法实践都具有重要的意义。目前，我国学术界对于学校安全法基本原则的概念，尚未给出明确的定义，不同学者从不同的角度对学校安全法基本原则进行了概括。但不论从什么角度来分析总结，都应明确学校安全法基本原则应该是贯穿整个学校安全法体系和学校安全法制

① 张文显：《法理学》，法律出版社 1997 年版，第 71 页。
② 同上书，第 62 页。
③ 同上书，第 72 页。

建设的、具有普遍指导作用的准则，并且是学校安全法所特有的原则，它是一个原则体系或者是一整套原则的组合。据此，我们认为学校安全法的基本原则应当体现学校安全法的基本理念、价值、特点和目的，且相对集中，不宜过多或过于分散。根据这一标准，结合国外学校安全法律制度建设的相关实践、我国的教育法律法规、学术理论界相对成熟统一的观点，本书认为我国《学校安全法》的基本原则可概括如下：预防为主原则、利于成长原则、协调统一原则、综合治理原则，这些原则既具有独立性，又具有相融性；它们不是彼此孤立、互不相关的，而是相互联系、互相制约的。贯彻执行某一原则，同时要求贯彻执行其他的原则；违反某一原则，又会影响到对其他原则的实施。学校安全法基本原则贯穿在学校安全法律制度之中，并使所有的法律规范融合成为一个和谐统一的整体。

一 预防优先原则

预防优先原则是指学校的安全管理应以风险控制和事故防范为核心，并将之作为整个学校安全管理工作的基本点和出发点。学校安全管理，需要一种风险预防性（precautionary）、预料性（anticipatory）而不是反应性（reactive）的方法，安全管理理念应实现从“应急”到“预防”的有效转化。①

（一）预防优先原则的确立根据

安全管理预防优先原则的确立具有如下方面丰富而深刻的理论基础：

其一，基于唯物辩证法的思想理论

唯物辩证法认为，世间一切事物都是发展变化的。就安危、福祸而论，它们之间是“安危相易，祸福相生”（《庄子·则阳》），即“安”与“危”互相倚伏，“福”与“祸”彼此包含。“安”与“危”之间不是截然分开，而是对立统一、相辅相成；不是一成不变，而是在一定条件下向对立面转化。今天的“安全”常常是从昨天的“隐患”转化来的，但如果把握不当，眼前的“安全”就会稍纵即逝，重新走向它的反

① 尹晓敏：《学校全面安全管理：一个运作框架》，《教育科学》2008 年第 5 期。

面。安全事故频发不止，其深层原因在于人们为一时的安全而志得意满，骄傲放纵，只看到安全潮流碧波荡漾，却察觉不到奔腾的浪花下还潜藏着逆流和旋涡。《左传》提出“居安思危”，“思则有备，有备无患”；孔子力主“安而不忘危，存而不忘亡，治而不忘乱”；孟子告诫“生于忧患，死于安乐”。先哲们富含辩证法的警世名言昭示，安全是事故即临的信号，安而不忘危，时刻保持如临深渊、如履薄冰的危机感，全力排查治理隐患，促进危祸向安全的转化，才能防患于未然。预防优先，就是要居安思危、警钟长鸣，正所谓“事未至而预图，则处之常有余；事既至而后计，则应之常不足”。谨防“安全”背后的“危祸”，关键是强化预防优先意识，因为任何事故都是隐患积累超过临界点爆发而成。[①]

其二，基于安全史学的思想理论

17 世纪前，人类安全的认识论是宿命论的，方法论是被动承受型的，这是人类古代安全文化的特征；17 世纪末期至 20 世纪初，人类的安全认识论提高到经验论水平，方法论有了“事后弥补”的特征，人类对安全问题的认识由被动变为主动，由无意识变为有意识，不能说不是一种进步；20 世纪初至 50 年代，随着工业社会的发展和技术的不断进步，人类的安全认识论进入了系统论阶段，从而在方法论上能够推行安全生产与安全生活的综合型对策，进入了近代的安全文化阶段；20 世纪 50 年代以来，随着人类科技发展水平的不断提高和信息化程度的不断提升，人类的安全认识论进入了本质论阶段，超前预防型成为现代安全文化的主要特征，这种高技术领域的安全思想和方法论推进了传统产业和技术领域的安全手段和对策的进步。基于上述分析，我们可以认为，“预防优先”是安全史学研究总结出的最基本的安全管理策略和方法。

其三，基于系统科学的思想理论

保障安全要通过有效的事故预防来实现。在事故预防过程中，涉及

---

① 现代安全经济学“海恩法则”认为：每一起严重事故的背后，必然有 29 次轻微事故和 300 起未遂先兆以及 1000 起事故隐患。按照“海恩法则”分析，当一件重大事故发生后，我们在处理事故本身的同时，还要及时对同类问题的“事故征兆”和“事故苗头”进行排查处理，以此防止类似问题的重复发生，及时解决再次发生重大事故的隐患，把化解在萌芽状态。“海恩法则”强调两点：一是事故的发生是量的积累的结果；二是再好的技术，再完美的规章，在实际操作层面，也无法取代人自身的素质和责任心。

两个系统对象。一是事故系统，其要素是：人的不安全行为，物的不安全状态，环境的不良影响作用，安全管理的欠缺。二是安全系统，其要素是：人的安全素质（心理与生理、安全能力、文化素质），设备与环境的安全可靠性（设计安全性、制造安全性、使用安全性），充分可靠的安全信息流（安全管理效能的充分发挥）。认识事故系统要素，对指导我们从打破事故系统来保障人类的安全具有实际的意义，但这种认识带有事后型的色彩，是被动的、滞后的；而从安全系统的角度出发研究安全保障问题，则具有超前和预防的意义，因此，从建设安全系统的角度来认识安全原理更具有理性的意义，更符合科学性原则。根据安全系统科学的原理，“预防优先”是实现系统本质安全化的必由之路。

其四，基于安全经济学的思想理论

安全的投资或成本规律、安全的产出规律、安全的效益规律等问题是安全经济学研究的最基本问题。安全经济学研究的成果，使人们认识安全经济规律有：事故损失：占 GNP2.5%；安全投资：占 GNP1.2%；事故直间损失系数：1:4—1:100；安全投入产出比：1: 6；安全生产贡献率：1.5%—5%；预防性投入效果与事后整改效果的关系是 1 与 5 的关系。从预防性投入与事故整改的关系及安全效益“金字塔法则”[①] 都表明：预防型的“投入产出比”高于事后整改的“产出比”。[②]目前预防性投入不足是学校安全管理普遍存在的问题，为此，学校必须树立预防优先的安全管理理念，加大投入，及时整治安全隐患，提高学校技防覆盖率，不断增强学校安全防控能力。宁可花钱买平安，切莫花钱买教训。[③]

其五，基于事故致因的思想理论

根据事故理论的研究，事故具有四种基本性质：（1）因果性。事故的因果性是指事故是由相互联系的多种因素共同作用的结果，引起事故的原因是多方面的，在事故调查分析过程中，应弄清事故发生的因果

① 现代安全经济学“金字塔法则”认为，预防性投入考虑“一分”的安全性，相当于制造时的“十分”安全性效果，进而达到运行投产后的“千分”安全性效果。预防性投入产出比远远高于事故整改产出比，两者比例为 1:5，这是安全经济的基本定律。

② 参见中国地质大学罗云教授的《现代安全管理原理》讲座，http://wenku.baidu.com/view/c4691d0203d8ce2f006623e5.html，最后访问日期：2011 年 10 月 11 日。

③ 汪新科、胡信勤、徐雄伟：《论和谐校园的安全基础》，《学校党建与思想教育》2005 年第 12 期。

关系，找到事故发生的主要原因，才能对症下药。（2）随机性与偶然性。指事故发生的时间、地点、事故后果的严重性是偶然的，这说明事故的预防具有一定的难度。但是，事故这种随机性在一定范畴内也遵循统计规律。从事故的统计资料中可以找到事故发生的规律性。因而，事故统计分析对制定正确的预防措施有重大的意义。（3）潜在性与必然性。表面上，事故是一种突发事件，但是事故发生之前有一段潜伏期。在事故发生前，系统所处的状态是不稳定的，也就是说系统存在着事故隐患，具有危险性，此时如果有一个触发因素出现，就会导致事故的发生。在学校安全管理中，如果学校因较长时间内未发生事故而麻痹大意的话，就是忽视了事故的潜伏性，这是学校安全管理中的思想隐患所在。上述事故特性说明了一个根本的道理：学校安全系统是一个人造系统，任何事故从理论和客观上讲，都是可预防的。因此，学校应该通过各种合理的对策和努力，从根本上消除事故发生的隐患，把学校安全事故的发生率降低到最低程度。

（二）预防优先原则的基本要求

学校安全立法的预防优先原则涵盖以下基本要求：

其一，通过立法规范制度建设

制度的显著特征在于其规范性、稳定性和权威性，通过学校安全立法推动富于科学与理性精神的学校安全管理制度的建构，可以保证学校安全管理稳定而有序地推进。当然，学校安全制度建设本身是一项复杂的系统工程，应当以国家的相关立法为依据，积极致力于如下的制度建设：门卫制度和校外人员入校的登记或者验证制度；校内安全定期检查制度和危房报告制度；消防安全制度和消防工作责任制；用水、用电、用气等相关设施设备的安全管理制度；食堂物资定点采购和索证、登记制度与饭菜留验和记录制度；实验室安全管理制度；传染病疫情及其他突发公共卫生事件的报告制度；学生安全信息通报制度；住宿学生安全管理制度；校车安全管理制度等。应当认识到，制度建设的内涵不只在于制度创制本身，更在于不断提高制度的科学性与合理性，维系制度的权威性与有效性。

其二，通过立法重视安全投入

“从经济的角度看，预防的投入常常使人觉得看不到回报，但是一旦发生安全问题，将需要更多的投入用来补救和补偿。”① 学校安全立法应促使学校管理者清醒地意识到，安全投入实质是一种回报丰厚的投资，即以有限的投入换取无限的价值利益——学生的安全、学校的持续稳定发展及良好的社会评价。因此，学校安全立法应要求学校合理规划安全管理建设项目并保证核定经费的真正到位，配备学校安全管理所必需的设施设备，如灭火器等防火、灭火设施；警卫设备；防盗、防摔倒、防拥挤设施；应急照明设施；常用医疗急救药品和器材；报警通信、安全引导和警告标志等，有条件的学校还应积极投入建设学校安全技术防范监控系统。

其三，通过立法强化安全检查

强化安全检查的突出价值，在于能够及时发现学校教育管理过程中的各种不安全因素，采取相应措施消解安全隐患，积极防范可能发生的风险。学校安全立法应要求学校经常性地、定期或不定期地对教学楼、实验楼、办公楼、学生宿舍、礼堂、食堂、公厕、供电线路、避雷设施等，特别是防火、防盗、防毒、防暴、防雷击等重点设施进行拉网式检查，并对有关安全问题及时作出处理。“为了防患未然，确保人、事、时、地、物的安全无虞，进行事前的安全检查成为最基本的必要措施，因此所谓学校安全管理，乃是针对学校中教学活动进行时所需要的各项设施、活动场所、器材设备等项目，以及门禁管制、活动进程等实施定期或不定期的检查，采取适当的措施随时予以改善，期使学生意外伤害减至最低程度，以提升教育品质，奠定幸福安全的信心。”②

其四，通过立法注重教育训练

保证学校安全是教育管理者和学生双方共同努力的结果，这种努力不仅表现为制定书面的学校安全计划与协议，更重要的是体现在实践的安全教育和训练之中。“学校安全宣传教育是安全管理的重要组成部分，是有效防范安全事故和有效减少事故损失的重要手段。”③ 为此，

---

① 王鹰：《学校安全管理的原则与措施》，载劳凯声主编《中国教育法制评论》（第3辑），教育科学出版社2004年版，第149页。

② 陈宝山：《校园意外事件和校园安全》，http：//www. docin. com/p－5394692. html，最后访问日期：2012年10月11日。

③ 阎卫东：《建立高等职业院校校园安全管理体系的探讨》，《中国职业技术教育》2005年第26期。

学校安全立法应要求学校规范化地组织学生进行安全常识和安全法规制度的学习，在开学初、放假前集中开展安全教育，开展实验课的安全防护教育，开展交通、消防和江河湖海游泳的安全卫生教育等。同时，学校要制订师生员工的安全训练计划，教职工和学生都需要定期地在危急情况中进行训练和实践，以增强师生预防突发事故的意识，培养师生在突发安全事故中临危不乱、沉着自救的能力。

二　利于成长原则

培养学生全面发展和保障公民的受教育权利，是得到我国宪法确认的两项基本的教育政策。其着眼点都在于提高整个民族的素质，在于使一代代青少年成为有社会主义觉悟、有文化的劳动者。因此，教育法包括学校安全立法应当对这两项基本的教育政策作出法律上的具体规定。学校安全管理作为一项教育工作，有其自身的特点和规律，对学校安全管理的法律调整如果符合教育工作的特点和规律，就能起到促进教育事业发展的积极作用，反之，则会对教育工作起消极的甚至阻滞的作用。因此，学校安全立法应为各级各类教育工作发挥积极性和主动性留有充分的余地，一切学校安全法律法规的制定都必须从利于学生成长的要求出发，进一步突出人的发展和培养的主题，使之契合于学校教育工作的独特性质。

“教育领域内的法律规范根本上应当是为人的发展服务的。法律对于人的发展的界定和强制，也应当反映对人的发展的现实性、社会性和实践性的需求，从而真切反映教育法律对于人的发展的重要作用。”① 从人的发展和培养出发，在学校安全立法中应当强化法律的教育功能，突出法律的警示性；应当彰显教育法律宣言性、倡导性、精神性的特点；在实施机制上，应当重视政策激励、引导和支持，体现学校安全法律适应性、协调性、促进性、保障性的特点。在进行学校安全教育执法时，特别在对待青少年的学生，应注重学校安全法律的警示性、劝告性、挽救性、惩戒性的特点。对于社会、政府、家庭等主体，要强化学

---

① 孙霄兵：《教育法哲学论纲》，载劳凯声主编《中国教育法制评论》（第7辑），教育科学出版社第2009年版，第5页。

校安全法律的强制性。要通过提高对于教育法律特点的认识，改变学校安全法的单纯强制性的工具作用，使学校安全法不仅具有保护学生等教育主体的功能，而且具有教育、引导、规范各类学校安全利益相关者行为的功能，进而开辟学校安全新的立法和实践领域。

近年来，学校安全问题已日益成为我国社会关注的焦点，同时也是学校自身发展过程中所凸显出的实践难题。“近年来，我国各类学校的学生伤害事故频频发生，因事故处理中损害赔偿的纠纷而引发的法律诉讼明显增多，已成为人民法院受理的侵权案件中一种常见、多发的案件类型。”① 由于学生尤其是中小学生的认知水平、防范意识、应变能力、社会经验等方面的局限性，以及学校安全规范化建设的不到位等因素的制约影响，学校伤害事故的出现是难以避免的。当前我国还尚未出台学校安全法，对学校伤害事故的责任认定缺乏权威性的法律规范，加之学校赔偿责任承担机制不健全，学校赔偿经费缺口巨大，许多伤害事故的善后处理十分棘手。面对当下的现实，相当部分学校患上了“安全忧虑症”、“事故恐惧症”，为尽可能减少以致杜绝学校事故的发生，学校的安全管理工作日益呈现出过度化的倾向，突出表现在采取禁锢化、封闭式、防范性的消极管理措施，以提高所谓的学生安全系数：如学校不再组织春游、踏青、登山、参观、夏令营、社会实践等校外活动；严格限制学生在校时间，不到上课时间不开放校门，一放学就把学生轰走；体育课日趋“温柔”，删减了单双杠、跳马、对抗性竞技比赛等风险较高的教学项目，不再组织耐久跑和传统的冬季长跑，甚至连篮球、足球这类运动项目也不再组织教学比赛和课外活动；体育运动器材不断“软化”，铅球变成了实心球、排球变成了软式排球，运动场所卸下吊环、单双杠、攀登架、软梯等容易造成损伤的运动器械，刀枪入库；实验课由学生动手变为教师示范等。某些学校为了杜绝学校事故的发生，还频频使用奇门招数，如为防止学生相互追逐引发身体碰撞，居然规定学生在课休时间只能“走”不能“跑”。② 这种过于苛刻、近乎荒唐的

---

① 尹晓敏：《论学校伤害事故校方责任险的设立与推行》，《中国教育学刊》2005 年第 10 期。

② 李跃：《校园“安全感”何须反应过度》，《中国青年报》2006 年 3 月 13 日。

“安全措施”的出现固然反映了学校在学生安全管理问题上的困境与无奈，而且学校过度的安全管理的确在一定程度上降低了学校伤害事故的发生概率，然而值得高度注意和警惕的是，当学校因过度的安全管理严重束缚了学生的手脚，把一个充满生机的学校窒息得死气沉沉的时候，其所引发的危害是无法估量的。[①] 学校管理本应是培养和张扬学生的人性、彰显对学生的人文关怀，但是过分强调安全管理、过度的安全化，恰恰是“弱化人性”的，是非人文化的。诚然，学校的各种安全制度和措施，会在不同的方面对学生的行为进行一定的规束、限制甚至于禁止，但是各种制度和措施的施行所导致的学生行为上的不便利应被降至最低限度，尤其不能对正常的教学活动形成干扰，或者是禁止性规定太多而压抑青少年的天性，扼杀其丰富的想象力和创造精神。正如北京大学附属中学校长康健所指出的：“在对学生人身安全的保护中，要解决安全问题与教育理念、教育活动的矛盾，不能因噎废食。目前我们对学生是过度的关注，对教育来讲，可能带来的是根本性的问题。”[②]

因此，我们在强调“保护学生等教育主体的安全”作为学校安全立法之首要目的的同时，我们也绝不能忽视学校教育工作的根本目标——使学生在学校中全面健康的成长。在学校安全立法中，一方面要严密规范学校的教育教学行为，明确责任，使学校真正重视安全问题，最大限度地减少学生的伤害事故；另一方面，又要在立法中明确地界定学校安全管理的职责范围与责任区间，“让学校的领导和教师从事故恐惧感的影响下摆脱出来，在立法上给学校和教师松绑，使他们能够按照国家的教育方针和教学计划进行教学教育活动，全面提高学生素质”。[③]

基于对上述学校安全管理过度化倾向及其后果的深刻反思，我们认为当前学校安全立法中关于学校安全管理工作的法律规范亟待导入和确立“适度原则”。“适度”就其完整意义而言是一种介于“过”与“不及”两端之间的均衡性，即既不可“过度”，亦不能“不足”，本书在此从“不可过度”这一层面来阐释学校安全管理的“适度”原则。以

---

① 尹晓敏：《论学校安全管理的适度原则》，《现代教育论丛》2007 年第 4 期。

② 《学生伤害事故有“法”可依》，《中国教育报》2003 年 3 月 10 日。

③ 郑布英：《关于校园安全立法的几个问题》，《武汉大学学报》（哲学社会科学版）2005 年第 4 期。

“不可过度”为视角，《学校安全法》关于学校安全管理的适度原则，可从如下四个方面予以建构：

1. 学校安全管理应坚持对学生活动的最低限度阻碍原则

学校是学生学习成长的重要场所，学校对学生实行安全保护，并不意味着要把学生的活动规定得过死，这也禁止，那也限制，使学生无所适从，动辄得咎。相反，学校在实施安全管理的过程中，应以努力创造民主、宽容、充满活力的学校环境为目标，学校安全管理规则的制定应坚持对学生活动的最低限度阻碍原则，尽可能地减少对学生活动自由的影响程度，使学生能够在学校无忧无虑、自由自在地学习、玩耍和生活。“学校安全管理的所有安全保护制度和措施，应该自然地渗透于各种教育教学活动之中，润物细无声，像灭火器那样，默默地存在，并不被人们正眼所看，也不妨碍人们或者匆忙或者悠闲的脚步，而一旦需要的时候，就能够挺身而出，迅速地发挥作用。学校的各种保护措施，也如同交通斑马线，并不妨碍人们的通行，却是一种明确的引导，帮助人们安全地跨越可能的危险。”①

2. 学校安全管理应坚持对教育教学活动的从属性原则

在学校这种以实现教育目的为其基本宗旨的特殊组织中，一切管理工作包括对学生的安全管理都应从属并服务于“教育人和培养人”这一学校的组织目标。教育教学活动是学校培养学生的基本组织形式，也是提升学生综合素质的基本路径，事实上学生是在各种活动中接受教育、获得发展的。因此，“人们绝不可能也不应该为了学生的安全而限制或减少学校组织正当的教育教学活动”。② 如果单纯为了防止伤害事故的发生而限制或禁止学校的教育教学活动，则最终必将影响学校正常教育功能的发挥。“确保学生安全无疑是正确的，但是，如果因安全原因而废止了常规的教育教学活动则是错误的。更不应该形而上学地将安全问题和素质教育活动对立起来。”③ 在学校安全管理与教育教学活动

① 王鹰：《学校安全管理的原则与措施》，载劳凯声主编《中国教育法制评论》（第3辑），教育科学出版社2004年版，第151页。

② 劳凯声：《中小学学生伤害事故及责任归结问题研究》，《北京师范大学学报》（社会科学版）2004年第2期。

③ 曲凌杰、田振山：《强化学校安全，不可因噎废食》，《中国教育报》2001年8月7日。

关系的把握和处理上，发达国家的一些理念和做法是颇为值得我们思考与借鉴的。以美国为例，“美国重视学校安全，但是更重视把安全目标融会贯通于整个教育目标之中。从这样的理念出发，既提高了学校安全工作的重要地位，又在一定程度上避免了为安全而安全甚至在安全问题上因噎废食、为了安全而牺牲教育目的本身的错误”。[①]

3. 安全管理中禁止性规则的颁行应恪守必要性原则

禁止性规则的颁行应恪守“必要性”原则，意指学校对学生的某些行为或是某些教育教学活动作出禁止性规定，是学校为达成安全管理的合理目标所必需的、无可避免的。学校安全管理中禁止性规则的制定与颁行，其合理性根据的实质在于对实现学校安全的普遍有效性，若是为了防范偶然或意外出现的安全事故而设置的禁止性规则，则必然被证明是徒劳无益的，并将从根本上影响学校安全管理规则的效益性。因此，管理者应基于对学生的高度理性负责的精神，通过深层次的反复考量与斟酌，才能出台实属“必要”的禁止性规则。

事实上，只要举办学校，实施教育教学活动，就或多或少地存在着发生人身伤害事故的可能性。即便是那些由学校组织的、根据教学计划安排的、采取必要安全防范措施的、有益于学生身心健康的常规性教育教学活动，也很难说没有风险性。“正是在丰富多彩的活动中潜藏着各种形式的风险，可以说，只要学校开门办学，只要组织活动，学生就有受伤的风险。”[②] 因此，《学校安全法》应引导学校管理者树立科学的安全观，培植理性的安全管理理念，以哲学的辩证思维正确看待学校事故，充分认识到学校办学活动中适度风险存在的必然性，摒弃超乎现实的安全目标，在科学安全观的指引下确立富于理性的、合乎现实性的学校安全管理目标。

三　协调统一原则

建设和谐统一的法律体系是我国法制建设的根本要求。列宁曾指

---

① 王鹰：《外国中小学校的校园安全》，载劳凯声主编《中国教育法制评论》（第2辑），教育科学出版社2003年版，第327页。

② 劳凯声：《中小学学生伤害事故及责任归结问题研究》，《北京师范大学学报》（社会科学版）2004年第2期。

出，法要具备尊严与权威，首先就必须使法律规范本身具有科学性和统一性。所谓法律体系的统一，不仅要求所有法律规范在它适用范围内的效力上的高度一致，而且要求法律体系内部的结构严密、体例一致、序列合理，形成一个完善和谐的有机整体。学校安全立法如果不注重立法机构的有序运作，不注意法律体系的和谐统一，势必形成各项法规之间的矛盾和混乱，破坏社会主义法制的统一和尊严。当前，我国与学校安全相关的法律规范散见于多部法律、法规、规章及相关文件之中。各种零散颁布的有关学校安全的条例、决定、通知和规定等，立法者是多性质主体，“法出多门，各行其是”，相互之间缺少必要衔接，不能形成配套法律体系。鉴于此，我国学校安全的各类立法主体应当严格按照《立法法》的相关规定，通过正式的立法程序，加强对学校安全立法的法律清理，促进学校安全立法的和谐统一。法律清理是立法的一种形式，是有关国家机关对一定时期制定的或一定范围内的规范性法律文件，从体系、内容、形式上进行审查、分析和整理，并做出继续适用、需要修改、补充或废止决定的活动。“法律清理是加强和改进立法工作，保证法律体系自身科学、统一、和谐，如期实现立法目标的一项重要举措。”① 应当看到，为了建成高质量的中国特色社会主义学校安全法律体系，对现行学校安全立法进行清理是十分必要的。在中国，法的渊源一般包括宪法、法律、法规、规章、司法解释和中国政府参加的国际条约与国际公约。具体到学校安全法领域，似应有所扩充。一是学校安全政策（以指南、白皮书的形式出现，也可以用党和政府文件的形式表达），作为学校安全法的精神和实施的导引，具有“得此则获魂”的功效，理应成为学校安全法律体系的重要组成部分；二是学校安全标准，如校舍安全标准、校车安全标准、消防安全标准等。标准作为统一性的规则，在中国常常被视为非法律性的技术规范，其作用多在发生事故，或引起纠纷或被抽查检验时，才表现出强制性。发达国家在学校安全法典方面卓有成效的工作和相关学校安全法的实践，展示给我们的则是“标准就是法律”的另一幅图景。如此，则可解决中国学校安全诸

① 张殿军：《加强民族法律清理促进民族立法和谐统一》，《内蒙古社会科学》（汉文版）2010 年第 1 期。

标准无强制、无约束或属软约束，和标准相互矛盾严重冲突等问题，通过立法程序，也有助于消除标准制定者之间的利益冲突，从整体上推进学校安全目标的实现。

要建构协调统一的学校安全法律体系，就必须坚持《学校安全法》是融合《民商法》、《行政法》、《经济法》、《刑法》和《程序法》内容的复合型法律体系的思想。部门法划分是中国法律人思维的定式，养成此定式的原因是大陆法系的文化特质和法律人教育模式的功效。但部门法的划分对《学校安全法》而言是不适用的，或者说从严格的意义上讲是不适用的。学校安全法是对策法，是针对学校安全问题集合采行已有各部门法的手段与制度，融合多元社会管理主体如教育、公安、卫生、交通、文化、工商、建设等的职责功能构筑的学校安全保障的法制防线，具有制度立体、规范复合、监管多维的特性。学校安全法与传统的以社会关系为调整对象的法的理论和实践有所不同，它是以学校安全为对象的法规范群体。也可以说，它是以学校为中心，以安全性为追求，以学生等教育主体的生命健康为边界的制度集合与创新。凡是和学校安全无关的规范，都不是学校安全法规范，都不应进入学校安全法律法规体系中。中国学校安全法律规范体系，在法对象上应选择学校及各类教育主体为主导对象，并视教育主体的安全性为终极目标。

具体到学校安全的基本立法——《学校安全法》的制定而言，我们认为："《学校安全法》的制定，要与宪法、教育法律法规、行政法律法规协调统一；要与《刑法》和《刑事诉讼法》及相关的全国人大常委会的立法解释和最高法院的司法解释协调统一。"①"这首先表征了学校立法需要与宪法协调一致。因为宪法是一国法律的总的领袖，是一个国家法律的基石，离开了宪法，就是动摇了这个基石。其次，从效力等级上，《教育法》也是属于《学校安全法》的上位法，因此，《学校安全法》行为指向的疆域不能超过这个范围。此外，涉及学校安全的还有《教育法》、《教师法》、《义务教育法》、《高等教育法》、《职业教育法》、《刑法》、《治安管理处罚法》等法律法规，《学校安全法》应

① 文达：《关于我国校园安全立法和校园警察制度的思考》，《法学杂志》2009 年第 12 期。

当与这些法律法规相协调，从而在学校违法、犯罪行为的预防和规制问题上形成合力而不是悖逆。”①

总之，学校安全法律体系的建构应坚持协调统一的原则，追求学校安全法律体系的均衡与和谐，彰显法律体系层级分明、点面结合、内容完备、科学统一的基本特征。均衡与和谐是建构体系的精义。均衡是“美”，同时也是“力”；和谐是“善”，同时也是“圆”。反之，不均衡就是怪力乱冲，不和谐就是恶的无处不在。为此，学校安全法律体系的建构应恪守均衡和谐的原则，在结构设计上要均衡，形塑宪法→法律→政策标准→法规→规章的“正宝塔形象”；在学校安全管理职权划分上要协调，实现学校、社区、公安、消防、交通、卫生等诸部门法定职权的明确、具体，并建立学校安全管理交叉领域的多部门协作机制；在法律法规数量上，实现“上位集中”（作为学校安全管理基本法的《学校安全法》一部，《学校安全法》应由全国人大常委会制定②，因为只有这样的法律，才具有权威性和稳定性，才能够解决长期以来亟待解决但又无法解决的一些重大学校安全问题）、“中位强势”（与学校安全管理相关的配套法规3—5部，行政法规即由国务院根据《学校安全法》制定《学校安全法实施条例》等）、“下位有序”（即由国务院部门或地方政府依据《学校安全法》和《学校安全法实施条例》制定更为具体细致的实施细则规定，如《学生伤害事故处理办法》等③，做到学校安全立法的密集、有序、无漏洞）。

四　综合治理原则

学校安全管理具有多因素、多环节、多主体、长链条的特性。“学校安全事故的发生原因是多方面的，是各种原因产生的‘综合征’，其

---

①　宋远升、陈熙：《解构与比较：校园警察制度及安全立法探究》，《青少年犯罪问题》2007年第1期。

②　作为校园安全法调整对象的校园安全关系，是一种比较特殊的社会关系而非基本社会关系。根据我国《宪法》、《立法法》和《全国人民代表大会组织法》的规定，非基本法律的立法机关是全国人民代表大会常务委员会。

③　现行的《学生伤害事故处理办法》可以保留并加以修改，作为专项法列入校园安全法律体系。《校园安全法》的内容必须考虑全面，应为配套制定的各种法规、条例、管理办法等提供法律依据。

中涉及社会环境、法制状况、学校教育、家庭教育等。学校的活动也不是单一的，而是与社会方方面面均有联系的一个综合有机体。鉴于学校这种特定社会组织的特殊性，学校安全自然不可能是学校一个主体的问题，比如允许未成年学生进网吧是学校与社会之间的关系；学校告辍学未成年学生家长是学校与学生监护人之间的关系等等。因此，学校安全立法应该贯彻综合治理的原则，即从社会各方面考虑制定法律可能产生的效果，不能只以学校为中心，应该让学校、家庭、社会形成一个统一体，为学校营造良好的教育教学环境。”①“学校不是单一体，它与社会方方面面均有联系，学校安全自然也不可能是学校一个主体的问题。可见，保护学生的安全，最大限度地避免学校伤害事故的发生，是国家、学校、家庭和社会的共同责任，不能单纯地依靠学校的力量，需要全社会各方面共同参与，相互配合。所以，在学校安全立法的过程中，应注意在明确学校有关管理制度、管理责任的同时，进一步明确各级人民政府及其所属的各级教育行政部门以及公安、文化、交通、卫生等其他各有关职能部门在保护学生安全方面的职责，从而保证各部门做到齐抓共管，建立起稳定、有效的综合治理化的学校安全协作机制和管理体系，确保学生的安全并为学校营造良好的教育教学环境。”② 2010 年 5 月，北京市青少年法律与心理咨询服务中心副主任许建农指出：学校安全并不局限在一个围墙之内，而是一个整体性概念，除去学校的安全教育和安全防护外，还需要社会整体联动，应当动员全社会的力量来参与学校安全工作。华东师范大学徐光兴教授也表示，学校安全靠“防”是“防不胜防”的，所以应重视社会的整体联动。③

所谓学校安全的综合治理，是指在各级党委和政府的统一领导下，动员和协调全社会各方面的力量，综合运用政治的、经济的、行政的、法律的、文化的、教育的等多种手段，整治学校安全，建立和维护良好的学校秩序。要完成这样一个具有长期性、广泛性、复杂性和综合性的

---

① 刘士国、张道功、李春：《我国校园安全立法相关问题的深层次思考——以一起校园伤害事故为视角》，《巢湖学院学报》2008 年第 1 期。

② 杨艳、孙晓丛：《校园安全立法探析》，《现代教育科学·高教研究》2009 年第 5 期。

③ 潘启雯、吴婷、郭潇雅：《保障校园安全要有长效机制——校园恶性犯罪事件频发背后》，《中国社会科学报》2010 年 5 月 27 日。

艰巨任务，必须确立并遵循符合学校安全综合治理规律和特点的如下基本要求，才能保证综合治理工作高效有序地运作：

（一）预防为主

即应在宏观上把安全预防作为学校安全综合治理工作最基本的立足点和出发点，注重从抑制和消除产生危害学校安全现象的具体原因和条件入手，最大限度地减少和防止学校安全事故的发生，从而达到治本之目的。坚持学校安全预防为主重在治本，就要花大力气全面深入地认真研究和分析产生危害学校安全诸现象的原因和条件，特别是那些引发学校违法犯罪的具体的、现实的直接原因和条件，并积极寻求消除这些原因和条件的正确途径和有效措施。这就需要做大量的、长期的、艰苦细致的调查研究工作，以及各种弥补学校安全管理缺陷、堵塞管理漏洞、防微杜渐的工作。

（二）法制为基

即应把学校安全综合治理纳入法律的轨道，使综合治理工作法律化、制度化，从而在法律制度上保证学校安全综合治理工作的连续性、稳定性和权威性。坚持学校安全综合治理的“法制为基”，首先要做到使学校安全综合治理工作有法可依，有制可循。这不仅要求完善学校安全立法和治安管理法规，更重要的是要制定和健全直接规范学校安全综合治理工作的有关法律和制度。在相当长的一段时期内，我国学校安全综合治理工作在很大程度上还处于凭政策和经验办事及临机应付状态，缺乏必要的法律、规章和制度加以引导和规范，以致一些地方的学校安全综合治理工作逐渐流于形式，成为“说起来重要、干起来次要、忙起来不要”的软任务。近十几年来，我国陆续出台了一些关于学校安全综合治理的部门规章，主要有：国家教委《关于做好学校治安综合治理工作的几点意见》（1992 年）；中央社会治安综合治理委员会办公室、国家教委、公安部《关于进一步加强学校治安管理工作的意见》（1996 年）；中央社会治安综合治理委员会办公室、教育部、公安部《关于深化学校治安综合治理工作的意见》（2000 年）；中央社会治安综合治理委员会办公室、教育部、公安部《关于深入开展安全文明校园创建活动的意见》（2004 年）；中央社会治安综合治理委员会办公室、教育部、公安部《关于进一步加强学校幼儿园安全防范工作建立健全长效工作机制的意见》（2010 年）。这些规章的出台，标志着我国的学校安全综合治理工作向法律化、制度化迈出了卓有成效的步伐。但是，要真正提升学校安全综合治理的法制化程度，就应当通过学校安全的单行法律——《学校安全法》，将学校安全的综合治理原则上升到“法律”这一位阶的层面上，以提升该原则的效力等级和适用范围。除了国家要进一步完善关于学校安全综合治理的法律、法规之外，各地方、各部门都应根据学校安全立法，结合自己的实际情况，制定切实可行的地方性、部门性的学校安全综合治理法规和制度，理顺各地方、各部门、各国家机关等在学校安全综合治理中的权利义务关系。

（三）协调为本

即应从宏观上对学校安全综合治理工作予以统筹协调，以提高这项工作的整体功效。学校安全综合治理作为一项宏伟的社会系统工程，它不是各种社会组织、法律制度、政策措施和治理活动的简单相加和无序堆砌，而是各个子系统和诸因素的有机结合，相辅相成，协调运作的动态大系统。“应当通过立法的方式，形成政府、学校、社区、用人单位、家长、媒体等利益相关方对于学校安全综合治理的联动机制，使学校安全治理和社会安全治理有效结合起来。”①总之，保护学生等教育主体的安全，需要社会各有关部门齐心协力，共同努力，各司其职，各负其责，真正把学校安全放在重要的位置，齐抓共管才能收到实效。

① 文达：《关于我国校园安全立法和校园警察制度的思考》，《法学杂志》2009 年第 12 期。

第四章

规矩方圆:学校安全管理工作法律制度的系统建构

规范化的学校安全工作必须依托于制度建设。制度建设是指群体和组织的社会生活从特殊的、不固定的方式向被普遍认可的固定化模式的转化过程，制度化也是整个社会生活规范化、有序化的变迁过程。2006年9月，由十部（局、署）签发实施的、我国第一个专门关于中小学安全管理的法规性文件《中小学幼儿园安全管理办法》注重制度建设，设专章对校内安全管理工作制度创制提出了总的要求，即“学校应当遵守有关安全工作的法律、法规和规章，建立健全校内各项安全管理制度和安全应急机制”，同时对校长负责制、门卫制度、校内安全定期检查和危房报告制度、消防安全制度、食堂卫生制度、实验室管理制度、学生安全信息通报制度、住宿学生安全管理制度、校车管理制度等学校应当建立健全的各项具体的安全工作制度做出了明确规定。

众所周知，建立健全学校各项安全工作制度，落实各项安全管理规定，是预防学校安全事故、保障师生安全的根本要求。鉴于此，我国的学校安全立法应当在现行《中小学幼儿园安全管理办法》等相关法规的基础上，“以规矩成就方圆”，明确要求学校建立健全各项安全工作制度，努力建构学校安全工作完善的制度系统。

那么，如何制定切实可行的学校安全制度呢？总的来说，在制定安全制度时学校应当明晰四个问题：制定安全制度的目的是什么，学校应制定哪些安全制度（制度的种类），学校应怎样制定安全制度（制度的内容、结构），安全制度如何落实，等等。由于这些问题是学校建构安全工作制度系统的前提性问题，因此，本章拟在具体展开学校各项安全制度研究之前，对这四个问题进行简略探讨。

学校制定安全制度的目的，就是要明确安全责任，指导师生安全行为，确保师生生命安全和学校财产安全。学校安全制度具有明显的导向及约束作用，通过制定并落实安全制度，让全校师生切实承担各自应负的安全责任，知道哪些事应该做，哪些不应该做，以及违反学校安全制度后可能带来的后果。付诸实施的制度将像一面旗帜，指引并框定着师生安全工作的轨迹；反之，没有相应的制度也就失去了相应的约束与目标，势必导致学校安全工作的盲目性、无序性，易于出现学校安全监管的“盲区”，并由此引发各类学校安全事故。

学校制定安全制度的种类，通常包括三大类。一是常规性制度，即各校都有的共性制度。如，门卫制度，值班制度，交通安全制度，宿舍管理制度，财产管理制度，用电用水制度，食堂管理制度，防火、防水、防电、防中毒制度等。二是应时性制度，即根据安全形势的发展与时俱进，建立符合时代要求和安全形势需要的管理制度。例如 2010 年全国各地先后发生多起暴力伤害中小学生、幼儿园儿童的恶性案件后，一些学校制定的安全管理制度即属此类：学生安全家长志愿者协会制度，教育系统学校安全督察员制度，学校安全精细化管理、“日清周结”制度，随堂点名和未到校学生去向追踪制度，学校安全“一日三查”制度，课间放学后巡逻制度等。三是特色性制度，即学校充分结合地方特点，季节特点和学校及周边环境的不稳定因素，建立的有学校特色的安全制度，如，夏季防溺水制度、冬季防煤气中毒制度、教师晚值班护校制度等，这些制度有很强的针对性和实用性。

怎样制定学校安全制度，安全制度的内容结构如何？通常来说，学校安全制度的内容结构包括三方面：一是制度为谁而定，即为哪个安全岗位设定的制度。一般地，设立什么安全管理岗位，就需要制定相应的安全管理制度，如设门卫岗就有门卫制度，设督检岗就有安全检查制度等。二是落实制度的时间性。如随堂检查制度，就是要求任课教师在课堂第一时间检查学生到课情况，询问学生缺勤原因，并填写随堂检查记录。对患病的学生进行电话追踪访问或家访，了解其诊治情况；对于无故不上学的学生，必须第一时间与家长联系并上报教务处。三是落实制度的方法和要求。如宿舍安全管理制度中，规定学生进出宿舍的时间，用电、用水、防火、防盗的要求，宿舍卫生管理的要求等，师生员工按制度要求规范自己的行为，就是对制度的落实。根据学校安全管理制度的内容结构，学校在制定制度时不可生搬硬套上级部门的相关法规文件、指示精神等，而要根据学校的具体实际，运用明确、规范、简洁的语言，制定出易于为师生接受、富有可操作性、实用性强的安全管理制度。

学校安全制度的落实。制度再好，不落实就是一句空话。学校如果不能树立安全管理制度的权威，做到“既有制度必依、执行制度必严、违反制度必究”，那么，即使学校创新出再多再好的制度，也是纸上谈兵，无法充分发挥出安全制度在加强学校安全管理中的应有作用。落实安全制度，关键是要有一个健全的制度督检机制，即落实制度执行检查的机构、人员、措施等。例如，在“学校安全责任追究制度”中，必须明确设定“追究谁，谁追究，怎样追究”等制度规范，建立“以制度管人、以制度管事”的规矩，形成师生员工对制度的真正尊重。

为适应当前我国学校安全管理的现实需要，建构学校安全工作的制度系统，我们认为学校应首先致力于下列安全管理基本制度的全面建设和不断完善。

第一节　学校安全管理责任法律制度的建构

学校安全管理是指通过组织、协调、控制等手段，调动一切校内外的人力、物力、信息，保证学校内的人身和财产处于没有危险、不受威胁、不出事故的状态。尽管“维护学校安全是所有师生员工的共同责任”这一概括性的认识已被普遍接受，但是在学校制度层面上明确设定学校安全管理的责任目标、责任主体、责任追究等，还是非常必要的。

一　学校安全管理责任法律制度设计的必要性

责任缺失的学校安全管理是引发各类校园安全事故的根本原因。那么，何为学校安全管理责任呢？按照汉语辞典的解释，“责”有索取、负责、责罚之义；“任”有任务、担任、任职之义；“责任”意味着分内应做之事及未做好分内之事而所应受的谴责和制裁。责任包括两个方面的蕴意：一方面表示社会通过角色分配对责任主体产生行为预期，要求社会成员作出与自己的社会角色相适应的行为，即义务或职责；另一方面则是对未能按照社会规范作出相应行为的社会成员予以一定的制裁和惩罚。在社会生活中，责任与义务在本质上是统一的。责任多与人的社会角色联系在一起，被视为人的外在规定；而与职务无关的、不是职务所要求的，则因其更强调应该性、道德性和教育性而视为义务。[①] 在人的社会化过程中，责任作为一种外部性设置，往往先内化为责任主体的内心价值与信念，进而外化为真正富有责任性的行为。

学校安全管理责任制度，是指学校的各级领导、职能部门和在一定岗位上的教职工对学校安全管理工作应负责任的一种制度，是依据“以人的生命为本”的伦理理念及其伦理原则与道德规范而构建出的学校安全管理责任的制度设置或制度安排体系，也是学校的一项基本管理制度。学校安全管理责任制度设计的必要性主要有：

其一，学校安全管理责任制，是实现学校可持续发展的必然要求。学校是学校安全管理的第一责任主体，而制定并施行安全管理责任制是学校提升安全管理水平的关键之所在。用科学发展观统领学校安全责任制的建立和落实，是学校抓好安全管理、维护学校和谐稳定、实现学校可持续发展的必然要求。

其二，学校安全管理责任制，是实施践行学校安全相关法律、法规的迫切需要。要切实施行我国国家层面的学校安全相关立法，以及各地政府相继出台的一系列关于学校安全的地方性法规、地方政府规章及地方规范性文件，首要任务是制定并全面落实学校安全管理责任制，把学校安全管理的责任落实到管理过程中的每个环节和个人，从而增强各部门、各类人员的责任心，使学校安全管理既做到分工明确又互相协调配合，实现安全管理一体化和精细化的融合，进而使学校安全相关法律、法规的具体规定真正落到实处。

其三，学校安全管理责任制，是学校安全管理效益最大化的根本保障。对于学校来说，落实安全管理责任制，层层分解学校安全风险隐患

① 王海明：《新伦理学》，商务印书馆2001年版，第317—318页。

是学校防范各类安全事故的根本路径。在学校安全管理过程中，人起着决定性的作用，学校安全的保障需要参与安全管理过程的各方主体和每一个个体都能恪尽职守、忠于职责。安全管理责任制将学校安全管理责任从上到下层层分解，规定了各级各部门直到每个教职工的安全责任，建立了“纵向到底、横向到边”的安全责任网络，进一步明确学校有关领导、职能部门、责任单位的安全管理职责，形成完整的责任链条，以分级负责、分类管理、责任到岗的形式，将安全管理责任落实到人。所谓“纵向到底”，是指从主管领导到一线教职工都有安全责任；所谓“横向到边”，是指职能部门对其管辖的业务范围负有相关的安全管理责任。[①]“纵向到底、横向到边”，以此形成纵横交错、系统全面的学校安全管理目标体系，进而以各级各部门、人员的安全目标的实现来保障学校安全管理责任制的全面落实。实践证明，哪个学校安全管理责任制建立齐全、落实扎实，工作认真细致，事故隐患处理及时、彻底，哪个学校就能将学校安全事故的发生率控制在最低限度，从而实现学校安全管理效益的最大化。

二 学校安全管理责任法律制度的目标

学校安全管理责任制度的设立宗旨，是贯彻执行中央社会治安综合治理委员会办公室、教育部、公安部《关于深入开展安全文明校园创建活动的意见》、《关于进一步加强学校幼儿园安全防范工作建立健全长效工作机制的意见》等相关法律规定，进一步明确和全面落实学校安全管理责任，实行安全目标管理，坚持“有职必有责”和“谁主管，谁负责；谁检查，谁负责”的原则，有效防范学校安全事故的发生。构建学校安全工作责任体系的目的是：通过责任分解，将学校纷繁复杂的安全管理任务划分到相关部门和单位中，配合以目标管理制度，促使学校各职能部门能够从发挥自身职能的角度，专业性地从事安全管理，促使学校教学、教辅、后勤等部门能够按照学校总体部署，积极预防各类安全事故，切实落实各项安全管理措施，及时消除安全隐患。

具体而言，学校安全管理的责任目标主要包括：加强对学生的安全

---

① 郭东、赵玺雅、戴彬：《高校安全工作责任体系研究》，《煤炭高等教育》2010 年第 5 期。

教育，提高学生安全意识，确保无重大安全事故发生；加大对学校环境建设及安全设施设备的投入，确保学校安全设施达标；加强对学生及学校财物的管理，做到管理严格，管理到位，无重大损失发生；加强公路、铁路交通安全，乘车、乘船安全，用火用电安全，集体活动安全，心理健康安全等教育，让安全知识深入人心，正确引导学生安全健康地生活和学习；加大学校安全隐患的排查力度，确保安全隐患及时有效地得到排除和整改。

三　学校安全管理责任法律制度的主体

从形形色色的学校安全事故可以看出，发生学校安全事故，尤其是重大责任事故的根本原因是安全责任主体的缺位。学校安全管理中责任主体不被锁定就必然出现责任承担的推诿和事故发生后责任追究的不力。因此，各级各类学校应当明确学校安全管理的责任主体，坚持“一把手”负责制，全方位地建立健全安全责任体系。学校要一级抓一级、层层落实，把学校安全防范部位和重点问题落实到人。学校的所有组织、人员都要成为学校安全管理的责任主体，成为学校安全管理网络上的重要“结点”，形成人人参与学校安全工作的基本格局，力争做到没有无安全责任的人，没有不落实到个人的学校安全责任。

下面，我们根据当前学校安全管理的一般模式，对学校安全管理责任主体的具体划分作如下的阐释和说明：

其一，校长。校长对全校安全工作负总责，是第一责任人，具体承担下列安全管理责任：全面负责学校安全工作的安排、布置、指挥、监督和协调；负责主持召开学校安全工作会议，听取分管领导和各类人员对安全工作的汇报和建议；负责向全校师生传达贯彻上级安全工作会议文件精神；在学校出现安全事故后启动和实施安全工作应急预案；负责学校安全工作所需经费的安排、筹措；负责安全事故的上报决策；负责年度安全工作总结和表彰。

其二，分管副校长。分管安全工作的副校长为学校安全工作第二责任人，具体承担下列安全管理责任：分管副校长是校长开展安全工作的助手，全面配合校长管理学校各项安全工作；协助校长定期组织安全检查并监督整改措施落实情况；督促办公室建立完备的安全工作制度；督促各类人员签订安全工作责任书；定期、不定期地总结分析相关人员对学校安全工作隐患的汇报，向校长提出安全隐患的整改建议；在学校出现安全事故后配合校长积极实施安全工作应急预案；经常性地对教职工、学生进行安全教育，以增强他们的安全责任意识和安全防范意识；处理学校一般安全隐患、安全事故。

其三，总务处。总务处应承担下列安全管理责任：具体负责整个学校的安全管理工作，对学校各部门、各年级、各部位的安全工作进行检查、指导、督办；对总务后勤职工进行安全教育；按有关规定落实防火、防盗、防人身伤害等方面的安全措施；对所有教学和生活设施进行定期安全隐患排查，发现问题及时维修、排除和督办；抓好用电知识宣传，及时检查线路和校内供电设施，杜绝电工违章操作和玩忽职守，落实教职工安全用电措施，及时处理用电中存在的问题和故障，确保学校用电安全；按有关规定配备防火器材和防火设施，对学校教职工进行消防技能培训；及时检修供水供气设施、管线，严格维修工操作规章，确保供水供气安全；监管、规范校内建筑施工，封隔施工场地，严防砸、碰伤师生；对不符合安全要求和建筑规范要求的建筑设施进行改造；负责教职工、学生校内活动的设施安全维护与保障；检查督促财务室、库房、维修办公室、配电室、门卫等落实《岗位安全责任制》。

其四，保卫处。保卫处应承担下列安全管理责任：按有关规定落实防火、防盗、防人身伤害等方面的安全措施；组织保安人员昼夜巡逻，保卫学校；防止社会不法分子和可能影响教学秩序的人员进入学校，处理学校突发事件和安全纠纷，协助有关部门进行案件侦破。

其五，校务办公室。校务办公室应承担下列安全管理责任：对师生用车实行审批管理，做好师生集体活动用车的审批和备案工作，严格把关，确保师生出行安全；经常对司机进行《道路交通安全法》的宣传教育工作，督促他们自觉遵守交通法规，做好车辆的保养工作，确保司乘人员、乘客的安全；做好学校会议室、接待室、报告厅、校展室、档案室等的安全检查、使用与管理工作；管好学校人事、文书、财务、基建、设备等档案资料，加强档案机密安全管理；负责教职工校外活动的安全教育、防护和保障。

其六，餐饮部。餐饮部应承担下列安全管理责任：抓好对炊事人员的安全教育，明确责任，落实措施；严格落实《食品卫生法》、《学校食堂与学生集体用餐卫生管理规定》、《关于进一步加强学校食堂食品安全工作的意见》的要求，认真执行学校食堂卫生管理制度，食品采购、储存及加工的卫生管理制度；餐饮工作人员必须持有效证件上岗，统一着装，认真搞好厨房、食堂的清洁卫生，落实餐饮具“一洗、二清、三消毒”、饭菜48小时留样制度；食堂炊事员必须采用新鲜洁净的原料制作食品，不得加工或使用腐败变质和感官性状异常的食品及其原料；食堂应建立严格的安全保卫措施，严禁非食堂工作人员随意进入学校食堂的食品加工操作间及食品原料存放间，防止投毒事件的发生，确保学生用餐的卫生与安全；所有食品都要实行定点供应，严格禁止购进腐烂、变质的蔬菜和物品，严格禁止出售变质、变味的饭菜、食品，坚决防止和杜绝食物中毒事件；及时排查食堂设备设施的安全隐患；严格锅炉的规范操作，确保锅炉和饮用水的卫生。

其七，教务处。教务处应承担下列安全管理责任：定期召开教学安全工作会议，研究、解决教学安全管理中存在的问题，对事故隐患及时采取有效治理措施；定期开展课堂常规检查，排除安全隐患，落实整改措施，并对本部门无力解决的问题如实上报学校处理；督促和指导各科教师认真做好教学安全工作，特别是体育运动、课外活动、实验教学的安全管理工作，确保正常的教育教学秩序；禁止教师体罚或变相体罚学生，杜绝因体罚、心灵虐待造成的学生伤害事故，确保学生身心健康发展；定期检查教育教学设备、器材，特别是体育器材、电教设备、实验设备和化学药品等，对于易燃、易爆、有毒的化学药品要规范管理，并要落实防霉、防腐、防盗、防火等措施。

其八，政教处（德育处）。政教处应承担下列安全管理责任：宣传、贯彻上级有关学校安全管理工作的法律法规和政策文件，对学生实施安全教育及管理，引导学生健康成长；本着“保护学生、教育先行、明确责任、教管结合”的原则，开展学生安全教育及安全知识普及活动，增强学生的安全意识和法制观念，提高学生自我防范能力；根据环境、季节及有关规律进行防盗、防火、防病、防事故等方面的安全教育，并使之经常化、制度化；要求班主任及任课教师转变教育观念，改进教育方法，力避教师不良教育行为造成的学生出走等恶性事件；抓好对学生的常规管理，加强思想教育，禁止学生带刀械进学校，制止斗殴事件发生，杜绝学生违法犯罪。

其九，财务处。财务处应承担下列安全管理责任：财务处是管理学校资金的专门机构，对资金、会计数据、会计资料的安全负有主要责任；财务人员要增强安全意识，严格执行国家财经纪律和学校财务制度，严格按规定限额存放现金，落实各种措施，以防被盗；取送现金要采取安全措施，确保沿途安全；加强发票和财务章的管理，以防金融诈骗。

全体教职工是学校安全工作的直接责任人。所谓“直接责任”，即岗位责任，是指学校各具体工作岗位上教职工的安全责任，如，班主任、任课教师、司机、电工、值周（日）员、重点部位管理人员等均为具体工作岗位。由于事故总是发生在某个具体工作岗位上，因此，直接责任是学校安全管理工作的最基本责任单位，是学校安全管理的最终落脚点。岗位责任制的建构，使学校内部没有“无安全责任的在职人员”；岗位责任制的完善，标志着“一岗双责制”的建立，即在校工作的全体教职工既要履行本职工作的岗位责任，同时还要履行与本职工作相关的安全责任。“‘一岗双责’制度的实施，使学校的综治工作不再是几个领导的事情，而是全员的责任。每一个员工都是学校综治工作这个链条上的一环，环环相扣。只有每个人都增强了责任心，工作到位了，才能确保学校不出任何问题。”① 作为学校安全工作的具体落实者，全体教职工应增强安全意识，学习安全知识，严格遵守学校安全管理制度，发现安全事故隐患要及时采取有效措施。对于超出其职责范围的安全隐患，应当立即报告学校有关领导，要坚决克服麻痹思想，杜绝渎职行为。每一个教育工作者都要常怀保障学生安全之心，常思保护学生安全之策，常做有利学生安全之事，形成全覆盖、无盲区、立体化的学校安全管理网络。

四　学校安全管理的法律责任追究

学校安全管理的责任追究是指为了强化学校安全管理制度的执行

① 藤瑞萍：《落实“一岗双责制”，确保校园安全稳定》，《中国现代教育装备》2009年第12期。

力，提高安全管理水平，促进安全管理工作规范、有序地开展，而对教职工安全管理过程中出现的问题进行处置，使相关责任人员承担相应的政治责任、道德责任、法律责任。学校安全管理的责任追究是一种对学校相关责任人员履行安全管理职责进行有效规范的制度安排，制度的施行将有助于在我国学校安全管理的实践中不断凝结权责统一的价值取向，进而形成与之相适应的安全管理的文化与生态。

（一）学校安全管理责任追究的目的和原则

学校安全管理责任追究的目的是为了进一步加强学校安全工作，规范学校安全管理和监督，健全学校安全工作长效机制，防范、杜绝安全事故的发生，维护学校正常教育教学秩序，保障师生员工的生命财产安全。

实行学校安全管理的责任追究，对加大教育执法力度，推进依法治校，贯彻上级有关部门关于安全责任落实的指示精神，具有十分突出的价值意义。但是，学校安全管理的责任追究在实施过程中需要恪守和遵行如下原则，否则，会导致对安全管理责任追究宗旨的背离，并直接影响责任追究的效果。

其一，科学、客观地确定差错性质。确定差错性质是责任追究制度顺利贯彻执行及发挥积极作用的基础，如果对差错定性过高，容易使责任人觉得小题大做，产生抵触情绪；如果定性过低，会降低工作人员对类似问题的重视程度，影响工作质量，甚至引发安全隐患。因此，确定学校安全管理中相关管理行为的差错性质要细致准确、科学客观，按差错责任的大小和造成危害程度准确定性。

其二，坚持违规必究。对学校安全管理中出现的问题，实行“分级管理、分级负责”、“谁主管、谁负责”、“谁批准，谁负责”、“谁组织、谁负责”、“谁之过、谁负责”的原则，坚持“有规必严守、违规要查处，有权必有责、失责要追究”，追究直接责任人、间接责任人的相关责任。因为责任追究是制度执行的“保护神”，责任追究到位，制度执行的自觉性就高；反之，责任追究不到位，就会大大削弱制度的严肃性和执行效果，减损学校安全管理制度的效用和价值。

其三，坚持对问题整改的跟踪问效。对发现的学校安全管理问题，要重视调查分析问题的成因，分清是共性问题还是个性问题，进而有针对性地进行整改。在整改工作中，要认真严格跟踪问效，切实做到对发现的问题一追到底，彻底消除学校既存的安全隐患。

其四，坚持教育与责任追究相结合。惩罚不是责任追究的目的，学校安全管理责任追究，旨在通过追责使学校领导和教职工明晰自身所担负的安全管理职责，真正贯彻落实学校“安全第一”的战略思想，认真履行岗位职责，实现学校安全管理的规范化和制度化。

其五，坚持责任追究结果的合理运用。学校的组织、纪检部门应将对干部职工的安全管理责任追究结果同个人的年终评选先进、职称晋级、职务升迁等联系起来，让大家明确自己平时的工作态度和质量与个人的成长发展休戚相关，进而督促干部职工严格要求自己，认真履行岗位职责，提高按规章制度办事的自觉性。

（二）学校安全管理责任追究的范围和方式

学校安全管理责任追究的范围，包括在校舍设施、食品饮水、疾病预防、道路交通、消防安全、危化物品、特种设备、学生集体活动等学校安全管理和安全教育工作中，出现失职、渎职行为，并由此引发学校安全事故。学校安全管理责任追究的对象：学校校长负责学校的各项安全工作，对出现的安全责任事故负有领导责任，是安全工作第一责任人；分管安全工作的副校长对学校安全管理负直接领导责任，是安全工作第二责任人；教职工对所承担的安全管理工作负直接责任，是直接责任人。

学校安全管理责任追究的方式，分为整改、批评、行政处分、党纪处分、经济（赔偿）处罚，直至依法追究刑事责任。具体地说，由于对安全工作重视不够、措施不力而导致安全事故的，如失火、失窃、师生伤亡等，对直接责任者，要令其停职检查，按有关规定给予政纪、党纪处分；由于对安全工作重视不够、措施不力而导致发生重大安全事故，并致学校财产和师生生命遭受重大损失、伤亡，造成恶劣影响的，将逐级追究责任，对直接责任人、分管副校长、校长视具体情况与责任大小，分别给予行政处分、党纪处分、经济（赔偿）处罚，涉嫌犯罪的，移交司法机关追究刑事责任。

（三）学校安全管理责任追究的情形

学校要对学校安全管理过程中如下一些类别的过错行为进行责任认

定，纪检监察部门也应立即启动跟踪问责运行机制，在责任追究上不仅要对直接责任人查究到位，还要依法追究相关领导的责任。

学校的校舍、场地、其他公共设施，以及学校提供给学生使用的学具、教育教学和生活设施、设备不符合国家规定的标准，或者有明显不安全因素并致事故发生的，由校长、分管领导、相关职能处室领导和岗位责任者等负安全管理责任。

学校的安全保卫、消防、设施设备管理等安全管理制度有明显疏漏，或者管理混乱，存在重大安全隐患，而未及时采取措施并致事故发生的，由校长、分管领导、相关职能处室领导和岗位责任者等负安全管理责任。

学校向学生提供的药品、食品、饮用水等不符合国家或者行业的有关标准、要求并致事故发生的，由校长、分管领导、安全员、卫生老师、食堂负责人等负安全管理责任。

学校组织学生参加教育教学活动或者校外活动，未对学生进行相应的安全教育，未在可预见的范围内采取必要的安全措施并致事故发生的，由校长、分管领导、德育主任、班主任等负安全管理责任。

学校违反有关规定，组织或者安排未成年学生从事不宜未成年人参加的劳动、体育运动或者其他活动并致事故发生的，或者学校知道或应当知道学生有特异体质、特定疾病，不宜参加某种教育教学活动，但未予以必要的注意并致事故发生的，由分管领导、组织老师等负安全管理责任。

学生在校期间突发疾病或者受到伤害，学校发现后未根据实际情况及时采取相应措施，导致不良后果加重的，由行政值周（日）教师、安全员、卫生教师等负安全管理责任。

学校教师或者其他工作人员在负有组织、管理未成年学生的职责期间，发现学生行为具有危险性，但未进行必要的管理、告诫或者制止并致事故发生的，由任课教师和相关工作人员负安全管理责任。

对未成年学生擅自离校等与学生人身安全直接相关的信息，学校发现或者知道，但未及时告知未成年学生的监护人，导致未成年学生因脱离监护人的保护而发生伤害的，由任课老师、班主任、门卫等负安全管理责任。

学校知道教师或者其他工作人员患有不适宜担任教育教学工作的疾病，但未采取必要措施并致事故发生的，校长、分管领导负安全管理责任。学校教师或者其他工作人员体罚或者变相体罚学生，或者在履行职责过程中违反工作要求、操作规程、职业道德或者其他有关规定并致事故发生的，由任课教师和相关工作人员负安全管理责任。

第二节 学校安全保卫法律制度的建构

学校安全保卫法律制度建构的基本目的：为了促进和完善学校的安全保卫工作，努力实现学校安保工作的规范化、法制化、科学化、现代化。由于学校安保工作的对象十分复杂、领域相当宽泛，因此学校安全保卫制度具有多样性。本章拟对以下四项最重要的安全保卫制度进行阐释。

一 学校门卫制度

门卫是保障学校安全的第一道关口，门卫管理是学校安全管理的一个缩影，直接反映了学校的安全管理水平。《中小学幼儿园安全管理办法》第 17 条对学校门卫制度作了十分明确的规定：“学校应当健全门卫制度，建立校外人员入校的登记或者验证制度，禁止无关人员和校外机动车入内，禁止将非教学用易燃易爆物品、有毒物品、动物和管制器具等危险物品带入学校。学校门卫应当由专职保安或者其他能够切实履行职责的人员担任。”

根据当前我国各级各类学校门卫管理工作的实践，为切实加强学校的门卫管理，学校门卫制度的设计应包括如下基本内容。

学校门卫工作是维护学校良好的教学秩序、保障学校安全的重要工作之一。学校大门设专职门卫，门卫工作有专人管理，门卫实行 24 小时值班制。门卫人员在值班期间必须坚守岗位，不准擅离职守，脱管失控。

学校大门应坚固安全，开启灵活，锁定方便。门区有照明设备，便于夜间观察。门卫值班室应安装报警电话，配备必要的值班用品、防卫器械和消防、应急照明器材。学校大门要 24 小时处于关闭落锁状态，当有人因工作需要进出学校时，门卫人员要及时开启和关闭。

对非本校人员进校要严格实行门禁制度。校外人员因联系公务需要进校的，门卫人员要查验并登记本人的有效证件，规范完整地填写登记表格，并联系校内有关人员，确认是否接待后，决定是否允许进入学校。对放行人员，门卫应告知其处理完事情后马上出校，出校时填写外来人员出校记录。对外来人员进出校时所携带物品要注意观察留意，必要时进行查问。

本校学生在上课期间出、入校门时，门卫人员应查验学生请假手续是否完备真实，是否有家长带领。学生遇伤、病等紧急情况，急需出校而来不及办理请假手续的，应迅速确认，放行出校，并及时通知护导人员。学生家长因学生病、伤等原因要求进校探望学生，或要求面见教师、领导反映问题的，门卫在电话通知相关人员获得准许后方可允许其进校。对学生家长所送物品，门卫人员必须认真检查，填写《学生家长送物转交单》，通知有关人员按时转交学生本人，不负责现金和贵重物品的收存转交。

为确保学校公共财产的安全，门卫人员对携带校内公物离开学校者，有权进行检查、询问，教职工必须配合。为了维护学校秩序，保障学校安全，门卫应禁止广告散发、商品推销人员进校，制止小商、小贩在校门口设摊叫卖，劝止闲杂人员在校门口聚集玩耍等。如遇特殊情况，门卫人员要立即向相关领导和职能部门汇报并作出妥善处理。

门卫人员应当认真履行学校门卫管理制度，如有违反，按学校有关规定给予处罚。

二　学校内部治安保卫工作制度

为加强学校内部治安保卫工作管理，维护正常的教育教学秩序和生活秩序，确保全校师生的人身安全和财产安全，学校应当根据《教育法》、《教师法》、《刑法》、《治安管理处罚条例》等法律法规的有关规定，制定学校内部治安保卫工作制度。

学校内部治安保卫工作应贯彻“预防为主，确保重点，打击犯罪，保障安全”的方针，督促教职工自觉遵守以岗位责任制为主要内容的各项治安保卫管理制度。学校内部治安保卫工作的根本任务是：开展

“四防”（防盗窃、防火灾、防破坏和防其他治安灾害事故）工作，跟一切扰乱学校内部治安秩序、违反治安管理的行为作斗争，打击犯罪活动，预防治安事故的发生。学校内部治安保卫工作实行校长负责制，校长是学校内部治安保卫的责任人，学校各部门的行政负责人为该部门治安保卫工作的责任人。综合部（后勤）是学校内部治安保卫工作的职能部门，负责校内治安保卫制度的实施，并对全校各单位、各部门进行督促、检查、指导。学校内部治安保卫工作接受公安机关的指导、监督。

学校内部治安保卫工作的任务是：对师生员工进行法制、国家安全、维护社会政治稳定和治安保卫工作的宣传教育，增强师生员工的法制观念、政权意识和安全防范意识，预防和减少违法犯罪行为；做好动态信息工作，严防非法宗教势力、民族分裂势力对学校的渗透、煽动和破坏活动；及时处置各种不安定事端和突发性事件；协助公安机关制止危害安全的行为；落实治安保卫责任制和安全技术措施，防止盗窃、火灾、破坏和治安灾害事故的发生；调解处理学校内部治安纠纷；维护学校教学区、生活区和其他公共活动场所的治安秩序；对校内有轻微违法但尚未构成犯罪的人员进行教育、帮助；参加所在地区组织的社会治安综合治理工作；依据有关规定对扰乱学校秩序的人员进行处理。

学校内部治安保卫工作应当坚持分级管理原则，实行校长室、办公室、治安组、各组室、班级等分级管理，包干负责。各组室、班级负责人主管好本部门的治安保卫工作。

校领导的基本职责是：认真贯彻执行上级制定的治安保卫管理法律、法规，将治安保卫工作列入议事日程、纳入日常工作范围，做到有计划、有布置、有检查、有总结、有评比；组织定期和不定期的治安保卫工作检查，对发现的隐患漏洞，责成有关组（室）或班级等落实整改措施，限期整改；责成治安保卫组与德育处协助学校所属派出所调查处理学校内部发生的刑事、治安等案件；对治安保卫成效好的组（室）或个人给予表扬、奖励，对违反治安保卫制度，造成后果的责任者，给予批评、惩处。

治安保卫组的基本职责是：治安保卫组在分管校长领导下，搞好学校治安工作；认真贯彻执行治安保卫管理法律、法规和公安部门有关规定，结合学校实际情况，提出贯彻意见并组织实施；对师生进行遵纪守法和“四防”安全教育，会同工会、德育处、总务处等有关部门，做好轻微违法师生的帮教工作，对需要处理的违法犯罪师生进行调查核实工作；维护学校内部治安秩序，负责检查门卫、仓库、实验室、食堂、小卖部、各组室等对安全管理制度的实施情况和消防器材的配备、维护保管等情况；协助校领导会同有关部门开展治安防范检查，发现隐患漏洞及时提出整改意见，并督促有关组（室）抓紧整改；调查处理违反学校治安管理有关规定、破坏学校安定和扰乱学校治安秩序的违法、违纪案件；负责向公安机关报告校内发生的刑事案件、治安灾害事故和其他严重危及治安的情况；组织对发案现场的保护并协助公安机关查破校内发生的刑事案件、治安案件；安排学校值班保卫工作及督促、检查节假日的安全保卫措施的落实情况；收集好在安全工作中形成的有保存价值的材料，交校长办公室整理进档。

三　学校安全巡逻值班制度

巡逻值班制度是防范学校安全事故最为有效的制度之一。为强化学校日常安全管理，实现对学校安全的有效监控，及时发现安全隐患，最大限度地避免安全事故的发生，学校应当制定和落实学校安全巡逻值班制度。具体制度可设计如下：

学校实行昼夜24小时巡逻值班制度，值班巡逻人员要严格遵守值班纪律，坚守岗位，尽职尽责，不得擅自离岗或私自让他人替岗，严禁进行与值班职责无关的任何活动。定时对自己负责的范围进行巡逻，细致地检查各个区域和部位，并认真做好巡逻记录。

值班巡逻人员要按时到岗，认真做好交接班工作，做到不漏岗，不脱岗，保证值班巡逻工作正常、连续运转。未处理完的当班事务，要向接班人员交代清楚。

值班巡逻人员要做好全天候校内巡逻工作，特别是加强对学校重点部位的巡逻查看。注意查巡各楼层、各处室、各教室的门窗和用电设备的关闭情况，做好防火防盗、防触电工作，确保师生人身安全，保证公私财物不受损失。白天巡逻的主要任务是维护学校正常秩序，清理学校、校周边的摆卖摊点及其他无关人员，严防社会闲散人员进校滋扰。

夜晚巡逻的主要任务是保护好教学楼、办公楼及各场馆的公共设施、财产和物资的安全，保护好师生员工宿舍区、生活区的安全。在巡逻中，要清理在学校内的闲杂人员，密切注意盘查、询问各种可疑人员，发现问题及时处理并上报学校。

值班巡逻人员应当具有良好的思想素质和业务技能，要有应对突发事件的能力，会妥善处理本岗位的险肇事故，会报警。

值班巡逻人员必须保持高度警惕，危险时刻挺身而出，勇于同违法、违规、违纪人员做斗争，发现问题及时采取措施加以制止或处理，遇到难以解决的问题及时报告有关领导。

对在值班巡逻期间擅自外出、玩忽职守，发生治安案件和灾害事故，并造成师生人身安全和合法财产、国家和集体财产遭受损害的，学校将追究相关人员的责任。

四　学校安全定期检查制度

根据《中小学幼儿园安全管理办法》第 18 条的规定，学校应当建立校内安全定期检查制度。学校安全定期检查制度，是对学校内所有部位、设施可能存在的安全隐患进行定期排查和加强安全防范的安全管理制度。

学校安全定期检查应当按时、按项、按部门分工进行，检查周期的设定需要根据学校安全管理的具体情况斟酌确定。从当前我国中小学校安全定期检查的周期看，一般多为每月 1—2 次。每次检查必须认真对待，不得漏查漏检。

学校安全定期检查制度应当明确规定定期检查的项目和负责部门，通常可作如下的设计和安排：

总务处应负责定期检查如下项目：校舍的门、窗、楼板、楼梯、屋面、屋顶有无异常情况，厕所、围墙大门是否有隐患；校舍墙体、梁、柱子有无下沉或断裂等现象；校舍内外墙皮有无空鼓、脱落的危险；学校内防雷、防漏电、防漏水系统是否安全；学校电器设备设施，供水设备设施，采暖设备设施是否安全可靠；班级和多功能教室的门、锁、窗钩、多媒体保护设施是否完整等。

政教处应负责定期检查如下项目：相关部门及负责人是否定期对师

生进行法制、交通安全、防溺水、防毒、网络安全等教育；检查放学期间学生的交通状况；学校监控系统运行是否正常；班级、年段安全管理制度是否上墙，执行制度的情况是否到位；寄宿生、晚自习学生的管理；教室卫生环境状况等。

教务处应负责定期检查如下项目：实验室设备、体育器材、教学设施的安全可靠性；实验人员在实验教学过程中，记录是否齐全、药品存放是否符合要求；图书馆图书资料存放的安全性、消防设施与防盗装置配备情况等。

安全综治处（或其他类似于此的校内职能处室）应负责定期检查如下项目：检查维护消防设备、防盗系统等，注意发现是否还有其他隐患、险情等现象；学校内有无易燃、易爆、有毒物品等；检查学生宿舍是否有违规使用电器的现象，防盗设备设施有无隐患等。

学校安全定期检查的结果和处理意见，必须于检查次日上交学校主管处室存档，发现隐患、险情等现象应报送分管领导，如发现必须立即解决的问题，应立即报相关部门处理，不得拖延懈怠。

第三节　学校教育教学活动安全管理法律制度的建构

教育教学活动是学校根据上级指示及教育教学进程需要而组织的活动，如学生常规教学、社会实践、群体体育活动、运动会、文艺会演、大型集会等。做好校内外教育教学活动的安全工作，是学校安全管理非常重要的组成部分。由于学校教育教学活动种类繁多，各类活动在规模、时间、环境、场所、形式、内容、安全工作组织、安全知识教育、安全事故预防及处置等方面又各有特点，因此，需要分别探讨各类教育教学活动的安全管理制度。

一　室内课堂教学安全管理制度

根据学校室内课堂教学的特点和安全管理的需要，室内课堂教学安全管理制度通常应明确设定如下内容：

教师应加强对学生的安全教育，严格执行教学常规，加强课堂教学管理，做好课堂教学安全工作。在课堂教学中，安全工作实行任课教师课堂责任制和责任追究制。

教师按时上下课，不迟到、不早退，中途不离开教室。如不按时到岗、提前下课以及上课时教师无故离开教室而造成学生伤害事故的，教师应承担相应的过错责任。

组织好课堂教学，维持好课堂秩序，如出现上课期间学生违反课堂纪律的，应延迟到下课处理，严禁将学生逐出教室。

严格执行教学计划，坚持按课表上课，未经教务处同意，不准私自调课。

教师教育学生要讲究方法，不剥夺学生上课权利，不能采用简单粗暴的方法，严禁体罚和变相体罚学生。

教师要关注学生出勤情况，做好考勤工作，了解学生缺课原因并于课后与班主任联系。如原因不明，班主任要及时与学生家长取得联系。

关心爱护学生，课堂上如发现学生身体不适或情绪反常，要及时与班主任或家长联系并作出妥善处理。

上课期间，学生离开课堂必须征得教师同意，外出校门需班主任出具手续，门卫方可放行；学生因事因病请假，需具有家长签名的请假条，班主任当天要与家长沟通证实。

教育学生上课专心听讲，认真做笔记，积极参加教学活动，使用圆规、刀具等利器要注意安全。

二 实验课安全管理制度

“众所周知，在学校环境中，实验室是存在安全隐患最多的地方，而实验课则是引发事故最危险的环节。”① 由于学校的部分实验设施设备和实验过程具有一定的风险性，因此，师生在进行实验探究的过程中，应特别注意安全，保证自身和他人不受到意外伤害。学校也应根据实验课的特点和安全管理需要，制定涵括如下内容的实验课安全管理制度：

教师在实验课前必须做好充分准备，明确实验的目的、要求、操作方法，准备好仪器、材料、药品等，不得让过期变质及存在安全隐患的

① 崔英杰：《学校实验课和实习课安全预案的制订》，《中国应急救援》2007年第3期。

器材药品进入课堂，不做无准备的实验。

教师要认真组织实验课的教学工作，应当做到：课前教师对所做实验的整个过程能熟练操作；对存在一定安全风险的实验，必须于学生实验前讲授清楚实验要点、安全注意事项以及处理安全事故的必要知识；对重要的实验操作进行必要的示范和演示；对实验的整个过程进行认真指导和全面监控，确保学生安全。

实验课上如学生使用药品、带电设备、刀具等利器，教师要提示学生注意使用中的安全事项。

学生进入实验室后要保持安静，认真听讲，按教师的要求进行实验，不得随意乱动实验用品。

仪器、教具统一保存，分类摆放，造册登记，专人管理。

教师要指定地点统一处理实验后的废物，不得随意乱扔。

实验课后教师要认真清理实验仪器，物归原处，关闭电源、水源，填写“实验记录单”后方可离室。

三　体育活动课安全管理制度

为切实保障体育活动课学生的人身安全，尽量避免学生参加体育活动时发生意外伤害事故，学校应当依据《学校体育工作条例》及相关法律法规和规范性文件的精神，根据体育活动课教学的实际特点，制定学校体育活动课安全管理制度。该项制度应主要包括如下内容：

学校组织学生参加体育活动及上体育课，必须坚持“学生为本、健康第一”的原则，要充分考虑天气、场地、设备、器材等方面的安全因素，尽量避免意外伤害事故的发生。

学校应加强对运动会、体育教学和训练的组织部署，做到安全有序。对可能发生伤害事故的运动项目，应有保护性措施。

学生到校外参加体育考试、体育比赛或其他体育活动，必须有学校领导、体育教师、校医、班主任等相关人员带队，并事先对学生进行安全教育。

学校体育场地和器材应当符合卫生和安全要求，运动项目和运动强度应适合学生的生理承受能力和体质健康状况。学校应定期对学生的体质状况进行检查，建立心肺功能等不适合大运动量的学生的健康档案，避免这些学生进行大运动量的活动，防止发生意外事故。

学校应当制定体育设施、器材的管理制度，并由专人负责管理。定期对体育设施、器材进行安全可靠性的检查，不合格的及时更换，损坏的及时维修，不能修复和达到使用年限的应及时更换。

体育教师上体育课要做到：切实加强责任心，对学生进行必要的安全教育；上课集合整队，记录考勤，妥善安排活动内容，做好充分的准备活动；合理安排运动量和运动强度，关注体质较弱学生和特异体质学生；室外课一定要做好充分的准备活动，对服装、鞋不符合上课规范的学生要求其予以更换；讲明动作要领，做出动作示范，提出具体要求、注意事项等，并加强安全保护；教师不得指导学生开展有危险性的活动，学生不得离开教师自行开展有危险性的活动，当教师发现有学生打闹或做出危险动作时，应立即予以制止；在体育课上，因组织指导过错造成学生伤害事故的，教师应承担相应的过错责任。

体育课上，当教师发现学生出现身体的不良反应，或发生学生受伤等突发情况，教师应立即采取以下处置措施：迅速通知校医、班主任等；校医对病（伤）学生做出初步诊断及必要的处置，事后要及时做好学生病（伤）情及临时处置情况的记录，并上报学校；如果学生病（伤）情况较为严重，要立即送往就近医院进行诊治；班主任要及时将学生病（伤）情况告知学生家长，学校领导视具体情况上报主管部门；体育教师事后及时写出现场情况书面报告，并上交学校。

四　集体活动安全管理制度

总体而言，教师组织学生集体活动应有明确的目的，周密的安排，严格的安全措施，确保师生安全。教师组织学生校外集体活动和社会实践活动应报学校批准，特殊情况下应报公安部门备案，并安排教职工负责各个环节的安全管理，明确安全责任，强化防范措施。同时，学校应事先对学生做好安全教育工作，对可能出现的情况进行充分的估计和准备，不安全的地方或安全措施不落实的场所，严禁组织学生前往。未经学校批准，不得组织学生参加任何与教育和教学无关的社会活动。学校在会堂内组织集会、演出、放映等活动，应做到安全责任明确，安全确有保障。学校应制定学生集体活动中上下楼梯、进出大门的秩序常规，防止因秩序混乱而发生意外事故。

具体而言，由于学校组织的集体活动具有形式上的多样性，因而需要根据不同类型的集体活动分别制定不同的安全管理制度。

（一）集会、会操、军训安全管理制度

学校集会、会操应由专人负责统一指挥，保证集会、会操的纪律。

学校集会、会操应以班级为单位，上下楼时不要拥挤，不催促学生快跑，要有教师负责疏散管理，进出会场要有序，严防挤压事故的发生。

学校集会、会操应以班级为单位，指定安排座位或站队，防止学生乱跑，避免意外事故的发生。

学校组织学生开展军训活动，应制定周密的实施方案，并与协办部门负责人共同商定。

对军训的场地应事先考察，确保学生军训安全进行。

军训的强度应根据学生的年龄、身体状况而定，对患有不适合军训活动疾病的学生应进行劝阻，以避免发生意外事故。

学校领导及安全领导小组必须对集会、会操、军训活动实行全过程监控，以防意外事故发生。

（二）组织师生外出活动安全管理制度

组织师生外出活动（社会实践、社会调查、春游、秋游、参加公益活动、义务劳动、参观访问等）要制定周密的计划和安全措施，活动方案必须经校领导审阅签字同意后方可实施。组织学生到外地进行活动的，需经上级教育主管部门批准。

外出活动前应指派有经验的教师勘察活动场地，并有学校领导和数量充足的教师带队前往，必要时应办理相关的保险手续。对不安全或安全措施不落实的地方，严禁组织学生前往。

外出活动来往的交通工具应向专业运输部门租用，遵守乘车、乘船安全规范，行前要求营运部门对车（船）进行检修。

每次外出活动前都应制定完善的安全事故应急预案。

组织学生进行野炊、爬山等活动时，要特别注意防火、防食物中毒、防摔伤事故的发生，如果活动地附近有河流、水库的，不能让学生下水。

学校不得组织学生参加扑救各类火灾、防汛、防洪和商业性庆典、演出等活动，严禁以任何形式或名义组织学生从事接触易燃、易爆、有毒等危险品的劳动或其他危险性劳动。严禁组织学生参加超越其年龄、行为能力和自我保护能力范围以外的各类活动（如高层建筑上擦玻璃、在交通要道上宣传、值勤、擦洗交通隔离物、去医院等有传染病源的地方劳动等)。

凡组织师生外出参加各种活动的，学校领导及安全领导小组必须对活动全过程进行有效监控，对活动安全管理实行责任追究制。

（三）体育运动与艺术表演等集体活动安全管理制度

体育、艺术是学校实施素质教育的重要内容之一。为了增强学生的体质，锻炼学生的毅力，提高学生的艺术审美水平，学校需要组织学生开展、参加文体比赛、表演等活动，如大型运动会、文艺会演、文体教学活动和表演活动等。由于体育运动具有一定的技能和技巧要求，不少项目还具有较强的竞争性、对抗性，一定程度上具有潜在的不安全性，容易发生诸如摔伤、撞伤、扭伤、拉伤、砸伤、踢打伤等意外伤害。另外，运动会、文艺会演的组织形式与大型集会活动类同，因此，发生的安全事故除有文体活动的特点外，同时具有大型集会活动的一般特点，需要学校对此特别作出安全管理的制度安排。

学校在制定体育运动与艺术表演等集体活动安全工作预案时，要重点对可能发生的交通事故、运动员身体损伤、骚乱、火灾、拥挤踩踏、舞台坍塌等事故做出预测，要求各环节负责安全工作的人员制定出应对措施。

学校在组织校外大型运动会、文艺会演活动时，应事先与当地交通、公安、消防、医疗及电力等部门联系，取得支持和配合。

学校要从安全角度考虑入场和退场的顺序，要给每个班级规定座位区域并定出互不冲突的疏散通道。

学校对于活动中使用的花环、花束、气球、乐器、标牌、旗帜、横幅、背景字幕拼板的材料等都要认真思考，在设计上充分考虑学生的年龄，要轻便、易拿、防火、尽量没有尖锐的棱角，对吹塑纸等易燃物更要做出严格的规定。对活动中使用的有关器械要进行认真检查。

学校应当在活动现场设救护站，备好急救器材和药品，校医坚守岗位。

第四节　学校校舍及设施设备安全管理法律制度的建构

一　学校校舍安全管理制度

校舍是指学校的一切教学、办公、生活等房舍。学校校舍是教职员工、青少年学生聚集的场所，抓好校舍安全工作事关全体师生的生命财产安全，事关社会安定稳定大局。为此，学校要充分认识校舍安全管理的重要性，进一步增强校舍安全管理的责任感，切实加强校舍安全工作的组织领导，制定完善的校舍安全管理制度，实现校舍安全管理的规范化。学校校舍安全管理制度的设计应包括如下内容：

学校严格按照设计功能，确定校舍（含校舍附属设施，下同）的用途、荷载和使用年限。任何人不得随意改变校舍的使用功能。学校不得将校舍出借、出租给外单位或个人使用。

新建校舍要确保施工质量。竣工后的校舍须验收合格才可使用。

学校校舍未经教育主管部门同意，不得随意拆建、改建，不得违章搭建建筑物。确需改建的校舍，须报经教育主管部门同意，由设计单位提出施工图纸，并由具有相应资质的施工单位进行施工。

学校要高度重视校舍安全，对建设年代久远、结构质量低、抵抗自然灾害能力差的校舍，要经常检查结构安全。校舍的走道、主要出入口不得堆放杂物，不得堵塞紧急疏散通道，不得在疏散通道加门、上锁。

建立校舍安全预警体系，制定防险救灾应急预案，切实做好防洪、防风、防暴、防雷、防毒等安全防范工作。

学校要教育师生自觉提高安全意识，维护校舍安全。发生灾害性天气时，要加强值班巡查，发现校舍损坏和险情时，要做力所能及的维护、加固。

建立校舍安全检查制度。校舍安全检查要做到制度化、规范化、严格化，要做到定期检查和突击检查相结合，全面检查和重点检查相结合。在正常情况下，学校应每学期对校舍进行一次全面性的安全检查，对一些年久失修的旧房要进行重点细致的检查，在风、汛、雨季要进行突击性的检查。校舍安全检查应邀请当地城建部门有经验的工程技术人员参与，每次安全检查均应做好书面文字记录，作为校舍档案保存备查。对发现结构损坏、蛀虫、腐烂或其他重大险情的，应及时书面报告上级有关部门，及时研究落实维修措施。对经技术鉴定为D类危房的校舍，必须予以拆除，一时难以拆除的必须封闭关停，严禁安排师生在D类危房里上课、办公或者开展其他活动。凡发现校舍重大险情的均应及时上报。

二 学校教学设施设备安全管理制度

教学设施设备是学校教学所需的各种设施和教学中所用到的各种物品的统称。中小学校教学设施设备的种类主要有：教室及教室内的各种设施设备，教师用的各种挂图、模型、实验器材，音体美教学设施和器材，图书馆，阅览室，课外活动室，科技小组活动室，教研组办公室，物理、化学、生物实验室，电化教育设备和电化教室，计算机教学教室等。为了规范学校的教学设施设备管理，充分发挥教育资源的使用效益，促进教育事业的健康发展，学校应当根据有关法律法规和政策文件的规定，结合学校实际，制定教学设施设备安全管理制度。

总体而言，学校的教学设施设备应严格执行“统一领导，分级管理，管用结合”的原则，在学校的统一领导下，进行学校教学设施设备的具体管理和使用。校长应与学校相关部门和人员签订《教学设施设备管理、使用责任状》。学校要将教学设施设备的管理纳入重要工作日程，学校领导和教学设施设备管理、使用人员，应明确岗位职责，熟悉业务，保证人员相对稳定。

具体而言，由于学校教学设施设备具有多样性，因而需要根据不同的设施设备分别制定不同的安全管理制度。

（一）教室安全管理制度

教室的门窗必须常年保持完好，任何人不得故意损坏；门窗发现损坏，班主任有责任及时报修，同时采取相应的防范措施。

教室门的钥匙应指定班级专人保管，值日生负责每天关锁好门、窗。

学生课桌内除放书籍课本、学习用品外，不准存放其他任何贵重物品。

学生不准在教室内追逐打闹，随便搬动课桌、椅；学生不准在课桌上乱写乱画，更不得用刀具刻画痕迹。

教室内不准乱拉私接电源、乱设插座、乱充电；不准学生在无保护措施的情况下擅自登高擦洗户外窗玻璃，防止发生意外事故。

（二）实验室与仪器药品安全管理制度

化学危险品应设专用安全柜存放，柜外应有明显的危险品标志，并加双锁保险，由两人负责。领用危险品必须按规定执行，以免酿成事故。

实验室供电线路的安装，必须符合实验教学的需要和安全用电的有关规定，定期检查，及时维修。

实验室要做好防火、防暴、防触电、防中毒、防创伤等工作，要配备灭火器、砂箱等消防器材及化学实验急救器材等防护用品。

实验室要采取防盗措施，加强安全保卫工作，非实验室工作人员不得进入仪器保管室内。

实验室的仪器设备如发生故障或损坏，要做好记录、及时报告，并认真查清原因。凡属使用者违反操作规程而引起的故障或损坏，应由使用者负责排除或修复，并承担所需的费用，如不能修复，由使用者负责赔偿。

实验室工作人员作为实验室安全防护的当然责任者，应随时随地按照学校的安全管理制度进行检查，做好安全防护工作，学校领导要经常督促检查。

任何人不得私自将有毒物品带出实验室，违者对所造成的后果承担一切法律责任。

（三）微机房安全管理制度

微机房是学校重点要害部位，管理人员应高度重视安全工作，从严加强安全管理。

微机房必须安装防盗门窗和报警装置，报警装置须与当地派出所或学校值班室联网，重要的软件存放保险箱。机房应根据实际情况配备适用的灭火器具，微机工作人员熟知使用方法。

严格控制进出人员，不准将陌生人带入微机房操作微机。

严禁火种进入微机房，不准在机房内吸烟。

学生使用微机，必须服从教师的指挥，按程序操作，注意爱护公物，防止人为损坏。

现有的报警设施应经常检查，下班、节假日要及时接通报警设施电源，发现失灵，及时报修；出现微机电源故障要及时报修，以防造成更大的损失。

（四）图书馆安全管理制度

图书、资料严格编目和登记制度，借出、收回账册齐全，不定期检查防盗、防湿、防霉、防虫害、防火等设施是否完好。

图书、资料分等级存放，特别贵重书刊的借阅实行校长特批制度，贵重书刊要有专人、专橱收藏，保管人应定期核查。

门窗要有防盗设施，离开工作岗位，应随手关好门窗，防止书刊被窃。

严禁将火种带入图书、资料室，内部消防器材应摆放于明显位置，便于救急使用，平时注意检查，保持性能良好。对现有报警器材定期检查，发现报警失灵应及时报修。

电子阅览室是电子设备重地，为维护网络安全，上机者不准私自装卸、删除随机软件，不准自带设备入内连机操作。严禁烟火，不准吸烟，不得存放易燃、易爆及放射性物品，严禁在可燃物上使用电热器具，电器易发热部位必须做好隔热处理。室内电器设备及线路安装必须符合安全要求。工作人员应掌握消防器材的使用方法。下班前认真清查、关闭各终端机，关好门窗，确认安全后方可离开。

（五）多媒体教室安全管理制度

多媒体教室的建设、使用、维护及管理要严格按照国家相关安全标准执行。

多媒体教室内布线要规范、标准，线路接点禁止裸露在外，电源插座、电源开关要符合安全标准。

多媒体教室要配备管理人员负责教室的安全工作。管理人员不在现场的情况下，使用教师要负责教室的安全。

多媒体设施要采取防尘和防潮措施。多媒体教室内所有设备，一律不得外借。管理人员要定期清洁、维护设备，保持其运行良好。

加强安全教育，注意防火、防盗、防雷、防触电。配备相应的防护系统和器材，定期按标准对防护器材进行检测，并及时更换不达标或过期的产品。

预防计算机病毒和黑客侵入。对未经杀毒的外接存储器，一律不准在电脑上使用。

（六）网络中心安全管理制度

学校网络管理中心必须认真执行《计算机信息系统安全保护条例》。任何部门或个人，不得利用联网计算机从事危害学校网及本地局域网服务器、工作站的活动，不得危害或侵入未授权的服务器、工作站。

机房设施应符合国家有关规定，认真做好电源防护、防盗、防火、防水、防尘、防震、防静电等工作，必须安装防盗门窗和报警装置，报警装置须与当地派出所或学校值班室联网，防范措施应有效得力。

严禁任何人在学校网上使用来历不明或有毒软件。禁止利用校园网制作、复制、查阅和传播违反国家法律法规、不利国家安全稳定的信息以及黄色等有害师生身心健康的信息。

网管中心的服务器、工作站未经主管部门领导同意，不得借用到校外。主干服务系统发生案件，必须及时报告学校保卫处或公安机关查处。

严禁火种进入室内，人离关窗锁门。

三　学校用水用电用气设施设备安全管理制度

《中小学幼儿园安全管理办法》第 20 条规定：“学校应当建立用水、用电、用气等相关设施设备的安全管理制度，定期进行检查或者按照规定接受有关主管部门的定期检查，发现老化或者损毁的，及时进行维修或者更换。”

为了切实做好学校用水、用电、用气的安全工作，防止相关事故的发生，确保师生员工生命和财产安全，使水、电、煤气等更好地为教育和生活服务，学校应当制定用水、用电、用气等相关设施设备的安全管理制度。该项制度的建构应包括如下内容：

学校购置和使用的电器产品、燃气用具的质量应当符合国家规定的安全标准。电器产品、燃气用具的安装、使用及其线路、管路的设计、敷设、维护保养、检测，应当符合国家有关安全技术规定。电源线路、自来水管道、煤气设备在设计时，应当充分考虑发展的需要，施工时要严格按照有关规定进行施工。对陈旧老化、超负荷的电源线路，必须有计划地逐步更换。一时难以更换的，必须在确保安全的条件下，采取特别防护措施，否则，必须暂停使用。

学校应建立安全用电制度，在额定的电容量范围内计划用电，严禁超负荷用电。电源线路必须安装可靠的保险装置，并正确使用保险丝，确保用电安全。禁止使用铜线和其他非专用金属线当保险丝使用。新建项目必须安装漏电保护装置。

学校变电房、配电房、配电箱和各类机房要关闭上锁，要防水、防潮、防小动物侵入，周边保持干燥通风。

电气设备应当由持有上岗证的专业人员定期维护保养，防止因电路短路、电路超负荷运行、线路接触不良、电线老化、电气故障等原因引发火灾。接触电源必须有可靠的绝缘措施，并按规定严格进行检查，防止触电事故的发生。

对于超出使用年限，丧失安全性能的电器产品和燃气用具，应当予以报废，或者经维修和部分更新，确保其安全性能后方可使用。长期不使用的电器、燃具，应确认其安全性能有效后方可使用。

日夜不间断连续运行的电器设备，应当有专人管理，并定期维修保养。空调机、脱排油烟机等设备和各类机房设施应当定期清洁、保养。电器在使用过程中，发生打火、异味、高热、怪声等异常情况时，必须立即停止操作，关闭电源，并及时找电工检查、修理，确认能安全运行时，才能继续使用。

不得任意拉接临时电源线。拉接临时电源线须经单位有关部门审批，由专业人员负责拉接。临时线要使用合格的电线与器材，定时检查，期满后立即拆除。

学校任何处室和个人都必须严格遵守安全用电规则，严禁私拉乱接电源，严禁违章违规使用电器，严禁电源线路超负荷使用。对于违规违章用电的处室和个人，全体师生员工都有检举和监督的义务。

所有用电场所必须执行“人走电关”的规定，人员离开用电场所或电器设备不使用时，应当切断工作场所的电源。学校内 24 小时用电的设备，必须有专人值班管理，随时掌握用电的安全情况。

氧气瓶、液化气钢瓶库房，应当坚固、锁门、下部通风、屋顶使用轻质材料、并与周边建筑保持安全距离。

学校用电用水用气必须坚持定期和不定期检查制度。总务处要定期和不定期地组织有关人员对用电线路、灯具、插座、插头、开关、自来水、煤气设施等进行检查和整修，对老化电线及时更换，对水电煤气设施进行保养，发现问题及时整改。各班级、处室、部门要定期对室内外用水、用电、用气等设施进行自查，发现问题及时汇报总务处，总务处要及时组织人员维修。

第五节　学校食品卫生安全管理法律制度的建构

保证学校食品安全，是保障师生身心健康、维护学校和社会稳定的一件大事。为加强学校食品安全的监督管理，确保放心食品进学校，学校应当严格遵守《食品安全法》、《国务院关于加强食品等产品安全监督管理的特别规定》、《关于加强学校卫生防疫与食品卫生安全工作的意见》、《学生集体用餐卫生监督办法》、《学校食堂与学生集体用餐卫生管理规定》和各地出台的关于学校食品安全管理办法等相关规定，制定规范系统的食品安全管理制度。

一　学校食堂安全管理制度

学校食堂在取得食品药品监督管理局发放的有效食品卫生许可证后方可开办。

学校食堂实行后勤社会化、承包（托管）经营等形式的，应当选择具有有效营业执照和食品卫生许可证的餐饮企业提供餐饮服务，并与其签订合同。如不能达到安全和卫生要求的，学校应当予以更换。

食堂员工必须每年进行一次定期体检，并持有效的健康证上岗工作。平时应当接受卫生知识培训，养成良好的卫生习惯，搞好个人卫生，工作前做到洗手消毒和佩戴口罩。

采购食品应当按照以下规定予以实施：食堂采购实行领导负责制，指定专职采购、验收人员，并实行组长负责制；采购原料必须做到无害无毒，不使用国家禁止使用的动植物及有碍人体健康的原料，不使用无商品名称、厂名、厂址、生产日期、保存期等不符合国家《食品标签通用标准》的食品原料；采购食品原料时必须向供货商索取卫生许可证及产品检验合格证，不得擅自采购来历不明的食品；采购的原料须有专业人员验收质量和数量，并做到每天一次性配好中、晚餐原料；配菜中心的报价和自行采购的发票，都必须写明品种、数量、单价、金额。报价、发票应当与当天的菜单相符合。

食品原料必须做到分类存放，生熟分开，并做好防尘、防蝇、防鼠、防潮工作。加工熟食品应当洗手消毒，佩戴口罩，使用售货夹。

加工蔬菜做到反复漂洗，避免蔬菜污染，预防引起食物中毒。

生熟食品分开存放，每天留样保存 48 小时，并标明时间、菜名、留样人员等。生熟砧板要分开，摆放食品和厨具要规范、整洁、有序。

餐具要有专人负责管理，做到安全卫生，使用前必须进行消毒。

食堂应当保持卫生、整洁、无异味、无虫害、地面无积水和污物，垃圾桶随时盖严并及时清理，定时进行大扫除。

脱排油烟机和烟道要定期清洗，厨房必须配全消防器材。非食堂工作人员严禁进入厨房。

二 学校食堂高危食品定点采购制度

高危食品是指大米、面粉、食用油、酒、酱油、饮料、肉、禽、皮蛋、蔬菜、海鲜、凉菜等，对人的身体健康关系重大、易发食源性疾患的食品。

学校食堂采购高危食品，必须实行定点采购，并按国家有关规定进行索证，以保证其质量。

冷菜凉菜容易感染细菌，引发肠道传染病，学校的食堂不得采购和加工冷荤凉菜。

学校食堂要将定点采购单位（摊位）名单，报学校校长室备案，总务处签订供应合同，并预收 1 万—2 万元质量安全保证金。

学校要建立食堂食品定点采购责任制，加强对食品采购的管理。如发现食堂未按要求定点采购，要进行严肃的批评教育，因未定点采购而发生食源性疾患的，追究采购人员和管理人员的责任，情节严重的，依法追究法律责任。因定点采购点原因引起不安全后果的，依法追究其经济责任和法律责任。

三　学校食品安全定期检查制度

学校食品安全实行校长负责制，建立学校食品安全工作小组，设立专职或兼职的食品安全管理员。

学校食品安全工作小组负责学校食品卫生设施的建设和管理，对工作人员的指导和培训，管理制度的建立和执行情况的检查等具体工作。

学校食堂、食品商店每周一小查，每月一大查。周查由总务处牵头组织，月查由分管校长牵头负责。要建立食品安全检查台账，对发现的问题，要发出整改通知书，由受检单位负责人签字限期整改，整改不到位且存在较大安全隐患的，责令停业整顿或中止承包合同。对发现的严重食品卫生隐患问题，学校应及时向当地卫生、工商等有关职能部门报告。

学校要加强对食品安全工作的管理，严格执行食堂、食品商店、自备饮用水、学生自备菜的定期检查制度，并严格实行责任追究制度。

四　学校生活饮用水卫生安全管理制度

饮用水卫生安全直接关系到全校师生员工的身体健康和生命安全。为防止饮用水污染事故和水源性传染病的发生，切实保障师生的饮水安全，学校应当依据《食品卫生法》、《生活饮用水卫生监督管理办法》、《学校卫生工作条例》等相关法律法规，制定学校生活饮用水卫生安全管理制度。该制度应包括如下内容：

认真执行有关卫生法律法规和规范性文件，坚持灭“四害”等病媒生物防治的常规工作，确保学校师生的饮水安全。

学校生活饮用水及自备水源，应经所在县市疾控中心水源水质监测合格后，方可作为供水水源。加强对水源的防护，落实相应的水源保护措施，水源50米以内不许存在污染源。水井要设有井盖，加固上锁。二次供水蓄水池要加盖、加锁，溢水口要加设网罩。

学校应对饮用水设施进行必要的保养，以确保供水设施的正常使用。定时对饮水设施进行卫生清理和消毒。学校的自来水供水蓄水池每学期至少进行一次清洗，并做好定期清洗消毒记录。所用的净水剂和消毒剂必须符合卫生要求和有关规定。经常观察饮水设施内外部的卫生和水质情况，及时清除污垢，保证师生饮用水的干净和卫生。

学校应在校内醒目位置设置饮水卫生公告栏，告知学生饮水安全须知。一旦发现生活饮用水水质污染或不明原因水质突然恶化及水源性疾病暴发事件时，学校必须立即采取应急措施，及时报告卫生及教育主管部门。

学校锅炉房供水设备每学期使用前必须进行排污、清洗。锅炉房提供师生饮用的开水须保证达到100℃。提供给学生直接饮用的开水应降温到60—70℃后存入保温桶，确保学生的安全。

学校应制定生活饮用水突发污染事故的应急处理预案，规范突发事故的应急处置工作，减轻或者消除突发事故的危害。

学校应自觉接受当地生活饮用水卫生监督机构的监督检查和业务指导。

第六节　学校消防和交通安全管理法律制度的建构

火灾和道路交通事故是学校安全事故的重要表现形式，因这两类事故而引发的师生人身和财产损害的案件令人触目惊心。为切实保证学校师生员工的生命财产安全，积极有效地预防和杜绝火灾、交通事故，学校应当制定如下消防和交通安全管理制度。

一　学校消防安全管理制度

《中小学幼儿园安全管理办法》第19条规定：“学校应当落实消防安全制度和消防工作责任制，对于政府保障配备的消防设施和器材加强日常维护，保证其能够有效使用，并设置消防安全标志，保证疏散通道、安全出口和消防车通道畅通。”为了切实贯彻办法的上述指示精神，加强和规范学校的消防安全管理，预防和减少火灾危害，学校应当制定并不断完善消防安全管理制度。学校制定完善该项制度应坚持“预防为主，防消结合”的消防方针，认真贯彻《消防法》、《机关、团体、企业、事业单位消防安全管理规定》和《教育部、公安部关于加强学校消防安全工作的通知》，明确学校消防安全规范性要求，并以此为基础做好学校消防安全管理工作。该项制度的设计应包括如下基本内容：

学校应当建立消防安全岗位责任制，划定防火责任区域，明确职责，落实到人。

学校应当将下列容易发生火灾，且一旦发生火灾可能严重危及人身和财产安全的部位确定为消防安全重点部位，并设置明显的警示标志，实行严格管理：体育馆、大礼堂、报告厅、学生活动中心、食堂等公众聚集场所，学生、教工宿舍（公寓），图书馆（阅览室、资料室）、各类档案室，重点实验室、危险化学品仓库，变配电间、锅炉房，网络管理中心、计算机管理中心，消防控制中心、消防水泵房，以及其他对学校消防安全有重大影响的部位。

学校对动用明火实行严格的消防安全管理，禁止在具有火灾、爆炸危险的场所使用明火。明火作业应当经单位主要负责人批准，并办理动火证，动火证应当注明动火地点、时间、动火人、现场监护人、批准人。动用明火应当落实消防措施。

教职工下班后，应当切断工作场所的电源，学校拉接临时电源线须经单位安全部门审核批准。

学校保障疏散通道、安全出口畅通，并设置符合国家规定的消防安全疏散指示标识和应急照明设施，疏散指示标志的安装位置应在腰部以下。定期对消防设施和器材进行维护保养、更换，保持防火门、防火卷帘、喷淋设施完好有效。严禁下列行为：占用疏散通道；在安全出口或疏散通道上堆放杂物、安装栅栏等影响疏散的障碍物；在教学、工作期间将安全出口上锁、遮挡。

学校根据消防法规的有关规定，建立义务消防队，配置消防装备、器材，并组织教职工开展消防业务学习和灭火技能训练，提高预防和扑救火灾的能力。

学校内任何部门、个人不得损坏或者擅自挪用、拆除、停用消防设施、器材，不得埋压、圈占消火栓，不得占用防火间距，不得堵塞消防通道。

学校根据建筑场所的使用性质、火灾危险性、可燃物数量、扑救难易等因素，足量配置相应类别的灭火器材。

学校根据学生的不同年龄层次与特点，妥善安排消防知识教育的内容和课时；结合“消防安全月活动”、“119 消防活动日”等，开展形式多样的宣传教育活动。

学校消防安全责任人、专（兼）职消防管理员等人员，按规定定期接受消防安全岗位培训。

学校消防安全责任人、专（兼）职消防安全管理人员，组织有关部门的人员，每月至少进行一次防火安全检查，每次检查后要分析通报，及时解决存在的普遍性和突出性问题。结合重大节日、重要活动和季节特点，有重点地开展消防安全大检查。

学校相关职能部门和专（兼）职消防管理人员，根据不同季节对学校消防安全重点部位进行日常防火巡查，并做好巡查记录。巡查的主要内容包括：用火、用电有无违章情况；疏散通道、安全出口是否畅通；安全疏散指示标志、应急照明、消防设施是否完好；消防器材是否在位、完整等其他消防安全情况。

学校专（兼）职消防安全管理人员定期对消防设施进行维护保养，并做好检查保养记录。

学校对存在的火灾隐患，要落实整改责任人，并下发书面通知，督促限期改正，到期后进行复查。对未按期整改的责任人，应当做出行政处理，并责令迅速改正。

学校应当建立健全消防安全管理制度和消防档案，并把消防安全工作纳入单位年度考评。

二　学校交通安全管理制度

为了加强学校交通安全管理，预防和减少交通事故，保护师生生命财产安全，学校应制定交通安全管理制度。该项制度应包括如下基本内容：

学校要高度重视学生的交通安全知识教育，组织师生认真学习《道路交通安全法》，学校每学期至少开展两次以上全校性学习，班级利用安全课、周会课经常学习。可以采取设立交通安全专题教育橱窗、发放交通安全教育材料、组织交通安全讲座、报告会等形式对师生进行经常性的交通安全教育。

学校要结合实际制定并严格执行学校门口及主要交通路口值班制度，要明确职责，安排好人员，实行无缝隙管理。在学生上学和放学时间，必须有教师佩戴袖章值勤，疏导交通，监督学生按交通规则行走，并做好值班记录。

学校要建立并落实学生上学、放学主要路段巡查制度。成立学校道路巡查小组，由分管领导带队，定岗、定人、定责任段，在距学校门口50米路段内实行学校责任管理，安排专人在学生上学、放学高峰期，对学生遵守交通规则的情况进行巡查，对违纪学生及时制止，尽心批评教育，做好相应记录。

学校要把路口值勤情况，路段巡查情况纳入学校全员管理，列入对学生、班级及教师的目标考核，实行一日一统计，一周一通报。

严禁学生在校内走廊、楼梯内奔跑、打闹。学生上下楼梯，一律靠右行走，严禁攀爬楼梯内的扶手，以防坠楼事故发生。学校应在楼梯、过道等处设置行走安全警示牌，任课教师和班主任要经常性地做好提醒和教育学生的工作。

学校要加大对外出用车的监督管理力度，不使用无照司机及车证不符的车辆，教育学生不乘坐不合格车辆和无营运手续车辆。

师生进出校门应有序，不拥挤、主动礼让。骑自行车、助力车进出校门必须下车推行，出门后方能上车。骑自行车要做到八不准：不准“飙车”、“飞车”；不准多车并行；不准勾肩搭背；不准撒把骑车；不准倒骑车；不准在公路上赛车；不准骑车带人；不准在公路上停车玩耍。

在学校门口和学生比较集中的交通路口设置醒目的警示牌，提醒机动车辆注意减速慢行，严禁机动车辆随意出入学校。

本校机动车辆凭出入证进入学校。外来机动车辆必须按学校门卫管理制度的要求，出示有效驾驶证件或特别通行证，经登记后进入学校。严禁无牌无证车辆进入学校，严禁出租车进入学校。机动车在学校内行驶时，须减速慢行，时速不得超过10公里/小时，主动避让行人，禁止鸣号。机动车进入学校后须服从值班人员的指挥、检查和管理，按照学校交通标线行驶和停放，不得在学生通道、消防通道上乱停乱放，阻碍交通。车辆停放时，须拉紧手刹、关闭电路、锁好门窗，以确保安全。

严格实行交通安全目标责任制和责任追究制。学校校长是第一责任人，班主任老师、科任老师是具体责任人。学校要根据实际，建立健全具有可操作性的交通安全工作责任制，实现学校交通安全管理的制度化和规范化。

三 校车安全管理制度

校车，是指依照《校车安全管理条例》取得使用许可，用于接送接受义务教育的学生上下学的7座以上的载客汽车。校车安全管理和学生安全乘车，事关学生人身安全和身心健康，已成为领导重视、社会各界和人民群众高度关注的热点问题。为了切实加强学校校车安全管理，规范校车驾驶行为，消除校车交通安全隐患，有效预防涉及校车的道路交通事故，全力保障师生的人身安全，学校应根据国务院于2012年3月28日颁布施行的《校车安全管理条例》制定校车安全管理制度。该项制度应包括如下内容：

明确校车安全要求。在用的校车必须具备下列条件：依法办理了机动车登记和安全技术检验合格；依法投保机动车交通事故责任强制保险；车辆技术性能应符合国家质检总局、国家标准化管理委员会批准发布的《专用校车安全技术条件》（GB 24407—2012）和《专用校车学生座椅系统及其车辆固定件的强度》（GB 24406—2012）两项强制性国家标准（该两项标准已于2012年5月1日实施）。接送小学生的校车应当是按照专用校车国家标准设计和制造的小学生专用校车。

学校应聘用依照《校车安全管理条例》的规定取得校车驾驶资格的人担任校车驾驶人。学校应当配备安全管理人员，加强校车的安全维护，定期对校车驾驶人进行安全教育，组织校车驾驶人学习道路交通安全法律法规以及安全防范、应急处置和应急救援知识，保障学生乘坐校车安全。

学校应当对教师、学生及其监护人进行交通安全教育，向学生讲解校车安全乘坐知识和校车安全事故应急处理技能，并定期组织校车安全事故应急处理演练。

学校应成立以校长为组长的校车安全管理工作小组，具体负责校车的安全管理。

校长应当与班主任老师、跟车护送老师、驾驶员等签订校车安全运行和学生乘车组织管理责任状。

科学严密地制定学生乘车定车、定座安排表，落实各处室、班主任老师、值班值勤老师、跟车护送老师、驾驶员在学校校车安全管理工作中的岗位职责，做到职责公示、分工到人。

学校应定期召开校车安全例会，认真研究做好校车管理和确保安全运行的对策，对学校无法解决的问题，要及时报告当地人民政府和上级职能管理部门，相关会议应有具体的文字记录。

学校要建立健全校车日常安全管理制度，坚持校车日常性和专业性的车况安全检查，要有翔实的车况检查、日常乘驾和安全行驶记录。定期组织驾驶员进行安全知识学习培训，要按规定时限参加机动车验审并依法交纳规费，办齐各种证照。

学校应建立健全校车管理台账，严格落实校车使用、保养和校车驾驶人员日常管理各项制度。对校车的日常运行维护与检验、驾驶人员遵章守纪及其审验、交通事故与安全教育等情况进行跟踪记录，切实加强校车的日常监管。

学校要针对学生接送途中可能发生的情况提前制定应急处置预案，确保一旦发生事故，能在最短的时间里最有效地组织抢救并进行善后处理。在第一时间内向附近的警察机关、当地政府、上级主管部门和职能部门上报事故情况，以便各级形成合力，共同应对突发事件，保持社会稳定。

学校主要领导要切实负起校车安全管理“第一责任人”的责任。要将校车安全管理作为学校安全目标管理责任考评的重要内容，实行校车安全管理“一票否决制”。学校要强化责任追究，对制度不健全、管理不到位、责任不落实导致发生校车交通安全责任事故的，要严肃追究相关领导和人员的责任。

第七节　学校安全应急预案建设及演练法律制度的建构

一　学校安全应急预案建设

学校安全应急预案是指学校在面对突发安全事件时的应急管理、指挥、救援计划等。学校安全应急预案在学校应急系统中起着关键作用，它明确了在突发安全事件发生之前、发生过程中以及刚刚结束之后，谁负责做什么、何时做，以及相应的策略和资源准备等。它是针对可能发生的重大事故及其影响和后果的严重程度，为应急准备和应急响应的各个方面所预先做出的详细安排，是开展及时、有序和有效事故应急救援工作的行动指南。

为充分发挥安全应急预案在预防和应对学校突发安全事件中的重要作用，学校应当加强预案的编制、修订和管理工作，建立系统化、科学化、规范化、动态化的预案体系，切实提高学校应对突发事件的综合管理水平和应急处置能力，建立“信息畅通、反应快捷、处置有方、责任明确”的学校突发安全事故应急机制。

学校安全应急预案建设的总体要求是：（1）系统性。学校制定的各类安全应急预案的基本框架应大体一致，主要内容有机结合，预案之间无缝衔接，与学校综合应急预案保持一致。（2）科学性。深入研究、分析和掌握学校突发安全事件发生的机理、影响的范围和发展的规律，科学设定预案的基本框架和具体内容，吸取以往处置突发安全事件的经验教训，广泛听取专家意见，提高预案的科学性和合理性。（3）针对性。学校安全应急预案的制定要符合实际，要根据学校自身的特点和相关部门自身的特殊要求，切实解决现实问题。（4）应急性。学校安全应急预案的程序设计、组织结构和内容体系要体现高效率，突出反应的快速性和处置的果断性特点。（5）操作性。学校安全应急预案内容具体规范，情况预想合理准确，处置程序措施切实可行，事前、事发、事中、事后环节的流程和执行主体明确。

学校安全应急预案建设的基本类型有：

1. 火灾事故应急预案

该项预案的核心内容为：（1）当发现火情后，立即拨打“119”火警电话，并向学校值班领导报警。（2）采取切断与火灾相关的电源、气源、火源等紧急安全措施，避免继发性危害。（3）学校领导和相关部门负责人要在第一时间亲临现场，组织教职工开展救人和灭火工作，并在消防队伍到现场后，主动提供有关信息，配合消防队伍组织救人和灭火抢险。（4）全力组织人员疏散和自救工作，按照平时消防演练逃生的线路迅速疏散。配合有关医疗部门和医疗机构妥善安置伤病员。采取有效的隔离措施，防止火势蔓延。（5）及时采取封锁现场、转移重要财物等必要措施，注意人员、财产安全。（6）划出警戒范围，严禁其他车辆和无关人员进入着火现场，以免发生不必要的伤亡，同时也为火灾消灭后的调查取证创造条件。（7）如有伤者要及时送往医院救治，如学生受伤，要及时通知家长。切实解决好师生等受灾人员的安居问题。（8）配合消防部门调查事故原因，维持学校正常秩序。

2. 食物中毒应急预案

该项预案的核心内容为：（1）发现师生有类似食物中毒症状时，立即拨打“120”急救电话或直接送往医院救治。（2）迅速向上级部门及卫生防疫部门报告。（3）立即停止食品加工、供应活动。（4）负责保护好现场，封存一切剩余可疑食物及原料、工具、设备，保护好中毒现场和食品留样，防止人为地破坏现场，等候卫生执法部门处理。（5）迅速排查食用致毒食物的师生名单，并检查他们的身体状况。对已确定患病的师生送医院治疗。（6）及时通知家长并做好家长和家属的工作。（7）校分管卫生工作领导要配合卫生行政部门，做好流行病学调查。向患者了解食物中毒的经过、可疑食品、中毒人数等，并预测发展趋势。（8）积极配合上级有关部门做好诊治、事故调查、处理等工作。

3. 传染病疫情应急预案

该项预案的核心内容为：（1）发现师生有传染病症状时，立即上报上级部门和疾控中心。（2）在校外，学生或教职工一旦出现“非典”、风疹、流脑、麻疹、流感等传染性疾病，应及时就医，不得带病上学、上班。经医院诊断排除传染病后才能回校上课、上班。（3）在校内发现患传染病的学生或教职工，应要求传染病患者立即戴防护口罩、手套，在第一时间内利用学校隔离室进行隔离观察，并马上送定点传染病医院诊治。（4）通知学生家长或教职工家属，由家长或家属陪同去医院，护送人员都要穿好防护服，戴口罩、手套。（5）学校发现传染病人后，应迅速向全体师生公布病情感染源及其采取的防护措施，让师生了解情况，安定人心，维护学校稳定。（6）对传染病人所在班级教室、办公室及所涉及的公共场所进行消毒，对与传染病人密切接触的学生、教职工进行隔离观察，并做好人员登记。防止疫情扩散，迅速切断感染源。（7）传染病人在医院接受治疗时，禁止任何同学、同事前往探望。（8）如传染病烈性感染，请示政府和教育部门，决定是否实行全校停课，并采取一切有效措施，迅速控制传染源，切断传染途径，保护易感人群。（9）密切配合疾控中心进行疫情处理和流行病学调查，对传染病人到过的场所、接触过的人员，以及患者的家庭成员、邻居同事、同学进行随访，并采取必要的隔离观察措施。

4. 雷电灾害应急预案

该项预案的核心内容为：（1）发生雷电灾害时，迅速向上级部门和防雷主管部门报告。（2）对受雷击伤害者应立即送医院救治，并及时通知家长或家属。（3）标记现场位置，协助主管部门对雷电灾害进行调查与鉴定。（4）检查设备或建筑物损坏情况，并及时修理。

5. 防溺水安全应急预案

该项预案的核心内容为：（1）预防预案：对学生加强防溺水安全教育，教育学生不到江河湖、水塘、水库边玩耍，不得私自下水游泳，如确需到游泳场游泳的，必须要有家长带领。让学生掌握有关防溺水、自救等知识，在紧急情况下，会进行简单的处理。（2）应急预案：一旦发生学生溺水事故，应在第一时间内报警、组织施救；如有伤者，应及时送就近医院救治；通知家长，密切配合，共同救护；组织调查、上报，处理相关事宜。

6. 学校交通事故应急预案

该项预案的核心内容为：（1）交通事故发生后立即报警。学校相关领导和人员要立即赶赴事故现场，根据需要通知急救、医疗、消防等部门。（2）组织有关人员开展抢救。对受伤师生立即采取救护措施，进行止血、包扎伤口，组织车辆立刻把受伤师生送到就近医院抢救。（3）采取措施保护现场，有效控制肇事者，寻找证人。（4）通知家长和家属，协助家长和家属及时与保险公司联系，做好保险赔付工作。（5）配合交警等部门做好善后工作。

7. 晚间突遇停电应急预案

该项预案的核心内容为：（1）学校晚间突发停电事件后，过道、楼梯口的应急灯自动开启，电工和值班门卫开启学校备用的其他照明用具。（2）要求参加晚自修的学生坐在教室的原来座位上，不得喧哗、起哄或走动。下班的班主任或老师负责组织、管理好本班学生。（3）值日教师迅速组织相关人员查明停电原因，并采取紧急应对措施。（4）若停电20分钟后仍未能恢复正常供电，则晚自修结束，值日领导利用学校临时广播系统发出疏散信号，值日教师负责指挥学生有序进行疏散、离校或进宿舍。（5）如正值下课、就寝前，学生在走廊、楼梯、浴室、厕所等处突发停电，学生应在原地站立，等自己的眼睛适应黑暗环境后，再慢慢回到教室或寝室，坚决制止学生在此时抢跑、追逐、推搡。（6）电工积极抢修受损设施，尽快恢复供电，并及时将情况向学校汇报。

8. 楼梯间拥挤踩踏事故应急预案

该项预案的核心内容为：（1）学校领导和有关部门负责人要在第一时间亲临第一线指挥，迅速开展现场疏导和救护工作，并立即向上级主管部门报告。（2）立即组织师生有序地疏散到安全区域，以班为单位清点人数。（3）组织学校医护人员对受伤者进行人工呼吸、止血等应急抢救处置，尽快向“120”报告求援，将伤病员送往医院抢救，妥善安置伤病员。必要时请当地政府及有关部门支援帮助。（4）迅速通知受伤人员家属，及时向师生和家属通报有关情况，确保师生和家属情绪稳定。

9. 突发自然灾害（台风、地震、暴雨等）事故应急预案

该项预案的核心内容为：（1）事故发生时要保持镇静，沉着应对，立即向上级部门汇报情况。（2）根据事故性质向公安、交警、消防、卫生防疫、交通管理等部门紧急求援。（3）学校广播（或现场老师）指挥师生疏散到安全区域，积极组织施救及学生自救，努力将人员伤亡减少到最低程度。（4）学校安全领导小组要立即赶赴事故现场，听取事故情况汇报，召集领导小组应急处理会议，采取应急措施迅速抽调抢险队伍、物资，协同有关部门全力组织抢险救灾。（5）保护现场，监控险情，关注事态发展。（6）配合有关部门调查取证，做好伤患人员的慰问工作，并及时与伤患人员家属取得联系，做好对家属的安抚解释工作。（7）做好卫生防疫工作，防止疫情发生。（8）做好灾后的善后处置工作，及时调查学校灾情损失情况、伤亡人员情况，并形成书面材料上报，尽快恢复学校正常教学秩序。配合有关部门进行事故的调查处

理，做好事故的善后抚恤，并与保险公司等单位取得联系，协调赔偿，努力维护学校和社会的稳定。

二 学校安全应急演练制度

学校安全应急演练是指以事先制定的学校事故应急预案为依据，通过演练来检验应急预案的整体或局部是否能有效地付诸实施，验证预案在应付可能出现的各种意外情况方面所具备的适应性，使预案得到进一步的修改和完善，同时提高学校各应急救援组织之间、应急指挥人员之间的协同应急作战能力和水平，以达到提升学校事故应急救援实战能力的目的。[①]《中小学幼儿园安全管理办法》第42条规定："学校可根据当地实际情况，组织师生开展多种形式的事故预防演练。学校应当每学期至少开展一次针对洪水、地震、火灾等灾害事故的紧急疏散演练，使师生掌握避险、逃生、自救的方法。"为了切实贯彻办法的上述指示精神，学校应制定安全应急演练制度。该项制度应包括如下内容：

学校安全应急演练的目的是：（1）检验预案。通过开展应急演练，查找应急预案中存在的问题，进而完善应急预案，提高应急预案的实用性和可操作性。（2）完善准备。通过开展应急演练，检查学校日常应对突发事件所需人员、物资、装备、器材、技术等方面的准备情况，发现不足及时予以调整补充。（3）锻炼师生。通过开展应急演练，增强全体师生对应急预案的熟悉程度，提高应急处置能力。（4）磨合机制。通过开展应急演练，进一步明确学校各部门、各岗位教职工的职责任务，明确紧急时刻带领学生避险逃生的程序、方法和途径，理顺工作关系，磨合和完善应急联动机制。（5）宣传教育。通过开展应急演练，普及突发事件应急知识，提高师生风险防范意识和自救互救等灾害应对能力。

学校安全应急演练的原则是：（1）结合实际、合理定位。紧密结合学校工作实际，结合学生生理年龄、心理素质、认知水平等情况，明确演练目的，根据资源条件确定演练方式和规模。（2）着眼实战、讲求实效。以提高学校各部门各岗位之间、教职工之间指挥协调能力和实

---

① 尹晓敏：《学校事故应急演练的策划与实施》，《中小学管理》2008年第12期。

战能力为着眼点，重视对演练效果及组织工作的评估、总结，及时整改存在的问题。（3）精心组织、确保安全。精心策划演练内容，科学设计演练方案，周密组织演练活动，严格落实各项安全措施，确保参演师生及演练装备设施的安全。

学校安全应急演练的实施途径。学校应当从锻炼和提高全体师生在真实场景中的避险逃生和自我防护能力出发，采取实战演练的方法，预先谋划、设定突发事件情景，通过事发、报警、决策、指挥、行动、总结等一系列步骤，完成真实应急响应的过程，从而检验和锻炼各部门各岗位和全体教职工的临场组织指挥、应急处置技能和后勤保障等应急能力，提高学生避险逃生和救助防护的素质和水平。

学校安全应急演练的规划。学校应根据时间季节、环境变化、教育教学任务等各种不同的情况，在每年年初的安全工作计划中制定年度应急演练规划。学校每学期应至少开展一次应急演练。

学校安全应急演练的准备。学校应高度重视开展应急演练活动，以演练推动学校安全工作的发展。（1）学校应当成立专门的演练指挥领导小组，负责应急演练活动全过程的组织领导，指挥小组应建立起策划、指挥、行动、保障、宣传等部门各司其职、协同配合的机制，确保演练全过程的有序和安全。（2）演练前应当制定详细的演练计划或脚本。明确开展应急演练的原因和目的，演练要解决的问题和期望达到的效果等。确定参加演练的人员、各部门各岗位和教职工的职责任务、需要锻炼的技能、明晰的实施步骤等。（3）演练前应当对全体参演人员进行培训。所有演练参与人员都要经过应急基本知识、演练基本概念、演练规则和自我保护等方面的培训与教育。对负有指挥控制和监督保障职责的教职工要进行岗位职责、演练过程控制和管理等方面的培训教育。对参与应急避险和紧急逃生的师生要进行过程步骤、行为方法、技能技巧和安全保护等方面的培训教育。（4）演练前应当落实各项保障措施。应急演练需调动全校人财物的资源，必须确保人员、经费、物资、器材等各项后勤的落实。对于大规模和高风险的应急演练，更要采取必要的预防措施，给予充分的安全保障。

学校安全应急演练的实施。按照演练计划，指挥领导小组指挥全体参演人员，开展对模拟事件的应急处置行动，完成各项演练活动。演练中应当格外注意师生的安全。学校应当十分重视演练组织与实施全过程的安全保障，要以必要的安保设施、足够的管理人员、关键部位的特殊防护等安全措施来保证演练的顺利进行和师生的人身安全。演练时若出现意外事故，应及时终止演练。演练后，应当及时评估和总结。学校应当对照事先的演练方案，根据演练活动的具体实施情况，比较演练实际效果与目标之间的差异，对演练准备、组织、实施及其安全事项进行全过程、全方位评估，查漏补缺，总结经验教训，完善相关应急预案。

演练后，应当妥善保管演练过程的计划方案、影音图像、总结报告等材料，同时向上级教育主管部门书面汇报演练情况。

第五章

和衷共济：学校周边安全综合治理法律制度的系统建构

学校人员聚集度高且多为思想并不完全成熟的未成年人，其周边因学校提供的大量商业机会而龙蛇混杂，这些都是导致学校成为公共事件易发区域的重要原因。当前，由各种原因引发的学校安全问题不仅是一个全国性难题，更是一个世界性难题。中国政府和社会历来重视学校安全问题，在政府和社会的共同努力下，国内学校安全形势近年逐步趋好，但社会形势的新变化为学校安全问题提出了新的难题。2010 年频繁发生的学校安全事件使国人的目光再次聚焦于学校安全问题，触目惊心的学校惨案使作为学校安全责任主要承担者的校方全方位提高了安全意识，并在短期内查补了自身安全工作的疏漏，力求将学校建设成为安全岛。但人们在审视学校安全意识淡薄和安全工作疏漏之外，常常会忽略学校周边安全作为学校安全的重要组成部分对整体学校安全工作的影响。学校周边环境一般是指学校周围一定范围内有形与无形的环境，包括交通、娱乐、商业、治安等因素。[①] 实践证明，良好的学校周边环境其实是学校内安全的第一道屏障，反之，混乱的学校周边环境也可以成为孕育学校不安定因素的土壤。学校安全工作本身无法孤立，学校安全也不仅仅是学校内安全，学校周边安全的治理是否落到实处，在很大程度上影响了学校安全工作的有效性，学校周边环境综合治理是学校安全治理研究和实践不可回避的重大课题。

---

① 张瑜：《民办高校周边环境的治理和对策》，《赤峰学院学报》2012 年第 4 期。

第一节　学校周边安全的现实图景

一　学校周边安全与学校安全

全面思考学校周边安全与学校安全之间的关系，有助于理顺学校周边安全治理工作。首先，二者是局部与整体的关系，学校周边安全是学校安全的重要组成部分，无论是中央还是地方在制定相关法律法规时，无一不将学校周边安全治理作为学校安全治理的一个重要组成部分加以规定。早在2006年教育部、公安部等十部委联合发布的《中小学幼儿园安全管理办法》中就规定：在地处交通复杂路段的学校上下学时间，公安机关应当根据需要部署警力或者交通协管人员维护道路交通秩序；文化部门要依法禁止在中学、小学学校周围200米范围内设立互联网上网服务营业场所，并依法查处接纳未成年人进入的互联网上网服务营业场所；工商行政管理部门依法查处取缔擅自设立的互联网上网服务营业场所，等等。教育部《六条措施进一步加强中小学幼儿园安全》中，措施之一即迅速组织力量对学校周边地质和校舍情况进行排查，凡发现地质隐患的要迅速报当地政府妥善处置，对排查出的具有安全隐患的教室要停止使用，必要时可以临时停课。除了中央政府之外，地方政府对学校周边安全环境治理的重要性也都有清醒的认识，如2011年的《邯郸市学校安全管理条例》、2012年的上海市《中小学、幼儿园安全防范管理基本要求》等，都将学校周边环境治理列入学校安全工作之中，可见学校周边安全是学校安全的重要组成部分已经是各级政府的共识。学校周边安全作为学校安全的第一道屏障，已经在实际工作中得到政府、教育主管部门和学校的大力重视。其次，学校周边安全环境治理直接关系到学校安全环境综合治理工作的成效。从现实实际来看，杂乱的学校周边安全环境会成为学校不安定因素的寄生土壤。从20世纪90年代开始，全国范围内都在兴建大学城，大学校址一般集中于城郊等偏远区域，中小学则根据区域划分的需要散建于城市各个角落，学校所处环境既包括人口集中的闹市区、居民区，又包括较为偏远的郊区和农村，学校周边的基础设施条件因而多种多样。学校周边林立的网吧、娱乐场所、小旅馆，以及不法商贩等，使得散建于城乡之中的学校周边环境复杂多样、危机四伏。2011 年底发生在东莞理工学院厕所中的猥亵案，引发社会广泛关注，学生道德滑坡与学校周边文化环境有莫大关系。《新快报》记者走访了东莞镇区的横沥、厚街、东城、南城等几个中小学，发现在学校周边的文具店、音像店等场所，有人暗中兜售黄色碟片、成人杂志等物品，对学生造成了严重不良影响。[①] 根据中国教育部《2006 年全国中小学生安全形势分析报告》得出，交通事故占全国中小学安全事故总数的 19.64%，交通事故受伤学生数占全年受伤学生总数的 45.74%。[②] 学校周边事故多发，交通形势十分严峻，直接威胁了学生的生命安全与健康。可见，不良环境因素强大的渗透作用，常常使学校构筑的安全之墙毁于一旦，甚至影响学校基本办学秩序。反之，良好的学校周边环境会成为学校内安全的外部屏障和环境基础，有利于全面促进学校安全管理工作质量。2010 年频发的学校惨案引起社会各界对学校安全问题的极大关注，政府各部门加强了对学校周边环境的整治。很多地区的公安部门加强了学校周边警力，竭力打造学校安全“防火墙”；工商、食品卫生部门对学校周边的食品卫生、违法经营等进行排查和打击，使周边商业经营环境有所好转……这些行动在一定程度上遏制了学校周边不安定因素的滋生和蔓延，也为学校本身的安全工作打造了良好的外部环境和基础。例如，2011 年邵阳市进行大规模综合治理，重点指向学校周边，全市共整治非法、违规经营网吧 25 家，取缔学校周边摊点 457 个，查处治安案件 26 起，摧毁学校周边抢劫团伙 4 个，处理违法人员 47 人；共排查各类安全隐患 1800 余处，消除安全隐患 1765 处，整改到位率达 98%。[③] 加大查处学校周边文化市场的力度，净化学校周边文化环境，开展学校周边安全环境综合治理，在很大程度上改善了学校周边安全环境，有效维护了学校及周边的安全环境秩序，学校周边安全环境综合治理工作已经成为学校安全工作的重要组成部分。

---

① 《东莞校园周边不良文化调查，中小学门前竟卖黄碟》，http：//roll. sohu. com/20120316/n337885693. shtml，最后访问日期：2012 年 3 月 16 日。

② 《2006 年全国中小学安全形势分析报告》，《人民教育》2007 年第 8 期。

③ 《我市部署校园及周边治安综合治理工作》，http：//www. shaoyangnews. net/news/bendi/2012/03/37304. shtml，最后访问日期：2012 年 3 月 4 日。

二　学校周边安全情况现状

就全国范围而言，学校周边频发暴力、抢劫、交通事故等不和谐现象，引起了社会对学校周边状况的广泛关注。为加强学校安全治理，公安部、教育部联合发出了《关于进一步加强中小学校交通安全工作的通知》、《公安机关维护校园及周边治安秩序八条措施》，教育部印发了《关于进一步做好中小学幼儿园安全工作的“六条措施”》等，对校园安全环境治理作出规定和部署。地方各级政府亦相应提高了对学校周边安全工作和对学校周边环境治理的重视，纷纷责成相关职能部门对学校周边安全环境开展了广泛的综合治理和专项治理活动，使学校周边的治安、交通、食品卫生、文化等环境均有所好转。从宏观趋势来看，学校周边环境状况整体趋好。尽管如此，目前尚无法乐观地看待学校周边安全现状，很多学校的周边还处于“多乱结合”状态：“多”指人多，我国学校选址并没有规律性，很多学校建在居民区、闹市区、郊区等周边情况复杂的区域，学校周边人口不仅密集且组成成分复杂。一方面，学校本身是一个弱势群体较为密集的区域，尤其是中小学校，未成年人集中，在特定时段学校周边会成为弱势群体极端密集的区域，使得学校周边成为针对弱势群体犯罪的多发地，针对学生的暴力、抢劫、性侵犯等恶性犯罪时常发生。另一方面，除学校本身的弱势人口外，周边人口也相对密集且成分复杂。居民区、闹市区的学校和各地高教园区建设的兴起使这一特点尤为突出。以温州大学城为例，规划区域面积达 8 平方公里，建筑用地 4.3 平方公里，建有温州医学院、温州大学、温州职业技术学院等四个教学区，总投资约 50 亿元。除高教园区内全日制普通高校在校学生 55725 人外，[①] 还包括园区内学校周边的原住人口，以及高教园区配套建设形成的住宅区、商业区等集中的大量固定人口，以及旅游、各类设施建设的需要聚集的大量流动人口，促使学校周边成为人口密集且成分多样化的区域，增加了学校周边环境的不稳定因素。在犯罪分子面前，成年大学生仍然处于弱势。“乱”，其一，学校周边已形成

---

① 《温州大学城》，http：//baike. baidu. com/view/4133237. htm，最后访问日期：2011 年 5 月 23 日。

了杂乱的商业圈，随着人们生活水平的提高，学生的消费能力也在不断增强，学校周边的商业机会亦在不断增加，针对学生消费能力和消费特点形成的特定商业利益链，使学校周边安全环境变得愈加复杂。如中小学校及幼儿园周围摆摊叫卖小食品、小玩具的现象极为普遍，对食品卫生及商品质量的监察不利，使中小学生面临较大的食品卫生安全隐患等；另外，针对大中专院校学生的需求，在学校周边小旅店、各类网络广场、电子游戏厅、书摊、音像店、台球厅、洗浴、餐饮、歌舞厅等云集，为个别不法商人和利欲熏心的经营者提供了赚学生钱的途径，而学校管理不力，学生自制力相对薄弱等原因，亦使这些场所吸引了一部分走出学校的学生，导致他们实际上处于无监管状态，为违法犯罪行为提供了便利和土壤。其二，学校周边交通、消防、治安状况杂乱无序，上、放学时间家长的接送造成交通拥堵和混乱，据统计，交通事故已经成为未成年人死亡的重要杀手，[①] 同时，未成年人本身的弱势也导致他们成为犯罪分子觊觎的目标。近年来中小学校内与周边刑事案件呈现上升趋势，威胁儿童、投放危险物质、绑架学生等成为危害未成年人的新危险[②]。由于各种原因，当前学校周边“多”“乱”衍生、结合的现状，导致学校安全环境亦呈现积重难返的逆潮，多重利益纠葛导致学校周边安全治理困难重重。

三　学校周边安全现状的成因

学校周边安全状况应然与实然状态差异较大的原因是多方面的，其中既有深层社会原因，也有具体工作落实程度的原因。目前我国经济建设“一条腿长”、社会建设“一条腿短”的现实问题短期内仍然无法改变，不稳定、不确定、不安定的社会因素同样困扰着学校安宁。学校周边环境复杂多样，“多乱结合”的现状使得学校周边隐患丛生，直接影响学校安全，同时也暴露出政府及相关部门和学校在学校安全治理工作中的不足。除深层的社会原因外，学校周边安全环境治理不力、低效和

---

① 杨婷：《统计显示：交通事故成为未成年人“头号杀手”》，《中国青年报》2010年11月7日。

② 潘俣宁：《学校周边刑事案件上升，猥亵与绑架威胁未成年人》，《北京青年报》2011年5月30日。

短期行为丛生的原因可以总结为“三个缺乏”。其一，缺乏对学校周边安全治理的重视。近年来，学校高度重视学校安全工作，不断加大对学校安保工作的投入，力图构筑起学校的铜墙铁壁，保卫学校安全，为学生撑起保护伞。但往往因为认识和权限局限的原因，其重点始终着眼于学校内安全治理，而对学校周边安全环境治理重视不够。受 GDP 导向的政府绩效考核的影响，地方各级政府的工作重心是经济发展和城镇建设，尽管学校安全工作是政府的职能之一，但学校周边环境治理工作却没有成为政府的一项常规和长期工作，部分地方、个别乡镇政府、村委会，甚至认为学校周边安全治理工作应由学校承担，或者认为应该由公安机关独立承担，因而并没有对学校周边安全治理工作引起应有重视。实际上，我国学校周边环境对学校内安全的现实影响的事例，以及众多国家的学校安全防御机制建设经验和事例则告诉我们，学校周边安全环境是学校安全的重要组成部分，同时是学校内部安全的有效屏障。得之，则事半功倍，失之，则事倍功半，必须予以高度重视。其二，学校周边安全治理缺乏明确的责任主体。学校周边安全工作涉及政府与相关职能部门之间、政府与学校之间、职能部门与学校之间、学校与学生之间、学校与学生家长之间、学生与学生之间、学生与学生家长之间、学生家长之间、学校与社区之间等多种关系形成的多主体、多层次、权限交错的复杂工作。首先，地方政府根据“属地管辖”原则，应承担地方安全治理职责，学校周边因地位特殊，更是安全工作重中之重。因此，地方各级政府应当承担起辖区内学校周边安全治理的一级责任。其次，学校周边环境复杂，多种利益交叉，涉及公安、工商、文化、城管、交通等多个政府职能部门，各部门则按照“谁主管谁负责”的原则，对学校周边承担治理责任。再次，学校在管理内部安全的同时，也需承担学校周边安全环境建设的一部分职能。第四，学校周边社区既是学校多种现实和潜在辐射收益的主要受益者，也是学校安全环境的主要影响者，对学校安全负有不可推卸的责任。最后，学生和家长也应从自身出发，配合政府、相关部门及学校开展学校周边安全环境治理工作。但是，恰恰因为学校周边安全关系校内外、涉及多个部门权限交叉、多层次关系而变得责任主体并不明确，各部门之间推诿依赖现象多发，政府监督不够，因此学校周边安全治理工作一般只停留在文件上，各种措施并没有落实到位。究其根源，在于我国目前欠缺一个能够有针对性地通盘思考对学校周边环境进行综合治理的明确责任主体，导致各种方针政策难以有效落实，无法建立学校周边安全治理的长效机制。其三，学校周边安全治理缺乏长效治理机制。《南充蓬安：开展校园周边食品安全专项整治》,[①] 天津政务网：《校园周边环境整治成效显著》[②] ……从反复见诸报端的各级地方对学校周边安全治理的报道不难看出，年复一年，政府及相关职能部门的联合治理、专项治理，是各级地方政府对学校周边安全工作采取得常态性治理方式，这种方式的优点在于政府牵头能够调动各职能部门的积极性，短期内治理效果显著。我们也应该看到这种方式的缺陷，此种治理方式大多具有突击性、暂时性的特点，缺乏长期性、长效性。尽管目前政府及相关职能部门加强了对学校周边环境的监管和整治，但监管力度加强时环境井然有序，监管力度薄弱时乱况会死灰复燃，导致学校周边陷入“乱—治—反复”，“再乱—再治—再反复”的循环之中。如果没有将治理纳入法律规范，没有将治理工作纳入政府和相关职能部门的常规工作中，没有长效治理机制推动与保障，这种短期和突发性的治理方式必然无法使学校周边安全工作进入良性运行轨道。“三个缺乏”相生相容，相互作用，是导致我国学校周边安全环境治理绩效不彰的重要原因。

第二节 学校周边安全治理的理论基础和基本原则

理论是现实经验的抽象概括，是系统化的经验总结，对实践具有重要指导意义和价值。学校周边安全环境治理是全新的理论和实践课题，加强学校周边安全环境治理及开展学校周边安全环境治理立法工作，需要相关理论资源支持。离开相关理论指导，学校周边安全环境治理及立法工作，就会陷于经验主义。本节在借鉴相关理论资源的基础上，研究和探讨学校周边安全环境治理的动力基础和基本原则，进而分析影响学

① 南充蓬安：《开展开展校园周边食品安全专项整治》，http：//www.tech－food.com/news/2011－8－24/n0594399.htm，最后访问日期：2011 年 8 月 24 日。

② 《校园周边环境整治成效显著》，http：//www.tj.gov.cn/jmjj/zdxm/srgl/201109/t20110922_ 144679.htm，最后访问日期：2011 年 9 月 22 日。

校周边安全环境治理的制约性因素，以期为完善学校周边安全环境治理和相关立法工作提供理论支撑。

一 学校周边安全治理的理论资源

自威尔逊发表《行政学研究》一文以来，行政学和公共管理学在吸纳管理学、心理学、经济学、政治学等学科理论资源的基础上，形成和发展成系统的现代公共管理理论，其利益相关者理论、多中心治理理论、合作治理理论和社区治理理论等，为开展学校周边安全环境治理和相关立法工作，提供了重要理论资源。

（一）利益相关者理论

1963 年，斯坦福大学研究所提出利益相关者是组织赖以生存的一些团体的观点，认为没有这些利益相关者的支持，组织就难以长久生存。弗雷德·曼认为，所谓利益相关者是指“能够影响一个组织目标的实现，或者受到一个组织实现其目标过程影响的所有个体和群体”。[①]利益相关者理论指出企业的生产经营管理活动离不开利益相关者的支持与合作，它对社会问题治理的重要启示在于，社会问题治理离不开多元利益主体的参与、支持与合作，这为在社会问题治理过程中引入多元利益主体共同参与提供了理论依据。

根据利益相关者理论，任何社会问题都与利益相关者存在某种利益勾连，利益相关者因而都有参与相关社会问题治理的利益动机，有必要发挥不同利益相关者在社会问题治理中的主体作用和智慧，促进社会问题治理。学校周边安全环境管理，涉及诸多利益相关者的利益。

首先，政府有加强学校安全管理、维护学校安全的责任和义务，学校安全管理不当，对政府合法性、政府领导人的政绩乃至个人前途都会产生负面影响；学校周边安全环境关乎学校教学秩序和学校师生人生财产安全，学校是学校周边安全环境管理的首要利益相关者，理应成为学校周边安全环境管理的当然责任主体；学校周边生产经营户通常依赖学

① Freeman, R. E. (1984), Strategic Management: A Stakeholder Approach, Pitman Publishing Inc, 1984. 转引自林曦《利益相关者管理理论的发展脉络与研究方向》，《学习与实践》2010 年第 5 期。

校而生存，和学校及学生之间往往是同生共荣关系，学校周边安全环境状况直接影响其生产经营环境和生产经营收益；学校周边社区既享受学校周边安全管理对当地经济、社会、文化的正外部性影响，又是影响学校周边安全环境的重要因素；学校周边安全环境和学生、学生家长之间的辩证关系不言而喻。

此外，媒体、社会公众、第三部门等都与学校周边安全环境管理存在一定利益关系，对学校周边安全环境管理有着重要影响，他们的关注、支持、参与和合作，对学校周边安全环境管理效果有重要影响。

（二）多中心治理理论

多中心治理的“多中心”最早由迈克尔·布兰尼提出，他在《自由的逻辑》一书中，引入“多中心”一词来阐明自发秩序的合理性及社会自我管理的可能性限度。奥斯特罗姆夫妇继承了布兰尼自发社会秩序理论，在实证研究的基础上，提出公共物品生产和供给以及公共事务治理的多中心模式。

多中心治理理论强调公共事务治理主体的多元性、治理权力的非垄断性和治理方式的民主化。在多中心理论看来，没有一个机关或决策机构对公共物品供给或公共事务治理等拥有终极垄断权，包括政府机关、企业、第三部门、公民社会等在内的多元社会主体都是公共事务的受益者，也是公共事务治理的参与者，主张在保持公共物品公共性的同时，在公共事务上建立起一种竞争机制，使多元主体按照一定规则，在竞争中自我约束，相互合作，共同参与公共产品供给和公共事务治理，从而降低成本、提高政府回应性和公共事务治理效率，实现政府机构、私人部门、公民社会合作共赢，有效增进公共利益。

学校周边安全环境管理常常涉及不同利益主体利益，学校通常人员众多，对周边能形成一定经济利益辐射，不同人群对学校周边的利益期待存在很大不同，其中既有合法利益参与人，又有非法利益觊觎者，导致学校周边安全管理环境异常复杂，增加了学校周边安全管理难度，单靠政府或学校，很难有效完成学校周边安全环境管理任务。根据多中心治理理论，有必要依靠不同社会主体的参与，形成学校安全环境管理的多元治理中心，分工合作，才能有效推进学校周边安全环境管理，如政府负责公共安全秩序和多中心主体的统筹协调、社区负责社区安全环境整治、企业承担企业相关自主治理责任，学校作为学校安全管理中心，并积极做好和周边各“中心”之间的互动合作和信息收集传递工作，第三部门可以通过学校周边安全管理志愿活动等，为学校周边安全环境管理提供服务。

（三）合作治理理论

现代社会的社会结构、文化制度环境、政治社会发展等，既对传统社会治理方式提出挑战，又为变革传统社会治理方式提供了契机。后工业社会的社会治理方式，开始从工业社会的政府为中心的控制导向式社会治理向合作导向式的参与式治理转变，以非政府组织为标志的市民社会的兴起融合了公共领域与私人领域的力量，直接打破私人领域和公共领域的界限，与政府之间建立起一种合作关系，进而形成一种后工业社会的全新合作型社会治理模式。①

所谓“合作治理”是指基于公民社会的成长、公民组织的兴起、社会利益的分化以及民主诉求的增多而发展起来的一种社会治理模式，其基本理念是要打破政府的权力垄断，使治理主体多元化、平等化，实现多中心的合作共治。② 合作治理理论认为：传统参与型治理是一种政府主导、社会力量参与的“中心—边缘式”治理结构，这种不平等的治理结构实际上是一种反民主的社会治理方式，往往容易变成集权的温床；③ 因此，应该强调政府与民间、公共部门与私人部门之间的互动与合作，实现不同利益主体平等互助下的合作共治。合作型治理主要是公共部门和私人部门之间的建立起来的伙伴关系，④ 合作型治理模式中，政府、社会、企业，以及各种社会利益主体，都在一定的制度框架下自觉开展合作，因此，实现合作型治理需要三个基本条件：合作型信任、行政人员的自主性以及合作的意识形态。⑤

从合作治理理论出发，学校周边安全环境管理，要兼顾政府、学校、

① 张康之：《走向合作治理的历史进程》，《湖南社会科学》2006 年第 4 期。

② 史云贵、王海龙：《合作治理视域中的我国乡镇治理结构重塑》，《社会主义研究》2010 年第 3 期。

③ 张康之：《行政伦理的观念与视野》，中国人民大学出版社 2008 年版，第 327 页。

④ ［英］蒂姆·佛西：《合作型环境治理：一种新模式 》，《国家行政学院学报》2004 年第 3 期。

⑤ 周义程、黄菡：《用“合作的治理”取代“民主的治理”》，《理论探讨》2010 年第 4 期。

社区、第三部门、周边企业、群众等利益相关者的利益诉求和治理主体作用，以相关利益主体之间一系列的正式的或非正式的沟通协商来增进信任、促进合作，推动学校周边安全环境治理。虽然合作治理目前并不是一个完整而成熟的理论体系，其理论的自洽性和应用性还有待于理论论证和实践检验，但学者已经初步勾勒出一幅多元主体合作以实现社会治理的图景，合作治理对学校周边安全环境治理的理论启示在于，要努力构建多元主体之间的信任与合作，这是促进学校周边安全环境治理的基础。

（四）社区治理理论

社区治理理论是治理理论在社区治理领域的实践和发展。它是指社区范围内的政府组织、第三部门、辖区单位、企业、社区公众等多元主体，基于市场原则、公共利益和社区认同，互助合作，协同行动，共同提供社区公共产品和公共服务，促进社区公共利益的治理过程。社区治理理论打破执政党和政府按照政府工作目标，以行政方式对社区直接实施统治型管理的社区管理传统，在强调政府对社区治理的领导作用的同时，主张企业、第三部门、辖区单位、社区公众和个人等，都应该成为社区治理主体，共同参与社区公共事务治理，社区治理的内容涉及社区成员社会生活的方方面面，只要事关社区成员的切身利益，都是社区治理的重要内容，而要实现社区事务的有效治理，就必须最大限度地调动整合社区内外资源，构建起有利于社区事务治理的正式、非正式的制度规范及互动合作型社区治理机制，借以培育起有利于社区治理的社区认同和组织体系。

在社区治理理论视域中，社区治理并非传统单一的、自上而下式的行政控制，而是基于社区认同基础上的协商合作、协同互动和协作共建式自我管理，社区治理者认为，有效的社区治理既可以促进社区经济发展和文化繁荣，又可以美化社区环境，消除不稳定因素，预防和减少违法犯罪。社区治理理论对学校周边安全环境管理的启示是，可以通过社区治理结构，灵活运用市场机制、法律机制、社区自治机制等，动员学校所在社区各种社会力量参与学校周边安全环境治理。

二　学校周边安全治理的动力基础和基本原则

学校周边安全环境管理是一件复杂的公共事务，但除学校和学生及学生家长之外，各方利益主体在治理学校周边安全环境方面都存在一定的搭便车心理，而有效的学校周边安全环境治理关乎不同利益主体的切身利益，它需要不同利益主体的积极参与和一致努力，这必然需要一定的动力基础和体制机制保障。对不同主体而言，其利益激励的动力基础并不相同，我国现有学校周边安全环境治理利益激励机制并不清晰，体制、机制保障相对不足，有待于学校安全立法作出进一步努力。

（一）学校周边安全管理的动力基础

马克思指出："'思想'一旦离开'利益'，就一定会使自己出丑。"[①] 经济利益是人们从事社会政治活动的动力基础，离开了利益激励手段，任何社会政治活动行为的参与动力都很难长久，因此，学校周边安全环境管理，首先需要厘清不同利益主体参与学校安全管理的动力激励机制。

根据利益相关者理论，学校周边安全环境管理的主要利益相关者应该包括：学校所属直接责任政府、政府教育主管部门、政府安全管理部门、交通安全主管部门、学校所在社区、学校、学校所在社区、学校周边相关企事业单位及个体经营户等。政府及相关政府部门是学校安全管理的当然责任主体，它们具有担负学校安全管理投入的责任和义务，要承担学校安全管理不力的社会评价和主体责任，但对学校安全环境管理的正面绩效感受并不明显，换言之，对政府及相关政府部门来说，它们在学校周边安全管理方面的动力激励是"不出事"或"少出事"，而对提高学校周边安全环境管理质量和水平缺乏内在利益动力。

学校周边社区或企业等，可以销售学校周边安全管理的正外部性收益，因而对参与学校周边安全环境管理有一定动力激励，但一般都存在搭便车倾向，不愿为学校周边安全环境管理投入过多成本。学校是学校周边安全环境管理的主要受益者，也是学校周边安全环境管理的主要责任主体，对加强学校周边安全环境管理的动力最为强烈和持久，但学校在加强学校周边安全环境管理方面，必然受到协调能力和资金、人员等资源限制。

因此，有必要通过学校周边安全环境管理立法，在厘清各方利益主

---

① 《马克思恩格斯全集》第 2 卷，人民出版社 1957 年版，第 103 页。

体利益和责任的基础上，引入市场机制、法制机制、行政机制，通过政府采购、社区参与、志愿活动、利益共享等手段，充分调动不同利益主体的积极性和动力，共同参与学校周边安全管理，不断提高学校周边安全环境管理的质量和水平。

（二）学校周边安全治理的基本原则

学校周边安全环境治理，需要从多方面统筹考虑，兼顾各方不同利益主体的现实利益，从当前现实来看，学校周边安全环境治理，需要遵循以下基本原则：

1. 以人为本原则

以人为本原则包括两层意思。首先，学校周边安全环境管理的首要任务是维护人的生命安全。学校周边安全环境管理的任务是多重的，即要通过学校周边环境管理维护学校周边安全环境和安全秩序，进而维护学校财产安全、师生人身安全，维护安全稳定的教学秩序，维护和增进学校与周边社区的良好社会关系，等等。在所有这些任务中，学校师生生命安全及周边社区群众的生命安全无疑是第一位的，学校周边安全环境管理的首要任务，就是要维护学校师生生命安全和周边社区生命安全。其次，学校周边安全环境治理需要充分发挥人的积极作用。现代社会，要维护和增进学校周边安全环境，毫无疑问需要综合运用各种现代科技手段，如现代电子监测设备、现代化的通信设施等，但要在根本上实现学校安全环境的有效治理，人是第一位的关键要素。学校周边安全环境治理，首先需要着力于发挥人的聪明才智。

2. 多元参与原则

目前，中国社会正处于转型期。转型期的中国，各种社会矛盾凸显，利益纠纷和利益诉求空前复杂。在这种时代背景下，学校周边安全环境管理形势亦空前复杂，它涉及不同利益群体利益，要面对各种正当、非正当利益纠葛，单靠政府或学校来负责学校周边安全环境治理，显然已经力不从心，学校周边安全环境治理需要坚持多元参与的基本原则。坚持多元参与原则，并不意味着政府和学校责任的降低，相反，在多元参与语境下，政府和学校既要承担传统责任和义务，更要担任协调和沟通者角色。在多元参与语境中，多元主体之间是平等互助的合作关系，但并不意味着平等主体之间责任义务的完全平均。政府和学校这两个主要责任主体既是多元主体中间的平等一员，又要主动承担起协调、沟通和引领的角色，要担负起更多的责任和义务，要通过制度化的激励手段，明确多元主体参与学校周边安全环境治理的渠道和利益共享机制，有效调动多元主体持续参与的热情和动力。与此同时，多元主体也不是被动的局外人，他们要正确认识自己的利益和责任，在参与中承担起“积极公民”的角色，主动积极地参与学校周边安全环境治理。

3. 预警预防原则

预警预防原则，又被称为“风险防范原则”，最早起源于20世纪70年代的德国环境立法，是德国环境法的基本原则之一，之后逐渐被国际社会广泛应用。预警预防原则与中国古代的“防微杜渐”思想一致，都强调事前的预警和预防，主张在各种安全风险和危机的萌芽状态就及时采取有效措施予以遏制和应对，消除可能的风险和危机。从安全事故实际影响来看，事故发生后的负面效应和社会成本巨大，有时甚至会带来灾难性后果。事前预警预防的社会成本显然要低于事后的救援或救济成本，但受显性成本和隐性收益直观感觉之间不对称性的影响，各方利益主体往往看不到预警预防带来的隐性收益，却直观感受预警预防显性成本支出的“痛苦”，因而常常会产生侥幸心理，不愿意支付预警预防成本，忽视预警预防工作。学校安全环境管理，应该克服此种侥幸心理和直接感受成本支出的影响，坚持事中控制优于事后救援、事前预警预防优于事中控制的理念，注重学校周边安全环境治理的预警预防原则。

4. 综合治理原则

学校周边安全环境治理的综合治理原则包括两个方面：一是学校周边安全环境治理内容是一个包括多种潜在安全危机事项的综合治理体系。学校周边安全环境复杂，可能的安全事故种类多样，学校周边安全环境治理因而必须考虑不同安全隐患和危机的综合治理，既要考虑各种可能的人为因素，还要考量各种自然灾害危机；既要考虑各种常见安全风险，还要考虑各种突发重大危机。换言之，一切可能的安全隐患和危机，都是学校安全环境综合治理的对象。二是学校周边安全环境治理应该是一个多元主体平等参与、多种措施并举、多种机制并用的综合治理体系。关于多元主体参与前已论及，不再赘述。事实证明，单靠单一的政府行政措施或学校一方的自我保护机制，都无法有效完成学校周边安全环境治理任务，必须在有效整合行政方法的同时，综合运用市场方法、法律方法等多方法，鼓励不同主体创造性地使用不同治理措施，共同维护学校周边安全秩序，为学校创造良好育人环境。

三　学校周边安全治理的制约性因素

综上所述，学校周边安全环境治理是一项复杂而系统的工作，要达成学校周边安全环境的有效治理，必须在坚持以人为本的前提下，引导多元主体共同参与，实现综合治理，但由于我国正处于转型期，受文化和行政传统及转型期社会矛盾凸显等因素的影响，在我国学校周边安全环境治理方面还存在很多制约性因素，对学校周边安全环境治理的有效性和治理水平构成影响。

（一）观念性因素滞后

在我国传统社会管理理念中，政府是万能的，政府控制一切，政府包办一切，社会安全环境管理是政府的当然职责，而且“舍此一家，别无分号”，一切其他社会组织或个人都不能代替政府行使社会安全管理职能。在这种观念影响下，社会安全管理职能只能由政府强力机关通过行政手段来履行，其成本投入也一律由国家财政负担，由此导致公共安全管理实践及成本投入观念方面出现双重畸形：一方面，政府自身无力承担日益繁重的社会安全管理任务，社会安全秩序和社会安全管理实践面临巨大压力；另一方面，又不允许社会资源参与社会安全管理事务，大量潜在社会安全管理资源被“闲置”和浪费，得不到有效利用。一方面，政府受公共财政资源限制，在社会安全预警预防投入方面精打细算，不愿增加公共安全预警预防投入；另一方面，在公共安全事件发生后，往往又“不惜一切代价”在救援、救济或维稳方面投入远大于预警预防工作的成本。这种观念性因素滞后在当前学校周边安全环境治理方面的表现非常明显，它与现代危机管理理念显然相悖，是制约学校周边安全环境治理有效性的重要原因。要有效提高学校周边安全环境治理的有效性，就必须要打破政府主导一切、政府控制一切、政府包办一切的落后观念，在学校周边安全环境治理中引入现代市场机制、法律机制等，创新性地采用政府采购、企业提供、志愿服务、社区参与等措施，实现学校周边安全环境的综合治理。

（二）学校周边安全保障经费投入不足

长期以来，受GDP导向的政府绩效考核制度及经济建设为中心指导思想的影响，我国中央和地方政府对教育经费的投入都严重不足。我国政府在1993年就提出要实现教育经费投入占GDP总量4%的目标，但直到2011年仍未达到这一目标。2011年全国财政性教育经费投入16116亿元，只占当年GDP总量的3.4%。造成教育经费投入不足的另一个重要原因在于观念性因素的影响，它导致政府在很大程度上只注重财政经费投入的短期收益和显性收益，而忽略财政经费投入的长期收益与隐性收益，但又不允许社会资源参与学校周边安全环境管理工作。在这种背景下，学校安全环境管理责任完全变成了学校职能，但受经费不足的限制，多数学校无法为学校安全环境管理投入足够经费支持，无力聘请足够数量的保安来维护学校安全，更没有精力为学校周边安全管理工作投入资金。教育经费投入不足对学校及其周边安全环境管理的影响是显见的。要改变这种状况，有两条切实可行的路径，一是从战略上真正重视教育，正确认识教育的战略地位，切实将教育兴国视作国家长期发展的核心战略，确保教育经费投入；二是转变学校安全管理理念，在加大教育经费投入和学校安全管理经费投入的同时，引入市场机制，培育第三部门和各种社会组织，鼓励志愿者服务和社区参与，引导和鼓励各种社会力量和社会资源共同投入和参与学校周边安全环境治理，有效缓解政府和公共学校安全管理资源不足的问题。

（三）多元主体参与意识与动力不足

学校周边安全环境的复杂性和公共资源投入的不足的矛盾，要求我们必须发挥多元主体在学校周边安全环境治理中的作用，引进社会力量和社会资源投入学校周边安全环境治理。但就实践而言，引入多元主体参与学校周边安全环境治理，必然面对多元主体参与意识和动力不足的问题。首先，长期政府垄断包办型社会安全管理传统和公民社会及公民意识的不发达，导致政府和社会都形成了政府是公共安全管理的当然和唯一主体的意识，不同主体缺乏参与公共安全管理、承担公共安全管理责任的责任意识，在学校周边安全环境管理方面也不例外。其次，不同社会主体参与学校周边安全环境治理的收益并不清晰，在志愿精神和市场激励等利益激励机制并不完善的情形下，多元主体缺乏参与学校周边安全环境治理的动力。要有效解决多元主体参与意识和动力不足的问题，需要政府加强公民意识教育，制定和出台引导公民参与学校周边安全环境治理的利益激励和保障政策，如减免税、政府采购等，激发多元主体参与学校周边安全环境治理的动力。

（四）参与渠道和制度保障机制缺乏

多元主体参与学校周边安全环境管理，既是有效促进学校周边安全环境治理的手段和保障，又是提升公民参与意识，提高公民参与能力的重要手段和路径，但受传统公共安全管理体制的影响，我国并没有建立起便于多元主体参与学校安全环境治理的参与渠道，也未能就规范多元主体参与学校周边安全环境治理制定系统的制度机制，多元主体参与学校周边安全环境治理的合法性和利益诉求，并没有得到国家法律确认和保障，参与渠道并不通畅。因此，有必要进一步创新学校周边安全环境治理体系，拓宽参与渠道，为吸纳和整合多元社会主体参与学校周边安全环境治理提供畅通的进入机制，形成政府主持、学校主导、企业参与、社区动员、志愿服务的多元综合治理格局；有必要通过学校周边安全环境治理综合立法，就多元主体参与学校周边安全环境管理的地位、程序、方式、作用、职责、利益保障等作出制度性规定，既通过制度规范为多元主体参与学校周边安全环境治理提供依据，又通过系统的制度体系对多元主体参与学校周边安全环境治理进行规范和整合，提高学校周边安全环境管理效率和水平。

第三节　学校周边安全综合治理的路径选择

学校周边安全环境的复杂性、责任主体多样性，决定了对学校周边安全综合治理有多重路径可供选择，除了纳入法治路径的统一立法、加强执法、完善监督、健全司法等之外，还包括行政路径、市场路径和社会路径。这三种治理路径在各自运行过程中均体现了其独特的优越性，同时也暴露出各自的局限性。不难看出，单靠任何一种路径都无法实现对学校周边安全环境的有效治理，只有优势结合、协同互补才能进一步提高学校周边安全环境综合治理的效率和效能。

一　学校周边安全综合治理的行政路径

我国一直以来都是一个政府主导型的社会，行政路径在公共治理中历来是首选和当然路径。根据对以往我国学校周边安全环境综合治理工作的梳理发现，该项工作一直以来都以由政府主持、多部门参与的一种行政路径为主，政府拥有行政管理以及资源配置的权力优势，能够使学校周边安全环境短期内得到明显的改善，但局限性也十分明显。主要体现在：第一，治理工作滞后。政府对学校周边安全环境的治理敏感度不够，一般不会主动发现问题，所以治理工作缺乏前瞻和预防，而事后补救和治理的成本常常大大高于事前预防治理成本。第二，治理手段单一。联合执法之外没有更为科学和高效的手段突破。第三，缺乏监督机制。学校周边安全环境治理涉及多个部门职权，各部门相互推诿的情况时有发生。为弥补上述局限，在总结我国社会发展特点和借鉴他域经验的基础上，学校周边安全治理联系会议制度，可以丰富和加强学校周边安全综合治理的行政路径成效。

学校周边安全治理联席会议制度，是指由学校周边安全环境治理所涉及相关职能部门和责任主体共同组成联系会议制度，对学校周边安全环境综合治理承担综合协调和日常管理工作。联系会议应该制定严格的会议章程等相关制度，设立常设工作机构，专门针对学校周边安全环境综合治理开展日常工作。2006 年 6 月 30 日，我国颁布的《中小学幼儿园安全管理办法》（简称《管理办法》）中明确规定：“教育、公安、司法行政、建设、交通、文化、卫生、工商、质检、新闻出版十个部门对中小学幼儿园安全治理承担责任。”该《管理办法》要求学校周边安全环境涉及的这十个部门，“在本级政府的领导下，依法履行学校周边治理和学校安全监督与管理职责”、“建立联席会议制度，定期研究部署学校安全管理工作，依法维护学校周边秩序；通过多种途径和方式，听取学校和社会各界关于学校安全管理工作的意见和建议”。在此背景下，各地纷纷思考如何建立一项能够统筹政府及多个职能部门资源协同治理学校周边安全环境的长效机制。其中，江西省赣州市开始建立学校安全隐患台账，2007 年上海奉贤海湾大学园区成立高校联席会议制度，并通过了章程、确定了工作机制、机构设置、工作方式等内容，在运行中均取得了明显成效。可见，学校周边安全治理联席会议制度的推广与完善，能够使学校周边安全综合治理的行政路径更为长效。要完善此制度，需具备以下要件：

（一）主体要件

政府及《管理办法》所列举的十个职能部门，是学校周边安全治理联席会议制度的主体要件。根据“元治理”理论，政府作为唯一的元治理主体必须在社会治理体系中发挥主导作用，要做社会治理规则的主导者和制定者。① 因此，学校周边安全环境综合治理联席会议制度的成立必须由各地政府牵头，作为本级政府首长主抓工作之一，教育、公安、司法行政、建设、交通、文化、卫生、工商、质检、新闻出版十个部门作为联席会议制度中的委员单位，通过沟通和相互监督对下辖安全治理各司其职，齐抓共管，并将治理成效作为各职能部门评估体系的内容之一。只有保证该项制度的主体要件完备，才能全方位落实学校周边复杂的安全治理工作。

（二）制度要件

首先，完备的会议制度是学校周边安全治理联席会议得以有效运行的基础。在所有制度要件中，核心和基础是根据学校周边具体特点制定的会议章程，章程中对联席会议宗旨、原则、主体权利义务、机构设置等基本内容作出原则规定。其次，要制定详细的工作制度，应当对工作方式、工作程序、轮值单位及次序等相关内容进行详细规定，使安全治理工作有据可循，达到规范化要求。再次，为应对学校周边环境的复杂，对可能发生的重大安全事故，应当建立联动机制②，进一步提高对突发事件应对能力，要加强信息互通交流，设计危机应急处置预案，形成多层次、全方位、立体化的整体联动防范格局。③

（三）机构要件

学校周边安全治理联席会议制度必须设立办公室、秘书处等类似的

---

① 熊节春、陶学荣：《公共事务管理中政府“元治理”的内涵及其启示》，《江西社会科学》2011年第8期。

② 杨启富、周全保、叶胜富：《多校区办学格局下校园安全现状的调查与思考》，《台州学院学报》2008年第5期。

③ 李晓明：《校园安全综合防控机制的构建与运行》，《黑龙江高教研究》2011年第5期。

常设工作机构，这是保障综合治理工作的长效性的基础。常设工作机构内，可以按照委员单位工作人员轮值的方式或者配备固定工作人员的方式来保证工作人员在岗，监控学校周边安全状况，做到及时发现问题、主动沟通联络、快速应对解决。

二 学校周边安全综合治理的市场路径

复杂的社会安全环境和僵化的体制局限一直在催生一种灵活治理机制，而市场恰恰是目前最灵活自主的可供选择的路径之一。但是，由于我国公民社会和公共管理体制改革的进程缓慢，市场路径在学校安全环境治理中一直没有得到应有的重视和发展。近年来各地学校周边安全环境愈发复杂，片面依靠政府治理和学校安保部门的有限职权已经无法适应环境变化的需求，学校原有安全管理经历着市场机制的严峻挑战。从政府和学校节约安全管理成本和提高管理效率的角度出发，选择对安保服务更为专业的系统集成商和安保服务公司，也成为了优化学校安全监测与预警、预防与应急处置的一条有效路径。

（一）安全治理理念的市场化改革

伴随着我国教育行业的改革，不断从教育系统中能够剥离出除教育本身以外的各项职能成为一种趋势，例如后勤社会化等。目前，学校安全治理仍作为学校的一项重要职能，从未作为商品进入市场。现今与政府共生的许多公共管理、公共权力等“天职”，都随着政治体制改革慢慢进入“市场”，公共事业市场化与公共服务市场化的理念已经被普遍接受和应用。因此，打破原有学校安全治理理念的束缚，有条件的学校可以将学校安全治理作为一种商品投入市场，由专业的保安企业通过竞争进行更为高效的资源配置，政府和学校仅行使监督权，从客观效果上来看，提高了安全治理效能。

（二）资金筹集方式的市场化改革

学校承担学校安保工作，实际上是政府财政支出通过学校编制和工资的外在表现方式体现出来，出资主体单一。如果将学校安全综合治理作为一项整体的工作，涵盖学校周边环境安全综合治理，那么，根据利益相关原则，除学校外，受益主体还包括学校周边企业、社区居民等，因此，理应向受益主体收取一定的成本。另外，非营利性组织蓬勃发展的今天，针对学校安全治理的赞助也会成为学校安全治理的资金来源之一。

（三）安全治理方式的市场化改革

学校将安全治理外包给保安企业后，意味着安全治理方式将在政府和学校的监督下遵循市场规律运行，行政管理低效弊端将被市场竞争解决。从事安保服务的机构之间通过竞争，降低成本、提高效率，理论上能够保证政府用最低的价格买到最优的服务。这种整体外包所体现的优越性，在高教园区这种学校相对集中的区域体现尤为明显。

三　学校周边安全综合治理的社会路径

政府、市场均是较为有效的安全综合治理手段，但面对越来越复杂的学校周边安全环境，其作用也常因为制度等客观原因受到制约，寻求有效的社会补充手段成为目前解决学校周边安全综合治理工作困境的突破点。当前，社区（community）[①] 作为城市的基本细胞和现代社会公共治理系统的末梢，备受政府重视，国务院应急管理专家组组长闪淳昌曾提出“应急管理关键在基层”的观点。因此，挖掘社区在学校周边安全综合治理中发挥的作用，已经成为目前针对学校周边安全综合治理的更有突破性效果的增长点，强化社区协同治理，发挥学校所在社区内企业、非营利性组织、志愿机构、媒体等社会组织各自的作用，成为学校周边安全综合治理的社会路径的首选。

（一）企业反哺

一方面，学校周边的企业依靠学校带来的稳定经济利益，成为学校周边安全综合治理的直接或者间接受益者；另一方面，学校周边环境的不安定同样会造成周边企业直接或者间接的经济损失。根据利益相关性理论，企业毫无疑问应当参与到学校周边环境的综合治理中来，承担应

① 社区，20 世纪 30 年代传入我国。吴文藻提出社区是观察和了解社会的重要视角，费孝通认为社区是若干社会群体（家族、氏族）或者社会组织（机关、团体）聚集在某个地域所形成的一个生活上相互关联的大集体。民政部《关于在全国推进城市社区建设的意见》中提出社区是指聚居在一定地域范围内的人们所组成的社会生活共同体。经过了多年研究，社区已经不再是一个地域概念，它涵盖了一定地域范围内的政治、经济、文化等多重内容，成为一个综合体概念。

尽的社会责任：第一，企业反哺学校安全，将所获利润中的一部分投入到学校周边安全综合治理中去；第二，强化企业管理，避免企业本身成为不安定因素，学校周边饮食、住宿、娱乐企业居多，从企业自身加强食品卫生、经营场所安全是企业对学校周边安全的直接义务；第三，当发生事故或者危机的时候，企业应成为首当其冲的救援主体。

（二）非营利组织治理

非营利性组织又称为第三部门，是新公共管理理论下解决政府失灵和市场失灵的法宝，[①] 同时也是社区治理的重要主体。一方面，非营利性组织是政府职能不足的有利补充，可以为学校周边安全治理提供资助或者组织化服务，例如，为学校安全捐资保全设备、免费的保安服务等；另一方面，非营利性组织以其第三方的地位，监督和绩效评价政府等职能部门的学校周边安全治理成效，更为有效、专业、公正，更具公信力。

（三）社区志愿服务

社区志愿服务作为社会志愿服务体系的重要构成因素，维护着社区和谐稳定，推动着社区健康发展。[②] 因其所带来的社会公益效益突出而备受政府和社会重视，伴随公民公益意识的增强，志愿服务已经慢慢成为人们的自觉行为，社区志愿服务已经广泛渗透到社区的每个角落。学校周边安全是社区安全的重要组成，也是社区志愿服务的重点，志愿者、学生家长等都会自觉地加入维护学校安全的队伍中，可以根据社区环境特点组织学校周边安全巡逻队，周边居民和商户担任安全信息员，及时发现和排除学校周边安全隐患，住宅和商户挂牌为学生提供庇护，蓬勃发展的社区志愿服务队伍为学校周边安全综合治理中人员不足提供了强有力的后盾。

（四）媒体参与

托克维尔曾经说过："只有一份报纸能在同一之间内将同一种思想展现在千百个读者面前。"[③] 媒体传播领域广、渠道多、影响大，充分

---

① 马颖：《政治治理视角下的非营利性组织》，《通化师范学院学报》2012 年第 3 期。

② 梁莹：《媒体信任与公民的社区志愿服务参与》，《理论探讨》2012 年第 1 期。

③ De Tocqueville, Alexis, (1988), Democracy in America, New York: Harper Perennial, p. 517.

调动社会各种资源的同时也能够从正面引导人们参与公共事务管理积极性。因此，媒体成为社区协同治理的重要主体之一，在这里媒体承担着向社区居民提供及时、准确的安全信息，进行安全教育，倡导优良价值观等的责任。

第四节　学校周边安全综合治理的主体构成及责任划分

根据吉登斯的社会构成三元划分理论，我们可以将宏观社会视作三个“部门”的结合体：政府、企业和公民社会，几乎所有的机构和组织都可以在这三个部门中找到自己的位置。[①] 依据该理论，学校周边安全环境治理工作，是一项多元主体、多重权力立体交叉的系统工程。我们可以将学校周边安全环境治理系统视作一个综合社区，居于社区中的不同主体在学校周边安全环境治理中都具有不同的角色作用，因而形成学校周边环境治理过程、治理阶段、治理领域的不同治理中心。与此同时，处于不同中心地位的不同利益主体又都有自身参与学校周边安全环境治理的利益诉求，具有强烈的合作意愿，但又有各自的“搭便车”心理。为进一步提升处于多中心地位的不同利益主体参与学校周边安全环境治理的合作意愿，消除不同主体的“搭便车”心理，必须清晰勾勒出不同利益主体的利益诉求和实际参与学校周边安全环境治理的成本收益，进而明确其参与学校周边安全环境治理的责任和义务，这是实现学校周边安全环境治理的关键所在。

按照学校周边安全环境治理的纵向责任而言，学校及周边治安防范工作按照综合治理工作“属地管理”和“谁主管谁负责”的原则，实行“三级管理”防范体系，即学校所在地县市区人民政府、学校所在地教育行政主管部门等相关职能部门、学校层层落实防范管理职责。[②] 政府应当对学校周边安全环境综合治理工作承担主导责任，学校、社区、企业、媒体等多元主体参与，举全社会之力，合作，多重措施并

① 熊节春、陶学荣：《公共事务管理中政府“元治理”的内涵及其启示》，《江西社会科学》2011 年第 8 期。

② 吴忠俐：《推进学校及周边治安防范体系建设，大力构建学校及周边安全稳定屏障》，《教师》2010 年第 8 期。

举，才能有所收效。从横向来说，依据职权划分，学校周边安全环境治理涉及多个政府职能部门，食品卫生、工商、治安、交通等管理部门，对学校周边区域中的各项事务应当各司其职、协同治理。必须通过制度化机制，创新学校周边安全环境治理体系，拓宽非政府参与渠道，为吸纳和整合多元社会主体参与学校周边安全环境治理提供畅通的进入机制，形成政府主持、学校主导、企业参与、社区动员、志愿服务的多元综合治理格局。

一　政府责任

本节所说的政府是广义的政府，是指包括立法、行政、司法在内的公共权力总称的宏观政府。作为公共权力主要和当然主体的政府，在社会治理多中心主体中，处于领导和核心地位，它既是多中心治理主体的一个中心，又是多中心治理主体的“领头羊”，在学校周边安全环境治理中理应承担起领导协调责任、制度供给责任、制度执行监管和维护责任。

（一）领导协调责任

从当代公共管理和公共服务理论出发，政府必须承担公共产品供给责任。所谓公共产品，根据著名经济学家萨缪尔森（Paul A. Samuelson）的界定，即“每个人对这种产品的消费，并不能减少任何他人也对于该产品的消费”。[①] 公共产品一旦提供出来，就很难排除其他人使用，而且不会因为某个人的使用而影响其他人的使用，换言之，公共产品具有非竞争性和非排他性特征。因为具有非竞争性和非排他性特征，提供必要性公共产品通常就成为政府应该承担的社会责任。根据公共产品理论，作为公共安全一部分的学校安全环境治理是一项政府必须着力提供的纯公共产品，在学校安全环境治理这项纯公共产品供给中，政府必须承担自身责任。但根据现代公共管理理论，政府应该承担公共产品供给责任并不意味着政府必须完全包办包揽公共产品供给，现代科学技术和管理技术常常使很多传统无法排他的公共产品成为可以有效排他的“私人产品”或“俱乐部产品”，而政府公共管理资源的有限性及社会

---

① 转引自张馨《公共财政论纲》，经济科学出版社 1999 年版，第 608 页。

对公共产品需求的自然增长性，也使政府无法及时、足额、有效地提供社会所需要的各类公共产品，这就需要政府创新公共产品供给方式，整合社会资源，引入多元主体参与公共产品供给，而自身只需承担政策引导、过程监管、利益协调等领导责任。也就是说，当代公共管理理论和实践，决定了政府在学校周边安全环境治理这种公共产品的供给中虽然依然具有不可推卸的责任，但这种责任已经从传统单一政府供给主体责任转变为多元主体提供学校周边安全环境治理的领导协调责任。这种领导协调责任的具体表现形式包括两个方面：一是政府直接领导协调相关职能部门参与学校周边安全环境治理，二是政府领导多元利益主体参与学校周边安全环境治理，并在实际治理过程中，及时协调各方利益和行为，促进多元利益主体达成学校周边安全环境的合作治理。

（二）制度供给责任

根据社会契约论，政府是自由的个人通过契约形式成立来保护自己自由和公共秩序的公共组织，孟德斯鸠认为，政府公共权力可以分为立法、行政和司法三个基本组成部分，其中立法是民意的表达，行政是民意的执行，民意的表达即基本法律制度规范和政策的制定，而民意的执行即基本法律规范规定秩序的保障、维护和贯彻落实。可见，政府的首要和基本职能首先表现为基本法律制度的供给，政府根据“公意”，通过基本法律制度对人们行为准则作出规定。学校周边安全环境治理涉及多元利益主体，各方主体在学校周边安全环境治理中，必然都既有自己的利益诉求，又有自己的成本考量，它们在学校周边安全环境治理中应当扮演什么样的角色、应当承担何种责任义务、应当遵守何种行为准则等，都应该得到明确规定。只有如此，学校周边安全环境治理才能做到责任分明、规范有序，也更容易达成协调与合作，而这些都依赖于法律制度体系的明确规定。因此，政府在学校周边安全环境治理中，必须切实承担起制度供给责任，要联系实际制定出具体可行的法律制度和政策，通过法律制度和政策，明确规定各方主体的行为准则和责任义务，为学校周边安全环境治理提供法律制度保障和政策依据。

（三）过程监管和秩序维护责任

从社会契约论出发，政府在社会公共事务治理中的主要责任应该是制定规则和维持秩序，换言之，政府在公共事务治理中的主要责任应当是制定规则、保证规则的执行。对于当代公共管理，尤其是社会安全治理而言，仅有立法方面的制度规范体系建设是不够的，相关法律、规范、制度、政策的贯彻执行保障同样非常必要。“徒法不能以自行”，有了学校周边安全环境治理制度规范体系，并不等于就能真正实现学校周边安全环境治理，学校周边安全环境制度规范体系必须要有具体执行和保障责任主体，才能真正得到贯彻和执行。政府作为公权力主要代表，其重要职能就是维护法律制度体系的贯彻和实施，通过法律制度体系的贯彻实施，维持社会基本秩序。在学校周边安全环境治理中，政府必须承担过程监管和秩序维护责任。政府相关部门要采取具体措施，对学校周边各方利益主体的行为进行监督监管，打击犯罪，维持学校周边安全环境秩序，如对学校周边的餐饮服务行业加强监管，保证食品安全，对学校周边经营主体消防安全进行监管，防止发生消防安全事故，对学校周边交通环境进行监管，保障学校周边交通安全，等等。有效的过程监管和秩序维护是学校周边安全环境治理的关键保障。

二　学校责任

如前所述，学校是学校周边安全综合治理工作的受益者之一，复杂的学校周边安全状况直接影响学校自身安全工作成效和基本办学秩序，在学校周边安全环境治理过程中，学校理所当然是主要责任人之一。在学校安全环境治理实践中，学校安保部门的工作职权一般仅限于校内范围，但这并不意味着学校对学校周边安全环境治理没有责任。学校是社会对下一代传播文化知识和思想教育的关键阵地，对树立下一代正确的人生观、价值观有着不可推卸的社会责任，对塑造学生的世界观和现实行为具有重要影响力。学校对学生思想和行为作出正确的引导，有助于从根源上减少学校周边针对学生的不良消费习惯设立的某些场所，减少不安定因素。具体而言，学校在学校周边安全环境治理工作中必须承担以下角色责任：

（一）完善学校安全管理制度

制度的完善是任何一项工作的首要环节，完善学校安全管理制度同样是学校在学校安全管理中首要工作，增强对学校安全工作的重视程度是该项工作的起点。学校安全管理制度作为指导学校具体工作的纲领性文件，应当充分考虑安全工作的内涵和外延，在规定校内常规安全工作的同时，也应当将学校周边安全工作纳入学校安全管理制度中，扩充学校安全工作的内容，“离校之后概不负责”的态度是不可取的，也是无法实现的，学生的安全事故即使发生在校外，最终的解决也会涉及学校本身，对学校周边一定范围的技防监控是必须的。其次，在制度中进一步规范化安全事故发生后的处置程序，严格规范工作流程，专项培训安全工作人员的应激处理能力，细化从“发现—处置—反馈—汇报”的工作流程，使事故发生后的安全工作能够做到精细化和科学化，并能协同相关职能部门完成后续工作。第三，通过文件使责任明晰化，成立以校长为组长，各部门领导和学院院长组成的学校安全工作小组，将安全责任落实到学校、各部门和各学院的“一把手”身上，强化安全工作在领导工作中的考核比重，定期汇总学校安全存在的各种新老问题，讨论应对措施，并使措施落实到位。

（二）加大学校安全工作投入

加大学校安全工作的投入是该项工作落实的物质保障。《教育部2012年工作要点》中指出，要“切实维护学校安全与稳定。开展矛盾排查化解，加强学校安全防范，落实人防、物防、技防措施及各项制度，建设安全学校”。建立“三防一体”的安全防控体系。首先，构建完善的人防体系，构建起门卫、巡逻人员、接警人员、保卫干部为组成部分的人防队伍，强化人防体系作为传统安全工作手段的作用，因为人防体系不仅是整个防控体系的最重要组成部分，同时也是物防和技防的基础。其次，加强物防体系，必备的围墙、防护设备的设置对学校人员起到了威慑和制止的作用，或者能够延迟损害结果的发生。物防体系是技术防范和人力防范所不能取代的，它是安全防范体系的物质载体、实物基础，不仅经常作为首层防护，而且能够组合、复合使用，构成多层防护、纵深防护。第三，加强技防体系，在重点位置、安全死角、学校围墙外安装视频监控、自动巡更和报警装置，全方位监控学校和学校周边一定范围内的动向，利用高科技防范系统能够弥补人防与物防的局限。实现三防共建，一体发展，达到维护学校及周边安全的目的。

（三）加强学生安全观念教育

学校承担着对学生的教育责任，不仅仅包括文化知识的传播，人生观、价值观、责任感等的教育甚至更重要，其中对学生的安全观念教育关系到学生的生命安全和健康，因此是必须贯穿学生整个学习过程的教育内容。首先，建立安全信息通报制度。信息能促使师生提高对安全问题的重视程度。学校需及时将学校周边环境中存在的各种食品卫生隐患、交通安全隐患、治安隐患及发展动态向在校师生通报，让师生全面了解学校周边存在的安全隐患以及周边情况的复杂和不确定性，增强警惕性。其次，打造健康的学校安全文化氛围。学校安全文化包括心态安全文化、行为安全文化、制度安全文化和物质安全文化四个层次。① 充分发挥安全文化的教育、导向、辐射功能，在良好的安全文化氛围中促使师生自觉规范自己的行为，避免出现在学校周边的安全死角和部分场所消费，给犯罪分子或者不法商贩以可乘之机，减少学校周边安全事故的发生概率。第三，将安全知识和防范技能教育常规化。尤其是中小学校应当立足课堂及第二课堂，将遵纪守法、风险规避、防灾、防“两抢一盗”等方法传授给学生，并定期开展各种避灾的实战演练，理论教育与能力培养相结合，提升师生躲避危险的能力。

（四）搭建学校周边安全环境治理平台

学校在学校周边安全环境治理中处于核心利益主体地位，在学校周边安全环境治理中，学校应该是除政府外的最重要治理主体，对各方利益主体的利益诉求和行为习惯更为熟悉，理当主动在学校周边安全环境治理中担当起主要角色。要想引入多元主体参与学校周边安全环境治理，仅依靠政府的领导责任和制度供给及保障维护责任显然不够，多元主体参与学校周边安全环境治理必须要有一个合适的参与平台。学校在学校周边安全环境治理中的地位和作用，决定了学校应当主动承担起搭建学校周边安全环境治理综合参与平台的角色责任，为多元主体参与学校周边安全环境治理搭建沟通、协作平台，使多元主体能够在统一平台下为学校周边安全环境治理献计、献策，达成合作。

三　家长及学生责任

学者对学校安全进行了很多理论探讨与对策研究，但普遍立足于

---

① 邓国林、朱蓉蓉：《试论高校校园安全文化建设》，《江苏高教》2008 年第 2 期。

“政府和学校中心主义”视角，对学生与家长作为参与者的研究并不多见。毫无疑问，学校周边环境得到良好的治理，学生是直接的最大受益者，所以也必须对该项工作承担一定的责任，本节所说的学生责任不仅仅指学生自身所承担的责任，实际上更重要的是家长的责任。一直以来，日本自诩“安全王国”，尤其是中小学学校安全治理最为成功。但是，21世纪初发生的恶性事件的经验告诉我们，仅仅依靠政府和学校的力量根本无法维持安全神话，必须依靠社会各方力量。在立体、联动的安全保卫体系中，家长是多元治理的重要组成部分，是“地方学校安全委员会”中重要成员。并且，家长对孩子安全的关注是首位的。日本家长成立的“老人特工队”、“妈妈特工队”已然成为学校安保的一道亮丽的风景线。日、美家长参与学校安全综合治理的做法值得我们借鉴，家长在学校周边安全治理中应当做到加强安全教育、自觉配合和积极参与。

（一）家庭安全教育和学生自我约束

学校周边的“多乱”局面是各方追求利益的结果，大量的不法商贩、商业场所、潜在犯罪，主要针对的是弱势群体的未成年人或者具有一定消费能力的学生。作为家长首先应当控制学生的消费能力，随着家庭经济实力的增强，家长选择在经济上尽量满足学生的需求，使得学生的消费能力不断提高。但家庭作为学生的经济后盾的同时应该充分考虑学生的实际需要，避免孩子养成乱花钱的不良消费习惯，助长利欲熏心的商家从中牟利。对学生的消费进行健康引导，小摊贩出售的无法保证卫生和质量的商品不消费，网吧、歌厅、小旅馆等具有安全隐患的场所不消费，杜绝安全事故的萌芽。其次，通过教育提高警惕性，学生之所以成为个别犯罪分子目标，原因在于未成年人或者涉世未深的学生缺乏应有的警惕性，所以多有被骗、被抢、被盗的案件发生。相对于学校教育的同时，家长必须尽早对孩子们进行警惕性教育，对可疑人员和现象要及时报告学校或者家长，在有陌生人尾随的时候要及时寻找庇护场所，不单独到僻静处等，减少隐患转化为实际伤害的概率。

（二）学生与家长积极参与

学校周边安全治理的理论基础之一就是多中心治理理论，实际上除了依靠政府和学校之外，学生和家长的积极参与同样重要。首先，将学生纳入安全治理程序中，从学生中获取第一手信息，“对于警方和学校而言，如果能够取得学生的支持，他们就可以获得大量可靠的信息”。[①] 学生的安全利益是学校安全工作的立足点和出发点，学生和家长最担忧的就应当是学校安全工作最重视的，这种做法有助于提高政府、学校及相关部门对学校安全工作的认知能力。其次，提高家长的配合和参与度。家长一直以来仅仅作为学校安全治理工作的受益者，同时也是对孩子的安全最为关心和乐于投入的群体。我国个别地方已有成功经验，例如，深圳罗湖区红岭小学成立的“家长义工队”，于每日放学时段构筑一条“校门交通安全防线”使孩子们能够平安回家。[②] 也可以在上下学特定时段自主成立“家长联防队”等民间组织，类似的方式能够利用家长对孩子安全的普遍关心，充分调动家长积极性使家长自觉自愿地投身于学校周边安全环境综合治理当中来。与此同时，家长从人力到物力的投入也能够在一定程度上缓解学校周边安全治理工作投入不足的问题困难。

四　社区责任

20 世纪 80 年代后期，我国政府以社会服务为起点开始社区建设，把社区发展提高到了重要的战略地位。[③] 目的在于通过大量借鉴外国社区建设经验的基础上，利用社区作为政府与公民之间的纽带解决社会变革过程中产生的一系列社会问题。我国目前社区界定的标准是地域界限明显，与大社会沟通联系便捷的社会区域。具体而言，在农村指的是行政村或自然村；在城市指的是街道办事处辖区或居委会辖区，以及日前一些城市新划分的社区委员会辖区。[④] 世界卫生组织在 1989 年斯德哥尔摩第一届世界事故与伤害预防大会上正式提出“安全社区”这个概念，一个安全社区是指具有针对所有人、环境和条件的积极的安全预防项目，并且具有包括政府、卫生服务机构、志愿者组织、企业和个人共同参与的工作网络的地方社区。学校周边安全依托于社区安全。但是长期以来，政府和学校被认定为学校安全及周边安全的治理主体，社区民

---

① 朱国平：《解决校园安全问题的 5 步计划》，《安防科技》2003 年第 12 期。

② 尹晓敏、方益权：《公共治理：我国校园安全管理的一种新范式》，《现代教育论丛》2011 年第 3 期。

③ 张桂蓉：《企业社会责任与城市社区建设》，《城市问题》2011 年第 1 期。

④ 江振华、胡鸿保：《社区概念发展的历程》，《中国青年政治学院学报》2002 年第 7 期。

众对学校周边安全治理的参与度普遍不足，实际上社区安全是学校安全的有效屏障，社区进行安全治理的必然覆盖了学校周边环境的治理。因为社区民众享受着安全社区所带来的各种利益，所以调动社区积极参与社区和学校周边安全治理有扎实的现实基础。社区对学校周边安全治理过程中要做好与政府、学校和学生之间的良性互动，发挥社区预警和第一时间救援的各种功能。

（一）做好各方沟通桥梁

社区是我国社会最基层单位，社区治理工作涉及政府、社会组织、学校、居民等多元主体的权利与义务，所以当好各方沟通桥梁是社区对学校周边环境治理的基础。首先，社区与政府之间要做到分工明确，政府依法下放部分管理权和资源调配权到社区自治组织，使社区能够调动辖区内的一定公共管理资源用于学校周边环境的治理。其次，社区与学校之间要做好交接合作，要做到学校对学校周边环境治理的有限延伸，与社区对辖区全面治理良性对接。第三，社区要对辖区内社会组织，尤其是企业，做出有效的规范与引导。第四，社区应做到有效动员辖区居民积极参与到学校周边环境综合治理中去。

（二）做好危险预警与救援

国内较为成熟的一部分社区已经建立起社区信息库，作为社会基层单位，社区自治组织掌握着辖区内各种动态和静态信息，包括影响学校周边稳定的安全隐患，因而能够及时向社区居民和学校做出危险警示，并在发现的同时也能够做到及时排除。社区内的居民由于长期生活在社区中，属于互信、互助的“熟人”社会，其中一部分更是学校周边环境治理工作的受益者，因此激发社区居民参与学校周边安全环境维系的积极性具有良好的群众基础。学习发达国家的经验，我国社区内也应当成立志愿者巡逻队作为稳定学校周边环境的重要力量，在学校周边设置避难所等安全设施。社区针对学校周边应具有完善的应急组织协调系统和救援系统，动员居民积极参与学校周边环境治理，既能有效减少危险发生，同时也能在事故发生的第一时间，先于政府和有关部门给予有效救助。

五　企业责任

根据公共治理三元论，政府、市场、第三者分别承担着公共治理的部分职能。市场的主要主体就是企业，参与社会治理是企业作为主体的社会责任。周祖城根据企业管理理论中的伦理观认为："企业社会责任是指企业应该承担的，以利益相关者为对象包含经济责任、法律责任和道德责任在内的一种综合责任。"[①] 根据利益相关者理论，企业的本质是利益相关者的契约集合体，具有一系列可以清晰确认的利益相关者，如企业股东、经营者、员工、债权人、顾客、供应商、竞争者、政府等。[②] 学校周边的大小企业依靠特定消费群体维系经营，经营状况与学校周边安全环境密不可分，与学校周边安全相关的主体均称为该类企业的利益相关者。因此，绝不能将企业仅仅看做经济主体，在享受利益的同时，为了可持续经营，企业必须与其他主体良性互动共同参与学校周边安全环境综合治理，反哺利益相关者，这也是企业社会责任的重要组成部分。首先，企业应该从自身出发自觉维系学校周边商业圈的正常秩序，在追求商业利益最大化的同时，保证提供给师生和社区居民安全的商品、服务和优质的服务环境，自觉规范自己的经营行为，保证学校周边文化市场、商品和服务市场的健康发展，学校周边杂乱商业圈得到良好治理，企业自身也是受益方。其次，不同规模的企业在获取经济利益的同时应做到回应社会。其中，中型企业的捐赠能在一定程度上弥补学校周边安全环境治理经费的不足，提高学校周边安全环境三防覆盖范围，增强学校周边安全力量。小型企业则可以凭借社区居民的信任将自己的经营场所同时建设成为学生的避难所，为学生提供第一时间的直接救助，也更能够减少危险的发生。无论是哪种方式，企业在履行社会责任的同时，这种行为也会为企业带来当前或者未来更大的经济机会和利益。

六　媒体责任

在西方国家，媒体被看做社会治理的“第四种权力”为公众所信任，为政府所倚重。在我国，作为社会主义制度下的新闻传媒，它既是

① 邢冀源：《我国企业社会责任研究发展述评》，《科级创业》2011 年第 1 期。

② 徐泓、朱秀霞：《低碳经济视角下企业社会责任评价指标分析》，《中国软科学》2012 年第 1 期。

政府和人民传递信息的“喉舌”，又是加强党和人民联系的桥梁。[①]“作为一种新闻观念，社会责任是相对于媒体和从业人员的权利而言，社会责任是指新闻媒体与新闻从业人员在新闻活动中对社会安定、国家安全和公众身心健康所承担的法律、道德责任和社会义务。”[②] 参与学校周边安全环境综合治理同样是媒体的重要社会责任，媒体通过保障公众的知情权来监督相关部门对安全治理工作的落实。保障公众知情权是作为新闻媒体的重要职能，媒体对学校周边的现实情况应该进行客观、及时报道，科学还原事件本身，不作夸大和隐瞒，不哗众取宠，不炒作，使公众第一时间了解真实情况，杜绝无端猜测激发社会不稳定因素。近年来发生的一系列学校血案使得社会公众对与学校相关的报道倍加关注，面对扑面而来的事故报道，一段时期家长们风声鹤唳，对学生在学校内外的安全忧心忡忡，对政府和学校的安全工作产生怀疑，但通过媒体的如实报道和强大监督也产生了正面效应：其一，国家制定了很多学校安全相关的法律、法规；其二，政府及相关部门强化了学校周边安全环境综合治理的力度；其三，学校对学生安全工作不再是纸上谈兵，强化了学校安保和安全教育。

---

① 任旭娇：《基于善治理论的公共危机治理中的政府责任研究》，《知识经济》2011 年第 4 期。

② 胡黎明：《“焦点现象”研究》，新华出版社 2004 年版，第 266 页。

第六章

科学界分:禁止教师体罚伤害学生法律制度的系统建构

当前，在学校安全事故中，尤其是在校内的学生伤害事故中，来自于教师对学生的体罚和变相体罚所致之伤害所占比重较大。此类伤害大多由于教育惩戒与教师体罚的界分不明所致——教师自以为是以对学生负责的态度对学生进行必要的惩戒，实际上却属于教育法所禁止的体罚和变相体罚的范畴并对学生的人身安全和身心健康带来严重伤害。[①] 通过学校安全立法活动，明晰体罚和变相体罚与教育惩戒的界分，严厉禁止和惩处教师体罚和变相体罚学生的行为，对合理的教育惩戒行为作出明确的法律界定，对学校教育管理和教师教育教学行为的合法性作出更为明确的理念和行为导向，对于防范教师对学生的体罚和变相体罚所致之学生伤害事故、维护学校安全具有重要意义。

第一节　体罚和变相体罚

教师在教育教学过程中可能对学生实施体罚、变相体罚或者合理的教育惩戒。一些人在否定体罚的同时，把变相体罚看做——教师在教育

---

① 陕西省华阴市某子弟小学崔老师，因学生王某不好管教且偷拿了同学 10 元钱，便将其头按在墙上，用锥子在王的脸上刺出个“贼”字，并在上面涂墨水以示“训诫”。天津市某中学孙老师，让考试不及格的 11 名学生轮流站到教室讲台前，当众打自己耳光，以考试得分为基数，最多打到 53 下，必须打出响声来。山东东阿县某小学刘某等几名同学，因没背出所学内容，班主任孙老师也是罚他们自己打自己脸，并让到其他班“游班示众”，刘某因经不住精神打击而喝农药自杀……长期以来，此类案件频出。

教学过程中为维持教育教学秩序所必需的有效手段，也是对学生另一种形式的教育。随着法治国家建设进程的不断推进，尊重权利的意识不断增强，权利保障制度不断健全，人们已逐渐认识到变相体罚的严重社会危害性。但是，教师和学界仍然难以正确区分体罚、变相体罚或者合理的教育惩戒，其关键原因是对于处于中间地带的变相体罚缺乏深入研究所致。近来，教育部也明确表示，教育部门将深入研究这一问题，帮助教师正确区分合理的惩戒和体罚以及变相体罚。因此，深入研究和有效防范体罚和变相体罚，对于促进依法治教的进程，规范教师的教育行为，保护学生的合法权益并促进学生的健康成长，是有积极意义的。

一　体罚和变相体罚的内涵

虽然法律规定："禁止体罚和变相体罚学生。"但是，什么是体罚？什么是变相体罚？法律并未对此作出明确规定。从研究现状看，国内外关于教师对学生体罚和变相体罚的研究也是极为缺乏的。尤其是"变相体罚"，在某种意义上是一个非常有中国特色的概念，在英文中找不到一个对应的专门词汇，即使在中文的各类词典中也找不到准确的定义。有中国学者将变相体罚翻译为 cover corporal punishment。[①]

（一）体罚的概念

关于体罚的概念，学界有很多类似的表述。观点一认为，体罚是用罚站、罚跪、打手心等方式来伤害学生身体或心灵的行为，体罚是处罚儿童的错误教育方式。教师用体罚的方法来处理违反纪律的同学也应称为体罚。观点二认为，体罚是指通过对少年儿童或成人的身体进行的惩罚而企图达到教育训练目的的手段，如罚站、罚跪、鞭打等。观点三认为，经由制造身体上的痛苦，或经由控制身体，造成心理上的痛苦，所为之惩罚。具体地，包括以下判断标准：第一，体罚必须是惩罚，不为惩罚而实施的，不是体罚。如体育课时跑步热身、定期段考等。第二，体罚必须诉诸身体，不诉诸身体的惩罚，不是体罚，如语言羞辱、罚款等。第三，体罚必须造成身体或心理的痛苦，不造这两种痛苦的惩罚，不是体罚，较近于犯错的宣告，如私下罚站两分钟。但"痛苦"之有

---

① 贾晓红、张铁牛：《体罚和变相体罚学生现象评析》，《许昌师专学报》2002 年第 1 期。

无，应考量罚则本身的合理性、受罚者的身心状况、施罚者的执行态度等，例如明知学生脚伤，却罚他站两分钟，是体罚。第四，未造成身体痛苦，但造成心理痛苦，又系借由控制身体而行之者，是体罚，如强迫学生“当众”罚站两分钟等。第五，身体上的“痛苦”不以“痛楚”为限，所有生理感官上的不舒适均是，如以强迫憋尿、强行搔痒、强迫看色情片、强吻等处罚，都是体罚。观点四认为，体罚是指通过对人身体的责罚，特别是造成疼痛来进行惩罚或教育的行为。可见，关于体罚的概念，分歧较小，学界观点基本相同。

（二）变相体罚的概念

关于变相体罚的概念，定义者甚少。观点一认为，变相体罚是指“学校和教师在实施教育教学过程中对不服从管理的学生进行人身处罚的行为”①。观点二认为，体罚及变相体罚是指“教师以暴力的方法或以暴力相威胁，或以其他强制性手段来制止和预防学生的某些不良做法，直接或间接伤害学生身体的教师问题行为”②。观点三认为，变相体罚是指“教职员对学生不直接使用暴力，而是间接地使学生生理或心理受到折磨”。③ 观点四认为，变相体罚就是“没有接触被罚人身体，但以非人道方式迫使被罚人做出某些行为，使其身体或精神上感到痛苦的惩罚方式”④。观点五则将教师的教育行为分为合法的教育行为与非法的教育行为，并将变相体罚拆分归入教育惩戒和体罚。此种分类在理论上难以周延，在实践操作过程中则常常出现认识的偏差，明明是教师变相体罚学生的侵权行为，却经常被认为是普通的行使教育惩戒权的行为，不利于对受害学生合法权益的保护；而教师行使教育惩戒权的部分行为，却也会被误判为体罚，势必造成对教师教育教学权的挤压。综上，笔者认为，这些定义没有准确揭示变相体罚的实质，并没能准确区分变相体罚与教育惩戒权、体罚、普通侵权行为等相关概念的关系。

---

① 赫庆海：《谈体罚的归因和根治》，载《中等教育研究》，中国言实出版社 2006 年版，第 229—230 页。

② 马晓春：《中小学教师权压行为、体罚及变相体罚行为的比较研究》，《教育科学研究》2006 年第 3 期。

③ 佟丽华：《学生伤害事故预防及处理手册》，群众出版社 2004 年版，第 43 页。

④ 申素平：《如何理解体罚与变相体罚》，《中国教育报》2007 年 1 月 26 日。

笔者认为，变相体罚是指教师为了维持教育教学秩序，不直接接触被罚学生的身体，对违反教育教学秩序的学生以非人道方式迫使被罚学生做出某些行为，使其身体或精神上感到痛苦的惩罚方式。第一，变相体罚是教师侵犯学生合法权益的不当教育教学行为，教师实施变相体罚的目的必须是为了维护教育教学秩序。若教师的侵权行为仅仅出于个人私愤，则不应被定性为体罚或变相体罚；若教师要求学生替其处理私事而致使学生受到伤害，也不应作为体罚或变相体罚对待。例如，张某要其学生为其打一壶开水，而学生不慎被开水烫伤，造成伤害，该案应当作为普通民事侵权予以对待。第二，变相体罚既然归为体罚的一类，必然侧重于“罚”。其重要特点是：采用非人道方式致使学生身体或精神上感受到痛苦。第三，变相体罚（cover corporal punishment）与体罚（corporal punishment）的重要区别在于：非身体接触以及非暴力方式。

二　体罚和变相体罚的区别

体罚，可以分为广义的体罚和狭义的体罚。广义的体罚，是指教师为了维持教育教学秩序，对学生身体直接施用暴力造成学生身体受到伤害或精神上感到痛苦，或虽不直接对学生身体施用暴力却间接地使学生身体、心理或精神受到折磨或感到痛苦的惩罚方式。也就是说，广义的体罚是教师为了维持教育教学秩序，对违反纪律或者规章的学生实施的不恰当的惩罚，在内涵和外延上都具有宽泛性。其方式包括打手心、长时间罚站、罚跪、扇巴掌、罚跑、罚抄作业、当众辱骂学生等。狭义的体罚，仅指教师为了维持教育教学秩序，对学生身体直接施用暴力，造成学生身体受到伤害或精神上感到痛苦的惩罚方式。其方式包括打手心、长时间罚站、罚跪、扇巴掌等，却不包括罚跑、罚抄作业、当众辱骂学生等。广义的体罚包括了狭义的体罚和我们通常所称的变相体罚。本文所称变相体罚与体罚的区别，仅指变相体罚与狭义的体罚的区别。

（一）两者实施的方式不同

在教育教学过程中，教师的体罚往往是直接作用在学生的身体上，比如打手心、长时间罚站、罚跪、扇巴掌等，这些方式都会使学生身体受到伤害或损害。而变相体罚则不同，教师往往没有直接接触学生的身体并施用暴力伤害学生的身体，而是以某种任务、作业的形式或侮辱的形式实施对学生身心的伤害行为，使学生从事一些重复的、烦琐的机械性的学习、劳动、运动，如教师要求学生重复抄写数百遍课文或做上百个俯卧撑等不符合教育规律或超出学生身心负荷的行为，或通过不当的批评性言语等使学生感到屈辱，使学生受到身心伤害。变相体罚在表面上经常被认为是普通、正常的教学活动。因此，如果说体罚是显性的，那么变相体罚则是隐性的。

（二）两者造成的危害后果不同

体罚直接造成的后果是对学生健康权和生命权的侵害，进而进一步伤害学生的心理健康，对学生的世界观、人生观、价值观产生消极影响；而变相体罚直接造成的后果则是对学生心理和精神的刺激，常常会引发学生的一些心理问题，直接对学生的世界观、人生观、价值观产生消极影响，进而侵害学生的健康权和生命权，如致使学生自残、自杀等。体罚带来的可能是短暂性的伤害，也是显在的危害，容易被发现、认识、防范和处置，因此对学生合法权益的保护也比较容易实现；而变相体罚对学生造成的伤害往往是持续性、潜伏性的，不容易被发现、认识、防范和处置，对学生的伤害往往更加严重和久远，学生也很难依法维护自己的合法权益。

三 体罚和变相体罚的主要类型

（一）体罚的主要类型

常见的体罚形式为用手脚殴打，用器物打、罚站、顶砖、罚跪、饿饭、罚劳动或身体运动、掌掴或令儿童自掴[①]等，其方式从罗列的角度看不一而足，难以穷尽。也有学者从类型化的视角概括指出，教师对学生的体罚主要包括情绪冲动型[②]、打击报复型[③]、武力震慑型[④]、敷衍应

---

① 其中，尤以情绪失控情况下的掌掴案例最为丰富。而基于此，每年的 4 月 30 日是 1998 年在美国由一个反体罚组织发起的“国际不打小孩日”就又被译为“无巴掌日”，美国称为 International SpankOut Day，目前已有上百个国家的民间参与。

② 这类教师不是为了达到某种教育目的而体罚学生，他们主观上没有目的，纯粹是情绪冲动的自然结果。

③ 这类教师的主观目的是很明确的，不是为了“教育学生”，而是出于对学生的厌恶和憎恨，通过对学生肉体的折磨，以求得自己心理上某些的满足和怒气的发泄。

④ 这类教师想通过使用“武力”，让学生尝到肉体上的疼痛，使之服从教师，维护教师的所谓“尊严”。

付型①、苦闷发泄型②、巧“罚”助育型③，等等。

（二）变相体罚的主要类型

许多学者从不同角度对变相体罚作了分类。但是，这些分类都仅仅停留在简单的现象罗列上，也显得逻辑混乱，缺乏进一步的规律性总结，不利于对教师实施变相体罚行为的定性和研究，不利于找寻变相体罚的原因并做好防范工作。笔者认为，将变相体罚分为任务性变相体罚和侮辱性变相体罚，是比较科学的分类方法，对变相体罚的原因分析、危害性研究和对策性思考大有裨益。

任务性变相体罚，是指在学生违反教育教学纪律或者教师对学生在学习上的表现存在其他不满时，教师为了取得一定的教育教学效果或发泄自己的情绪，以布置作业或分配任务的形式，让学生从事过分烦琐、繁重的重复性学习。从某种程度上看，学生通过对某些知识点的反复练习，的确有利于加深对该知识点的理解与掌握。但是，过犹不及，过分烦琐、繁重的重复性学习违背了基本的教育规律，也超出了学生心智和体能的承受能力。例如，教师强令学生抄写上千遍英文单词或者语文词汇等，是很典型的任务型变相体罚，并不能实现预期的教学任务与教育目的。

侮辱性变相体罚，是指在学生违反教育教学纪律或者教师对学生在学习上的表现存在其他不满时，教师为了取得一定的教育教学效果或发泄自己的情绪，以言语、行为等方式对学生进行人格侮辱。侮辱和批评是有严格的界限、本质的区别的。例如，教师责骂学生“连坐台都没有资格”、“白痴”、“笨成这样”等，教师惩罚学生吃苍蝇、罚跪、往学生脸上吐痰等，都属于严重侮辱学生人格尊严的言行，是典型的侮辱性变相体罚，不能达到批评的教育效果。

---

① 此时的体罚，已成为教师敷衍应付“问题学生”的一种惯常的手段了，教师已不再考虑体罚是否有效，反正只要学生出了难以处理的“问题”，就罚，罚好了就算是把“问题”处理完毕了。

② 此种类型的体罚，既有教师情绪冲动的成分，更有教师心情忧愁压抑的成分。

③ 持有此心态的教师强调，只要通过自己的艺术处理，有技巧地把“体罚”融入教育，就能让学生体会到教师对他的好，从而被“罚”得心服口服，以致解决了存在的“问题”。实际上，笔者认为，“巧罚助育”经常只是一相情愿的呓语，其目的是比较难以实现的。

四　体罚和变相体罚的危害

为了学生的健康成长，早在1952年2月14日，教育部就发出明确指示："废止对学生进行体罚和变相体罚。"《中华人民共和国义务教育法》明确规定："教师应当尊重学生的人格，不得歧视学生，不得对学生实施体罚、变相体罚或者其他侮辱人格尊严的行为，不得侵犯学生合法权益。"《未成年人保护法》、《教师法》等法律法规，也明确禁止了体罚和变相体罚学生的行为。体罚和变相体罚的危害主要可以表现为：

（一）体罚和变相体罚对学生身心健康和人格完善的危害

青少年学生的身体和心理都尚未发展成熟。体罚和变相体罚首先是在心理方面给学生带来伤害。在教师对学生实施体罚和变相体罚后，学生往往会下意识地产生自卑、自我封闭、抵触等不良的情绪情感，或者产生报复心理，致使发生不该发生的悲剧。另外，因为体罚和变相体罚造成的巨大心理压力，这些学生转而会通过一些叛逆行为作为发泄途径或者情绪移转，在社会不良因素的影响下容易参与赌博、打架斗殴、沉迷网络游戏等，最终也可能走上违法犯罪之路。

体罚和变相体罚对青少年学生的人格发展也造成了极大的危害。人格发展在很大程度上会受到周边环境因素的影响。青少年学生在这个年龄段内，学校是其最主要的活动场所和人格完善的课堂。教师的言传身教、言行举止对学生起着重要的教育作用。拓扑心理学的创始人勒温等人把教师管理学生的方式分为三种类型：专制的方式、民主的方式和放任的方式。很明显，教师不同的教管方式会从根本上影响学生的人格发展方向。正如斯宾塞所言："野蛮产生野蛮，仁爱产生仁爱，这就是真理。待儿童没有同情，他们就变得没有同情，而以应有的友情对待他们就是培养他们友情的手段。"①

（二）体罚和变相体罚对教育目标和教育发展的危害

教育对作为社会个体的受教育者和作为社会整体的国家乃至人类的文明发展而言，其重要意义不言而喻。而教师作为教育的重要承载者，其言行是教育成功与否的关键性因素。教师对学生的体罚和变相体罚却

① 斯宾塞：《教育论》，胡毅译，人民教育出版社1962年版，第107页。

与教育目的、教育教学规律背道而驰。人本主义心理学家罗杰斯在《学习的自由》一书反对传统教育把学生置于被动地位。他认为：在教学中，学生要形成自我主动学习的习惯，教师对学生应有真诚、真实的态度，尊重学生，珍视学生，在感情上和思想上与学生产生共鸣。[①] 在此过程中教师的作用主要是引导。而体罚和变相体罚却置学生于被动地位，完全忽视甚至蔑视了学生的主体性，违背了教育教学规律，严重伤害了学生的自尊心，挫伤了学生学习的积极性和主动性。同时，也让学生对教师和学校教育失去了信心和足够的尊重，阻碍了教育人性化、和谐化发展。

另外，教师的一项重要使命就是通过对学生的积极指引，激发起学生对求知的强烈兴趣。然而，正如洛克在《教育漫话》中指出的："儿童对于某些事物，本来是喜爱的，但是后来他们因为那些事物受了鞭挞和呵斥，岂不反而厌恨那些事物了吗？其实这在他们是不足为怪的，就是成年人，又何尝能用这种方法去使他们爱好任何事物呢。无论什么正当的娱乐，假如他不高兴去玩的时候，因为一点点事情就常常被人这样对待，难道他会不厌恶那种娱乐吗？结果自然会是厌恶的。不适意的情境是常常可以影响到与其相关的、无辜的事物的。"[②] 由于教师实施体罚和变相体罚给学生带来的各种伤害，导致学生因为惧怕受到教师的惩罚而对学习产生厌恶，并致使其学习兴趣、能力和效果的下降。

（三）体罚和变相体罚对教师形象和教育权威的危害

各国自古都有尊师重教的传统，教师的形象都是崇高的、近乎完美的。在公众心目中，"师者，人之模范也"，教师是"善的使者"、"道德的代言人"，不论在学识或是人格等方面都有良好的社会形象。但是，教师如果在教育教学过程中对学生实施了体罚和变相体罚，原本在学生心目中作为文明、正义、善良、智慧的化身的教师，顷刻之间就变成卷衣挽袖、凶神恶煞、恶语伤人、褊狭刁钻的恶魔。虽然这样的教师极为少数，但由于社会公众对教师群体在形象上赋予的极度尊崇，是容不下教师在言行举止上有任何瑕疵和缺陷的。因此，教师即使仅是偶尔

---

① 叶浩生：《西方心理学的历史与体系》，人民教育出版社 1998 年版，第 579—581 页。

② 约翰·洛克：《教育漫话》，傅任敢译，教育科学出版社 1999 年版，第 55 页。

对学生实施了体罚和变相体罚，也足以毁灭他的整体形象；一个教师对学生实施了体罚和变相体罚，也足以贬损整个教师群体的良好形象。教师在学生心目中一旦失去了尊崇，教育权威就会丧失，教育效果必然受到重创。

（四）体罚和变相体罚对家庭评价和家庭教育方式的危害

学生家长对教师和学校教育都寄予着很高的期望和信任。尤其是在农村，一些家长知识水平有限，他们对孩子的全部希望都寄托在教师和学校教育上，教师对家庭教育的影响也是非常大的，尤其是教师对学生的任何评价，都会影响到家长对子女的评价和教育方式。因此，教师对学生作出的包括某些不适当的负面评价在内的体罚和变相体罚，不仅给孩子造成巨大的心理压力，同时也给其家庭带来巨大压力，并严重扭曲家庭教育导向，经常成为引发家庭暴力的导火索。如果错误家庭教育的巨大压力和教师的体罚、变相体罚形成一种教育合力，则很容易对这些心智尚未发展成熟的学生造成严重的心理创伤。

五 体罚和变相体罚的法律责任

《民法通则》第 101 条规定："公民享有生命健康权。"第 119 条规定："侵害公民身体造成伤害的，应当赔偿医疗费，因误工减少的收入，残废者生活补助费等费用。"第 120 条规定："公民的姓名权、肖像权、名誉权、荣誉权受到侵害的，有权要求停止侵害，恢复名誉，消除影响，赔礼道歉，并可以要求赔偿损失。"《未成年人保护法》第 15 条规定："学校、幼儿园的教职员应当尊重未成年人的人格尊严，不得对未成年学生和儿童实施体罚、变相体罚或者其他辱人格尊严的行为。"《教师法》第 37 条规定：教师体罚、变相体罚学生的，由所在学校、其他教育机构或者教育行政部门给予行政处分或者解聘；情节严重，构成犯罪的，依法追究刑事责任。《义务教育法》第 29 条规定："教师应当尊重学生的人格，不得歧视学生，不得对学生实施体罚、变相体罚或者其他侮辱人格尊严的行为，不得侵犯学生合法权益。"《学生伤害事故处理办法》第 9 条规定："学校、教师或者其他工作人员体罚或者变相体罚学生，或者在履行职责过程中违反工作要求，操作规程，职业道德或者其他有关规定的，学校应当依法承担相应的责任。"

可见，学生依法享有不被体罚和变相体罚的权利；体罚和变相体罚学生的，应当依法承担相应的法律责任。但在实践中，如何确定教师的言行属于体罚和变相体罚并追究其相应的法律责任，仍然是一个艰难的课题。

（一）体罚和变相体罚的民事责任

教师在教育教学过程中对学生的教育、管理行为，是代表学校进行的职务行为。体罚和变相体罚既然是教师为了维持教育教学秩序而施用于学生的一种惩罚方式，符合侵权行为的构成要件时，应当认定为职务侵权行为，由教师所在的学校承担侵权责任；教师有故意或重大过失的，学校可以行使追偿权。在界定教师的行为是否属于职务行为的标准问题上，有三种主要学说：一为雇主意思说。即以雇主（学校）的主观意思为准，凡雇主委托的事项方认为是职务行为。二为雇员意思说。即以雇员（教师）的主观意思为准，凡雇员认为自己属执行雇主委托的事项或为雇主利益而为的事项即为职务行为。三为客观说。凡雇员（教师）的行为在外观上可以认定为执行职务的，即为职务行为。前两种标准属于主观性判断标准，对职务行为的判断通常需要根据内部的雇佣关系来决定，容易受当事人举证程度的影响，法官不易掌握。如仅以雇用人的意思来判断，则会使不当职务行为或利用职权图谋私利的行为造成的损害，排除在职务范围以外，不利于保护受害人的利益；相反，如以受雇人的意思为依据进行判断，虽然对受害人并无妨害，但容易不适当地扩大职务范围，对雇用人不公平。所以，这两种标准都不宜作为审判上的判断标准。第三种标准属于客观标准，其依据为外形判断理论。根据这一理论，是否属于职务行为，不论雇用人和受雇人之间的内部关系、对职务范围及免责条款的约定如何，而从通常人的视角出发，考察行为的客观表象后再得出结论。故职务行为既包括依雇用合同关系中所约定的职务行为，也包括与执行职务有相当关联的行为。因此，第三种标准不仅可以避免外人对雇用关系的内容很难甚至无法察觉的缺陷，并更合乎公平正义的法律要求，且便于在审判实务中把握。①

---

① 王玉信：《体罚学生受伤害，教师、学校谁担责任》，http://www.fazhuan.com/bbs，最后访问日期：2011 年 10 月 11 日。

体罚和变相体罚时学校民事责任的承担方式，主要包括停止侵害、消除危险、赔偿损失、消除影响、恢复名誉、赔礼道歉等。这些承担方式既可以单独适用，也可以合并适用。[①]

（二）体罚和变相体罚的刑事责任

《未成年人保护法》第52条规定："侵犯未成年人的人身权利或者其他合法权利，构成犯罪的，依法追究刑事责任。"《教师法》第37条等也作了相应规定。对于因体罚和变相体罚致使学生受伤或者死亡的，或造成其他严重后果的，应根据《刑法》的规定，依法追究教师的刑事责任——教师对学生实施体罚和变相体罚的行为虽然属于职务行为，民事责任由学校承担，但刑事责任应当依法由教师个人承担。

笔者认为：在犯罪目的方面，教师实施体罚和变相体罚行为的目的应该只是为了维持教育教学秩序或者完成教学任务，或者只是为了宣泄自己一时的情绪和不满。在犯罪主观方面，教师在实施体罚和变相体罚过程中的主观方面应该定性为过失，即应当预见自己的行为可能发生危害学生的结果，因为疏忽大意而没有预见；或者已经预见而轻信能够避免，以致发生这种结果的。若教师实施的体罚和变相体罚行为是故意，即明知自己的行为会发生危害学生的结果，并且希望或者放任这种结果发生，因而构成犯罪的，应当认定为一般的故意犯罪，而不应当以体罚和变相体罚的后果论之。

教师体罚和变相体罚学生构成犯罪，容易触犯的罪名主要有侮辱罪、诽谤罪、过失致人死亡罪、过失致人重伤罪、非法拘禁罪等。

（三）体罚和变相体罚的行政责任

《未成年人保护法》第48条规定："学校、幼儿园、托儿所的教职员对未成年学生和儿童实施体罚或者变相体罚，情节严重的，由其所在单位或者上级机关给予行政处分。"《教育法》、《义务教育法》、《教师法》也都规定，教师体罚和变相体罚学生的，由所在学校、其他教育机构或者教育行政部门给予行政处分或者解聘。这种行政责任，不因教师的行为是职务行为而免除或移转，而是直接由实施体罚和变相体罚行为的教师个人承担。

---

① 方益权：《校园侵权承担民事责任的方式及其适用》，《教学与管理》2008年第3期。

对实施体罚和变相体罚行为的教师给予行政处分或者解聘的，由教师所在学校或者其他教育机构依法定程序做出。根据《教育行政处罚暂行实施办法》的规定，对高等学校或者其他高等教育机构及其内部人员的处罚，应当由省级人民政府教育行政部门做出；对中等学校或者其他中等教育及其机构内部人员的处罚，应当由省级或地、设区的市级人民政府教育行政部门做出；对实施初级中等以下义务教育的学校或者其他教育机构、幼儿园及其内部人员的处罚，应当由县、区级人民政府教育行政部门做出。

教师体罚或变相体罚学生的，由教育行政部门对直接责任人员给予警告、一千元以下的罚款、撤销教师资格，或者由教育行政部门建议有关部门对责任人员给予行政处分。

第二节　教师惩戒

一　教师惩戒权概述

（一）教师惩戒权的概念

1. 教师惩戒权的内涵

依据教育的基本原理而获得的“教师惩戒权”，在当前学界关于惩戒权研究现状中，几乎成为共识。但是，教师惩戒权若作为一个法律概念则缺少相应的规定，即在法律层面，“教师惩戒权”仍然是一个空缺。

惩戒在《辞海》（上海辞书出版社 1980 年版）中的定义为“惩治过错，警戒将来”，《现代汉语词典》中对惩戒的理解是“通过处罚来警戒”。“惩戒”中，“惩”即惩处、惩罚，是一种手段，是戒的逻辑起点；“戒”即戒除、防止，是惩的目的和价值追求。“惩戒”一词在日常生活中的应用极广，要对其下一个准确的定义有一定的难度。劳凯声教授将惩戒定义为：惩戒，即通过对不合范行为实施否定性的制裁从而避免再次发生，以促进合范行为的产生和巩固。①“惩戒”与“管教”、

---

① 劳凯声：《变革社会中的教育权与受教育权：教育法学基本问题研究》，教育科学出版社 2003 年版，第 375 页。

"惩罚"与"体罚"在日常生活中容易被混淆，惩戒与管教甚至在特殊情况下可以互用。这三者有共通之处，但更应注意的是它们的区别。

（1）惩戒不同于管教

惩戒，是学校和教师在教育教学过程中对学生进行管理的方法之一。惩戒一般都是通过采取强制性手段，从否定性制裁中达到良好的教育效果。管教，指教师运用某些方法、手段并非总是强制性的，对学生的言行予以管束，其内涵着眼于管理和规范。[①] 可见，尽管"管教"与采取强制性手段的"惩戒"都是教学管理方法，但有着明显的区别。研究教育法学的学者通常喜欢使用惩戒这个概念。

（2）惩戒不同于惩罚

"在惩戒行为中，'惩'即惩处、惩罚，是其手段；戒即戒除、防止，是其目的。"[②] 而"惩罚"仅仅体现出惩戒中的手段作用，也就是说，惩罚的功能较之惩戒来说更单一，惩戒是将教育的手段和目的相结合，从而达到理想的教育效果。

（3）惩戒也不同于体罚

虽然在历史上，惩戒与体罚曾被混同使用，甚至在当今仍有屡禁不止的体罚现象。对于这两个概念首先必须明确的是，二者都是教育的方式。从范围来看，惩戒的范围要比体罚的范围更广。蔡海龙在《"体罚"的概念重构及其与惩戒的分野：一种教育法律关系的视角》一文中定义了法律概念上的"体罚"。[③] 这样的界定比较科学，对惩戒与体罚做了较明晰的区别。

教师惩戒是不同于体罚的。然而，在我国现行教育法、教师法等教育法律法规中，只是概括地对体罚作禁止性规定，并未明确赋予教师以惩戒权，致使教师在管理学生时无所适从。并且由于惩戒长期在法律规范约束上的缺失致使在现实的教育教学活动中，惩戒权一直被任意无序

---

① 王辉：《论教师的惩戒权》，《教育研究与实验》2001 年第 2 期。

② 劳凯声：《变革社会中的教育权与受教育权：教育法学基本问题研究》，教育科学出版社 2003 年版，第 375 页。

③ 蔡海龙：《"体罚"的概念重构及其与惩戒的分野：一种教育法律关系的视角》，载劳凯声主编《教育法制评论》（第 5 辑），第 115 页。其认为，作为法律概念的体罚系指对于学生身体的惩戒超出合理和适度的范围。

地使用着，侵害学生合法权益的案件时有发生，严重影响了教育教学活动的正常进行、教师队伍的良好形象和教育质量的提升。

科学合理的惩戒制度必须科学地、具体地规定教师应具有哪些惩戒权，学生犯何种错误应该受到什么程度的惩戒，惩戒应该以什么方式进行，从而建立起以赏识教育为主、惩戒教育为辅的教育方式体系。可以使教师惩戒权的行使有法可依并不逾矩，可以更好地实现学生的全面发展，落实依法治校与依法治教，有利于师生关系的和谐发展，和谐学校的构建，教育质量的提高。

由此可见，“惩戒”较之“管教”、“惩罚”、“体罚”更科学，更符合现代教育理念，一定程度上体现了以人为本的思想，能实现学生的长期发展。在这里需要注意的是：我们所称“惩戒”一般都是作为教育概念加以称谓，而不是现行法律中的那个法律概念。[①] 然而，任何权力的存在与否，并不完全取决于现行法律是否明文规定，而在于其对现实是否必要。教师惩戒权在教育法中是模糊不清的，但这并不意味着其在教育实践中不存在。教育学中的惩戒是属于学校管理范畴，是学校管理手段。理论与现实的差距迫切需要我们关注教师惩戒权的相关问题。

2. 教师惩戒权的外延

教师惩戒权是教师对有越轨行为的学生进行强制性管理的权力。日本依据惩戒的性质不同，将惩戒划分为教师个体惩戒和教师团体惩戒。广义地说，教师惩戒权根据惩戒主体的不同，包括了教师个体惩戒权和教师团体（学校）惩戒权。教师个体惩戒，亦称“事实上的惩戒”，是指不发生法律上效果，针对纯粹的事实行为作出的惩戒方式；惩戒处分是指依据有关法律法规，对于学生课以具有法律效果而会影响其在学身份，具有惩罚性质的不利益处分。[②]

对于教师团体（学校）惩戒权，根据惩戒对学生的影响程度不同，

---

① 如果没有特别说明，本文所称“惩戒”皆指教育惩戒，不同于法律意义上的公务员惩戒。如《中华人民共和国公务员法》第九章“惩戒”已对惩戒实施之条件、具体形式和程序请方面作出详尽规范。

② 参见周志宏《教育法与教育改革》，台北高等教育文化事业有限公司 2007 年版，第 305、307 页。

我们又可以将其分为身份性惩戒和非身份性惩戒。身份性惩戒指的是学校行使的惩戒权改变了学生与学校间的“在学法律关系”，也就是对学生的在学身份产生了影响，即学生在特定时间丧失了某一特定学校的学生身份，因而导致其受教育权也随之丧失的一种惩戒方式。身份性惩戒主要有退学和开除学籍。2005 年《普通高等学校学生管理规定》第 27 条规定了退学的情况，[①] 第 54 条规定了“开除学籍”的情况。[②] 劳凯声教授主编的《变革社会中的教育权与受教育权：教育法学基本问题研究》中对停学和开除（Suspend & Expulsion）[③] 的惩戒方式也进行了详细的论述。退学与开除的法律依据必须来源于全国人民代表大会及其常务委员会、国务院的规范性文件，规范形式表现为法律、行政法规。非身份性惩戒，是指学校行使的惩戒权没有改变学生与学校间的“在学法律关系”。非身份性惩戒是教师惩戒权的主要实施形式。具体地，可以将非身份性的惩戒分为学术性非身份惩戒和纪律性非身份惩戒。当前，我国教育法律法规已经作出较为明确规定的学术性非身份惩戒主要包括留级、降级、成绩记无效等，纪律性非身份惩戒主要包括通报批评、警告、严重警告、记过、留校察看等。

教师个体惩戒权与教师团体（学校）惩戒权除了实施主体和性质上存在根本区别，二者的区别还包括作出惩戒的形式。教师个体惩戒权主要是通过“非文字记录的惩戒”来实现。而教师团体惩戒权则主要

---

① 2005 年《普通高等学校学生管理规定》第 27 条规定：“（一）学业成绩未达到学校要求或者在学校规定年限内（含休学）未完成学业的；（二）休学期满，在学校规定期限内未提出复学申请或者申请复学经复查不合格的；（三）经学校指定医院诊断，患有疾病或者意外伤残无法继续在校学习的；（四）未请假离校连续两周未参加学校规定的教学活动的；（五）超过学校规定期限未注册而又无正当事由的；（六）本人申请退学的。”

② 2005 年《普通高等学校学生管理规定》第 54 条规定：“学生有下列情形之一，学校可以给予开除学籍处分：（一）违反宪法，反对四项基本原则、破坏安定团结、扰乱社会秩序的；（二）触犯国家法律，构成刑事犯罪的；（三）违反治安管理规定受到处罚，性质恶劣的；（四）由他人代替考试、替他人参加考试、组织作弊、使用通讯设备作弊及其他作弊行为严重的；（五）剽窃、抄袭他人研究成果，情节严重的；（六）违反学校规定，严重影响学校教育教学秩序、生活秩序以及公共场所管理秩序，侵害其他个人、组织合法权益，造成严重后果的；（七）屡次违反学校规定受到纪律处分，经教育不改的。”

③ 这是两种将学生排除于一定学校教育活动之外的惩戒手段，又可称为排除或拒绝入学（Exclusion）。参见劳凯声《变革社会中的教育权与受教育权：教育法学基本问题研究》，教育科学出版社 2003 年版，第 402—404 页。

是通过“文字记录的惩戒”来实现的。其次，二者在实施遵循的程序上存在差异。教师个体实施惩戒权遵循的程序较之教师团体实施的惩戒权更宽松。也就是说，教师个体惩戒权的实施过程中，教师的自由裁量权更大。这也就意味着教师个体惩戒权的行使更容易出现滥用的现象，而教师团体惩戒权由于遵循法定程序可以实现形式的正义，较严格地保障了学生的权利。

综上所述，教师个体惩戒权与教师团体惩戒权无论在性质、主体、程序和实现形式上等都存在较大的差异。关于教师团体惩戒权，学界关注的重心在于它的程序问题。而由于教师团体（学校）惩戒权是依据教育法律法规的规定由学校决定作出的惩戒，在制定法上比较完善，并有较多的研究成果；也由于教师个人并无此项惩戒权力。因此，本文不再予以讨论。

本文所要论述的是狭义的教师惩戒权，即教师个体惩戒权，是指教师个体对有越轨行为的学生进行强制性管理的权力。在国外的教育法律制度中，已有很多制定法上的规定，明确了教师个体惩戒可以针对学生较轻微的越轨行为（包括课堂上的纪律问题）而作出。在我国，关于教师个体惩戒权的法律规定至今仍然呈空白状态，学界的研究也极为缺乏。

（二）教育惩戒与变相体罚的区别

盲目否定教育惩戒是不理性的。在正常的教育教学过程中，教师拥有一定的教育惩戒权是非常必要的，这也是维护教育教学秩序所必需的手段。孙云晓先生认为：“教育本就是十八般武艺，表扬批评奖励惩罚，什么都应该有。没有惩罚的教育是不完整的教育，没有惩罚的教育是一种虚弱的教育、脆弱的教育、不负责任的教育。”① 鲍里奇博士在《有效教学方法》中强调：我们可以“用惩罚来减少某一行为发生的可能性或倾向性”。“为了让丹尼待在座位上，有两种选择——或惩罚他做额外作业，或奖励他从事某项兴趣盎然的活动。”鲍里奇还在该书中列举了20种针对轻微、中等和严重的违规行为的反应（主要是惩罚）方式。美国社会心理学家杜克断言：“考虑到今日学校规模和世界范围

① 孙云晓：《没有惩罚的教育是不完整的教育》，《中国青年报》2002年10月28日。

内的学生向权威挑战这种日益增长的趋势，一概废除惩戒度也是不现实的。”可见，中外教育家都认为，学生时代正是一个人心智尚未发展成熟的阶段。无论是价值观、人生观、世界观都出于萌芽时期，可塑性非常强。因此，教育和惩戒是学校教育所必需的两个重要方面。

当然，严格区分变相体罚与教育惩戒是非常必要的：[①]

第一，两者实施的目的正当性不同。教育惩戒主要是在教育教学过程中，为了通过一定的惩罚措施，防止违反纪律或者规章的学生再次出现类似错误。实施教育惩戒有明确与合理的依据，有助于达到其追求的教育目的。教育惩戒其实也可以是对学生尊重的表现，可以有利于学生的整体和健康的发展，因而可能比那种无条件放任学生的抽象的人道主义更加“人道”。对此，马卡连柯曾明确指出：“合理的惩罚制度不仅是合法的，而且是必要的。这种合理的惩罚制度有助于形成学生的坚强性格，能培养学生的责任感，能锻炼学生的意志和人的尊严感，能培养学生抵抗引诱和战胜引诱的能力。”[②] 小原国芳也反复强调：“必须用惩罚来充实教育，惩罚不是杀人，而是救人，是使人新生，使人复活。”因此，教育惩戒的目的是为了教育学生。而变相体罚的目的则不同，是教育者为了强制学生服从学校或教师的权威和意志，并且实施处罚并无正当理由或者理由不够充分。

第二，两者实施的主体和方式不同。教育惩戒是对学生的某些错误行为所给予的一定处罚，既包括校方给予的行政处分，如通报批评、警告、记过、留校察看、开除等；也包括教师对学生进行的一些处罚，如教师对学生的口头批评、训斥、合理时间的罚站等。但是，变相体罚的实施主体一般是教师个人，实施方式上具有一定的不人道性，如长时间的罚站、单独设置超负荷的运动量、简单机械地抄写作业等。

第三，两者实施的程序正当性不同。教育惩戒是在学生犯错之后，学校或教师依照学校相应的规章制度和相应的处罚规定，在合理范围内进行惩戒，尤其是学校对于学生的行政处分，必须书面通知其家长，并

---

① 体罚与教育惩戒比较容易区分，变相体罚与教育惩戒则比较容易混淆。而变相体罚与教育惩戒之区分，在很大程度上也即体罚与教育惩戒之区分。

② 马卡连柯：《马卡连柯教育文集》（下卷），吴式颖等译，人民教育出版社 1986 年版，第 58—59 页。

且允许受处分学生拥有陈述和申辩权、申请听证权、不服申诉权等，程序极为规范严谨。而变相体罚则任由教师个人的意愿，处罚随意性较大，根本无所谓程序性。

第四，两者实施的必要性不同。在必要性方面，教育惩戒是对学生另一种教育。夸美纽斯在《大教学论》中专章论述过纪律问题，也明确指出了教育惩戒的必要性："犯了过错的人应该受到惩罚。他们之所以应受惩罚，不是由于他们犯了过错（因为做了的事情不能变成没有做），而是要使他们日后不再犯。"可见，在教育教学过程中实施教育惩戒是非常必要并有效的。但是，一旦惩戒权适用不当，或者过分强调惩罚的必要性和有效性，将本来可以用批评教育等方式予以说服的，却用非人道的方式去对待，这样反而不能取得真正的教育效果。惩戒过度便是体罚，这样不能取得真正的教育效果，并且在我国现行法律中是明文禁止体罚的。

第五，两者实施的效果不同。教育惩戒能真正使学生主动地戒除越轨行为，从而增进师生之间的感情。体罚和变相体罚对学生的身心健康有极大的伤害，在生理方面，可能使学生致伤致残，甚至导致死亡；在心理方面，使儿童变得恐惧，缺乏安全感，并摧残学生的心灵，扭曲学生的人格，损害学生的尊严，窒息学生的思想。加拿大学者就体罚对孩子将来身心健康产生的影响做了全球最大规模的调查。被体罚的儿童成年后吸毒和酗酒的可能性是正常儿童的两倍，而且患上焦虑症、反社会行为倾向和抑郁的概率大大增加。在偶尔被打的受访者当中，有21%患上焦虑症、70%患上抑郁症、13%酗酒、17%嗜毒。纽约哥伦比亚大学全国贫困儿童中心的心理学家伊丽莎白·盖尔绍夫经长期研究发现，体罚可能产生10种不良行为，如易进攻、反社会和成年后对子女及配偶滥用暴力等。

（三）教师惩戒权的法律权属

1. 权利和权力的区别

教师惩戒权的法律属性是"权力"还是"权利"？抑或是兼具二者属性，即既是"权力"又是"权利"？正确区分教师惩戒权中的"权"究竟是"权利"还是"权力"，不仅有利于准确地界定概念，而且还有助于明确教师惩戒权的相关理论与实践问题。并且，对教师惩戒权属性的认定涉及了法理上的适用原则，能明确教师实施惩戒行为的目的、意义和作用。因此，厘清“权力”和“权利”之间的关系是极为重要的。

权利和权力是两个不同的法律概念，二者有着严格的区别。权利一般是指公民、法人所享有的利益，[①] 是“规定或隐含在法律规范中，主体以相对而言自由的资格或能力，作为或不作为的方式获得的利益”。[②] 权力与“职权”同义。是“国家、国家机关及其工作人员通过利用对资源的控制，使公民、法人或其他组织服从其意志的一种特殊力量或影响力”。[③]

2. 教师惩戒权的法律性质

（1）教师惩戒权的权力属性观

通过比较权利和权力的区别，我们可以清晰地知道，教师惩戒权是行使者不能放弃或转让的“权力”；这就决定了教师的惩戒权与直接强制力相伴。从权利和权力的法律要求、运行方式和社会功能来看，教师惩戒权确实符合“权力”的特征。都从一定程度上反映了教师惩戒权的权力属性，不行使教育惩戒权就是一种渎职行为。至今，各个国家基本上把义务教育制度规定入宪。比如，我国《宪法》中有相关法条[④]概括性地明确了教育权的宪法地位。我国教育权的实现主要是通过举办教育机构，尤其是开办公立学校实现教育事务。这就决定了学校教育具有公权力性质。而教师作为学校事务的具体执行者，其教育权也被赋予了公权力属性。我国现行法律法规也作出了相关的具体规定。比如，我国现行法中《中华人民共和国教师法》第 3 条规定将教师定义为，是履行教育教学职责的专业人员。这从某种意义上确立了教师是国家教育权具体执行者的法律地位。第 7 条第 3 款规定教师享有指导、评价学生的权利。第 8 条第 5 款规定教师有制止有害于学生的行为或者其他侵犯学生合法权益的行为，批评和抵制有害于学生健康成长现象的义务。由此

---

① 参见董立山《自治与法治之间——高校行使学生惩戒权问题研究》，湖南大学出版社 2007 年版，第 220 页。

② 同上。

③ 同上。

④ 《中华人民共和国宪法》第 19 条：“国家发展社会主义的教育事业，提高全国人民的科学文化水平。”

可见，国家教育权是通过开办教育机构（主要是公立学校）来实现的，而学校教育活动的开展又主要是依赖于教师来实现的。通过权力的传递，使得最终教育权的行使者教师的教育权也具有了公权力性质。

（2）教师惩戒权的权利属性观

那我们是否就可以据此认为教师惩戒权就是一种纯粹的公权力呢？

首先，我们来看几个关于教师惩戒权法律属性界定。王辉博士对教师惩戒权进行了解释，他认为教师惩戒权既是权力又是权利。他认为惩戒权是教师权力的重要组成部分。惩戒权是教师依据相关法律对学生进行惩戒的权力。并指出教师惩戒权在某种意义上，也是教师的一种权利。教师有权在其职责范围内作出有关专业性的惩戒行为，这是教师职业性权利的应有之义。遗憾的是，王辉博士虽然提出了教师惩戒权既是权力又是权利，却没有对此加以详细的论证。

其次，蔡海龙在一篇题为《作为复合性权利的教师惩戒权——中小学教师惩戒权的权利性质研究》一文中，就对教师惩戒权的权利性质进行了详细的论述。这也是目前在关于教师惩戒权的权利性质方面的研究中，不可多得的一篇详细论证教师惩戒权的文章。作者主要从教育法律关系层面来进行分析，论述了监护权的部分转移，基于此，惩戒法律关系是国家、学校、教师、学生及其监护人之间多方法律关系的复合体结构。作为一种复合性的法律关系的体现，教师惩戒权因其惩戒形式的不同，展现出不同样式的权利属性。

（3）教师惩戒权具有权力和权利双重属性

课题组较赞同教师惩戒权兼具权力和权利属性。从刚才基于权利与权力的区别对教师惩戒权权力属性的分析中，我们会发现，教师惩戒权在行使主体上并不是一味地表现为被授权的主体。蔡海龙认为：有必要通过诸如委托代理等适当的立法处理，使得学校承担起对未成年人的监护职责，以保护未成年学生的生命健康和安全。① 这就使得教师在转移部分的惩戒权中与学生的关系不同于一般的行政法律关系。对于它的权力属性，我不加争议，本文所要探讨的是它的权利属性。监护权部分转移说从内容上论证了它的权利属性。此处不赘述。

---

① 劳凯声：《中国教育法制评论》（第4辑），科学教育出版社2006年版，第201页。

教师惩戒权一方面由于受国家委托行使教育职责、实施惩戒。但这并不必然否定教师惩戒行为具有职业权利属性。在当今形势下，我国中小学校也开始实行教师聘任制，教师的权利属性更加凸显。教师如若对学生不实行教师惩戒权，就难以实现教育教学目标，导致不能基于教师职业取得报酬。甚至可能因此而失去教师继续从教的机会。这样一种因职业获得报酬的特性，使得教师惩戒权当然的具备了职业权利属性。

另外，从逻辑上，也可以一定程度上肯定教师惩戒权具有权利的性质。在这里我采用的是证伪的逻辑方式。我们假设命题："教师惩戒权是且仅仅是一种权力"是正确的命题。则必须证明该命题为伪命题。教师惩戒权是一种权力，则其权力依据的推定规则就是"法无明文规定即禁止"。而我国现行的法律法规或是部门规章等，都没有对"教师惩戒权"的明确规定，甚至连这个词语都未在相关教育法律中出现。据此，我们可以得出这样的结论，我国教师无权行使教师惩戒权。也就是说，教师行使了此权就是违法，要承担相应的法律责任。然而，我们都知道，在我国现行的教育实践中，教师批评教育学生、短时间的罚站、甚至罚打扫教室卫生等都是被认可的行为（这些行为指未超过学生的承受能力），甚至是我国法律法规及相关文件所赋予的权力。在我国乃至外国的中小学校教师都是如此操作的，而且一些国家已经将这些行为合法化了。因此，教师惩戒权若只是一种权力，依据法无明文规定即禁止的推定规则，教师则无权行使这些被社会认可（部分国家已经将其合法化了）的行为。这是与事实相背离的，也是不现实。

由此可见，"教师惩戒权是且仅仅是一种权力"这个命题是假命题，是不成立的。也就是说，教师惩戒权在权力属性之外，必然还具有另外一种属性。否则就难以解释前述的悖论。从这个角度来分析，教师惩戒权也不是单纯的权力属性。而是兼具权力和权利的双重属性。确定教师惩戒权的法律属性是非常必要的。可以解释教师惩戒权现实与法律的冲突。教师惩戒权的权利属性可以很好地解释惩戒权在古今中外一直存在的正当性，只是当前教师过度的惩戒行为已经超越了权利范围。因为任何一种权利的行使都必须以不侵犯他人合法权利为界限。因此，我国必须通过法律将教师惩戒权的行使范围和方式及相关法律制度加以规范。

（四）行使教师惩戒权应遵循的基本原则

1. 教师惩戒权应当遵循的行政法原则

正如前文所述，教师惩戒权具有权力和权利双重属性，因此，教师在施行教师惩戒行为时，仍然要遵循行政法的一般原则，比如，法治原则、比例原则、正当程序原则、信赖保护原则、不当联结禁止原则。这些原则是教师有效行使惩戒权的前提条件，同时也是受教育者合法权益得到保障的必然要求。

（1）行政法治原则

在依法治教的倡导下，行政法治原则“是教师在教育教学管理过程中应遵循的基本原则，也是最低的行为要求”。[①] 这一原则具体包括以下内容：一是教师惩戒的依据合法。二是教师惩戒的行为合法，不得超越或滥用职权。最后，教师惩戒主体合法。教师必须拥有惩戒权，且必须在惩戒权行使的范围内行使。作为教书育人的教师，应该不断增强法制观念，依法从教，依法施教。

（2）比例原则

又称为平衡原则、最小侵害原则、过度禁止原则，它是指行政主体在作出行政行为时，必须兼顾实现行政目标与保护相对人的权益，如果作出的决定可能对相对人的权益造成某种不利影响时，应尽可能缩小不利因素的影响，使“目的”和“手段”之间保持适度比例。[②] 学界通常认为，比例原则具体又包括了三个子原则：适当性原则、必要性原则、狭义比例原则。适当性原则又称正当性原则，是指教师所采取的惩戒行为，要有明确而正当的理由，应有助于达成其所追求的教育目的。而不能单纯为惩戒而惩戒。惩戒措施的必要性原则，又称最小侵害原则，是指教师惩戒应选择对学生的学习生活影响最小、对他们权利限制最少的手段。狭义比例原则又称过度禁止原则，指的是教师实施惩戒必须为了实现较大的公益牺牲较小的利益，而不能舍大求小。也就是说教师行使惩戒权时不能造成各方利益明显失衡，必须符合一定的比例。

① 劳凯声、郑新蓉：《规矩方圆：教育管理与法律》，中国铁道出版社 1997 年版，第 324 页。

② 参见董立山《自治与法治之间——高校行使学生惩戒权问题研究》，湖南大学出版社 2007 年版，第 150 页。

（3）正当程序原则

教师在行使惩戒权时应当遵循正当程序原则。具体来说，行使教师惩戒权时不能带有个人偏见，主观色彩极浓地去处理有越轨行为的学生。教师作为惩戒权的行使者必须与受惩戒事实有利害关系。对一些较严厉的惩戒在作出后，要及时履行对方家长或监护人的告知义务。在决定给予惩戒后，应该给该学生申辩的权利。最后，对于较严厉的惩戒应当制作书面决定，要写明学生违纪的事实，以及学校据此作出惩戒决定的依据和理由，并告知学生救济途径。

（4）信赖保护原则

该原则存在的理论依据是法的安定性原则。按照该原则的要求，教师在惩戒过程中，要求惩戒的规定具有稳定性，不能朝令夕改；要求教师惩戒权的行使方式必须明确，行使的程序必须有法可依。因此，有必要建立一套科学、公平、合理、客观严密的教师惩戒权行使程序，保证教师在施行或执行惩戒决定时，能够严格按照法定的程序作为。只有这样才能建立起学生对教师与学校的信赖。

（5）不当联结禁止原则。不当联结禁止原则，又称禁止不当联结原则，它是伴随自由裁量权的大量扩张而产生。教师惩戒权的行使并不是没有条件的，否则就会出现过度惩戒，也就是体罚现象。教师作出惩戒必须基于教育学生，纠正学生的越轨行为。不可以超越此界限任意惩戒学生，滥用惩戒权。

2. 教师惩戒权应遵循的特殊原则

（1）法益衡量原则

权力的赋予往往会对另一权利构成侵害，教师通过惩戒权对学生的越轨行为进行管理达到教育目的，不可避免地会对学生某些权利造成损害。鉴于此，教师能否以实现教育之目的而理所当然地侵犯学生之权利呢？这就需要对教师惩戒行为所涉及的法益进行衡量。法律的社会功能主要表现为调整和控制社会各方利益。对各方利益的冲突进行权衡是任何立法必须考虑的问题。卡尔·拉伦茨认为在进行法益衡量时必须注意三方面的问题：一是最终选择之法益是否具有价值优越性；二是同位阶权利相冲突，考虑受保护法益的影响以及作出让步法益所受到的损害程度；三是考虑比例原则。简而言之，教师是否应该被赋予惩戒权必须考虑教育目的的实现与学生人身法益的衡量。显然，合理的适度的惩戒是为教育服务的，是与鼓励等正强化的方式共同构成教育的手段。“任何法的价值都是相对人而产生，而存在的。”[①] 当前，国内中小学校教师实施惩戒权的现状来看，教师在行使惩戒权时应注意对学生其他权利的保护。一是要保护学生的财产权，教师不能超越法律限度对越轨行为的学生随意进行罚款、没收等；二是要保护学生的人格尊严权及隐私权，不能随便对学生进行搜身检查等。现代法治理念中最基本的一点，就是要求人们在履行法定义务或行使法定权利时不能侵犯他人的合法权利。惩戒的行使也必须遵守这一要求。即教师在出于教育的目的对越轨行为的学生实施惩戒时，必须尊重受惩戒学生的合法权利，否则也是违法的。

（2）学生现实利益与长远利益的衡量

教育学角度看，培养全面发展的学生是教育的目的。教师行使惩戒的目的也不在于“惩”，而在于“戒”，最终是为了促进学生的身心健康发展，为了维持正常教学秩序，而不是单纯的制裁。博登海默认为，如果过度使用法律控制手段，在某些历史条件下可能会发生把管理变成强制，把控制变成压制的现象。[②] 这也就是说，教师在行使惩戒的过程中不能片面强调惩戒的制裁作用，忽视其教育的功能。否则会影响教育效果，甚至会达不到制裁的意义。教师在惩戒学生的过程中，不仅要使受惩戒的学生认识到自己的错误及承担责任的必要性，还要对他们进行耐心的思想政治教育，使其形成积极改正和向上的动力。需要注意的是，教师的惩戒必须和教育相结合，毕竟教育和惩戒具有不同的功能，对有越轨行为的学生只教育不实施惩戒会使惩戒制度失去其存在的意义。而过度的惩戒则会导致师生关系紧张，制约惩戒功能的正常发挥。因此，适度的惩戒教育对教师的教育教学管理来说非常必要。

教育的发展，从根本上来说，追求的是人的个性的发展。从人的个性发展角度来认识教育的重要性，将教育最根本的目的确定在人的发展

---

① 卓泽渊：《法的价值总论》，人民出版社2001年版，第32页。

② E. 博登海默：《法理学：法律哲学与法律方法》，邓正来译，中国政法大学出版社1999年版，第404页。

上，应当是当代中国教育的根本目的，应当是当代中国教育机构建立和发展的根本目的，应当是当代中国教育法律和政策的根本出发点。[①] 在和谐社会主义理念下，教师惩戒权也应以学生为本位，这样才能更好地实现惩戒的价值追求，甚至是人的全面发展。中小学生身心仍然处于发展之中，他们在法律上仍属于非完全民事行为能力人，需要教师的矫正与引导。在当今经济高速发展的社会中，教育对于人的发展和权利的实现日显重要。教师在教育教学过程中应该坚持惩戒和教育相结合，实现师生关系的和谐发展，实现教育的目的。

二　我国教师惩戒及其法律规定的现状分析

（一）我国教师惩戒的现状分析

1. 我国教师惩戒的现状

在教育教学活动中，教师行使正当的惩戒权，保证了教育教学活动的顺利进行，维护了学校正常的秩序。教师对学生的失范行为行使惩戒权，有利于规范学生的行为，实现学生的长期发展，促进学生个体的社会化。在我国当前的历史条件下，教师正当惩戒权的行使具有极大的价值和现实意义。在教师惩戒问题上，纵观我国的教育发展历程，大体可以划分为两个阶段进行分析：没有教育法律介入的阶段，教师作为教育管理的执行者，其教育管理方式不受法律规制；在 1986 年后，教育法律开始介入教师的教育管理领域——禁止体罚和变相体罚学生，教师教育管理学生的手段从此受到法律规制。实际上，即使撇开教育法律规范，单纯从教育制度的视角看，对比过去与当下的教育制度，相同点是都赋予教师教育管理学生的权力，区别在于赋予教师教育管理学生的权力大小不同。而对于教育管理权力的不同规定如果不能实现平衡性，将致使教师对学生出现教育管理上过度惩戒或放任不管的现象。当前，教师惩戒主要呈现出体罚和不管两种。以下主要通过两个案例进行具体分析：

案例一：2009 年 5 月 19 日，巴中市南江县元潭乡凉水中心小学班主任饶某对 10 岁的违纪学生袁艾（化名）实施体罚，该案学生家长以孩子被打成“应激相关障碍”为由向老师索赔 8.9 万元。截至记者发

---

① 孙霄兵：《受教育权法理学：一种历史哲学的范式》，教育科学出版社 2003 年版，第 1 页。

稿，这起纠纷经过9次调解后仍无结果。[①]

案例二：2008年6月12日，安徽某学校有两名学生在课堂上发生打斗，致使其中一名学生死亡。令很多人无法理解的是，课堂上教师却对此行为并未制止，事后也没有及时送被打学生前往医院，而是继续上课直至下课。[②] 据报道，长丰"杨不管"案，死亡学生家人获赔20.5万元，其中"杨不管"承担近半。[③]

从以上两个案例中，可以发现我们的教育出现了困惑：面对学生的违纪行为，老师似乎有点无所适从，虽然我国很多法律都规定禁止体罚和变相体罚。如《未成年人保护法》[④]、《义务教育法》[⑤] 等法律规定。法律对体罚的规定从无到有，从这一点来看这一规定是一种突破。但从某种程度上来看，这种笼统的规定又给教育的执行者（主要是教师）带来了诸多的困惑。面对出现这样的困惑，社会以及教育界都予以了一定程度的关注。教育部对此作出了进一步改进的努力，比如，在2009年8月22日，教育部出台了《中小学班主任工作规定》第16条规定，允许班主任采取适当方式批评教育违纪的学生。这是针对惩戒失范行为（一种是惩戒过度的体罚；另一种是惩戒不作为的不管现象）作出的进一步规定。虽然"适当方式"概念模糊，难于操作，但不得不承认这是一次重大的进步。

2. 我国教师惩戒失范的原因

当前，在我国众多的学校中，随着学生权利意识的日益增强，现行相关法律规定的缺失，教师惩戒行为难以得到开展，教师不敢轻易惩戒学生。加之，新闻媒体对此类事件的曝光，并对惩戒学生这一举措带来

---

① 《10岁班长遭老师体罚出现精神障碍》，http：//news.qq.com/a/20090519/000193.htm，最后访问日期：2009年10月11日。

② 《又出来一个比范跑跑更恶劣的"杨不管"》，http：//bbs.tiexue.net/post_2869039_1.html，最后访问日期：2011年12月23日。

③ 许晓雯、李进：《"杨不管"被调离教学岗位》，http：//ah.anhuinews.com/system/2008/07/17/002066178.shtml，最后访问日期：2011年10月16日。

④ 《未成年人保护法》第15条："学校、幼儿园的教职员应当尊重未成年人的人格尊严，不得对未成年学生和儿童实施体罚、变相体罚或者其他侮辱人格尊严的行为。"

⑤ 《义务教育法》第29条："教师应当尊重学生的人格，不得歧视学生，不得对学生实施体罚、变相体罚或者其他侮辱人格尊严的行为，不得侵犯学生合法权益。"

的影响加以渲染，在一定程度上混淆了公众的视听。其实，社会对“惩戒”认识的偏差，在一定程度上影响了教师对依法享有的管理权的行使，使得很多老师变得消极。更确切地说，不敢管成为教师保护自己权益的选择途径。有数据显示，教师中有 57.3% 的人对犯错误的学生抱有听之任之的态度。①

事实上，教师不管的教育方式是不合理的。它不仅不利于调动教师的主人翁意识和管理主动性，也不能提高学生的素养。甚至从长远来看，会对学生的智力、心理的发展与成长带来不利影响。面对这样的现状，我们不得不深思其中的原因。造成教师惩戒行使无序的原因是有很多的。

首先，教师惩戒过度，即体罚的现象主要有：一是受传统的根深蒂固的师生观念影响。在历史上教师采用各种方法惩罚学生的现象是极其普遍的，并视为理所当然；二是当今我国教育现状的“副产品”。当下中国的教育，虽然提倡素质教育，考试为教育服务，促进学生全面发展。但是，在当前社会现实中，仍然是以学生的考试成绩作为各个学校教育效果的核心衡量标准，也是评价教师工作业绩的重要指标。在这样的教育环境中，考试对每一个学生、教师、学校都非常重要。这些因素都致使教师在日常的教育教学过程中难免出现惩戒过度的现象。三是教师的法制意识薄弱。虽然国家有《教育法》、《未成年人保护法》等法律规定了保护学生的权利和利益，但个别教师，缺乏对相关国家的法律法规的了解，导致在教育教学过程中侵犯学生人权。尽管有些教师的教育管理学生的出发点是好的，但做法不恰当。四是当前教师的社会地位不高。教师的工作量不少，但社会对于他们的要求和期望值却普遍偏高。教师在这种情况下，特别容易出现职业枯竭感。在没有调节渠道或调节不利的情况下，就很容易出现教师体罚学生的现象。

其次，教师惩戒不作为，即教师不管学生的现象主要是由于：一是当前教育法律法规对教师惩戒权无明文规定，现有的体罚规定由于无相应的配套规定细化或解释导致教师在现实中难以操作。二是当今学生的维权意识日益增强，加之无惩戒规定和现有的关于体罚的法律责任的规定，导致在发生相关法律纠纷时，教师经常处于劣势。并因此承担了民

---

① 殷景录：《学校教育惩戒功能缺失与对策研究》，《中国教师》2009 年第 4 期。

事或刑事责任。三是社会对教师惩戒的理解存在偏差，与实践中教师体罚行为发生混同，教师体罚的普遍存在强化了惩戒带来的负面作用。

通过对教师惩戒现状原因的分析，我们可以知道，案例一的班主任饶某由于其行为造成了学生的精神障碍，已经构成体罚。理应受到相应的法律追究。案例二中的“杨不管”正是由于惰于行使教师惩戒才导致上课教学秩序混乱。对于学生之间的打架行为不加制止，违反了《中华人民共和国教师法》（以下简称《教师法》）第 8 条第 5 款的规定。[①] 所以，他也为此承担了相应的民事赔偿。

反思案例，教师作出不同的行为，或滥用教师惩戒，或教师惩戒不作为，都承担了相应的民事赔偿。面对现行法律要求老师积极作为（教师的积极义务，也就是教师的职责），而对相关职责却未作明细化的规定，这样就使得教师在实际操作中无所适从，面临两难。

（二）我国教师惩戒权的法律规定现状分析

现行法律中涉及教师惩戒权的内容表现为三个特点：第一，教师惩戒权在我国现行法中并没有明文法律予以规定。第二，关于禁止“体罚和变相体罚”的规定过于笼统，且无相应的规定或解释加以细化，导致对其操作性不强。第三，从现有涉及的相关规定可以看出，虽然有赋予学校或教师批评教育学生的规定，在一定程度上可以看作是对教师惩戒权的肯定。然而，不得不承认的是：我国法律缺乏对教师惩戒权的明文规定，在立法中仍然是空白。也就是说，我国的教师惩戒权在立法层面上还处于应然的状态。现行的法律并未赋予应有的法律地位。

1. 关于“体罚和变相体罚”的禁止性规定

（1）我国诸多法律中都对“禁止体罚和变相体罚”作了规定

2006 年修订的《中华人民共和国未成年人保护法》第 21 条的规定。[②] 1993 年通过的《中华人民共和国教师法》第 37 条第 2 款的规定。[③]

---

① 《中华人民共和国教师法》第 8 条第 5 款规定教师有制止有害于学生的行为或者其他侵犯学生合法权益的行为，批评和抵制有害于学生健康成长现象的义务。

② 2006 年修订的《中华人民共和国未成年人保护法》第 21 条规定：“学校、幼儿园、托儿所的教职员工应当尊重未成年人的人格尊严，不得对未成年人实施体罚、变相体罚或者其他侮辱人格尊严的行为。”

③ 1993 年通过的《中华人民共和国教师法》第 37 条第 2 款的规定教师体罚学生，经教育不改的，由所在学校、其他教育机构或教育行政部门给予行政处分或解聘。

2006年修订通过的《中华人民共和国义务教育法》第29条的规定。[①] 这些法律都从正面禁止了体罚和变相体罚，也就是说教师的惩戒行为一旦触及就很容易违法。主要是缘于这些法律规定尚未有具体明确“体罚和变相体罚”的界限。

（2）针对受教育的不同，分别有相关法规对此进行了规定

学前教育阶段的《幼儿园管理条例》第17条规定：“严禁体罚和变相体罚幼儿。”[②] 小学教育阶段的《小学管理规程》第23条规定：“小学对学生应以正面教育为主，肯定成绩和进步，指出缺点和不足，不得讽刺挖苦、粗暴压服，严禁体罚和变相体罚。”特殊教育也有相关的规定，《残疾人教育条例》第50条规定：“侮辱、体罚、殴打残疾学生的，由有关部门对直接责任人员给予行政处分。”

正是因为我国有许多的法律对“体罚和变相体罚”作出禁止性规定，加上没有对“体罚和变相体罚”的相关内涵或外延加以明确，这无疑使得此规定变得难以操作。教师作为教师惩戒的执行者，也因此无法把握尺度。虽然未对概念本身做界定，但相关法律对体罚和变相体罚规定了相应的法律责任。法律地位的缺失，加之体罚应承担的法律责任，使得在维权意识高涨的今天，教师对于学生的越轨行为采取听之任之态度。这说明教师不管（也称作“教师惩戒的不作为”）的更深层次原因是不敢管，是怕因此而承担法律责任。

2. 关于批评教育权的法律规定

在我国现行法律中，除了对“体罚和变相体罚”的禁止性规定，还有一部分法律法规从另一个侧面成为了本文所要探讨的“教师惩戒权”的法律依据，即关于批评教育权的规定。比如，《教育法》第28条第4款规定了学校及其他教育机构享有对受教育者进行学籍管理，实施奖励或者处分的权利。从以上法律规定可以看出，教师基于教育上的目的，

---

① 2006年修订通过的《中华人民共和国义务教育法》第29条：“教师应当尊重学生人格，不得歧视学生，不得对学生实施体罚、变相体罚或者其他侮辱人格尊严的行为，不得侵犯学生合法权益。”

② 另外，《幼儿园管理条例》第28条第1款规定单位或者个人有体罚或变相体罚幼儿的，由教育行政部门对直接责任人员给予警告、罚款的行政处罚，或者由教育行政部门建议有关部门对责任人员给予行政处分。《幼儿园工作规程》第6条：“尊重、爱护幼儿。严禁虐待、歧视、体罚和变相体罚、侮辱幼儿人格等损害幼儿身心健康的行为。”

可依有关规定对学生实施惩戒但不得体罚。《教师法》第7条第3款规定教师享有指导学生的学习和发展、评定学生的品行和学业成绩的权利。[①]《义务教育法》第27条规定："对违反学校管理制度的学生，学校应当予以批评教育，不得开除。"特别是在2009年8月22日，教育部颁布的《中小学班主任工作规定》第16条，更加突出地强调班主任享有批评教育学生的权利。该规定是针对现实，在教师不敢管学生，不敢批评教育学生、放任学生的情况下提出来的。一定程度上维护了班主任教育管理学生的合法权利，使其理所当然地教育管理违纪的学生。[②]

但所有的现行法律都有共同的不足：它们都是笼统的规定而没有可操作性。这也是决定制定出的法律或规定中所设定的权利能否得到实现的关键。但我们也不可因此否认这些规定所发挥的作用。也就是说，我国现行颁布的《教育法》、《教师法》、《义务教育法》以及《未成年人保护法》等，都涉及了这方面的内容，可以认为教师应该有惩戒权，并将其看做"教师惩戒权"的法律依据。

综上所述，教师惩戒在法律法规中的发展脉络：在1986年《义务教育法》"禁止体罚"的法律规定之前，教师采用何种方式惩戒学生并无法律法规予以规制。这与我们过去传统的师生观密切相关——在历史上用体罚或变相体罚的方式惩戒学生的现象司空见惯。体罚，是指教师为了维持教育教学秩序，对学生身体直接施用暴力，造成学生身体受到伤害或精神上感到痛苦的惩罚方式，其方式包括打手心、长时间罚站、罚跪、扇巴掌等，却不包括罚跑、罚抄作业、当众辱骂学生等；变相体罚是指教师为了维持教育教学秩序，不直接接触被罚学生的身体，对违反教育教学秩序的学生以非人道方式迫使被罚学生做出某些行为，使其身体或精神上感到痛苦的惩罚方式。时至今日，这种师生观仍然在作

---

① 《中华人民共和国教师法》第8条第5款规定：教师有"制止有害于学生的行为或者其他侵犯学生合法权益的行为，批评和抵制有害于学生健康成长现象"的义务。第9条第4款规定了各级人民政府、教育行政部门、有关部门、学校和其他教育机构，应当支持教师制止有害于学生的行为或者其他侵犯学生合法权益的行为，来保障教师完成教育教学任务。由此可见，教师管理学生既是一种权力又是一种职责。

② 除以上相关规定，在《中华人民共和国宪法》第51条规定："中华人民共和国公民在行使自由和权利的时候，不得损害国家的、社会的、集体的利益和其他公民的合法的自由和权利。"学生当然也不例外。

祟，并造成了大量因体罚或变相体罚所致之教育侵权案件。

随着社会的发展，教育理念的更新，教师管理学生的权力也从过去的无法律规制状态发展到当下的有法律规制状态——我国现有教育法律法规明确禁止了体罚和变相体罚学生，如《义务教育法》①、《未成年人保护法》② 等。自此，体罚和变相体罚学生被认定为违法行为，这一方面使教师滥用惩戒权的行为得到有效遏制，另一方面也使学生的正当权益得到了更多的保护。

然而，“现在教育法律法规倾向保护学生权益，致使许多教师不敢惩戒学生，有时甚至连正常的批评教育都无法开展。即使碰到顽劣的违纪学生，教师也不管不问”。③ 教师的不管，主要包括管不了、不想管和不敢管。这种教师惩戒不作为，即教师不管学生的原因主要是：一是当前教育法律法规对教师惩戒权无明文规定；二是现有的体罚规定由于无相应的配套规定或司法解释，致使体罚、变相体罚与教师惩戒难以界分，导致在发生相关法律纠纷时，教师经常处于劣势，并因被认为其行为属于“广义的体罚或变相体罚”而承担民事、行政或刑事责任；三是当今学生的维权意识日益增强，在体罚、变相体罚与教师惩戒难以界分的情况下，容易出现过度维权的现象；四是社会对教师惩戒的理解存在偏差，加之教育管理实践中教师滥施惩戒的现象普遍存在，在较大程度上强化了惩戒的负面影响。

我国现行法律对于体罚则是明文禁止的。然而，教师基于教育上的目的，可依有关规定对学生实施惩戒。同时，在我国的现行法律法规以及部门规章中，并没有对“教师惩戒权”进行具体规定。由此可见，“教师惩戒权”在我国的法律中是缺位的。与此同时，在我国现行法律

---

① 2006 年修订的《中华人民共和国义务教育法》第 29 条：“教师应当尊重学生的人格，不得歧视学生，不得对学生实施体罚、变相体罚或者其他侮辱人格尊严的行为，不得侵犯学生合法权益。”此条秉承了 1986 年的《义务教育法》及《义务教育法实施细则》关于体罚和变相体罚的精神。

② 《未成年人保护法》第 15 条规定：“学校、幼儿园的教职员应当尊重未成年人的人格尊严，不得对未成年学生和儿童实施体罚、变相体罚或者其他侮辱人格尊严的行为。”

③ 李光明：《很多专家学者和一线教师都呼吁借鉴国际经验，建立教育惩戒法规，实施师生公平保护》，http://www.anrene.com/bbs/viewthread.php?tid=911，最后访问日期：2012 年 6 月 11 日。

中，实际上从一定程度上肯定了教师的惩戒权。如，教师和学校对学生的管理指导权。虽然没有明确规定惩戒权，但实际上是惩戒权的法律渊源。我国学者将其称之为惩戒权。

由此可见，随着法治的发展，教育管理应该是由清晰的权力界定与划分、保护与监督等规则组成的制度化体系。而现行"禁止体罚和变相体罚"的模糊规定，已然不能解决现实问题。因此，很多专家学者和一线教师都呼吁借鉴国际经验，从立法上明确赋予教师惩戒的权利，建立健全教育惩戒法律制度，实施师生公平保护。

三　完善我国教师惩戒法律制度，规范教师惩戒行为的意义

"奖励和惩罚都是教师的专业权力。如果非要强制教师放弃这种权力，我认为最终受害的是学生和社会。"北京师范大学公民与道德教育研究中心主任檀传宝教授这样阐述自己对教育惩戒的看法。惩戒教育对教育教学管理起到补充和完善的作用，惩戒教育与赏识教育共同构成教育整体。没有惩戒的教育，是不完整的教育。惩戒越轨行为的学生，主要是对该学生进行教育，起到警示的作用。让其他人引以为戒。适度的教育惩戒是合理的、有效的。教师惩戒权的合理性主要表现在：

（一）是教育发展，实现教育规模化、制度化的需要

教育规模化和制度化是教育发展的必然趋势。而教师在教育教学实践过程中需要有一定的权力来维持教育活动，只有赋予教师一定的权力才能实现教育的规模化、制度化。作为未成年人的学生，由于其心理及行为判断能力都尚未成熟，当其面对外在行为规范并将其内化为自身行为准则时不能准确的把握。这就需要教师的监督与管理，在适当的时候给予惩戒。使其在走向自律之前，他律对其往往起着重要的制约和督促的作用。教师惩戒学生实际上就是挫折教育的一种有效方式。挫折教育与赏识教育一同构成教育的手段。在教育活动中发挥着重要的作用。

（二）是学生健康发展的需要

惩戒是教育活动过程中的必要组成部分，是教育活动的内在要求。作为正在成长，心智尚未成熟的学生，他们辨认和控制自己行为的能力还不够成熟，他们对事物的认识具有片面性，容易偏激，这导致他们因此常作出不符合社会规范的行为。实施惩戒教育符合人的心理发展规律。从人的

心理发展来看，中学时期是一段比较容易出现心理问题的时期，主要是因为学生在这个阶段发育还不成熟，不可避免地会引起一些心理变化，这也必然带来很多心理问题，如果处理不当，便会陷入矛盾之中。面对学习与就业压力，加之师长对其过高的期望，使学生无法承受超负荷的心理负担。教师在教育过程中，一方面通过对学生符合法律规范、合乎道德要求的行为进行评价，使其内化为学生的品德；另一方面也要教师通过行使正当的惩戒权，对学生的越轨行为进行矫正与规范，避免对学生良好品德的形成带来不利影响。这也是符合人的发展规律，中小学生在该年龄阶段需要外在强制力来约束自己的行为，从而培养自己良好的个性。

（三）它有助于提升中小学生的抗压能力

苏霍姆林斯基在《和青年校长的谈话》中指出："教育者的任务是既要激发儿童的信心和自尊心，也要对学生心灵里滋长的一切错误的东西采取毫不妥协的态度。"通过建立和完善教师惩戒制度，运用思想政治教育中各种教育方式，来矫正他们的越轨行为。在教育教学管理过程中发挥的作用主要表现在：一是有利于培养中小学生的耐挫心理。这一点是赏识教育所不能达到的。因为赏识教育更多的是增强学生的自信心，培养他们的自尊心。正因为如此，赏识教育的局限性也就在于它对学生耐挫能力的培养带来不利，也就是弱化了他们的耐挫心理。而良好的耐挫能力或抗压能力，是当今激烈竞争下大学生必须具备的一种心理素质。二是有利于中小学生养成承担责任品质。人的一生不可能永远一帆风顺，学会用正确的态度对待挫折，用良好的心态看待受到的惩戒是每个人都必须具备的健康心态。惩戒教育是真实生活的反应，通过惩戒教育可以使学生养成知错就改和勇于承担责任的精神。三是有助于学生形成坚强的性格和提升抗压能力。惩戒教育目的不在于给予学生痛苦，而在于让学生在痛苦中得到启发和锻炼。这是提升学生心理素质的有效方式之一。适度的惩戒可以让学生形成坚强的性格，培养其意志和尊严。这是赏识教育所实现不了的教育目标。由此可见，学生健全心理素质的培养离不开对学生的挫折教育。

（四）它符合教育法律法规不断发展完善的规律

教师惩戒是教育活动的重要组成部分，是教育手段中的一种。当前的法律法规并没有关于教师惩戒权。在现有的对体罚的明文规定，也是存在概念不明晰且仅有禁止性的笼统规定与违法应承担的法律责任。随着我国教育法治的发展，必然要求对这些模糊不清，操作性不强的规定进行完善。教师惩戒权的建立还要有相应的监督制度与救济机制。这是教育法律法规发展的方向，必然要求所制定出的法律法规具有较强的操作性，而不仅是原则性或笼统的规定。值得庆幸的是，当前我国心理素质教育的课程设置已经把挫折教育纳入其中。虽然，目前尚无关于惩戒教育的具体法律法规，但近年来，国家教育部还是出台了不少关于加强挫折教育的文件。比如，教育部在《关于进一步加强和改进学校德育工作的若干意见》、《关于加强普通高等学校大学生心理健康教育工作的意见》中，都要求高校注意培养学生的挫折承受力。这些文件为学校开展惩戒教育提供了有力的支持。可见，对学生进行有效的惩戒教育是全面实施素质教育的客观要求。

综上所述，无论是从教师惩戒权自身的积极作用看，还是从现有的法律规定现状来看，我国教师惩戒权在立法方面的发展趋势将会从应然走向实然。

四　法经济学和比较法视阈下的教师惩戒权

（一）外部性问题与其解决的途径：教师惩戒行为的法经济学分析

1. 教师惩戒行为的外部性特征

关于经济学中的外部性认识，最早可追溯到亚当·斯密（1776）在论述市场经济的“利他性”时的观点。他认为，“在追求他本身利益时，也常常促进社会的利益”。[①] 在现实的市场经济运行过程中，个人的利益最大化行为往往并不带来社会福利的最大化，个人收益或成本与社会收益或成本之间存在差异，意味着有第三方或者更多方在没有他们许可的情况下获得或者承受一些收益或者成本，这就是外部性。[②] 给他人带来的如果是福利损失（成本），则为“负外部性”；反之，若是给他人带来的福利是增加的（收益），就称之为“正外部性”，“正外部性”也称溢出效应。

一般地，我们认为，关于教师惩戒权的规定，属于“正外部性”问

① 高鸿业：《西方经济学》（上），中国经济出版社1996年版，第9页。

② 祝平：《中小学教师流动的外部性研究》，2006年首都师范大学硕士学位论文。

题——这一结论是基于我们对体罚、变相体罚与教师惩戒的合理界分前提下的：惩戒并不等于体罚或变相体罚，它是科学的教育方式，遵循儿童成长的规律。在恰当的时机实施惩戒有利于学生身心健康成长。但现行法律却没有明确赋予教师惩戒权，给社会、学校、教师带来了诸多困惑。

当然，教师通过一定的教育管理手段教育学生，其实施管理手段的方法和尺度不同会对学生产生不同的外部性效应。我们都知道，只有产权归属清晰，才能界定外部性问题，进而确定承担成本方，最终解决外部性问题。同理，在教师惩戒问题上，法律法规在教师对待学生的越轨行为上是否有权行使适当的言语或肢体上的惩戒，以及惩戒的权限范围该如何把握等问题上的明确态度和尺度把握，是非常重要的。

2. 经济学视野中教师惩戒问题的解决途径

在经济学中解决外部性问题的方法主要有两种：（1）通过讨价还价和谈判的经济方式解决；（2）依靠政府的干预来解决。也就是说，对于外部性问题，经济学提出了两种解决途径，第一种是通过市场交易的方法，第二种是通过制度化方法。① 对于教师惩戒行为，通过法律化的制度化方法予以解决是唯一可能的，也是合理的选择。

图 7—1 从经济学边际成本与边际收益的角度对教师惩戒行为进行了分析，从而凸显出教师实施何种尺度的惩戒才是最经济、最有效和最有益的。

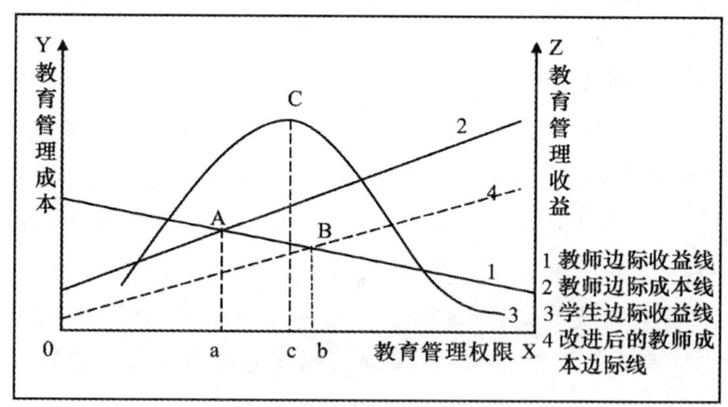

图 7—1　教师惩戒行为的成本与收益关系图

① Jeffrey L. Dunoff, Joel P. Trachman, Economic Analysis of International Law, The Yale Journal of International Law, Vol. 24, 1999.

假定教师的管理权限是横坐标 0 到 X，直线 1 表明教师边际收益线呈递减状态，直线 2 表明教师边际成本线呈递增状态，两条线交叉于 A 点。曲线 3 为学生收益线，呈抛物线状。曲线 3 表明：当教师管理权限处在横坐标两端（最小或最大）时，学生收益很低；当管理权限处在 c 点附近的中间状态时，学生收益较高。这是由于当教师行使过量的管理权限时，会呈现出损害学生人身权益或挤压学生其他正当权益的体罚或变相体罚状态；而教师行使很少的管理权限时，不仅正常的教学管理秩序得不到有效维护，学生的素质也不能得到有效提高，此时教师在教育管理上处于不作为状态。

从图 7—1 看出：直线 1、2 相交于 A 点，而 A 点处在曲线 3 中 C 点的左侧。在教师的教育管理权限处于 0 到 a 点之间时，教师处于很少行使教育管理权限的不作为状态，学生收益处在较低状态，学生的受教育权益等并不能得到保证。在学生权利意识日益提高，以及对教师惩戒还处在争议阶段尚未法制化的情况下，教师在教育管理上会出现诸多顾虑而为避开惩罚的法律责任，一般不会行使较多的教育管理权限，考虑到教育管理权限的成本和收益，教师一般会将其教育管理权限行使到 a 点。对于教师而言，a 到 b 的惩戒管理权限所对应的边际成本小于收益，外部经济型为负值。

然而，教育唯一的、终极的目的是以提高学生素质为中心，同时也要保障学生作为独立人的正当权益。由图 7—1 可见，当教师行使教育管理权限处在 a 和 b 之间的 c 点附近时，学生的收益最高，也即教师的教育管理收益呈最佳状态。若通过适当的手段降低教师的教育管理成本，即教师教育管理成本线降到图中的虚线 4，此时虚线 4 和线 1 相交于 B 点，B 点所对应的教师教育管理权限为 b，此时的学生边际收益仍明显高于 A 点对应的教师教育管理权限 a 时的学生边际收益。因此，如何降低教师管理成本，并使其教育管理权限在合法范围内予以增大具有重大意义。

通过上述分析可见，由于教育的特殊属性，教师惩戒权并不能依靠市场交易的方式来解决，并且该问题不符合市场交易的前提条件；通过制度化的方法，由政府进行干预，使外部性问题内部化，通过健全和完善法律法规使教师教育管理界限清晰化，并使教师在教育管理时有法可依、有章可循，可以有效控制教师教育管理的社会成本，并可以有效提高教师教育管理的学生收益，这也是更好地保障了学生的受教育权和人身权益的现实需要。换言之，教师惩戒的尴尬困境，只能由国家立法部门通过将教育法律法规完善化或国家教育主管部门通过将教育管理细则法制化，才能有效解决问题。通过教育立法明确地在制度层面赋予教师惩戒权，可以达到两个目的：一方面，可以使教师在教育管理过程中必须负有一定的职责，不能采取不作为的态度对学生的越轨行为不闻不问充当看客。另一方面，对于教师惩戒过度行为，如体罚或变相体罚，法律可以明确规定相应的法律责任，包括民事责任、刑事责任和行政责任等；对于人身权益受到侵害的学生，侵权责任人应承担相应的损害赔偿责任等；这样，教师惩戒权可以受到法律的有效规制而不至于滥用。总之，可以通过完善教师惩戒法律制度来有效地实现教育教学的秩序、正义和高效。

（二）分析与借鉴：国外关于教师惩戒权的立法例

目前，国外解决教师惩戒权这一外部性问题的方式主要也是通过立法予以确认和规范的。并且，出于对滥用教师惩戒权的担忧，教师惩戒权问题总是与教师对学生的体罚问题紧密联系在一起的。在立法确认教师惩戒权的国家中，根据对体罚的不同态度看，主要有两种立法模式：

1. 确认教师惩戒权但禁止对学生实施体罚①

（1）日本

在明文禁止体罚的国家中，日本是在立法上始终持禁止体罚态度的国家。在日本，《学校教育法》第 11 条明确指出："校长及教员，在教育上认为有必要时，得依据监督厅规定，可对学生及儿童加以惩戒但不得进行体罚。"也就是说，教师可以对学生予以惩戒，但绝对不可施加体罚。然而，教育实践中体罚的现象较为普遍。并且，日本政府进一步在法律中列举了 6 项禁止体罚的实例。虽然日本明文禁止体罚，并未区分体罚和惩戒之间的界限。而且这种列举是有限的，但在某种程度上看，它是一种补充也是一种思想认识的进步。因此，我们国家对教师惩

① 目前，下列国家也完全禁止体罚儿童：奥地利、芬兰、拉脱维亚、克罗地亚、德国、挪威、塞浦路斯、以色列、瑞典、丹麦、冰岛、乌克兰、罗马尼亚、保加利亚、匈牙利。

戒立法也可以借鉴，适当考虑采取列举的方式进行补充说明规定。

(2) 英国

在明文禁止体罚的国家中，还有部分国家在立法上是由过去允许体罚过渡到现在的完全禁止体罚。在传统上，英国就允许适度体罚。英国教师惩罚权的发展过程是：

第一阶段，1986 年以前，允许教师体罚。英国教育地方当局规定了教师体罚的具体要求，主要内容包括以下 8 个方面：(1) 教师体罚的工具：必须符合有关标准。(2) 教师实施体罚程序：体罚必须做好相关记录，以备日后查用。(3) 实施体罚主体的限制：实习教师、代课教师、临时聘用教师无权施行体罚。只有具有三年以上教龄的教师才有实行体罚的资格。(4) 体罚对象的限制。体罚只能针对 8 岁及以上的儿童进行。(5) 体罚的场合：禁止在公众场合体罚学生。比如不得在班上或众人面前施行体罚。(6) 体罚部位的具体规定：如打手心的体罚，每双手不得超过三下。(7) 体罚因性别差异而不同：对女学生体罚只能由女教师打其手心，对男生则不限于打手心，如果打男生臀部，但不得超过六下。(8) 对特殊群体的体罚：在生理或心理有缺陷的学生，只有经过医护人员许可才能对其实行体罚。①这些关于体罚的具体规定可以为我们未来的教师惩戒立法提供参考价值。

第二阶段，1986 年后，英国对体罚的态度发生变化，转而通过法律禁止任何教师体罚学生。但并不意味着教师对学生的越轨违纪行为就放任不管。法律并不排除教师采取以下手段惩戒违纪的学生。如对违纪学生布置额外作文；罚周末陪值班老师值班不允许回家；以及让其见校长，由校长惩罚和对他做停学处理等。英国《2006 教育与督学法》(*Education and Inspection Act* 2006) 的出台，使得教师在对越轨违纪行为的学生有更多的教育管理权。

(3) 韩国

韩国关于体罚的态度，主要是从过去的允许到现今的全面禁止。

---

① 谭晓玉：《教育惩戒权的行使与未成年学生违纪行为管理》，《青少年犯罪问题》2008 年第 4 期。

2002 年 6 月 26 日，韩国的教育人力资源部出台了“学校生活规定预示案”，该法案规定教师对违规的学生有采取体罚的权力，只要在规定的限度条件内即在规定的范围内教师享有体罚学生的自主权。此法案内容主要包括：（1）体罚的对象：主要是违反学校规定、屡教不改、学习态度不认真等身体健康、无疾病的学生。（2）实施体罚的场所和理由：不能在公共场所，执行时必须有其他教师在场监督，并且在实施体罚前必须向受罚学生讲清楚理由。（3）实施体罚所用的工具：结合中小学生身体特征，对不同阶段的学生做出不同的规定。禁止教师直接用手、脚对学生进行体罚。（4）关于体罚的部位及体罚的程度：男女学生因性别不同而有差异。男生只能打臀部且高中生区别于初中和小学生；女生只能打大腿。所有的处罚都不能给学生身体留下痕迹。由此可见，该法案详细规定了体罚的原因、对象、部位及程度等具体内容，增强了该法案的实用性与可操作性。

与英国的做法类似，韩国首尔教育厅在 2010 年 10 月 29 日，出台了一项关于禁止市区所有中小学教师体罚学生的“新学校生活规定”。这一规定从 11 月 1 日起正式生效。[①] 韩国教育科学技术部门预计在 2011 年 3 月前能修订教育法规。依修订法案，教师无权体罚违纪学生，但依然可以采取相对温和的手段（合理的惩戒手段）处理，例如让学生在教室后面罚站、绕着操场罚走、做俯卧撑、每年总共不超过 30 天的停学等。[②] 这对我国教师惩戒制度的完善起到重要的借鉴意义。

（4）欧洲其他国家

早在英国之前，欧洲国家先后在法律上明确规定禁止体罚的主要有：荷兰（1850 年）、法国（1887 年）、芬兰（1890 年）、挪威（1935 年）、瑞典（1958 年）、丹麦（1968 年）。[③] 欧洲 20 世纪 90 年代以前，

---

① 《首尔市区中小学教师不得体罚学生》，http：//world. kbs. co. kr/chinese/news/news_issue_ detail. htm? No = 20133&id = issue，最后访问日期：2012 年 3 月 12 日。

② 《韩国拟修订法规禁止体罚学生，定期评估教师表现》，http：//news. enorth. com. cn/system/2011/01/18/005570984. shtml，最后访问日期：2012 年 4 月 14 日。

③ 谭晓玉：《教育惩戒权的行使与未成年学生违纪行为管理》，《青少年犯罪问题》2008 年第 4 期。

欧盟委员会和斯特拉斯堡的欧洲人权法院一般认为，是否支持体罚属于学生家长个人的价值选择，学生家长有权决定是否允许学校体罚自己的孩子。[①]

2. 确认教师惩戒权并允许对学生实施适度体罚

(1) 美国

根据美国教育部的统计和美国一学生权益组织在2009年初发布的调查报告，在美国50个州中，至今仍有21个州在法律上保护教育工作者对学生进行体罚的合法性，南方的阿拉巴马州、阿肯色州、密西西比州的学校普遍存在体罚，还有一些州的农村或郊区学校，体罚也很常见。[②] 2007年，密苏里州和北卡罗来纳州想通过立法禁止体罚，失败了。2003年俄怀明州做了同样的努力，也失败了，再前面一些州也一样。2007年，堪萨斯州还出台了相关议案，使体罚更有理有据。美国教育部门评估，2006学年至2007学年，大约有223000起用短木桨体罚学生的事件，而10年前约有457754起。体罚事件发生次数相当于全美上学人数的0.5%。但专家说这个结果可能低估了，很多体罚没记录下来。从百分比上看，2006年至2007年，发生体罚最多的州是密西西比州（7.5%的学生受到体罚），接下来是阿肯色州（4.7%），这两个州的数据在逐年下降。排第三位的是阿拉巴马州（4.5%）。

在美国的很多地方，持有这样的观点：老师碰到较难教育的孩子，通常认为体罚是让学生最快意识到错误的方式。但是，美国关于教师惩罚权的规定相对比较细致，比如允许扣留学生在学校，但“不得超过半小时”；以及“老师很生气，后果很严重”到底有多严重，师生心里都很清楚，谁都不得越界。这样的法律规定能使公民心中有数，可以很好地保护了老师和学生的权益，反映出法治社会的优越性。与明文禁止体罚的国家相对应，美国则采取允许适当体罚。在美国这样一个联邦制的国家，是否允许体罚主要取决于各州的具体法律法规。学校能否实施体罚也必须看该州的法律是否做出明文的规定。如果州法律明文禁止体

① Campbell and Cosans v, United Kingdom, European Human Rights Report, Vol. 293, 1982.

② 《美国教师体罚学生居然合法》，http: //china. findlaw. cn/falvchangshi/jiaoyu/xuexiaotifa/tifaanli/22220. html，最后访问日期：2012年6月8日。

罚，学校教师实施体罚行为是违法的。如若该州法律未明确规定则可以自主决定是否实施体罚。总的来说，在美国有5种不同的类型的体罚立法规定：主要包括法律明文禁止体罚；法律允许体罚；司法解释决定能否对学生实施体罚；学校决定是否可以对学生进行体罚；家长决定是否可以对学生实施体罚。另外，还可以发现，在美国的北部各州更倾向于禁止体罚，而南部一些州的法律都较之更支持体罚。不过，即使在法律规定允许体罚的州，也对如何实施体罚作了各种具体的规定，这使得对体罚的执行具有可操作性。对体罚的具体规定主要涉及体罚时首先要尊重该学生的尊严，即必须避免在公开场所体罚学生。其次，体罚时注重程序的正当性。也就是说，实施体罚时必须有证人在场以及遵循回避原则，即实施者不能与受罚者有利害冲突。最后，体罚在操作细则上要遵循一个原则，即必须穷尽其他教育方法且适用后均无效才可以采取体罚；另外，在实施过程中要综合考虑受罚者各方面的因素，比如，性别、年龄、受罚部位等。

（2）新加坡

在新加坡，教师是不可以体罚学生的。但赋予校长在学生犯严重错误时给予体罚的权利，甚至可以采用鞭打的方式体罚。新加坡各中小学校校长都有一条长鞭，有的还是家长送的。[①] 新加坡教育部制定的《处理学生纪律问题的指导原则》中，明确规定了中小学校可以处罚学生的权力。对处罚的程序作出了详细的规定。鞭笞学生的权力受到限制，一般只能由校长或校长委托训育主任行使。鞭笞的对象只能是男生（女生和身体不好的学生除外）而且只针对那些有违纪行为并且多次教育不改以及影响恶劣的学生。在实施过程中，对鞭子粗细（一根手指粗细），鞭打的部位（学生的臀部和手掌），鞭打的数量（每次最多只能打三下）都有相应的规定。

（三）反思：我国应以立法方式确认教师惩戒权

1. 学界关于设定教师惩戒权法律制度的争议

当前，我国教师个体惩戒权仅仅体现在对“体罚”的禁止性规定上，并且该禁止性规定缺失了对“体罚”内涵和外延的界定。1986年

---

① 胡远远：《教育惩戒在国外》，《青年导报》2008年第14期。

的《义务教育法》，首次规定了“禁止体罚和变相体罚”，该法 2006 年修订时仍然予以承继；2009 年教育部颁发的《中小学班主任工作规定》中，明确规定了“班主任在日常教育教学管理中，有采取适当方式对学生进行批评教育的权利”。在一定程度上肯定了作为教师个体惩戒权组成部分的批评教育权。事实上，对于教师惩戒权的法律制度设定，学界存在支持、反对和中立三种观点。

（1）理性的支持

该观点的支持者大多是从业的教师以及一部分理论研究者。该观点认为：当前立法关于教师惩戒权的缺失，已经极大地束缚了学校对学生的正常教育管理，造成了教师教育管理权与学生相关权益的失衡，较大地影响了教育质量的有效提升，并影响了学生的健康成长。对教师惩戒权的赋予并不是对教师体罚和变相体罚学生行为的支持。他们认为，当前关于“禁止体罚和变相体罚学生”的抽象规定，已经暴露出很多不足和对学生的不当放纵。通过立法确认教师惩戒权是一种理性的制度完善，不仅有利于教师维护正常的教育教学秩序、维护教师正当的教育权威，更有利于学生自身的健康成长。

（2）强烈的质疑

持有该观点的人认为，赋予教师个体惩戒权将会极大地损害学生的正当权利，也会导致教师权力的无限扩大，不利于学生正当权益的保护。从保护学生正当权益的角度出发，就不应该赋予教师个体惩戒学生的权力。

（3）温和的中立

孙霄兵在《受教育权法理学：一种历史哲学的范式》中指出：“制定教育政策和教育法律，应当考虑促进人的个性发展，维护人的受教育的权利。”他在回答关于“班主任批评权”的问题时指出，对未成年人的惩戒要非常慎重，切莫因为提出未成年人的惩戒问题而影响到未成年人的正当权利。该观点并不否认教师个体惩戒的正当性，但特别关注的是如何在教育管理学生的过程中把握惩戒的合理尺度，注意教师教育管理权与学生合法权益的平衡。

我国台湾地区对体罚作出了禁止性规定，但对教师个体惩戒却未予否定，甚至提出可以对学生实施“暂时性疼痛的管教”。这种管教措施，究其本质仍是教师惩戒性质的。

国外对体罚一般倾向于“法令禁止”，但对教师惩戒权问题也大多持保留态度。大多认为，在现代教育中，教师个体惩戒确有其存在的必要性和合理性。国际普遍认可的做法是：各国相继通过法律明令禁止体罚，然而对教师惩戒却采取保留态度。这也说明，教师惩戒是符合教育教学活动中客观规律的，在教育管理中起着重要的作用，不能完全摒弃。

我国现行法中对教师惩戒权并无明确规定，致使教师在教育教学活动中对学生的越轨行为无所适从。很多老师因为害怕实施惩戒却被认定为体罚而追究法律责任，因此对学生放任不管。其实，惩戒不等于体罚，教师惩戒的必要性并未被教育规律和法理所否定。孙云晓认为：“教育本就是十八般武艺，表扬批评奖励惩罚，什么都应该有。没有惩罚的教育是不完整的教育，没有惩罚的教育是一种虚弱的教育、脆弱的教育、不负责任的教育。”[①] 而孙霄兵在论述教育法律的法理性质和法学价值时也指出，“从人的发展和培养出发，在立法中强化法律的教育功能，突出法律的警示性”。[②] 因此，教师的惩戒的立法是有其必要的，但必须注重适度原则，注意立法的出发点和价值取向，注重各方利益的衡平。鲍里奇博士在《有效教学方法》中强调，教师在教育教学过程中，可以通过惩罚的手段来防止或降低行为再次发生的可能性。比如，可以选择惩罚他完成额外作业，又可以选择奖励的方式让他参加有趣的活动达到让学生待在座位上。鲍里奇针对违纪程度不一（轻微、中等和严重）的行为，列举了 20 种应对（主要是惩罚）方式。[③] 美国社会心理学家杜克也认为，随着学生权利意识的增强，越来越多的学生开始向权威挑战，加之当今学校规模也不断扩大，如果一概废除惩戒是不现实的。[④] 夸美纽斯、卢梭、约翰·洛克、斯宾塞、马卡连柯、杜威等教育学家都主张自然惩罚，让儿童为自己犯的错误承担责任。中小学阶段

① 孙云晓：《没有惩罚的教育是不完整的教育》，《中国青年报》2002 年 10 月 28 日。

② 孙霄兵：《教育法律的法理性质及其法学价值》，载劳凯声主编《中国教育法制评论》（第 6 辑），教育科学出版社 2009 年版，第 12 页。

③ 参见鲍里奇·加里《有效教学方法》，易东平译，江苏教育出版社 2003 年版，第 341、337 页。

④ 转引自中央教育科学研究所比较教育研究室编译《简明国际教育百科全书》，教育科学出版社 1995 年版，第 430 页。

的心智处于成长期，尚未发展成熟，他们的价值观、人生观、世界观都处于萌芽阶段，具有极强的可塑性。因此，赏识和惩戒是学校教育中必不可少的两种教育方式，完善我国教师个体惩戒权法律制度是非常紧迫的。

2. 教师惩戒权中自由裁量权的利弊探讨

（1）自由裁量权存在于教师惩戒权之价值

第一，教师惩戒权中的自由裁量权有助于实现个体正义。成文法的刚性规定往往成就的是形式正义。而自由裁量权的赋予，可以实现一部分的个体正义。况且，教师惩戒权行使的对象是未成年的学生，更增加了教师惩戒权行使中自由裁量权存在的价值。严格的法律规定并不是总能实现法律的公平和正义，相反，严格的法律规定有其自身难以克服的缺陷，而这恰恰是自由裁量权的优势所在。想让原则在任何时候都受到人民的尊重，就必须让其在事实上具有一定的伸缩性。克服执行法律时的一成不变，才能尽可能地实现公平。

第二，教师惩戒权中的自由裁量权可以提高教育教学管理的效率。效率与正义同样都是法律和管理的生命，是它们的出发点与价值追求。在当今社会，教育活动变得日趋复杂化，人的复杂性使得教育教学管理活动更加呈现出复杂性和特殊性。因此，教师根据具体情况灵活地进行教育管理显得尤为重要。为了使教师在教育教学管理中面对复杂的教育教学问题时能够把握时机教育学生，法律就必须赋予其在一定的范围内享有一定的自由裁量权。从而果断有效地维持教学秩序，提高教育管理效率。另外，立法者受主观和客观条件的制约，使得立法具有一定的局限性。教师合理行使惩戒权中的自由裁量权可以弥补惩戒立法中的不足。承认教师惩戒权中自由裁量权存在的合理性与正当性，可以有效地实现弥补法律中刚性规定的缺陷。

（2）教师惩戒权中自由裁量权存在的不足

虽然教师惩戒权中的自由裁量权有其存在的合理性，但也有其自身的缺陷。教师在行使惩戒权时应该把握尺度，否则会与教育的初衷相违背。而教师惩戒权的行使中往往会出现教师居于惩戒的主体地位，凭借其对教育管理的需要享有对学生部分行为的自主决定权。任何一种自由裁量权的赋予都会更多的依赖权力享有者的素质。也就是说，如若教师自身的素质较低，其实施惩戒权时则会带有较强的主观色彩，表现为意志偏颇、主观的趋利性。在教育教学实践中主要表现为：一是教师过度行使自由裁量权，出现惩戒过度也即体罚的现象；二是教师怠于行使自由裁量权，出现惩戒不作为也即教师不管的现象。教师在放弃教育义务的同时，也就放弃了对学生管理的权利，最终不仅导致教学质量下降，而且也会损害教师自身的权利（教师的权威受损等）。然而对学生来说也是不利的。一方面，对于守规矩的同学而言，教师的不作为是对他们权力的损害；另一方面，对于违规的学生而言，教师的不作为是对他们越轨行为的纵容，最终不利于其未来的成长。

3. 教师惩戒权的出路：构建教师惩戒法律制度

大卫·休谟认为，制度设计必须达到以下效果：不仅要对“无赖”行径实施有效的钳制，而且要能防止和遏止人们萌发各种损公利己的“无赖”冲动。[①] 也就是说，制度设计要从主观动机和客观效果两方面考虑。当前，我国现有关于教师惩戒权的相关法律规定，仅仅是针对“体罚和变相体罚”问题的，从无直接涉及“教师惩戒权”问题的规定；而现有的相关规定也仅局限在法律责任的范畴，既无对“体罚和变相体罚”内涵的界定性规定，也无对“体罚和变相体罚”具体认定做出的外延性规定。现行法律关于“禁止体罚和变相体罚”的相关规定显然已经不能很好地协调教师的教育管理权与学生的人身权、受教育权之间的关系，并因其笼统性、模糊性而失去了应有的效用，一方面出现了屡禁不止的体罚和变相体罚学生的恶性案件，另一方面又出现了大量教师对学生放任不管的案例。因此，完善关于教师惩戒权的制度设计是极为重要的。

现行法律中关于“禁止体罚与变相体罚”的规定，在当今解决师生纠纷的案件中，暴露出规定模糊、操作性不强等许多问题。迫切需要对教师惩戒权进行立法。由于教师惩戒权自身的特性使得教师在行使此权力时具有相当的自由裁量权，这是教师惩戒权的题中之意。但需要注意的是，教师如何把握惩戒权的度。这就需要构建教师惩戒的相关法律制度。既包括对教师惩戒权的适用条件、适用方式和程序等进行详细的阐述，又包括教师惩戒中学生权利的救济制度。目的是为了保证教师惩

① 秦德君：《制度设计的前在预设》，《上海社会科学院学术季刊》2002 年第 4 期。

戒法律制度得到更好的运行与发展，从而更好地保护教师的正当权益，促进师生关系的协调发展。

第三节　构建教师惩戒权法律制度，综合防治教师体罚学生行为

教师惩戒权，是指教师个体对有越轨行为的学生进行强制性管理的权力。在一些国家的教育法律制度中，已有很多制定法上的规定，明确了教师惩戒可以针对学生较轻微的越轨行为（包括课堂上的纪律问题）而作出。在我国，关于教师惩戒权的法律规定至今仍然呈空白状态，学界的研究也极为缺乏。教师惩戒权和教师体罚禁止之间的界分不明，对于推进教师教育教学和教育管理的法治化，以及综合防治教师体罚和变相体罚学生的行为，是极为不利的。构建教师惩戒权法律制度，可以比较清晰明确地将教师体罚和变相体罚学生的行为排除在外并予以法律禁止和制裁。

一　我国教师惩戒权的适用条件

教师惩戒权的适用条件，即教师行使惩戒权的合法性问题，主要取决于以下几方面：

（一）教师惩戒权的行使主体必须适格

惩戒的主体，是指惩戒权的享有者和惩戒行为的具体执行者。关于该问题，在我国当前特别值得注意的问题是：当下仍然在一些教育欠发达地区较为普遍存在的代课教师、实习教师是否享有惩戒权，他们的惩戒权限是否与正式在岗教师相同？课题组认为，代课教师、实习教师是我国当前教育特殊背景下仍较为常见的情形，必须予以重视。实习教师一般是短期的；代课教师则又可分为短期聘任教师和长期聘任教师。对于长期聘任的代课教师，应当赋予其与正式在岗教师相同的教师个体惩戒权。对于实习教师和短期聘任的代课教师，由于其在一个班级任教的时间较短，不能深入了解班级、学生的具体情况，对学生的越轨行为施加何种程度的惩戒能起到最佳的教育效益也不能准确把握。因此，在赋予实习教师和短期聘任代课教师个体惩戒权时应在程序上予以限制，比如，在对学生的越轨行为实施惩戒之前应先向班主任或政教处反映情

况，全面了解惩戒对象（学生）的个人情况，并获得班主任或政教处的认可后，才能施以适当的惩戒。

（二）教师惩戒权的行使目的应当正当合理

教师惩戒权的行使必须“出于善意，着眼于让学生更好地发展。惩戒是对学生的一种教育，它要求学生进行反思，改变现有的不合规范的行为。只有出于爱心和善意的惩戒，才能让学生心悦诚服地接受，进而帮助学生更好地成长，达到积极的效果”。[①] 卢梭在《爱弥儿》中说过：“我们不能为了处罚孩子而惩罚孩子，我们应该使他们觉得这些惩罚正是他们不良行为的自然后果。”教师个体惩戒权的行使目的在于促进学生符合规范行为的产生，是为了教育学生，在本质上要符合教育目的和规律，而不能出于泄愤、报复等不当目的。

（三）教师惩戒权的行使对象是学生的越轨行为

教师只能在该学生具有违德、违纪、违法等越轨行为，并且该行为影响了正常的教育教学秩序和学生的健康成长，不实施惩戒就不能保障教育教学秩序、不能保证学生个体和群体的教育利益及健康发展的情况下，才能行使教师个体惩戒权。学生越轨行为是指学生偏离社会规范的行为，包括偏离学校的校规校纪等——这些规范也是一定社会价值观念的反映和规范性的要求。在学校，学生的越轨行为主要包括以下两大类：一是影响教育活动正常秩序的行为，主要包括打架、斗殴等十类行为；二是个人的一些低价值行为，主要包括上课不专心等七类行为。[②] 通常情况下，教师个人主要惩戒学生违反行为规范且情节较轻微的行

---

① 吴开华：《教育惩戒合法化：原则、要求及其保障》，《教育理论与实践》2008 年第 5 期。

② 学生影响教育活动正常秩序的行为主要包括：（1）携带危险品或者含有色情、暴力内容的物品入校。（2）扰乱正常课堂秩序，如喧哗、打闹、发出怪异声响、起哄等。（3）打架、斗殴。（4）侮辱教师和同学。（5）发表违反四项基本原则的言论；宣扬宗教迷信；传播恐慌性言论。（6）损坏公物。（7）恶意诽谤他人、传播他人隐私，造成伤害。（8）因不遵守公共秩序而导致他人受到伤害。（9）异性间有违法违纪行为。（10）怂恿他人影响正常教育管理秩序；不配合学校和教师对越轨行为实施调查或者做伪证。学生个人的低价值行为主要包括：（1）上课不专心。（2）不做或者抄袭作业。（3）迟到或旷课、逃学。（4）考试作弊。（5）严重撒谎，瞒骗家长和老师。（6）吸烟、喝酒。（7）无故不参加学校和教师指定的教育活动。参见《上海市北郊学校学生惩戒条例》，http：//www. qtedu. net/jygl/glzd/200604/38416. html，最后访问日期：2012 年 6 月 12 日。

为；较严重的越轨行为，其惩戒权应在学校；而超越校规校纪的违法行为，应由司法机关处理。

二　我国教师惩戒权的行使方式

学生越轨行为种类多样，惩戒方式的选择要基于对学生越轨违纪行为的原因、给教育教学活动及其自身和他人的发展所带来的不良影响等多种因素进行综合考量。

（一）口头惩戒教育

口头惩戒教育主要是通过言语批评等方式直接对学生的轻微越轨行为及时进行劝导改正、口头纠错。惩戒教育较之通报批评更轻，是惩戒学生越轨行为的方式中最轻微的一种，教师较常使用。关于此种惩戒形式，《中小学班主任工作规定》的第16条作出了明文的规定，班主任有权对违纪的学生可以采取适当方式进行批评教育。

口头惩戒教育由于主要包括言语批评和口头警告，因此，它往往是由教师个人在课堂上或在其他相关教育活动中行使。教师可以以公开或私下方式行使；可以直接的口头批评或间接的言语启发，以鼓励代批评的方式行使。惩戒教育的宗旨在于引起学生的注意，是初始的警告和善意的提醒。课题组建议教师要针对不同心理状态的学生采取不同的批评形式，一般主要采取非公开的批评方式、言语暗示、表扬式的批评、先表扬后批评、不特指对象的批评（这种批评形式将关注点放在听者所犯的错误或错误造成的后果上而不是直言不讳地批评听者，从而保留了对方的面子）等方式。在一些时候，公开批评是必要的，但要讲究公开策略。公开策略是指说话人直接针对听者并明确指出听者所犯的错误。主要又包括缓和策略和非缓和策略。缓和策略主要是说话人通过使用大概、可能、也许等模糊限定词来缓和语势的策略。而非缓和策略通常是指说话人不使用任何模糊限定词而直接发出批评。另外，根据不同学生的实际情况，还可采取自我批评、集体舆论帮助等方式，让学生写检讨书也是一种惩戒方式。

（二）联系家长并约请家长谈话

美国有些州实施的《问题行为惩戒条例》，根据学生问题严重程度，同家长沟通共同管理学生。这种惩戒方式在家长的参与下排除了体罚的可能性，得到家长的认可。主要是针对小问题（说谎，欺骗，穿过于奇特的衣服，取笑他人，语言失当，不尊重他人，不完成作业，上课破坏纪律，违反安全规则等）和大问题（偷窃，骂人，说脏话，破坏财物，打架斗殴，对人身体造成伤害等）区分了电话交流、面谈等不同的约谈方式。对比较严重的越轨行为，在教师联系到学生父母之前，不允许该学生到本班级上课，只能在学校设置的惩戒小屋（特殊教室）里读书。在我国，常见的类似方式是家访、找家长到校谈话，或电话找家长谈话等。

（三）“异项偿还法”

美国等西方国家普遍采用“异项偿还法”，惩戒有越轨行为的学生，让他们留校做更多的值日打扫劳动或到社区做一定量的义工。在日本，学生因迟到或怠惰等原因违反纪律，教师可以增加该学生扫除的值日次数的，但禁止在实施过程中采取不当差别待遇和过分逼迫。在我国，类似的惩戒方式在教育界普遍适用，却无法律法规的明确认可。

（四）暂时性疼痛教育

我国台湾地区明文禁止体罚，却又允许教师对学生实施“暂时性疼痛的管教”，并对这项管教行为作了严格的实施原则限定：首先，在程序上，实施前必须经过学生家长的书面同意教师才可以实施，实施的过程应该受到其他老师的监督；其次，在实施的条件上，必须排除因学生的成绩而为之，而且教师在实施前必须说明学生应该受到疼痛教育的理由；再次，具体实施管教时只能针对学生的手心；最后，学生家长可以对实施的管教行为提出意见或申辩，在管教行为实施后必须予以记录。我国台湾地区在教师个体惩戒权的制度设计上接近欧美国家，实行的《教师辅导及管教学生办法》，对教师惩戒学生的目的、原则、方式等都作了详细规定。[①] 在日本，学生在课堂上违反纪律（如偷懒或闹事），教师可以在教室内对该学生实施罚站，但不得超出惩戒目的演变

---

① 《教师辅导及管教学生办法》第 16 条规定：“教师管教学生应依学生人格特质、身心健康、家庭因素、行为动机与平时表现等，采取下列措施：一是劝导改过、口头纠正；二是取消参加课程表列以外之活动；三是留置学生于课后辅导或矫正其行为；四是调整座位；五是适当增加额外作业或工作；六是责令道歉或写悔过书；七是扣减学生操行成绩；八是责令赔偿所损害之公物或他人物品等；九是其他适当措施。”第 17 条规定：“依前条所为之管教无效时，或违规情节重大者，教师得移请学校为下列措施：一是警告；二是小过；三是大过。四是假日辅导；五是心理辅导；六是留校察看；七是转换班级或改变学习环境；八是家长或监护人带回管教；九是移送司法机关或相关单位处理；十是其他适当措施。”

成体罚。教师对于此种情形也不可以把学生赶出教室。

我国大陆素来有暂时性疼痛教育的理念和做法。当前，在学生违反课堂纪律或作业未完成等情况下，罚站、罚跑步等是比较普遍的惩戒方式。对于罚站，其时间不宜过长，一般应控制在5—10分钟；对于罚跑步，应以不耽误学生学习和不超出学生身体负荷为原则。而对于美国、韩国等国家和地区比较通行的类似于“打手心”这类暂时性疼痛教育，我国也是可以借鉴的。

（五）剥夺某种特权

这些特权主要包括参加课外兴趣小组及春游、秋游等权利。被剥夺的特权不能侵犯学生合法正当的受教育权，因此被剥夺的权利仅限于学校正常教学活动之外的权利。利用于中小学生对这些权利的吸引力来达到惩戒的目的。因此，通过剥夺有越轨行为学生的这些特权，可以让其认识到下次不可以犯类似错误才有机会参加。然而，诸如参加体育课、参与国家统一考试等的学业性权利不属于可被剥夺的特定权利之列。[①]

（六）暂时收缴代管

当学生的越轨、违纪行为与其特定的物品有关，而该物品的存在妨碍了学生本人及他人的学习，对自身和他人的人身健康安全不利的，教师可以依据惩戒，暂时收缴代管这些物品。教师实施暂时收缴代管行为必须注意一个问题：即保证作出暂时收缴代管行为的是出于对学生教育的目的，基于管理的需要。将收缴代管物品收归己用的行为，构成法律上的非法侵害他人物权的违法行为，不属于惩戒。而对管制刀具、色情或暴力书刊等，学校应提交公安部门作出鉴定并决定是否予以没收；教师应把课堂收缴代管的特定物品在对学生进行教育后，及时地将其归还学生本人或家长。

（七）短期停课

在美国，教师通常有权决定对违纪学生给予短期停学的惩戒，停课期限一般是10天以内。1975年发生在美国的“戈斯诉洛伯兹案”，美国联邦最高法院审理了被停学十天的学生惩戒的案件，确认了对学生的

---

① 劳凯声：《变革社会中的教育权与受教育权：教育法学基本问题研究》，教育科学出版社2003年版，第401页。

惩戒应受宪法第十四修正案的保护；也承认由于学校自身的特性（规模大且复杂），为了维持教育教学秩序，适度的惩戒是必要的，停学也是一种必要的且有价值的教育设计。在我国，当前普遍认为短期停课是侵犯学生受教育权的行为。实际上，将短期停课看做对违纪学生加强家庭教育合力作用发挥的方式，似乎更为合理。当然，对短期停课的天数和间隔时间也要做出周全合理的限定，以免连续的短期停课成为对学生受教育权的事实剥夺。

三 教师惩戒的程序

“程序乃法律之心脏。”① 任何权力的行使都要遵守一定程序才能避免随意性导致滥用。教师惩戒作为教育的一种方式，也必须依照一定的程序进行，才更能保证公正。1982 年，美国“戈斯诉洛伯兹案”中，一个因纪律原因被学校开除后又重返学校作为试读学生的案例，该案审理法官认为，该学生未被剥夺任何自由或财产利益，因而不适用正当法律程序。该案例成为确立学生惩戒程序的经典判例。正当法律程序不是一成不变的，但可以肯定的是，如若要剥夺他人生命、自由或财产前，必须给予当事人充分的权利如告知或听证等权利；从判例中也可以看出，美国法官认为学生放学后留在学校，在校试读期间，或被暂时禁止参加某些课外活动的惩戒，不需要正当的法律程序。长期以来，在我国，教师既是惩戒权的享有者又是该权的行使者，并缺乏惩戒程序上的法律设定，容易导致教师滥用惩戒权，教师容易受情绪等不特定因素影响而使得惩戒“非公开化”并容易“惩戒失控”，导致教师惩戒行为的行使在公众面前发生扭曲。因此，设立教师惩戒法律制度时，应明确规定教师惩戒权行使的程序。

为克服权力过度集中导致权力滥用，建议在教师惩戒权行使中实行分权制，比如在年级设立学生惩戒委员会（主要由年级各班主任教师组成，吸收学生、学生家长代表作为其委员）。这样有利于对教师实施惩戒行为的监督。任课教师是惩戒权的享有者，但仅是惩戒权的执行者之一。任课教师在整个惩戒过程中，主要是提交受惩戒学生越轨行为的

---

① 宋冰：《程序、正义与现代化》，中国政法大学出版社 1998 年版，第 363 页。

事实，并提供初步的惩戒方案，最终的惩戒由学生惩戒委员会负责实施。这样就可以避免教师独自武断地实施惩戒行为，使惩戒行为更加公开、公正。对于在课堂上发生的越轨行为实施口头惩戒教育与罚站等最轻微的惩戒，可以由该任课老师直接做出，但必须在符合上述惩戒方式中所规定的限度内作出，如不能使用侮辱性词语等过激言语，并应避免出现变相体罚的现象。需要注意的是，任课教师所实施的轻微个体惩戒行为依然需要接受学生惩戒委员会的监督。学生有异议时，有权向学生惩戒委员会反映。这样可以遏制教师惩戒权的滥用。

由于联系家长并约请家长谈话的惩戒行为有家长的参与而排除了体罚的可能性，因此，既可以由任课教师个人行使，也可以由任课教师把需要受惩戒的学生情况反映到学生惩戒委员会由其中主管老师负责行使。

暂时收缴代管学生财物的惩戒行为不得逾越法律界限。而且，任课教师对于收缴等行为必须做好相关的记录，收缴后立即交予学生惩戒委员会，由其负责保管并在一定时间内返还给学生本人或其家长。以避免教师个人对学生财物的长期占有而出现违法行为。

“异项偿还法”、剥夺某种特权、短期停课等惩戒方式都可以不需要教师当场作出惩戒。因此，它们的适用都必须由任课教师将学生的越轨行为记录下来并提出相应的惩戒方案，交由学生惩戒委员会并经其集体讨论作出惩戒决定。学生惩戒委员会在对受惩戒学生实施“异项偿还法”、剥夺某种特权、短期停课等惩戒方式时，可结合学生事后的表现来考察该学生的改过情况，并将其作为作出惩戒处理的依据。在实施惩戒过程中也可适当引入“激励机制”，可促使学生更好、更快地改过，防止产生逆反情绪。

虽然，教师惩戒权行使中引入学生惩戒委员会制度较之惩戒行为直接由教师个人决定并执行更为复杂且效率更低。但是，结合中小学生的主体特殊性，这样的程序设置实际上是更加科学与规范、结构也更加严谨。因为，教师惩戒的最终目的是教育学生，惩戒仅是教育的一种手段。因此，执行的效率并不是行使惩戒权的唯一衡量标准。需要注意的是，学生惩戒委员会在行使惩戒权时在坚持公正、公开原则的同时要充分考虑中小学生的主体特殊性，不能侵犯学生的隐私权，并应给予其改过的机会。所以，公开并非绝对的公开，对有些涉及学生隐私等不宜公开的问题只能在惩戒委员会内部公开。

四 教师惩戒中的学生权利救济

现有的法律规则是否具有可操作性是衡量一个国家立法技术和法治水平的重要标志，救济规则的可操作性还是确保当事人救济权利得以实现的根本保障。[①] 当前，我国教师惩戒权适用中的学生权利救济机制存在诸多不足，教育法律法规所设定的单一救济途径（申诉）以及对该救济途径未作程序性规定，致使该救济途径的可操作性不强。随着关于学校民主的呼声日趋高涨，学生的权利意识不断增强，惩戒纠纷也日渐增多。因此，面对日趋复杂的学校情势，在惩戒制度设计时必须克服救济途径单一和缺乏操作性等不足。

（一）申诉救济制度

《中华人民共和国教育法》第 42 条对学生的申诉权进行了规定，学生对学校给予的处分不服或认为学校或教师的惩戒侵犯了其合法权益时，可以依法向有关主管部门提出申诉。1995 年原国家教委在《关于开展加强教育执法及监督试点工作的意见》中，对建立校内申诉制度和健全行政申诉制度提出了明确的要求，在制度层面确立了学生申诉制度。2005 年教育部《普通高等学校学生管理规定》，对高校受惩戒学生的申诉制度做了细化，使学生申诉制度具有针对性和可操作性。可见，当前我国学生申诉制度包括校内申诉制度和行政申诉制度。

对于口头惩戒教育、联系家长并约请家长谈话、“异项偿还法”、暂时性疼痛教育、剥夺某种特权等教师惩戒方式，学生主要是通过校内申诉制度实现权利救济。校内申诉制度，是指学生对学校的惩戒决定有异议，向学校学生申诉处理委员会提出申诉，请求该委员会对学校作出的惩戒决定进行复查并作出决定的制度。当前，中小学校一般并没有成立学生申诉处理委员会。对于如何完善校内申诉救济制度，课题组认为：第一，在学生申诉处理委员会的组成人员上应扩大主体范围，尽可能地

---

① 董立山：《自治与法治之间——高校行使学生惩戒权问题研究》，湖南大学出版社 2007 年版，第 220 页。

确保证组成人员的代表性，以实现申诉处理的公正性。组成人员须有半数以上非领导职务的教师和学生代表，还要尽可能地吸收学生家长加入学生申诉处理委员会。第二，应扩大申诉受理范围。《普通高等学校学生管理规定》主要规定受理学生对取消入学资格、退学处理或者违规、违纪处分的申诉。对于中小学校，由于受惩戒学生的主体特殊性、惩戒方式的多样性等，委员会申诉受理的范围作相应的扩大变动，使其包括上述教师惩戒行为。第三，委员会在处理申诉案件时，要有超脱于学校的中立立场，秉持公正作出处理决定。

由于“暂时收缴代管”涉及学生的物权，“短期停课”涉及学生的受教育权，对于这类教师惩戒，学生除可以通过校内申诉制度实现权利救济外，也可以通过行政申诉的方式实现权利救济。所谓行政申诉制度，是指学生对学校的惩戒决定有异议，向学校所在地的教育行政部门提出申诉，请求对学校作出的惩戒决定进行复查并作出决定的制度。行政申诉是一种法定的行政救济手段，比校内申诉更具有权威性和公正性；并比行政诉讼更加简便易操作，更经济。但在具体的实施过程中仍存在不少问题，如行政申诉的法律性质不明确，究竟属于行政复议制度，还是属于行政裁决，抑或是一种非正式的法律救济制度，目前尚无定论；另外，行政申诉的处理规则不够明确。因此，应尽快制定有关学生申诉的规章制度，对申诉的主体、受理范围、申诉处理委员会组成人员、申诉决定的法律效力等重要问题作明确规定，以保障学生申诉救济的权利不受侵犯。通过明确教师在实施不当惩戒行为时学生有寻求救济的具体途径。为学生受侵害的权利专门设立的申诉机构，从而使学生的诉权得以真正的实现。

（二）司法救济制度

《教育法》第 42 条指出：学生对教师侵犯其人身权、财产权等合法权益，可以依法提起诉讼。本文探讨的是教师个体惩戒行为，而非教师团体（学校）惩戒，它所对应的司法救济应当是民事诉讼和刑事诉讼。教师的口头惩戒教育如果变成了侮辱，暂时性疼痛教育如果超过了必要限度并对学生造成人身伤害，“暂时收缴代管”学生财物如果侵犯学生的财产权益等，学生可依法提起民事诉讼；如果教师惩戒行为触犯刑律、具有刑事违法性应受刑罚处罚，则构成犯罪，学生可通过刑事诉讼获得救济，此类案件以教师侮辱学生构成侮辱罪、教师体罚学生构成故意伤害罪居多。并且，教师个体惩戒不当还应包括“怠于惩戒”。前文所述“杨不管”案，死亡学生家属获赔20.5万元，其中“杨不管”承担近半。“杨不管”正是由于怠于行使教师个体惩戒才致使上课教学秩序混乱、受害学生被殴身亡。他为此承担了相应的民事责任。因此，在完善教师惩戒法律制度的过程中，有必要针对教师惩戒的违法行为建立单独的惩戒损害的赔偿机制，避免在适用法律时出现适用不明确的问题。并确定教师在违法实施惩戒行为后，应承担相应的民事和刑事法律责任。

（三）人民调解救济制度

当前，人民调解机制已成为我国纠纷解决机制中的“第一道防线”。将人民调解救济制度引进学校纠纷解决之中，是一个崭新又重要的课题。新出台的《人民调解法》对人民调解的组织形式进行了完善，规范了村民、居民和企事业单位调解委员会的设立、组织、任期制度以及调解协议的法律约束力、调解协议的司法确认等。学校作为事业单位，有必要建立人民调解委员会。学生针对教师个体惩戒过程中出现的违法行为，可以通过人民调解救济制度以大和谐、低成本、高效率的方式解决，这也为建立良好的学校秩序，促进学校和谐稳定发挥着独特的作用。

第七章

综合治理：校园外来暴力防治法律制度的系统建构

校园外来暴力是世界性难题，是社会治安状况的晴雨表，也是学校安全的风向标。中国已进入社会矛盾凸显期，校园外来暴力形势严峻。没有公权力的积极介入并以完善法律的方式构建校园外来暴力的国家干预体系、社区防治体系、学校防治体系，并促进校园外来暴力的家庭防范，难以有效防治校园外来暴力，并保护在校园外来暴力中居于弱势地位的学校师生之合法权益，最终导致严重的社会问题。因此，应当通过校园安全立法活动，努力构建政府主导的，学校、家庭、当地政府和社区组织协作配合的，多层面、全方位、主动性的学校安全防治法律制度和机制模式。

第一节　学校安全与校园外来暴力

近年来，我国校园外来暴力频发，学校安全问题空前引人瞩目。尤其是2010年3—5月，密集发生的数起恶性校园外来暴力惨案（南平血案①、合浦血案②、雷州血案③、嵩明血案④、泰兴血案⑤、潍坊血案⑥、

---

① 2010年3月23日上午7时20分许，郑民生在福建省南平市实验小学校门口手持砍刀，连续砍杀正在排队进校门的无辜学生，造成9名学生死亡，4名学生重伤。

② 2010年4月12日16时30分左右，杨家钦在广西合浦县西场镇西镇小学门前约400米处制造了一起凶杀事件，共造成2人死亡5人受伤。

③ 2010年4月28日下午，陈康炳持刀冲进雷州市雷城第一小学，砍伤18名学生和1名男性美术教师。

④ 2010年4月29日7时13分，昆明市嵩明县发生一起故意伤害未成年人案件，寻甸县羊街镇人43岁的颜兴富，持刀砍伤13岁学生周某。

⑤ 2010年4月29日上午，徐玉元携带单刃尖刀闯进江苏泰兴某幼儿园，对幼儿和教职工大肆残杀，致29名幼儿、3名教工和群众共计32人受伤，其中重伤4人、轻伤25人、轻微伤3人。

⑥ 2010年4月30日上午，山东省潍坊市坊子区九龙街道尚庄村村民王永来强行闯入尚庄小学，用铁锤打伤5名学前班学生，然后点燃汽油自焚。王永来被当场烧死，5名受伤学生目前无生命危险。

南郑血案[①]等），施暴主体均为非本校人员，充分暴露了我国校园外来暴力问题的严重性，同时也反映出社会各界对校园外来暴力问题的忽视，以及学校、社区、相关政府部门和家庭在校园外来暴力防治上存在的严重疏漏。

一　校园外来暴力：一个被回避的术语

（一）校园外来暴力的概念

在一定程度上，校园外来暴力是社会治安状况的晴雨表。在我国，关于校园外来暴力的防治政策、法规的出台，是由教育行政部门和学校主导的，或者至少也会深受其影响。基于校园外来暴力事件频发的现实，中央综治委、公安部、教育部等中央政府部委相继出台了一系列维护校园安全的相关法规。但相关法规中并没有直接针对校园外来暴力防治的规定，“校园外来暴力”一词也未在这些政策文件或者法规中出现。另外，从政府部门和校方处理校园外来暴力事件的态度和做法上来看，倾向于将以“恶害”为显著特征的校园外劳暴力事件作为一般“事故”来对待。如《中小学幼儿园安全管理办法》（2006 年）第 56 条将重大校园暴力事件纳入“突发安全事故”之中。这种将校园暴力“事故化”的处理方式，客观上冲淡了教育部门和学校的法律责任，主观上弱化对校园外来暴力的恶性与社会危害性的认识，同时也弱化了对校园外来暴力治理对策的理论探究和实践创新。对于校园外来暴力概念的回避和“事故化”的对待方式，至少表明我国的教育行政部门和学校还缺乏直面校园外来暴力这一十分严重的校园问题的勇气。[②]

国内学者大多以“校园”或“师生”为中心对校园暴力作出界定。以“校园”为中心的界定模式，又分为“校园内暴力说”（强调校园暴力是发生在校园内的暴力现象）、“校园内及周边暴力说”（强调校园暴力不仅仅是指发生在校园内的暴力现象，还应当包括校园周边发生的与师生有关的暴力现象）和“校园被害人说”（强调校园暴力是一种侵害

---

① 2010 年 5 月 12 日 8 时左右，吴焕民持菜刀闯入陕西省南郑县圣水镇林场村幼儿园疯狂砍杀，致使 7 名儿童和 1 名教师死亡，另有 11 名学生和 1 名成人受伤，其中 2 名儿童伤势严重。

② 姚建龙：《校园暴力：一个概念的界定》，《中国青年政治学院学报》2008 年第 4 期。

学校学习环境和秩序的暴力行为）；以“师生”为中心的界定模式又可分为“被害人说”（强调校园暴力是以师生为加害对象的行为）、“加害人说”（强调校园暴力是一种由学生所实施的暴力行为）、“综合说”（强调校园暴力是由师生所实施和以师生为加害对象的暴力行为）。[①] 综合学者关于校园暴力的各类定义，要么过于宽泛，要么过于狭窄。姚建龙的观点更为合理：校园暴力是指发生在学校及其合理辐射地域，学生、教师或校外侵入人员故意攻击师生人身及学校和师生财产，破坏学校教学秩序的行为。[②]

校园外来暴力属于校园暴力，是校园暴力的一项内容，故有关校园暴力及其防治的研究基本上都包括校园外来暴力。因此，在已有校园暴力理论的框架下，我们以暴力的来源为基点，可以对校园外来暴力给出定义：所谓校园外来暴力，是指非学校人员侵入学校及其合理辐射地域，故意针对师生人身以及学校和师生财产所实施的暴力行为和破坏行为，特别是侵害师生生命、健康、身体的行为。

（二）校园外来暴力的构成要素

校园外来暴力的构成要素，主要包括三个方面：

1. 空间要素

校园外来暴力构成的空间要素，是指校园外来暴力的施暴地点。把校园外来暴力的空间范围仅限于“校园内”未免显得过于狭隘，一些正常的校园活动也可能延伸到校园以外，比如，学校组织师生在校园大门口及周边的义工活动、学校统一组织的校外实践活动等都在校园外进行。因此，校园外来暴力的空间要素要求的校园范围，应该是校园及其周边的合理辐射区域，这样才更利于保护未成年学生。我们可以将校园周边或者学校组织的校外教学及实践活动的辐射区域称之为“虚拟校园”。参照《中小学幼儿园安全管理办法》（2006 年）第 52 条关于“文化部门依法禁止在中学、小学校园周围 200 米范围内设立互联网上网服务营业场所，并依法查处接纳未成年人进入的互联网上网服务营业场所”等规定，对包括高校在内的校园周边辐射区域以 200 米划定较

① 姚建龙：《校园暴力：一个概念的界定》，《中国青年政治学院学报》2008 年第 4 期。

② 姚建龙：《校园暴力控制研究》，复旦大学出版社 2010 年版，第 14 页。

为合理。

2. 加害要素

校园外来暴力构成的加害要素，是指校园外来暴力的施暴者。凡是非学校的人员都可能成为校园外来暴力的施暴者；由于其他学校的教职员工与学生对于本校师生的侵害具有暴力来源上的“外侵性”特点，因此，本校以外的其他学校的教职员工及学生也可以成为校园外来暴力的施暴者。需要指出的是，在教育教学活动中的校际交流情况下发生的校园外来暴力，要根据校际交流的不同情形予以研判：一种是在实际校园与虚拟校园重合的情形下，即校际活动集中在某一所或某几所学校校园内进行的情形下，发生了外校师生侵害本校师生的事件时，应当将关联学校视为一个整体，该外校教职员工或者学生不应认定为校园外来暴力的施暴者，该暴力侵害行为应作为校内暴力处理。另一种是在虚拟校园与虚拟校园重合的情形下，即校际活动不在某学校内而在其他场所举办的情形下，发生了此学校师生侵害彼学校师生的事件时，也应将关联学校视为一个整体，该暴力侵害行为应作为校内暴力处理。

3. 被害要素

校园外来暴力构成的被害要素，是指校园外来暴力的侵害客体。在校园暴力理论中，有学者不赞同将对学校和师生财产的侵害归入校园暴力。但是，多数学者仍认为，校园暴力的侵害客体既包括师生的人身权利，也包括学校和师生的财产权利——针对学校或者师生财产的暴力行为，比如校外人员对校产进行纵火或者抢夺学生财物等行为，虽然只针对财产，但这种对物的暴力侵害行为经常会严重危及师生的人身安全并造成严重的心理伤害。因此，研究校园外来暴力的被害要素，必须关注加害者直接对师生人身实施的暴力伤害，以及加害者针对学校财产或者师生财产实施严重的暴力侵害而造成对师生人身安全的严重威胁和心理重大伤害。当前，多发的校园外来暴力凸显出学校安全状态的脆弱性——包括学校的脆弱性和学生的脆弱性：学校的脆弱性主要表现在学校面对复杂多变的社会施加给学校安全管理的诸多存在性威胁时，自身防护力量的薄弱；学生的脆弱性主要表现在缺乏安全威胁的识别能力与自我保护能力，即不能准确判断危险的存在与面临安全威胁时没有反应或者过度反应，而容易遭受不法侵害，成为学校安全事件中的最主要的受害主体——中小学及幼儿园的学生，绝大多数为限制行为能力人或者无行为能力人，不具备或不完全具备自身安全的防范能力；大学生因其社会阅历的浅薄，也在自身安全的防范能力上会有所欠缺。

二　校园外来暴力的类型

校园外来暴力最明显的特点表现为暴力来源的“外侵性”。从施暴者的身份视角对校园外来暴力进行类型化研究，对于相关防范体系的构建是特别有意义的。

（一）社会失意群体的侵害

社会失意群体，是指那些“遭受生活挫折后无信心希望、无法纪意识、无精神信仰”的群体。这个群体呈现出“四零”和“三无”特征。“四零”是指他们主要集中产生在40多岁这个年龄段。40岁意味着他们在负担最重的人生阶段，一般是上有老、下有小，生活负担比较重。这时候的他们社会经历比较丰富，对社会事务体验最深，有较强的利益诉求和维权意识。与年轻人相比，他们很难再通过学习技能改变生存现状。“三无”指生活状态呈现出无希望、无法纪、无信仰的特征。无希望——对生活失去信心，消极悲观，排斥社会；无法纪——在失意者眼中，政府、法律、民主都是不可信的，认为社会已经无秩序，法规纪律已经没有任何意义；无信仰——不抱希望，对“付出就有收获”、“努力就能成功”的生活理念深感怀疑。一旦事业无成、家庭败落、利益诉求长期得不到满足，特别是自认为遭受司法不公、官员腐败、分配不公受到打击而投诉无门时，失意群体对未来生活更容易产生绝望情绪进而有报复的举动。①

“失意群体”报复的对象主要是两类人：一是直接侵害那些被认为侵害其切身利益的人，如各类针对城市管理行政执法人员的伤害案件等；二是针对某一类人，主要是比自己更“弱势”的人，如校园外来暴力侵害案件。另外，“失意群体”报复社会的行为极具“传染性”。从2010年3月23日福建南平的校园外来暴力惨案后接连发生的数起校园外来暴力血案中，容易看出学生群体（——比“失意群体”更显

① 《瞭望》周刊记者：《消融社会“失意群体”》，《瞭望新闻周刊》2010年第32期。

“弱势”的群体）更容易成为“失意群体”选择的侵害对象，也充分反映了“失意群体”报复社会行为的强烈“传染性”。

（二）校园青少年同侪团体的侵害

同侪团体（peer group），是指与自己在年龄、地位、兴趣等方面相近的平辈团体。同侪团体提供青少年归属感、情绪支持与行为模式，彼此互为增强与学习，对青少年的心理社会关系发展影响重大。在校园外来暴力研究中，同侪团体的侵害主要表现在中辍学生对在校学生的侵害。我国虽然有九年义务教育之法律规定，但是，中小学生的辍学现象还是存在的。尤其是农村中小学，辍学现象更加严重，“从全国来看，初中学生辍学率在10%以上的县确实为数不少，甚至有些乡镇小学辍学率达到50%以上”。①

中辍学生大多是未成年，而这个年龄正是应该在学校学习科学文化知识、塑造良好的素质素养的重要阶段，社会也依法不能给未满16周岁的未成年人提供工作岗位。因此，中辍学生往往无所事事并容易游荡街头结交社会不良人员。并且，中辍学生虽然离校而成为校外人员，但他们往往与在校学生有着密切的联系，加之以往的学生身份以及对学校环境的熟悉，使得他们能够轻易地出入校园。一些中辍学生在辍学之前就有很多偏差行为，辍学后在社会上更是少了在学校期间的约束而变得更为顽劣，极易沾染社会不良习气。这些中辍学生经常出入校园，寻衅滋事，敲诈勒索，欺侮在校学生，扰乱教学秩序，威胁在校学生的身心健康。

广大青少年中有偏差行为而被贴上“问题少年”或者“边缘学生”标签的，不管是中辍学生抑或是在校学生，因其共同的负面或者偏差行为所被社会否定而产生的彼此认同和命运共同感，极力地拉近了他们之间的距离。因此，这些“问题少年”或者“边缘学生”极易结合在一起形成团伙或者少年帮派，其偏差行为将对校园安全构成更大的威胁。少年帮派是指“由三人以上固定成员组成、有组织名称和活动规则从事犯罪与偏差行为的未成年人团伙”。② 校园帮派是指“学校学生组织

① 古代勋：《对农村辍学现象的思考及对策》，《成都教育学院学报》2002年第7期。

② 赵若辉、张鸿巍：《少年帮派的特征、催生因素与防治刍议》，《广西大学学报》2008年第2期。

或者加入，在一定时期具有相对稳定性，有较为明确的为首者，从事集体或者结伙性暴力行为或者集体或者结伙为后盾的个别暴力行为的群体”。[①] 近些年来，“少年帮派”、“校园帮派”问题日渐严峻。如2002年贵阳市公安机关会同教育部门，对该市的所谓“九兄弟”、“十兄弟”、“十三鹰”三个校园非法帮会组织进行“清剿”，并对组织的骨干分子做出了处理；[②] 2011年4月19日广东乐昌市第五中学14岁学生林小森在韶关中院刑事审判庭受审，检察院以林小森为非法组织“森高社”大哥起诉，“14岁大佬”以组织斗殴致人死亡获刑3年。[③]

校园帮派主要是由中小学生自发组成，其领导者和骨干成员也基本上是中小学生，当然也可能吸收校外青少年加入。少年帮派从内涵和外延上都要广于校园帮派，少年帮派不仅包括校园帮派还包括少年街头帮派，即非在校学生（中辍学生或者其他原因未在学校接受教育的少年）组建的帮派，其也可能吸收在校学生加入帮派。换言之，少年街头帮派与校园帮派成员间存在流动、相互吸收现象，其主要区别在于作为帮派领导者和骨干成员是否为在校学生。少年街头帮派与校园帮派间的联系与互动增加了校外不良少年对在校学生实施侵害的风险及可能性，使同侪团体成为校园外来暴力的又一主要暴力源。

（三）社会帮派染指校园

所谓帮派，陈慈幸引美国Miller的定义，是指“一群人的聚集，具有可辨认的领导者及内部组织，认同或宣称对社区或邻里的某一地盘具有控制权，而且从事个别或集体的暴力或偏差行为”。[④] 从该定义可以看出，帮派普遍具有偏差行为或者暴力倾向，此处帮派染指校园主要指成人帮派势力向校园的渗透。

前文提到的少年帮派与校园帮派，基于其成员绝大多数为未成年人

---

① 王鹰：《创建安全的学校——学校安全管理与法律研究》，北京师范大学出版社2010年版，第79页。

② 《人民日报》记者：《贵阳严打校园非法帮会，“兄弟”、“雄鹰”被铲除》，《人民日报》2002年1月15日。

③ 《钱江晚报》记者：《少年建社团争夺地盘，组织斗殴致人死亡获刑3年》，《钱江晚报》2011年9月30日。

④ 陈慈幸：《青少年法治教育与犯罪预防》，台湾涛石文化事业有限公司2002年版，第92页。

这一事实，决定了其在组织性质、犯罪目的与手段、存续时间等方面，都与成人帮派存在较大的区别，其破坏性和社会危害性都远不及成人帮派。少年帮派因其年龄尚幼，心智还不成熟，帮派成立多为好玩、壮大势力以对抗或欺侮其他朋辈群体，一般无明确的目的，往往追求瞬间可得的物质利益，且数额较小，比如向学生索要保护费等，其危险性相对较低；另外，少年帮派组织较为松散，成员固定性不强，领导者、骨干分子和一般成员，可能因家庭搬迁、升学、转学等原因离开原居所而脱离帮派或者解散帮派。因此，一个少年帮派难于形成长期固定的持续影响力。成人帮派则不然，成人帮派组织极为严密且持续时间长、稳定性强，帮派成立即有自己的帮规和明确的目的。成人帮派多与黑社会性质团伙犯罪组织有牵连，对地域和行业性的独占色彩较浓，甚至涉足政治性敏感议题，往往涉嫌重大违法犯罪案件。帮派（此处指成人帮派）渗透校园，使本来可能自行消散或者经过教育后强行解散的校园帮派有了进一步生长的土壤，更易于利诱、威逼更多校园帮派成员或者其他边缘学生加入帮派，从而助长这些学生的偏差行为。因此，帮派对学生身心造成的危害以及对校园安全之威胁更甚于同侪团体对学生的侵害。

帮派对在校学生的侵害异于社会失意群体与同侪团体对在校师生的侵害，后者主要是侵入校园或者在校园周边的辐射区域对在校师生实施暴力侵害，而前者既可以在校园内或者校园周边，也可以在学校辐射不到的其他场所。由于帮派组织的严密性，其对在校学生的侵害多在学校辐射不到的其他场所实施，而被害学生由于惧怕帮派往往不敢向学校反映，学校也就难以发现帮派对学生的侵害，这也是学校安全状态脆弱性的体现，即学校与学生的脆弱性。因此，帮派对在校学生的侵害具有隐秘性。例如，2007 年 8 月广州市中级人民法院审理的以冯志希、冯志钊兄弟为首的“黑龙会”涉黑案件，引起社会各界的广泛关注。“黑龙会”帮派自组建以来涉嫌故意杀人、贩毒、抢劫、持枪、围攻村委会强包工程等多种罪行，但最引人注意的是该帮派发展入会对象主要是在校学生，以未成年学生为目标，帮派势力渗透到广州市白云区竹料地区的中小学。据调查，“黑龙会”曾经专门派骨干到中小学去发展学生入帮，并成功发展 60 余名学生加入，这些学生几乎都是“90 后”，年龄最小的才 13 岁。已经入会的在校学生是很难退出的，要求退会的就算是违反了帮规，就要遭到成员的殴打或者砍手指，还胁迫其不能报警，否则就将其打死。“学校管得严，一般不在校内打人，想打人时，埋伏在校门口巷子里的几个拐角里，被打的人一进入埋伏，就不可能逃掉。”一名帮派学生讲道。被打学生增多，曾引起学校的怀疑，各班班主任曾找过多名可疑学生查问。但“黑龙会”很“保密”，校方一无所获，被打学生也不敢说什么。[①]

第二节　校园外来暴力的现状及其分析

一　国内视阈

（一）我国校园外来暴力的主要现状和特点

关于校园外来暴力的现状，司法部的“校园暴力研究”课题组，在司法部预防犯罪研究所研究员许久生的带领下，于2003年10月、11月展开了相关的问卷调查研究。此调查研究以学生、家长、教师为调查对象，并设计了四种严重的校园暴力事件，即学生被打、学生被抢（勒索）、老师被打和社会人员来学校寻衅生事。调查报告显示，“报告发生过学生被抢（勒索）、老师被打、社会人员来学校寻衅生事的学生比例分别为21.1%、32.1%和43.6%；报告发生过学生被打、学生被抢（勒索）、老师被打、社会人员来学校寻衅生事以及其中至少之一的家长比例依次为28.0%、22.7%、12.8%、25.1%和36.3%；而报告发生过学生被打、学生被抢（勒索）、老师被打、社会人员来学校寻衅生事以及其中至少之一的教师比例依次为44.0%、57.9%、36.4%、36.8%和71.2%。”[②] 从以上调查报告可以看出，校园外来暴力被认为是严重的校园暴力事件，而社会人员来学校寻衅生事所占比重较大，并且，学生被打被抢（勒索）、老师被打的加害者，也都包括校园外来暴力的实施主体。但是，该研究是从宏观上对校园暴力的整体把握，并未对校园外来暴力的状况进行详尽的论述。

前文通过对当前比较突出的校园外来暴力现象进行归类并列举出三

① 傅剑锋：《“黑龙会”的少年江湖》，《南方周末》2007年9月13日。

② 徐久生：《校园暴力研究》，中国方正出版社2004年版，第40页。

种典型类型，虽不能囊括所有，但基本上可以反映目前校园外来暴力的大体状况：

社会失意群体对学校师生的暴力侵害成为近期最为引人注目的校园外来暴力类型。社会失意群体与社会弱势群体之间存在很大的交集，并容易相互转化。在当今社会转型的矛盾凸显期，社会失意群体与弱势群体的数量都在不断增加，其生活困境得不到足够的社会关爱，加之利益诉求渠道不通畅，就容易产生报复心理，学校学生与其相较显得更为弱势，容易成为其报复发泄的对象。另外，发生在校园及其辐射区域的针对学校师生的故意伤害、绑架、抢劫等恶性暴力犯罪，其实施主体有很大一部分也属于社会失意群体。社会失意群体容易滋生犯罪并将矛头指向校园学生是社会转型中矛盾凸显所诱发的新生校园外来暴力类型。因此，也成为当前备受社会关注的校园外来暴力的典型类型。

学校学生遭受校外青少年同侪团体的侵害是最为普遍的。无论在农村还是在城市学校，在校学生遭受同侪团体的侵害具有一定的普遍性。如 2010 年发生在广东乐昌市学生斗殴命案：乐昌市第五中学与乐昌市新时代中学两个学校的数名学生发生摩擦，双方纠结多名同伴并携带凶器进行斗殴，造成一名学生死亡的严重后果。此后，数名学生被刑拘、判刑。14 岁学生林小森被检察院以非法组织“森高社”大哥提起控诉并获刑 3 年。此类校园外来暴力主要表现为社会街角青少年对在校学生的侵害和此学校学生对彼学校学生的侵害。由于青少年的生理和心理特点，使得青少年同侪群体在交往中更加容易“抱团”和发生摩擦，拉帮结派、打架斗殴时有发生。因此，可以说青少年同侪团体的侵害是发生率最高的校园外来暴力类型。

帮派染指校园，在国外和我国港澳台地区是较为严重的社会问题，但是，在我国大陆地区尚为一个新的现象。然而，帮派渗透校园并制造多起侵害学校学生的事件屡屡发生，不能不加以重视。与国外及港澳台地区帮派染指校园的状况不同，我国大陆地区帮派势力渗透校园较少涉及枪支与毒品，也很少是为抢夺地盘，而更多地表现在打架斗殴、暴力恐吓、勒索钱财、骚扰女同学等方面。帮派染指校园对校园帮派的形成有着推波助澜的作用，其对学校风气与校园安全构成严重威胁，是极具传染性和消极影响的校园外来暴力类型。

校园外来暴力属于校园暴力，与以本校教职员工或学生为加害主体的校内暴力相比，有其自身的一些特点：（1）校园外来暴力呈现出很强的社会报复性。校园外来暴力，尤以社会失意群体对学校师生的侵害之类型为典型，已不再是为了单纯的个人恩怨或者谋取钱财。并且，此类校园外来暴力的行为对象具有不特定性，即针对校园内不特定的师生进行暴力侵害。因此，体现出很强的社会报复性。（2）校园外来暴力多呈显性，易被发现。由于暴力来源上的“外侵性”特点，校园外来暴力的加害主体大多侵入校园或者在校园周边实施侵害行为，一旦发生侵害事件，容易被发现。而校内暴力则具有一定的隐性特征，如学生间的欺侮、教师惩戒、教师对学生的性侵害等，其中一些侵害行为持续时间长且极难被发现。当然，也不排除一些被恐吓、胁迫的学生由于自身懦弱而不敢揭发的情形，这亦是学生脆弱性的表现。（3）校园外来暴力行为之手段日益凶暴，侵害后果严重，具有更大的恶性和社会危害性。当前频发的校园外来暴力事件致使多名少年儿童殒命，充分体现校园外来暴力行为的凶残性。（4）校园外来暴力的被害人与加害人之间呈现出更多的互动关系。在发生的不少校园外来暴力事件中，很多是由于被害学生的偏差行为所引发的。一些校园外来暴力的加害人首先充当的是受害人的角色，并逐渐由受害人转而成为加害人。

（二）我国校园外来暴力的主要原因

近些年来，社会暴力事件逐渐增多，校园外来暴力在我国迅速蔓延，属于社会暴力范畴的校园外来暴力成为当下较为社会关注，也令政府颇感棘手的严重社会问题。在某种程度上，校园外来暴力从侧面反映出深层次的社会问题。

从前文分析的校园外来暴力的类型来看，校园外来暴力的催生因素是多方面的。在我国社会转型的大背景下，从社会层面切入，以社会转型带来的负面影响为视角来分析校园外来暴力的蔓延及其社会起源，有着更强的原因解释。

1. 社会失意群体侵害的原因

在社会转型的过程中，是不可能没有阵痛的，这早已被西方、日本和亚洲“四小龙”的经验所证实。到现在为止，没有一个社会能够逃脱暴力的弥漫。尽管表现方式和程度不同，但所有现代化社会都曾经历社会暴力化过程。[①] 在中国社会的转型时期，社会结构发生了重大变迁。社会不仅分化为复杂多样的利益群体和社会阶层，而且这些利益群体和社会阶层逐渐向两极化的方向发展。这也使原来潜在的社会矛盾凸显出来，两极分化所激发的社会矛盾也变得尖锐而难以调和，尤其当法律制度及各种公共政策难以跟进时更是如此。甚至国家的制度不仅不能调适社会矛盾，反而在某种程度上激化了社会矛盾，使得犯罪问题在转型时期变得更为严重。因此，可以说当代中国的社会犯罪主要缘于社会分化中社会结构方面无以化解的紧张。[②]

校园外来暴力事件的发生，在很大程度上即是对社会矛盾的映射，也是社会底层群众对社会的不满及对抗情绪的外在反映和集中表现。社会的急剧转型使得社会弱势群体、失意群体大规模增加，在经济腾飞的时代下，同时也造就了生活成本的急剧增长和收入分配差距的大幅度拉大。高昂的生活成本——医疗、住房和教育价格的飞速提升，扭曲的分配结构，使许多人无法充分享受到经济发展的成果，而充满挫败感和怨气，再加上社会福利制度不完善，群众利益诉求渠道不畅通，社会安全阀缺失，使得社会失意群体易将怨愤迁怒于社会。社会转型造成生活成本的提升和财富收入的畸形分配，以及相应的福利救济制度的缺失，构成了社会暴力滋生的经济背景，同时，也是催生校园外来暴力的最直接的社会动因。

社会转型带来的文化冲突，对我国民族的主流价值观造成巨大的冲击。今天，中国社会已经形成了不问是非只问效果、“潜规则”横行的状态，“自我中心主义”和“价值虚无主义”成为一个时代强大的思想潜流。这种状态可以说为暴力滋长提供了一个主观大环境。这种大环境一旦形成，就绝非少数个人的道德榜样，甚至大规模的道德宣传运动所能逆转。[③]

社会人员实施的暴力之所以将发泄之矛头指向脆弱的学校师生，除了校园安保、学校师生自身防范意识和能力等表层原因外，最主要的还

① 郑永年、黄彦杰：《暴力的蔓延及其社会起源》，《文化纵横》2010 年第 4 期。

② 张小虎：《转型期犯罪率明显增长的社会分层探析》，《社会学研究》2002 年第 1 期。

③ 郑永年、黄彦杰：《暴力的蔓延及其社会起源》，《文化纵横》2010 年第 4 期。

是要归因于转型期下文化冲突所带来的道德滑坡，以及“主流”价值观和社会心理的扭曲。在文化冲突的影响下，我们从敬畏权力、向往富裕转变为今天普遍的“仇官”、“仇富”心理，从助人为乐转变为今天袖手旁观的冷漠。从2008年的上海杨佳袭警案（造成6名警察死亡，3名警察和1名保安受伤），到2010年的湖南永州法院枪杀法官案（造成3名法官死亡，3名法院工作人员受伤），被害的警察、法官得不到社会的同情，反而行凶者杨佳、朱军被许多人冠以“正义的化身”；再到2011年的广东佛山“小悦悦”案（2岁女童分别被两名司机开车碾压后逃逸，18位路人经过无人援救，后被一拾荒老人救起，经医院抢救无效死亡），无不透露出当下社会道德的缺失以及“主流”价值观和社会心理的扭曲。校园外来暴力也是如此，2010年3—5月，行凶者屡屡将屠刀指向花季少年儿童制造了一系列校园惨案，其把自己和他人的生命弃之如敝屣，也不能不说这些施暴者已经泯灭了一切最基本的道德良知。

2. 青少年同侪团体侵害的原因

社会转型带来的社会动荡，同样影响着青少年群体。文化的冲突导致青少年群体产生诸多偏差行为，使其越来越不认同成人社会，并逐渐形成属于自己的青少年同侪团体亚文化。因此，从次级文化理论来解释青少年同侪团体侵害学校学生的原因，有着更强的说服力。次级文化理论乃指某些人认同其同辈团体或小团体特有之价值体系，而这些特有价值体系与一般社会所能接受之价值体系不仅有异，且不容于一般社会。亦即这些人仅随着其周遭同辈团体之价值体系发展其特有之价值观念，而未接受整个大社会之价值标准。[①]

由于有偏差行为的青少年的言行无法符合一般社会的标准，因而，他们在社会上就往往被否定或者被冠之以“问题少年”之名，从而产生适应困扰之窘境。面临此种困境的青少年一旦相遇便易产生“同是天涯沦落人”之感，继而彼此认同，互相增强，拉帮结派，并对彼此的负面或者偏差行为惺惺相惜，其自我观念与价值结构渐受同侪次级文化的感染，导致其行为愈加偏差。

---

① 蔡德辉、杨士隆：《青少年暴力行为：原因、类型与对策》，五南图书出版股份有限公司2002年版，第168页。

青少年同侪团体的越轨偏差行为与暴力有着天然的联系，并且暴力往往能够带给同侪团体自我认同与荣耀感。在校学生势必同中辍学生、街角青少年发生联系，并容易产生矛盾纠纷或者冲突摩擦，这样，就增大了学生遭受校外青少年同侪团体侵害的风险。

3. 帮派染指校园的原因

帮派染指校园，并与学生相结合绝非偶然，帮派与学生的结合是在二者互蒙其利的情况下而相互吸引的结合，换言之，其联结绝非一相情愿或者全然强迫，而是两者彼此满足其需求。

帮派“偏爱”青少年，并将其势力向校园渗透，有其深刻的原因。对于帮派而言，发展青少年成员具有多方面的“好处”：(1) 青少年从事非法活动的处罚较轻，违法成本低。大多数刑法罪名不适用于未成年人，除了少数恶性暴力犯罪外对于少年的一般犯罪活动不科处刑罚，即便是构成治安管理处罚行为也多是从轻处理。因此，青少年从事非法活动的违法成本低，可以多为帮派组织“效力”。(2) 青少年帮派成员较为英勇，并且对帮派组织极其忠诚，在帮派组织内部听从指挥而不争权夺利。(3) 青少年学生日常消费与开支较小，吸纳青少年成员的各项成本较低。(4) 吸纳青少年成员可以增加人力，壮大帮派组织，增强帮派的影响力。

青少年乐于加入帮派的成因主要有：(1) 成功向上的机会受阻，帮派为其提供归属感。(2) 加入帮派是满足青少年同侪之低阶文化价值观的自然反应。(3) 加入帮派容易寻求保护，不但自己免受欺负，还可以欺凌他人。(4) 帮派可以增强彼此认同感，加强同侪互动，特别是可以给缺少家庭气氛者以归属感。

帮派染指校园并与学生结合，更加助长了学生成员的偏差行为。加入帮派的学生成员多为所谓的“后进生”或者“问题学生”，但也不乏成绩优秀的学生，帮派对其的影响终归是负面的多，以至于帮派学生成员的言行更为偏差。帮派中学生成员的增多，加之数个帮派之间、数个学校之间的学生联系频繁，势必发生矛盾冲突，无疑将增大在校学生遭受校外暴力侵害的概率。

（三）我国校园外来暴力防范中存在的主要问题

我国在校园安全事件的预防过程中，几乎一直以来形成了这样的循环：发生校园暴力事件—全社会、全国关注—加大校园安全的多方投入，特别是经费投入—平稳期—全社会、学校对校园安全关注的热情减退—预防措施减退—发生校园暴力事件。迄今为止，我国在应对校园外来暴力，维护校园安全方面尚未形成健全的长效防范机制，仍存在一些问题和不足：

1. 国家干预力度不够

要形成校园安全防治的长效机制，必须依靠政府的全力支持和发挥政府的主导作用。对于校园外来暴力的防范，国家干预除了治理社会深层问题外，主要表现为建设完善的校园安全法律体系，设定各相关法律主体的法律义务，从而保证全方位的校园安全防治。在美国、英国、奥地利、加拿大、日本、韩国等国家，纷纷制定《校园安全法》并进行校园安全专项立法的世界潮流下，我国《校园安全法》仍未出台。虽然中央综治委、教育部、公安部等部委相继出台了不少维护校园安全的规定，但是，其在效力层级上是比较低的，内容上还需进一步完善，尤其是体系化程度不高和可操作性不强的问题亟待解决。

国家的干预还体现在地方各级政府对国家关于校园安全之政策法规的落实状况。地方各级政府对校园安全工作的支持同等重要，而在实践中，地方政府在具体落实国家关于校园安全的政策法规上，具有很大的差异性。在应对校园安全事件时，各级政府及相关部门间需要厘清职责，通力协作，但是，在实践中，政府及相关部门在应对校园安全事件方面尚未形成联动机制。这也在一定程度上体现出校园安全建设的国家干预力度的欠缺。

2. 社区力量未得到充分的发掘和调动

在防范校园外来暴力、维护校园安全上，社区应承担一定的责任和义务。并且，社区在防范校园外来暴力方面具有很大的优势，其力量不容小觑。美国、日本等国都非常重视社区在校园安全建设中的地位和作用，并都制定和实施了一系列的社区计划，取得了良好的成效。相比之下，我国在校园安全建设中，社区的重要作用并没有得到有效发挥，社区力量也未得到充分的发掘和调动，学校保护区制度、社区安全风险评估制度、社区犯罪警报体系和犯罪预防体系、社区心理危机警报体系和心理危机干预体系、教育司法制度、学校安全舆论引导机制等，都没有得到应有的完善和健全。

3. 学校防范措施的单一与薄弱

应对校园外来暴力在很大程度上依靠国家的干预及社区的支持，但这并不意味着学校自身就可以专注教学而不顾及校园安全的治理。学校历来被视为传播知识、解决社会问题之钥匙，而如今却成了问题之一，一般大众对学校的看法也从支持“学校可预防犯罪”这一主张转变成认为“学校制造问题”。

学校安全教育的匮乏和安全防范的非专业性，使得学校在校园外来暴力防范措施上投入不足而显得单一和薄弱，学校安全风险评估制度、学校保安制度、师生犯罪预防和心理危机干预、学校安全风险辨识和伤害避免教育、社会安全风险辨识和伤害避免教育、学校安全演练、学校安全事故应急预案制度、校外安全事故应急预案制度、学校安全技防制度等，都没有得到应有的完善和健全。

4. 校园外来暴力的家庭预防功能没有得到有效发挥

家庭在校园外来暴力预防中同样有其不可替代的作用，尤其是在预防学生遭受青少年同侪团体侵害方面。家庭环境与家庭教育对青少年的行为有着至关重要的影响，学生偏差行为的产生与家庭的负面影响不无关系，预防青少年偏差行为的产生很大程度上有赖于一个健康的家庭环境。然而，一些家长非但没有给孩子正面的教育，反而以紧张的家庭关系、消极的行为方式影响孩子，以至于催生出青少年的偏差行为。

二　域外视阈

校园外来暴力是世界性问题，各个国家都存在着不同程度的校园外来暴力侵害现象。在校园外来暴力问题的治理上，各个国家的做法也都存在一定的差异。美国和日本均存在严重的校园外来暴力问题，但这两个国家的校园外来暴力以及国家在应对和处理校园外来暴力问题上面都存在明显的差异。尤其在校园安全立法方面，对于学校师生的保护，美国侧重于外部保护；而日本侧重于内部保护。两国的很多制度设计和具体举措，对我国完善校园外来暴力防范体系的构建具有重要的借鉴价值。

（一）美国校园外来暴力及其防范现状

1. 美国校园外来暴力的现状

美国由于其枪支文化的影响，枪支大量进入校园。因此，校园枪杀案是美国校园暴力最显著的特点。美国又是全世界毒品问题最严重的国家，是毒品消费最大国，吸食毒品人数居世界首位，许多中小学生也涉及毒品。而毒品往往与帮派及社会黑势力有着天然的联系，中小学生涉足毒品的同时也成为校园外来暴力侵害的对象。因此，美国校园外来暴力主要表现在校外人员对学生的枪杀和校外帮派对学生的侵害。

（1）校园枪击事件频发

美国有 2 亿多支私人枪支。据估计，其中的 270000 支枪每天被带到学校去。[①] 从 1996 年到 2010 年间发生的 26 起校园枪击血案来看，凶手多为在校学生且年龄普遍较小，受害者多为同龄学生或者更年长的教师，但也不乏校外人员持枪进入校园侵害学校师生的案件。如 2006 年 8 月 24 日，美国佛蒙特州艾塞克斯县一名男子在两座房屋和一处小学内乱枪扫射，击中 5 人，造成其中 2 人死亡；2006 年 9 月 17 日，美国科罗拉多州贝利镇一所中学发生劫持人质事件，劫持者在打伤一名女人质后开枪自杀，伤者被送到医院后不治身亡；2006 年 10 月 2 日，美国宾夕法尼亚州兰开斯特县一所社区学校发生劫持人质事件，致使包括劫持者在内的 4 人死亡、7 人受伤；2010 年 2 月 23 日下午 3 时许，美国科罗拉多州丹佛市杰斐逊县利特尔顿镇一所中学的学生放学后正准备回家，一名成年男子突然向学生开枪，造成两名学生受伤。[②]

（2）帮派入侵校园

美国黑社会及帮派势力是相当强大的。而帮派往往与暴力、黑社会有着天然的密切联系。从 20 世纪 70 至 80 年代，社会帮派暴力的程度和形式都大幅升高与增加。由于美国的枪支和毒品泛滥，社会帮派大多从事毒品和其他经济领域的相关业务活动，这就极易因帮派间的势力范围和经济利益的争夺而经常发生械斗——毒品市场的竞争事实上是帮派械斗的一个特别重要的原因。

帮派的势力范围已经扩展到校园。最近几年，美国校园频频出现帮派、帮派暴力、帮派毒品交易以及帮派枪支的使用。校园为之提供了机

---

① 戈德斯坦、哈鲁图年、康诺利：《学生攻击行为——预防与管理》，林丽纯译，江苏教育出版社 2010 年版，第 133 页。

② 《近年美国发生的校园枪击事件》，http：//news. xinhuanet. com/ziliao/2007 - 04/18/content_ 5992499. htm，最后访问日期：2012 年 10 月 9 日。

会，包括帮派成员收编、毒品交易、抢夺以及建立可守的地盘。虽然许多学校和学区倾向于否认其所在地存在任何帮派（除非有重大的帮派事件发生，使其无法再否认），但是 Kodluboy 和 Evenrud 认为：每个大都市的学区，目前多多少少都受到街头帮派活动的影响。《全国青少年帮派调查研究》（*National Youth Gang Survey*）发现 21 个大都市区域目前正面临帮派问题，另外 24 个区域正出现帮派问题……帮派可以说存在于美国的任何一个主要学区。① 美国 2007 年学校犯罪与安全的调查报告显示，加入社会帮派的学生已由 2003 年的 21% 上升到 2005 年的 24%；同期，城市学校中，加入校园帮派的学生由 31% 上升到 36% 。②

美国社会帮派势力已经深入校园，在其扩张并吸收新成员的同时也企图控制校园帮派，在毒品或者其他利益方面，社会帮派与校园帮派间虽然可能存在着一定程度上的配合。但由于双方各自利益的争夺，使得他们之间存在矛盾冲突的可能性更大，而社会帮派领导及骨干多为阅历丰富的成年人，其力量要远远强于校园帮派。因此，校园帮派成员以及其他非校园帮派的在校学生容易成为社会帮派暴力侵害的对象。

2. 美国校园外来暴力的防范状况

（1）对枪支的管制

大量的枪支（学生或者校外人员携带）进入校园，对学校师生构成了极大的人身安全威胁。毒品的泛滥使得校园也成了毒品交易的集散地——许多在校学生成为毒品的吸食者或者毒品交易的贩卖者，提供了在校学生与校外毒品犯罪者及帮派来往的机会，同时也催生在校学生的偏差行为，增大其受害的风险。枪支与毒品对校园安全的危害引起美国政府和社会各界的高度重视并采取一系列措施加以应对。

在控制美国公民持枪方面，美国联邦政府于 1994 年出台《联邦攻击型枪支法》，加大了控制力度，如限发枪支购买许可证、审查购买者的背景等。同年，克林顿总统签署了《学校禁枪法令》，制定了武器的

---

① 戈德斯坦、哈鲁图年、康诺利：《学生攻击行为——预防与管理》，林丽纯译，江苏教育出版社 2010 年版，第 136 页。

② Thomas D. Snyder, Sally A. Dillow, and Charlene M. Hoffman. Digest of Education Statistics, 2006. http://nces.ed.gov/pubsearch/pubs2008021.pdf, 2007-07-26/2008-04-05，最后访问日期：2011 年 11 月 10 日。

“零容忍”制度，对携带枪支上学的学生给予一定的处分。一些学校为防止枪支等武器被带入学校开始使用金属探测器并加强学校的安保工作，如洛杉矶、纽约、芝加哥的许多学校为预防暴力事件发生将这些措施扩大到了郊区和农村学校，主要措施有：凭证件进出学校、白天锁学校出入口、改变校园布局等；限制武器进校园，如金属探测器、X线检查等；增加对学生的监视，如安全摄像机、学校保安人员等；对危机和暴力事件的应对，如学生培训、危机警报、安置教室电话等。除了这些常见的措施外，一些学校还采取新技术以保障学校安全，这些技术主要用于对进入校园的限制和对学生在校的监视。如新泽西州学校使用虹膜识别软件对进入校园进行限制；密西西比比罗西克学区最早安装基于互联网的摄像机或网络摄影，这些网络摄影安装在每一间教室和走廊以减少破坏和预防犯罪行为；加利福尼亚一所学校还使用无线电波身份认证（RFID）附加在身份识别卡上以便追踪学生或者校外人员来校的目的。①

（2）对毒品的管制

在毒品管制方面，美国国会于1994年通过《校园、社会禁毒及安全法》，美国教育部根据此法案制订了《预防毒品和暴力拨款计划》，对实施毒品和暴力预防策略，特别是政府拨款以帮助实施该方案，做出了详尽的安排和要求；美国联邦教育部于1995年编印《营造安全暨预防毒品的校园行动手册》；1997年美国总统克林顿签发了《无毒社区条例》，并从经济上予以支持该条例的实施，1998年联邦政府拨出1000万美元用于无毒社区建设，1999年2000万美元，2000年3000万美元，2001年4000万美元，2002年4350万美元。②

（3）对帮派的干预

在帮派干预措施上，美国从以前的单一、比较整合性的帮派干预模式（1950—1965年：外出工作，触角伸向青少年，街头帮派工作；1965—1980年：社会与经济机会的提供；1980—1990年：打击帮派、压抑、拘禁）发展到现在的“综合模式”（综合计划，包括心理、职

① 王洪明：《美国公立中小学安全措施变革》，《国中小学教育》2010年第6期。

② 张宏业：《我在美国当警察》，《辽宁法制报》2002年第12期。

业、休闲、家庭、教育、刑法的公平性)。[①] 帮派现象的综合干预模式涵盖面完整，是个多层次的策略，在实施干预措施时，通过统合执行并利用各种不同的资源以合作协调的方式进行，达到了理想的成效。

学者斯坦芬斯也建议在校园里实施综合性的帮派干预策略，并提出了具体做法与步骤。他主张，不管干预措施的目的是防治性、补救性还是压抑性的，都应该结合学习、家庭、警察及社区资源。具体计划包括:[②]

(1) 校内帮派防治课程，为小学低年级的学生提供反帮派方面的资讯，鼓励学生学习抗拒帮派的技巧，增进自尊，提升加入帮派的负面意识。

(2) 禁止学生穿戴和使用任何帮派衣物、饰物和用品，或是将自己打扮成像帮派的一分子。

(3) 加强对壁画标语的认识，利用此认识来达到预防和干预的目的。

(4) 设置通报帮派犯罪的专线，学生通常是有关帮派信息的最佳来源，其设置的方式应该让学生使用起来觉得方便、实用、安全。

(5) 支援并保护帮派暴力的受害者，包括听取报告、心理咨询及学习的安置措施，作为安全需要的保证。

(6) 教师在职训练及其他学校人员的训练，包括如何辨识帮派成员、帮派防治与干预防范及既有的安全措施。

(7) 过滤访客政策，有助于减少非学生帮派成员在校园内出现的概率。其中包括雇聘安全人员、规定出示证件、访客登记本、张贴恰当的指示标语指引访客前往学校办公室等。

(8) 社区网络工作，结合家长、警察、学生、学校人员的力量，共同抵抗帮派侵略校园。

美国应对校园外来暴力，采取一系列专门法律法规加以规制，并有效发挥了社区防范的优势作用，以及部分地区采用高科技手段以加强校

---

① 戈德斯坦、哈鲁图年、康诺利:《学生攻击行为——预防与管理》，林丽纯译，江苏教育出版社 2010 年版，第 137 页。

② 同上书，第 141—143 页。

园门卫管理的做法值得我们借鉴。另外，针对帮派对学生的侵害，美国政府及社会都有比较成熟的干预方案与措施，对我们都有很大的借鉴意义。

（二）日本校园外来暴力及其防范状况

1. 日本校园外来暴力的现状

日本校园暴力问题较为严重，校园暴力主要集中于中小学。据日本新闻网 2011 年 2 月 25 日消息，日本警视厅于 25 日公布的一份报告显示，在过去的一年中，日本各地向警方检举的中小学暴力事件比 2009 年增加了 87 件，为 1211 件。逮捕和辅导的中小学生也比 2009 年增加了 75 人，达到 1434 人。其中，中学生引发的校内暴力事件占总数的 90%。报告称，发生在日本校园中最多的是袭击老师事件，2010 年，袭击老师事件发生了 688 起，占校园暴力事件总数的 56.8%，出现了连续 3 年的增加趋势；学生之间的打架斗殴事件为 376 件，占总数的 31%，另外 12% 的案件是学生破坏学校的设施。[①]

从近些年来的日本关于校园暴力的调查研究中可以发现，日本的校园外来暴力并不突出，校园暴力问题的严重性主要在于发生在校内的以在校学生为施暴主体的校内暴力。但是，早在 2001 年，日本大阪教育大学附属池田小学曾发生特大校园外来暴力事件：2001 年 6 月 8 日上午，日本大阪教育大学附属池田小学的学生们正在上课。突然，一名叫宅间护（Mamoru Takuma）的中年男子，手持一把 15 厘米长的菜刀闯入课堂行凶，受惊的孩子们都向走廊跑去。但是，歹徒一直在他们后面追杀，后来被几名老师制服。在这一惨案中，包括几名教师在内共有 20 多人受重伤，有 2 名儿童被当场刺死，另有 6 名儿童因伤势过重不治死亡。在遇害的 8 名儿童中有 1 个是男孩、7 个是女孩，他们大多是小学一、二年级的学生。[②] 此后不久，2001 年 6 月 19 日上午 8 时 15 分左右，一名 50 多岁的妇女手持一把小刀，突然跑到高千穗幼儿园后面，高声叫喊，试图冲进幼儿园，幼儿园一名 23 岁的女教师闻声走上前去

---

① 王欢：《日本校园暴力事件逐年增多，因教育水平低下导致》，http：//www. ce. cn/xwzx/kj/201102/25/t20110225_ 22248305. shtml，最后访问日期：2011 年 8 月 10 日。

② 《综述：日本大阪小学校园凶杀惨案》，http：//japan. people. com. cn/2001/06/08/riben20010608_ 7032. html，最后访问日期：2011 年 8 月 7 日。

制止。这时，那名妇女试图从门上递给女教师一个包裹，当女教师伸开双手去接包裹时，那名妇女突然举刀隔着栏杆朝女教师刺去，将其双肩和左腿刺伤。行凶的妇女还脚踢女教师，并用一根藤条抽打女教师。①

一直被世人誉为全世界最安全的国家之一的日本，随着21世纪以来犯罪率的不断上升，特别是池田小学校园惨案的发生，摧毁了日本“治安天国”的神话。日本政府和社会各界随即开始重新审视日本的安全性，尤其是在对校园安全的保护上，日本政府和社会各界做出了一系列的努力，努力从根本上防止校园外来暴力事件的发生。

2. 日本校园外来暴力的防范状况

日本政府和社会各界联合实施一系列软硬措施（“soft” and “hard” approaches），政府、社区、学校的有效互动以及学校严格的门卫安检制度发挥了积极有效的作用，从根本上防止校园外来暴力事件的发生。其中，硬措施主要从加强校园安全设施及相关安全防护设备入手，如让教室外墙更透明，外人进入前就能远远看到；给教室配备催泪喷雾、钢叉、透明盾牌；给学生书包上安装GPS定位的电磁接收器，如遭遇绑架，可按按钮求救等。在软措施方面，相关政府部门实施社区项目计划，构建学校、家长、当地政府和社区组织协作的校园安全防护体系；建立犯罪受害者救助体系，对受害学生及家长进行创伤后辅导，以防创伤后症候群的产生；提供三十余种学校安全模式以供学校和社区根据自身所处环境选择适用，如针对校外人员入侵配合警方和消防部门组织学校危机应急演练；严格限制学校出入，安装警示标识，利用其他方法识别和管理校外来访人员；学校、警方和社区协作建立社区危险嫌疑人的迅速通知系统；为学生指定紧急避难所，增加避难所的数量，鼓励社区居民提供其住宅、商店或其他设施作为学生遭受不法侵害的避难所；组织警察、其他相关政府部门、社区组织或者志愿者在校园内外进行巡逻；建立反犯罪侦察体系和预警等。②

另外，日本文部省为防范校园外来暴力，还制定了具体详细的

---

① 详见 http：//gzdaily. dayoo. com/gb/content/2001 - 06/20/content_ 144949. htm，最后访问日期：2011年6月8日。

② Takayuki Nakamura. Approaches To School Security In Japan, Papers And Abstracts From The PEB/USDOE Seminar On School Safety And Security, Paris, 12 - 14 November 2003.

"校园危机管理手册"，以有效鉴别校外陌生人的安全程度，应对校外人员的入侵。其严格的校园门卫安检制度，有效地将校外可疑人员拒之于校门之外。此安检程序根据校外人员的身份是否可疑以及入校的要求是否正当，设定数个检查和回应模式，对于可疑人员或者入校理由不正当的拒绝其入校，对于允许入校者派专门人员跟随；对于被拒者或者允许入校者对学校及其师生实施破坏或者侵害行为，立即启动紧急方案，护送学生到避难所等安全区域，报警、联系救护车等安全救助，通知消防部门，并开展事后工作，向家长及社会公布事件相关信息，启动心理护理工作，加强安全措施，防范事件再次发生等。①

日本在应对校园外来暴力的过程中，政府、社区、学校的有效互动以及学校严格的门卫安检制度等，都发挥了积极有效的作用，对我国校园外来暴力防范工作的开展有着现实的启示意义。

第三节　我国校园外来暴力的防治对策

一　构建校园外来暴力的国家干预体系

（一）加强校园安全立法，健全相关法律制度

2011年3月10日，在全国人大常委会委员长吴邦国在十一届全国人大四次会议上所作的全国人大常委会报告中，宣布"中国特色社会主义法律体系"已经形成。在我国努力构建社会主义法治国家的背景下，要从根本上解决校园安全问题就必须通过校园安全立法来进行。在一套健全的校园安全法律体系下，以法律的权威和强制力为后盾，构建校园安全防治的长效机制。

对于校园外来暴力，虽然我国目前已有《刑法》、《未成年人保护法》、《预防未成年人犯罪法》、《治安管理处罚法》、《侵权责任法》、《学生伤害事故处理办法》、《中小学幼儿园安全管理办法》等予以规制，但这些法律法规对于校园外来暴力的特殊性未能给予充分关注。因此，需借鉴国外相关立法经验，制定《校园安全法》、《校园暴力防范

① Takayuki Nakamura. Approaches To School Security In Japan, Papers And Abstracts From The PEB/USDOE Seminar On School Safety And Security, Paris, 12 - 14 November 2003.

与处理条例》等，并在其中对校园外来暴力进行专门规定，从法律上建构校园外来暴力防治体系，明确相关主体的法律责任、法律程序及法律救济，以切实有效地防治校园外来暴力。

（二）建立校园警察制度

我国保安服务业经过 20 多年的发展，得到了社会的广泛认可。一些学校已经根据国务院 2009 年出台的《保安服务管理条例》，聘请保安公司或物业公司向学校提供安全服务，由这些专业人员保障校园安全，取得了明显的效果。但是，当前校园保安服务的管理和竞争机制仍不规范，从业人员素质、服务质量等有待进一步提高。在保安队伍中，具大专以上文化程度的仅占 0.8%，具高中文化程度的占 9%，具初中文化程度的占 89%（其中一部分只相当于初一水平）。[①] 甚至一些行为不端者都可能进入保安队伍，加之缺乏规范的职业道德教育和岗前技能培训，致使校园保安、校卫侵犯学生的事件时有发生，其防治校园外来暴力的能力也值得怀疑。另外，目前仍有许多学校没有聘用保安人员，而是雇用社会闲杂人员甚至老弱病残者担任学校保安、门卫。

要从根本上改变校园安全保护困境，就需要《校园安全法》等对校园驻卫警察和学校聘用保安问题作出强制性规定，以确保学校有校园警察和正规保安人员的护卫。过渡性方案是公安机关根据《保安服务管理条例》第 16 条关于保安员上岗须经公安机关考核合格并颁发“保安员职业资格证”等规定，加强对保安行业的市场准入和保安人员资质审查的监督，引入保安市场竞争机制，以提高保安人员素质，保证保安服务质量。最终方案是把校园警察定位于人民警察的一个警种，赋予警察的执法权力。[②] 由于校园警察更为专业，可将校园警务、校园安保服务业的部分管理监督权适当赋予校园警察。在具体任务上，校园警察除了一般刑事执法外，还应承担下列职责：（1）易衍生学生不良行为场所的调查；（2）学生参加不良帮派组织的调查；（3）校园周边环境安全调查；（4）易生危害校园安全人群调查；（5）校园安全环境监测

① 黎明：《保安：功过是非几多》，《决策探索》2003 年第 10 期。

② 宋远升、陈熙：《解构与比较：校园警察制度及安全立法研究》，《青少年犯罪问题》2007 年第 1 期。

评估；（6）少年偏差行为通知；（7）校园毒品与暴力案件统计等。[①]

（三）建立校园外来暴力的受害者补偿机制

1964 年，英国确立了一个非成文法的计划，为那些遭受人身伤害的人们提供补偿；德国 1976 年制定、1984 年修订了《暴行受害者补偿法》，规定因暴力行为而遭受牺牲（不仅指死亡，包括其他伤害）的人，可得到补偿。[②] 我国应考虑制定相关的补偿法，对校园外来暴力案件的受害者给予补偿。

（四）完善校园外来暴力的教育行政法律救济制度

在校园外来暴力侵害中，青少年同侪团体的侵害占相当大的比例。此时，校园外来暴力的加害方与受害方都是学生。因此，在保护校园外来暴力受害者权利的同时，也应加强校园外来暴力施暴者的权益保障，尤其是受教育权。目前，我国教育行政法律制度主要包括教育行政申诉制度、教育行政复议制度和行政诉讼制度。但在校园外来暴力方面，则缺乏明确的权利救济的规定，如对校园外来暴力施暴者的申诉权、申诉机构、申诉时效等都未作出明确规定。

（五）有效整合政府部门，凝聚校园外来暴力的防治合力

政府部门应当对防治校园外来暴力做好科学规划，并明确防治校园外来暴力的专管机构，负责领导和协调校园外来暴力专项整治工作，使涉及校园外来暴力控制、校园安全的各个部门通力合作、功能互补、尽职尽责、形成合力；并充分发挥协调的力量，努力构建政府主导的，学校、家长、当地政府和社区组织协作配合的，多层面、全方位、主动性的学校安全防治法律制度和机制模式。

二　构建校园外来暴力的社区防治体系

（一）加强社区警务建设，推广和落实校园警务

学校都分布于社区当中，防范校园外来暴力、构建平安和谐的校园，必须有赖于一个良好的社区治安环境。而良好的社区治安环境的营

① 宋远升、陈熙：《解构与比较：校园警察制度及安全立法研究》，《青少年犯罪问题》2007 年第 1 期。

② 王鹰：《创建安全的学校——学校安全管理与法律研究》，北京师范大学出版社 2010 年版，第 179 页。

造，需要以社区警务作为强有力的后盾。因此，从这个意义上讲，社区警务对防范校园外来暴力就至关重要。

在日常生活中，人们常或多或少地将警察与警务混合使用。实际上这两个词分别代表不同的含义，但由于我们具有迷恋警察的文化传统，所以常常将两者等同起来。警察是一个特殊的现代型组织，具有国家赋予的利用身体强制或威胁的法律权力，以确保法律在维护社会秩序的实施。相比之下，警务指的是由多种机构实施的范围广泛的命令和控制活动。这些活动的实施主体可能包括私人保安公司、当地的社会组织、当地的政府环境健康检查员（health inspector）以及其他的附加机构。①

社区警务是世界第 4 次警务革命的产物，是在政府的倡导和警方的积极参与和指导下，充分依靠社区力量，利用社区资源，强化社区功能，以调查、发现和解决社区治安问题为导向，以预防减少社区犯罪为根本目标，不断增强公众安全感，提高社区居民生活质量的治安战略思想及战术方法。② 社区警务于 20 世纪 80 年代传入我国，其实质就是要求警察立足于社区，动员和组织社区群众，实行警民合作，不断增强社区民众参与社区各项治安管理、预防违法犯罪的意识。传统的警务是以警察为核心，而社区警务则以社区民众为警务运作的中坚力量。与传统的警务相较，社区警务更具力量和优势，因而被多数国家作为社区治安治理的模式选择。

1. 社区警务对校园外来暴力防范的优势

社区警务改变传统警务单一的以警察为核心的运作模式，代之以社区民众为警务运作的中坚力量的警民联动模式，势必更加有利于营造良好的社区治安环境，从而更利于校园外来暴力的防范。

第一，社区警务能够提高校园外来暴力防范的积极性

传统警务是一种“警察主导型”警务模式，没有发挥基层民众的力量。因此，其在预防社区违法犯罪方面缺乏主动性与积极性，反映在校园外来暴力防范上也就同样显得消极被动。而社区警务是一种“警

① 马丁·因尼斯：《解读社会控制——越轨行为、犯罪与社会秩序》，陈天本译，中国人民公安大学出版社 2009 年版，第 80 页。

② 张兆端：《社区警务论——社会治安综合治理的社区化理论与实践》，中国人民公安大学出版社 2003 年版，第 71—72 页。

察与居民共事型”的警务模式，由于在此种警务模式下，警察的管理权适当分配给了社区居民，警方与社区形成了合作伙伴关系，社区民众甚至还可以参与警务决策的商讨与制定，这就充分调动了社区民众的积极性，增强了社区警务的防范力量。这样，无论放眼整个社区违法犯罪抑或聚焦校园外来暴力，都不失防范的积极主动性。

1. 社区警务能够增强校园外来暴力防范的力量

社区警务把社区居民作为警务运行的中坚力量，并使社区民警真正下沉到基层民众之中，通过日常与群众面对面的交流和接触，密切了警民关系，最大程度地激活了“邻里守望”制度及“联防巡逻”制度，最大限度地挖掘了社区的治安管理资源，实现了“警力有限，民力无穷”。

社区警务模式下，充分调动基层民众参与的积极性，社区治安积极分子不断增多，社区治安保卫委员会、调解委员会等一些群众性自治组织也随之发展壮大。广大基层民众配合警察参与社区治安管理工作，进一步扩大了社区治安布控网络的覆盖面，使其触角深入到社区的企业、学校等企事业单位并延伸至家庭，增强了治安隐患信息搜集的能力。社区警务中社区治安积极分子的不断增多，势必对当前突出的校园安全问题更为关注并配合警察参与其中，这无疑将增强校园外来暴力防范的力量。

2. 对社区警务建设的建议

第一，加大社区警务理念的宣传和教育力度

当前，社区警务尚未被社区成员完全接受，部分基层民警还未完全接受现代社区警务理念。现代警政理论认为，社区警务是一种警察哲学和服务理念，旨在建立警察和社区居民之间更紧密的合作关系，促进警务工作的开展，最终更好地服务社区，服务人民。它是建立在警察与社区居民共同发现问题、提出对策、解决当前存在的各种社会治安问题的基础上，以达到提高警察服务品质和整个社区生活质量的共同目标的警务模式。① 然而由于传统执法理念的影响，传统执法方式的行为惯性尚在延续，从而导致当前部分社区警务难以获取群众的信任与支持。

---

① 张昭瑞、张建明、张瑞清：《社区警务》，中国人民公安大学出版社2003年版，第39页。

因此，无论对于公安系统内部还是对于社区民众都需要大力开展社区警务理念的宣传和教育活动。首先，在公安系统内贯彻社区警务理念，然后可以由公安部门牵头，到基层群众中组织社区警务理念的宣讲、社区警民联谊等活动，以进一步在基层群众中普及社区警务理念。同时，也要注重社区群众治安责任意识和治安信息意识的培养。此处的“治安责任意识”是指公民把防控违法犯罪、维护社会治安作为自己的责任，从而积极主动去配合职能机关进行治安防控活动；“治安信息意识”是指公民会有意识地关注各种治安现象，并有意识地去分析、思考，从而学习相关的方法和技巧。[①] 通过贯彻社区警务理念，培养社区群众的治安责任意识和治安信息意识，以使社区警务优势作用最大化。

第二，进一步推广和落实校园警务

校园警务是社区警务在校园的延伸。我国目前校园警务的构成主要包括在学校设置校园警务室，派驻民警担任法制教育辅导员；针对校园暴力或者校园周边环境开展整治活动；公安机关参与校园治安综合治理，与其他部门共同维护校园治安，防控校园暴力。但是，由于校园警务活动缺乏具体的法律法规，加上对校园警务的认识存在偏差，警校合作机制不健全等原因，使得一些地区的学校尚未设置警务室，一些设置警务室的学校使之流于形式，校园警务未能有效发挥其作用。

要进一步推广和落实校园警务，必须在校园安全立法或者社区警务立法中专门对校园警务问题作出具体的规定，明确校园警务工作的基本原则、职责范围及权限，通过法律的强制性使校园警务覆盖所有学校，并加强警校互动，切实推广和落实校园警务工作。

（二）规范和引导社会力量参与社区精神救助和心理危机干预体系建设

依据相关心理学理论，个人遭遇造成精神和心理问题，因得不到及时疏导、救治而出现严重精神和心理变态后，就会产生破坏性心理。这种破坏性心理指向自身时，达到极端就会出现自杀，指向外界时，达到极端就会报复社会。

---

① 展万程：《农村治安与构建和谐社会》，中国人民公安大学出版社 2008 年版，第 82—83 页。

近年来，在我们的社会，尤其是社会中下层，很多极端的报复自我或报复社会的“定时炸弹”，就暗藏在数量巨大的精神和心理问题者中间。实际上，真正实施自杀或进行极端行为的人，同有此类倾向的人群相比，可能只是冰山一角。在全球经济低迷的形势下，我们身边可能会出现越来越多像郑民生、杨家钦、陈康炳、徐玉元、王永来、吴焕民这样的“精神和心理弱势群体”，他们的精神和心理危机可能被随时引爆，伤害自己或他人。

“当前我国处于经济社会转型期，生活节奏加快，学习、工作压力增大，必然要带来人的心理的巨大不适应。加上在全球金融危机的背景下，多种因素造成人的心理障碍、心理危机的发生概率明显增多，而相应的心理治疗体系却很落后，远远不能满足人们的需求。”近日，中国科学院心理研究所所长张侃在接受《中国青年报》记者采访时说。

现实生活中，人们由于不同原因而受到的恶性刺激，容易累积或瞬间产生精神和心理危机，进而可能导致当事人失去理智和精神控制而选择极端行为，比如自杀、自残、杀人或破坏等。据世界卫生组织估计：目前中国有心理问题的人数在 2 亿—3 亿人，中国精神疾病负担到 2020 年将上升到疾病总负担的 1/4。中国目前抑郁症患者超过 2600 万人，但只有不到 10% 的人接受了相关药物治疗。[①] 因此，完善和健全社区精神救助和心理危机干预体系将对校园外来暴力防范有着积极的意义。

1. 进一步壮大社区精神救助和心理危机干预组织

对于社区精神救助和心理危机干预组织等类似社会公益性民间组织的发展，政府是鼓励和支持的。但是，目前我国公益性的精神、心理卫生服务并不普遍，且多数由医疗机构有偿提供，只有出现重大灾害或突发事件后在政府指导下才提供临时的大面积的免费服务，而类似的由常设性民间组织提供长期的免费服务却较为鲜见。另外，存在精神或者心理问题的人们自身难以发觉或者即便自己发觉也大多不愿承认，所以让他们主动花钱到医院求医更是难上加难，而社区精神救助和心理危机干预组织的免费服务则可以改变这样的被动局面。

① 王俊秀：《心理学家呼吁：应像 120 一样设全国统一的心理急救电话》，《中国青年报》2009 年 3 月 2 日。

因此，首先应当加大宣传力度，通过开展社区精神救助和心理危机干预的普及性活动，让民众认识到社区精神救助和心理危机干预的重要性，鼓励广大民众参与，建立专业化的精神救助和心理危机干预工作者队伍，吸纳优秀专业人员和志愿者，增强社会工作队伍的精神救助和心理危机干预能力，不断壮大社区精神救助和心理危机干预组织。其次，根据救助对象分类组建社区精神救助和心理危机干预团队，比如妇女精神救助和心理危机干预团体、青少年精神救助和心理危机干预团体、儿童精神救助和心理危机干预团体等更具针对性的专门组织，通过优化配置救助和干预团队人力资源以提升服务水平和服务质量。

2. 社区资料搜集与预估

社区成员资料的搜集需要以一定规模的社区精神救助和心理危机干预组织及其活动辐射面为依托。只有壮大精神救助和心理危机干预组织，扩展其活动辐射面，才能深入全面地搜集到社区成员的资料。这就要求社区精神救助组织加强与社区群众的互动，要充分调动其工作人员及社会志愿者深入社区各个角落。可以通过群体性接触，比如通过介入社区事件：加强社区探访、社区物质帮扶、改善社区福利、治疗各类精神和心理问题等，与个体性接触，比如社区家访、电话家访、个案辅导等相结合的方式，加强社区精神救助和心理危机干预组织与社区居民的互动并建立良好的专业关系，以利于社区成员信息资料的搜集。

社区成员资料搜集后的工作应当是对其作出精神和心理健康的分析和预估，通过社会工作者与社区成员的互动，对存在精神、心理问题的社区成员根据各自不同的情况进行归类后分别建立档案，并作出专业性的研究、判断和评估。根据存在问题和需要的性质特征、轻重缓急列出先后次序，并制订具体可行的干预计划。

3. 建立社区精神救助和心理危机干预联动机制

社区精神救助和心理危机干预仅仅依靠社会组织的力量未免显得单薄，很多问题需要有政府部门或者其他社会机构的协助才能有效得以解决。因此，在对社区成员精神、心理状况进行分析和预估后，对于发现有精神、心理问题并有诱发暴力或者其他恶性事件可能的人群建立档案，并与其他部门进行档案信息共享，逐步建立社区精神救助和心理危机干预组织与公安派出机构、社区医疗机构以及其他社会公益组织间相互协作的及时干预平台和反应敏捷的应急联动机制——社区精神救助和心理危机干预联动机制，能够更加有效地发挥其救助效用，对校园外来暴力的防范有着积极和重大的意义。

（三）社区媒介规范化管理：对媒介暴力新闻的约束

媒体对社会暴力存在正负两方面的影响：媒体可以通过广播、影视、报刊等方式宣传反暴力思想，从一定程度上改变人们对暴力的态度和行动以及相应的社会规范；媒体为了追逐商业利益也往往搜罗容易吸引眼球的暴力内容加以传播，对受众产生消极负面的影响，助长受众尤其是青少年受众暴力行为的滋生。在防范校园外来暴力方面，媒体同样既可以成为盟友也可以成为劲敌。以往关于媒体对社会暴力的负面影响的讨论，多是在充斥暴力及色情内容的影视作品、娱乐节目等层面上展开，新闻媒介的影响较少涉及。然而，在社会转型时期，新闻媒介的角色及功能不可能仅仅停留在呈现事实真相上，其必然要对事件的意义进行阐释，这虽然为人们认识世界提供了多元的方式，但由于商业利润的刺激也容易动摇新闻媒介的职业操守，其对容易吸引受众眼球的暴力事件大肆报道加之不负责任的擅断评论，造成的社会负面影响在不断扩大。当前，校园外来暴力突出，尤其是 2010 年 3—5 月，接连发生的校园外来暴力惨案，在很大程度上受暴力新闻的负面作用影响，暴力新闻问题引其了社会各界的普遍关注。

暴力新闻主要是指媒体在报道暴力事件时，以视频、音频、图片、文字等载体对暴力行为及其造成的惨状进行详尽的细节化描述，足以刺激受众并诱发其同情、赞赏、愤慨、恐惧等情绪，而在不顾及报道暴力事件的意义、社会效果以及受众情感的情形下将暴力事件予以报道的新闻。20 世纪初，法国社会学家塔尔德就注意到，在一个社区公开犯罪的新闻可以引发模仿性犯罪，从而提出“传染性暴力”的概念。意大利犯罪学家龙勃罗梭对这一现象做出这样的解释：报刊对犯罪的报道扩大了它的发行量，而发行量的扩大又使更多的人进行犯罪模仿，导致更多的犯罪发生。因此，对于媒体的暴力新闻亟须进行规范化的管理。

1. 完善新闻媒介管理立法，加强新闻媒介监管执法

我国目前尚未对新闻业进行专门立法，对于新闻界来说，业界人士时有抱怨新闻界的权利还没有得到足够的保障，媒体自由受到很大限

制；而从政府乃至整个社会控制角度来看，新闻媒体的肆意报道对社会造成的恐慌、动荡等消极影响所导致的不良后果是极其严重的。因此，亟须出台《新闻法》对新闻媒介行业进行规范，在依法赋予新闻媒介权利的前提下，课以相应的责任和义务，从而对其可能造成的社会不良后果加以控制。

当今的社会是一个风险社会，在风险社会中，突发性事件占有特别重要的位置。而新闻媒介与社会的变迁又密切关联，新闻媒介对社会暴力事件、政治事件等重大敏感事件进行不负责任的报道，极易引发突发性事件甚或群体性事件，造成严重后果。因此，政府作为社会控制的主要主体，应加强对新闻媒介的监管，对违法肆意报道造成严重社会危害的新闻媒介严肃处置，并及时采取措施消除已造成的不良社会影响，以防进一步扩大。

2. 强化新闻媒介的行业自律

（1）提升新闻媒介从业人员的职业道德素养和法律素养

新闻媒介不仅仅是向受众呈现事实，其另一重要角色是对新闻事件进行阐释，并为受众提供理性、多元的认知思考方式，其在培育公民意识、促进公民社会建设方面担负着重大的责任。因此，新闻媒介从业人员可比教师，堪称是人类的“灵魂工程师”，提升新闻媒介从业人员的职业道德素养和法律素养至关重要。

通过提升新闻媒介从业人员的职业道德素养和法律素养，使新闻媒介从业人员树立强烈的责任感、使命感、职业奉献精神和法律边界意识，以抵制商业的诱惑；同时不断加强政治和法律理论和业务培训学习，增强新闻媒介从业者的新闻把关意识，在暴力事件报道上面，把好思想政治关、舆论导向关、业务质量关、法律边界关，以避免误导受众，贻害社会，违法乱纪。

（2）完善新闻媒介自律性管理制度

在新闻媒介机构内部，需要严格工作规范，建立健全其完善的自律性管理制度，以保障新闻工作有章可依，有制可循。比如，完善新闻内容的审查把关制度并规范奖惩机制，鼓励新闻媒介从业者正确报道新闻的积极性和提高新闻素材选择以及评论的科学性；严格落实工作责任，抵制不法商业利益的诱惑，以确保新闻报道的客观与理性，切实提高媒介新闻报道的专业水准。

三　构建校园外来暴力的学校防治体系

学校是唯一集合所有影响青少年行为的力量的场所。一踏入校园，青少年的表现就反映出了他们的家庭及其成长背景中的社会、心理、经济和政治环境所给予的影响。学校可以帮助年轻人解决或至少是应对这些环境所带来的问题，但它也可能制造新的问题。学校想独立改善暴力问题，可能会有困难，但学校却是关键性的机构。其他机构既没有学校所拥有的机会，也无法集中这么多的年轻人。[①] 校园外来暴力是社会综合性的负面因素在学校的反映，对于校园外来暴力的防治需要凝聚全社会的力量。学校作为集中众多学生的机构，其对在校学生的人身安全保护更为直接，可以说学校是防治校园外来暴力的主要阵地和主要力量。因此，建立健全校园外来暴力的学校防治体系至关重要。

（一）建立健全校园外来暴力的应急处理机制

近些年来，随着突发事件的增多，引起党中央、国务院的高度重视，并提出了加快突发公共事件应急机制建设的重大课题。党的十六届三中、四中全会明确提出，要建立社会预警体系，提高保障公共安全和处置突发事件的能力。在此基础上，针对校园暴力，不少机构或者学校相应制定了适用于本区域的应急预案。这些预案对于有效处理日益增多的校园外来暴力事件提供了较好的指南，但是也存在一些系统性的缺陷，比如，对于预警、紧急启动、事后处理及问责等条款仅停留在概括性的层面；对于具体防治举措和善后处置程序等，都未做出完整明确的、具有很强可操作性的规定等。

一个较为完整的校园暴力应急处理机制，除了对校园暴力范围本身的界定外，还应包括应急处理机制的机构，校园暴力的预防、预警机制，校园暴力的事后处理机制，校园暴力应急处理的后勤保障机制，校园暴力应急处理的责任追究机制等必要组成部分。[②]

---

① 戈德斯坦、哈鲁图年、康诺利：《学生攻击行为——预防与管理》，林丽纯译，江苏教育出版社2010年版，第171页。

② 姚建龙：《校园暴力控制研究》，复旦大学出版社2010年版，第196页。

校园外来暴力的防治则有异于校园内部暴力。对于校园外来暴力的防治，必须建立健全校园外来暴力的应急处理机制、预警机制和责任追究机制等。

1. 校园外来暴力应急处理的机构设置

组织是管理活动的载体，要有效应急处理各类校园外来暴力，必须建立健全应急处理机构，即必须存在一个常设性的机构以应对和防治校园外来暴力，即应当在以建立校园安全委员会为统领的前提下，单独设置校园外来暴力应急处理机构，在该机构下设立信息组、心理咨询组、法律组等小组并指定专人负责。

（1）信息组。负责关注校园内外暴力动向，对有偏差行为的问题学生、校园帮派成员、校外帮派的在校学生成员、与校外不良街头青少年结交的在校学生等各类可能招致校外人员对在校师生暴力侵害的情形的相关人员的信息进行统计，建立档案并进行后期跟踪。通过对搜集的资料信息的统计分析，制订详备的应对方案，以提前介入预防避免暴力侵害事件发生或者在一旦发生暴力事件后，负责上通下达，通知学生家长、上级教育行政部门，必要时还包括警方和媒体，在不侵害被害人隐私权的前提下，说明暴力事件发生的背景，以释悬疑，避免不当传闻的扩散而使事态恶化。

（2）心理咨询组。负责学生的心理健康教育，对弱小的学生、有偏差行为或者暴力倾向的学生进行心理辅导，教给他们自我保护的措施以及正确处理同学、社会同侪青少年之间关系的方式与技巧。另外，要更加重视受到暴力侵害的被害学生的关爱和心理辅导教育，引导其尽快摆脱暴力侵害阴影，防止产生嫉恨等心理障碍和对学校或学习的抵触情绪，以避免被害学生发生“恶逆变”再次引发暴力事件。

（3）法律组。负责对学生、教师和家长维权意识和相关法律知识的培训和教育，对校园外来暴力事件当事人及家长提供及时的法律援助，比如，协助公安司法机关进行取证；对当事人之间的和解、调解提供相关法律援助；对当事人间的有关损害赔偿事宜提供法律咨询；对当事人提出的诉讼提供法律帮助或者建议等。

2. 校园外来暴力的预警机制

校园外来暴力的事前预警是一个非常重要的环节。健全的预警机制有助于提高校园外来暴力的防治主动性。学校虽具有一定意义上的行政性，但它不是真正的行政部门，更不是执法部门，所以学校无权也无力针对校外社会人员对学校治安的影响因素进行控制。另外，预警机制需要预警专业人员和特殊的信息条件，这对于学校自身来说也是难以具备的。并且，学校难以胜任调动协调政府部门，特别是治安主管部门和教育主管部门工作的任务。因此，学校层面的校园外来暴力预警机制的主体与社会治安预警的主体一样，仍应当是政府。

学校不能充当校园外来暴力预警机制的主体，但仍可以在自己力所能及的范围内建立适应本校安全管理需要的预警机制，以适应本校特点的安全教育与管理工作，并可以为政府部门或者其他社会组织、机构提供预警信息，以期实现互动和配合。如建立校园外来暴力预警模式——在学校校园安全委员会下，设立校园外来暴力信息搜集与处理组（可融合于校园外来暴力应急处理机构中的信息组）、预警决策组、预警发布组等适应本校特点的预警模式；确立校园外来暴力预警级别，见表7—1：

表7—1　　　　校园外来暴力预警级别表

警级名称	警情	警情状态	应对处理流程
绿色预警	校园及周边治安状况良好，较长时间内无治安事故发生，没有发现治安隐患，学校教育教学秩序好。	良好	坚持教育→增强维护治安意识
黄色预警	校园及周边已发现治安隐患或已发生轻微治安事件，如校内人员之间或者校内人员与校外人员之间发生矛盾纠纷，校园周边有违规经营场所，学生中出现拉帮结派或者其他偏差行为，有不法人员进入学校作案偷盗等，影响学校教育教学秩序，如不加以控制，事态会进一步扩大。	紧张	多方协作→排解治安隐患
橙色预警	校园及周边时有治安事件发生，学生中出现拉帮结派、打架斗殴并牵涉校外人员参与的现象，学生恐慌心理已产生，学校正常教育教学秩序受到影响。	紧急	报警→联络多方→排除治安隐患
红色预警	校园及周边有重大治安隐患，出现或已有重大治安事件发生，如学校出现携带管制刀具的学生，有不法社会青年进入学校，已发生校外人员砍杀师生的事件，严重影响教育教学秩序，社会反应强烈，靠学校自身完全难以控制局面。	特急	立即报警→治安管制→排除治安隐患

3. 校园外来暴力应急处理的责任追究机制

一项制度的有效运行必须具备责任追究机制，校园外来暴力应急处理机制也不例外。尽管当前大多数学校都制定了有关校园暴力事件处理的规章制度，但是这些规章制度往往“执行不能始终如一或是执行不严”。这样，在校园外来暴力防治的过程中，就比较容易丧失防止暴力事件再次发生的机会。因此，在校园外来暴力应急处理机制中必须包含责任追究机制。具体而言，在相关应急处理机制中，对于相关人员在防治校园外来暴力的失职、渎职行为，必须明确追究相应的直接责任或者领导责任。这样，才能切实发挥校园外来暴力应急处理机制的有效运行，而不至趋于形式化。

（二）教学管理上对校园外来暴力的防治

在应试教育的背景下，往往容易产生两个问题：一是学校生活单调枯燥，学生学习压力大，加之学校重视“优等生”而冷落“后进生”、“问题学生”，容易使本来就在学习上存在障碍的学生产生逆反、厌学心理继而逃学最终辍学；二是安全教育与管理被淡化和异化，学校安全教育常常让位于应试教育科目，致使学校安全教育形式化，实效低迷。

逃学、辍学很容易助长学生的偏差行为，任其发展可能出现校园帮派或者给校外帮派侵入校园以可乘之机；学校安全教育的缺失使学生缺乏社会安全风险辨识能力和安全防卫能力，增加了校园外来暴力致其遭受侵害的风险性和伤害程度。虽然当前应试教育的大环境难以瞬间改变，但基于校园外来暴力防治的迫切需要，校方仍应当加强对安全教育和学生辍学这两个问题的重视程度。

1. 加强学校安全教育

加强学校安全教育，需要将学校安全教育制度化，并切实落实，严防安全教育沦为“写在报告上、挂在嘴边上、贴在墙壁上、落实不到行动上”的形式主义。这就需要把提升社会安全风险辨识能力和安全防卫能力为核心内容的安全教育纳入学校的教育教学内容之中，必须占据一定的课时，不允许其他考试科目挤占，使安全教育真正实现常态化和课程化；同时，要注重安全事故、突发性暴力事件等险情的实战演练，通过周密部署和组织，利用安全事故案例进行险情应急演练，在学生具备基本安全知识的基础上提高其自身应急防护能力；并且，要对学校安全教育工作的开展进行监督，明确分工，责任到人，并进行检查和总结考核。

2. 对学生中途辍学的防治

对于学生中途辍学的防治，国外以及我国台湾地区都十分重视。如美国于1997年制定《全国中辍防治法案》，以推动各州开展学校辍学防治方案；台湾地区于2000年成立“全国中辍防治咨询研究中心”致力于发展有效的教育和辅导策略，推动建立辍学生辅导与支持网络，以及采取其他措施来预防学生中途辍学。①

学生中途辍学的原因可以是学校、家庭、社会等多方面的。但是，学校方面的原因尤其重要。而且，学校对于防治学生中途辍学也起着关键的作用。对于中途辍学的防治首先有赖于国家出台相关的法律法规，在此基础上，学校加强校风校纪建设，关爱“后进生”、“边缘学生”等，多与学生家长进行沟通交流，培养学生的学习兴趣，引导其向正面发展；对于属于家庭、社会原因而出现逃学或者有辍学可能的，学校囿于师资有限也可以邀请社会工作者介入，由社会工作者协助学校开展防中辍工作，并使之能够覆盖到更多需要帮助的学生，并努力唤起社会的资助和援助，弥补学校防治力量的不足。

（三）学校与社区的互动：学校社会工作

学校社会工作是在社会工作中发展出来的一个分支学科，学校社会工作的概念也是从社会工作的概念引申而来的。社会工作是指以某种专业方法，由政府、社会组织向有需要的人群，特别是贫弱人群提供服务的活动，它是一种社会福利服务，是向贫弱群体传输福利和帮助的服务活动。② 而学校社会工作正是运用社会工作的原理、方法、技术，对学校的学生、老师甚至学生家长提供服务的活动。可以说，学校社会工作是教育系统中的一种特殊形态的专业服务，其目的在于促成学校、家庭和社区之间协调合作，协助学校形成“教”与“学”的良好环境，引导学生寻求个别化和生活化教育，建立社会化人格，习得适应现在与未

---

① 姚建龙：《帮派对校园之渗透与对策——以广州“黑龙会”为例的研究》，《中国青年研究》2008年第1期。

② 王思斌：《社会政策的实施与社会工作的发展》，《江苏社会科学》2006年第2期。

来生活的能力。[①]

学校社会工作虽是社会工作的一个分支，但其工作的主要区域与服务对象都有异于普通的社会工作：第一，前者通过沟通学生，也包括沟通学生家庭、学校及社区等有关部门，成为学校组织系统的润滑剂，从而维系学校的有效运转，因此，前者的主要工作区域在学校，主要服务对象为学生；而后者的工作区域与服务对象范围较广，针对整个社区及其成员。第二，从校园外来暴力的防治方面来看，政府部门对社会治安的管理以及社会工作对社区成员的精神救助和心理危机干预，多是在学校外围进行，侧重于针对校园外来暴力实施主体的防治，对于学生自身发展状况难以顾及，如对于同侪团体、校园帮派难于有效介入；而学校社会工作则可以深入校园并以学生为服务对象，从校园外来暴力受害者的角度入手，关注学生的行为与心理，有效调适和矫正其偏差行为，以防范和减少由学生自身因素而招致的校园外来暴力侵害事件之发生。

1. 强力推进学校社会工作

目前，许多国家以及我国的香港、台湾地区，都设有学校社会工作专业以培养专业的学校社会工作人员，其全面开展和推行学校社会工作的做法，对于防治校园外来暴力、构建和谐校园起到了巨大的积极作用。学校社会工作于20世纪80年代末期，随着校园暴力和青少年犯罪的增多才逐步进入我们的视野，2000年以后开始在学校进行推广。2002年5月，上海38所学校开始试行学校社会工作，推行“一校一社工”制度，标志着学校社会工作正式成为我国学校德育工作的新内容，也是学校社会工作专业化和职业化发展的重要突破。[②] 然而，时至今日，对于我国大陆地区绝大多数学校而言，在学校社会工作领域的理论研究和实务工作仍未得到充分的关注。

发展学校社会工作既是学校教育的需要，也是学生个人成长和社会化的需要；既是社会转型和稳定发展的需要，又是政府工作和社会工作本身职业化的需要；[③] 因此，要大力推进学校社会工作，逐步扩大学校

① 孙凌寒、朱静：《校园暴力与学校社会工作》，《河北青年干部学院学报》2005年第4期。

② 蔡屹：《浦东新区学校社会工作本土化发展历程及经验反思》，《华东理工大学学报》2006年第2期。

③ 文军：《学校社会工作略论》，《社会》2003年第1期。

社会工作的规模，提高服务质量，使之惠及更多的学校。

2. 学校社会工作模式的选择

一些发达国家在学校社会工作领域已有比较成熟的模式，例如，美国主要由政府支持，社会服务机构提供学校社会工作服务；日本主要由文部科学省派遣提供，也存在由地方政府提供或者由学校自己聘请的情形；[①] 我国香港地区的学校社会工作也颇为得力，其采用社会福利署、教育署与社会服务机构合作，由社会服务机构派出社会工作者入驻学校的模式，对防范校园暴力，构建和谐校园发挥了很大的作用。

由于我国大陆地区学校社会工作起步相对较晚，学校社会工作目前大多正处于试验阶段，还未大面积推广。当前，我国大陆地区的学校社会工作主要由政府提供，各种学校社会工作服务也由政府垄断。但是，随着我国社会民间组织（NGO）的发展壮大以及政府职能的转型，公共服务社会化的推进，政府可以将学校社会工作交给 NGO，支持和引导其介入学校社会工作，以建立适合我国本土特色的学校社会工作服务模式：未来我国学校社会工作最为有效的工作模式是政府支持、民间组织提供学校社会工作服务、学校积极合作三位一体的模式。但考虑到当前社会发展的实际情况，比较恰当的模式还是政府提供、学校合作的模式。[②]

3. 学校社会工作对于校园外来暴力的介入

学校社会工作在校园外来暴力的防治，中大有作为，学校社会工作本身就是对校园外来暴力的防治。在我国社会转型期下，校园外来暴力的防治更显得重要，政府部门及其他社会组织对校园外来暴力的防治，多是在校园外围针对潜在的施暴主体开展，而学校社会工作可以弥补其他防治力量难以深入校园的缺憾，从学生这一受保护群体出发来开展工作，以提高学生自身危险辨识和防护能力，防止因学生偏差行为而招致的外来暴力侵害事件的发生。

第一，关注“问题学生”

对学校“问题学生”的帮教，教师无论在时间上还是在精力上都

① 文军：《学校社会工作略论》，《社会》2003 年第 1 期。

② 张善根：《学校社会工作与校园暴力的防控》，《青少年犯罪问题》2010 年第 1 期。

无法全面顾及，而学校社会工作者的介入则可以弥补教师对“问题学生”帮教力量和能力之不足。“问题学生”的来源可以由学校、家长提供，也可以由学校社会工作者发现。学校社会工作者对这些“问题学生”建立档案，形成不同案组，并逐步介入其中，了解其学习过程中的困难、情绪和行为的偏差情况、家庭情况及其朋辈交往情况等，根据这些学生的性格特征，制订具体的干预方案。

第二，正确引导朋辈交往，建立积极的青少年群体亚文化

消极型的青少年同辈群体容易导致学生偏差行为的发生，正确引导学生的同辈交往，建立积极的青少年群体亚文化，是防止青少年偏差行为的一个重要措施。因此，学校社会工作者应创造良好朋辈群体交往的机会，帮助服务对象建立良好的交友环境。

由于学生容易接纳群体、喜欢群体活动，也易受朋辈群体的影响，因此，小组工作方法就非常适用。学校社会工作者可以利用团体动力来调动学生参加小组活动的积极性，以及运用榜样方法在小组中影响服务对象行为的改变。学校社会工作者通过与校方的配合，正确地引导学生朋辈交往，来调适和矫正学生的偏差行为，以防止校园帮派以及校外帮派渗入校园的现象发生。

第三，协助改善学生与教师以及学生与家人的关系

在学校社会工作中，校园暴力干预更强调学校教职员工、学生和家长都参与其中。学校社会工作者可以从学校角度介入，改善学生与老师的关系，避免学校排斥“问题学生”，引导教师兼顾他们的发展能力，以实现教育公平，从而防止其偏差行为的产生。

正向的家人关系与有利社会同侪（pro – social peer）的相互支持，可以抵消来自偏差同侪的负面效果。当青少年与家人关系不佳，家人支持力弱的情形下，青少年与偏差同侪交往密切关系成为其暴力行为发生之强大预测变项。[①] 因此，学校社会工作者也应当关注学生家庭关系，做好学生与家长之间的沟通协调工作，帮助家人关系不佳的学生建立良好的家庭关系，从而引导这些学生向健康积极的方向发展，防止因家庭

① 蔡德辉、杨士隆：《青少年暴力行为：原因、类型与对策》，五南图书出版股份有限公司2002年版，第177页。

的缘故而催生其偏差行为。

四　家庭对校园外来暴力的防范

家庭是社会的基本“细胞”，是未成年人的第一所启蒙学校，也是对未成年人道德品质进行培养的另一主要园地。因此，家庭对于校园外来暴力的防范，尤其是在防范青少年同侪团体实施暴力侵害方面有着不可替代的作用。

（一）对学生进行正向的家庭教育

未成年人的道德品质、思想意识、习惯、行为等与家庭教育有着密切的关系，青少年同侪团体实施的校园外来暴力往往受到家庭因素的影响。不良的家庭教育往往走向两个极端：对孩子溺爱有加、骄纵无度；任意打骂、棍棒教育。前者对孩子的娇宠与放纵，导致孩子自私、任性、骄横、占有欲强等，一旦其欲望在家庭中得不到满足就容易产生偏差行为；后者试图以暴力——家长的权威，来教育孩子，但是往往形成“一次挨打战兢兢，两次挨打默不作声，三次挨打骨头硬，四次挨打功夫成”的结果，孩子非但没有被棍棒调教成乖孩子，反而使其变得更为叛逆和产生暴力倾向。因此，正向的家庭教育对于预防青少年产生偏差行为或者暴力行为至关重要。这就对家长素质提出了更高的要求，家长的日常行为与处世方式必须是正面的，否则将对孩子产生严重的负面影响。

（二）建立良好的家庭环境与家人关系

良好的家庭环境与家人关系可以降低青少年产生偏差行为的概率。调查显示，与有偏差行为朋友密切交往的青少年，家人关系与家人支持弱的这一组青少年，其发生暴力行为的比率，为家人关系与家人支持强的这一组的五倍。[①] 因此，作为家长，应当努力为孩子创造一个美满和睦的家庭环境，以防家庭关爱的缺失致使孩子走向偏差。

（三）防止学生中途辍学的家庭教育

对于学生中途辍学，家庭也是存在责任的。我国《义务教育法》

---

① 蔡德辉、杨士隆：《青少年暴力行为：原因、类型与对策》，五南图书出版股份有限公司 2002 年版，第 177 页。

虽然明确规定适龄儿童的九年制义务教育，但是对于学生（包括九年制义务教育之外的学生）的中途辍学却没有相关的法律法规对家庭责任、学校责任等加以明确划分和规制。当然，这需要政府及相关教育行政部门出台防止学生中途辍学的相关法律——只有在法律的框架下，学校及家庭才能够更加有效地履行其职责，以防止学生中途辍学。

其实，多数学生中途辍学都是家长对其默许和放任的结果。当前，由于家庭经济原因而辍学的现象已不多见，因此，家长对学生辍学的态度是学生最终辍学的重要因素之一。由于学生辍学后与在学校期间相较，结交不良少年与产生偏差行为的概率更高，因此，家长不应当容许孩子中途辍学，并且时常关注孩子与同侪的交往情况，发现有不良交往应及时制止，以避免不良同侪的负面影响。

第八章

积极应对：学校安全事故的依法处置

为积极预防、妥善处理学校安全事故，保护师生的合法权益和生命、财产安全，根据《学生伤害事故处理办法》、《教育部办公厅关于加强学校事故报告工作的通知》和其他相关法律法规的相关规定，学校应制定安全事故报告、调查处理、总结通报制度。为使学校安全事故能得到及时、公正、科学、有效的处置，切实维护受害人合法权益的救济权利，维护教育教学秩序，追究相关责任人的法律责任，总结学校安全事故预防、处理的经验教训，应当建立健全学校安全事故的协商解决、调解解决、诉讼解决制度。

第一节　学校安全事故报告法律制度

一　学校安全事故报告制度的法律规定现状

关于学校安全事故报告制度，相关教育规章作了明确规定。《办法》第16条规定："发生学生伤害事故，情形严重的，学校应当及时向主管教育行政部门及有关部门报告；属于重大伤亡事故的，教育行政部门应当按照有关规定及时向同级人民政府和上一级教育行政部门报告。"第22条规定："事故处理结束，学校应当将事故处理结果书面报告主管的教育行政部门；重大伤亡事故的处理结果，学校主管的教育行政部门应当向同级人民政府和上一级教育行政部门报告。"

其他关于学校安全事故的地方规范性法律文件，也都做了相关规定。

如《上海市中小学校学生伤害事故处理条例》第15条规定："学生伤害事故发生后，学校应当在二十四小时内将有关情况报告学校所在地的区、县教育行政部门。属于重大伤害事故的，学校应当立即报告区、县教育行政部门及有关部门；区、县教育行政部门接到报告后，应当立即报告区、县人民政府和市教育行政部门。"《北京市中小学生人身伤害事故预防与处理条例》第16条规定："事故发生后，学校应当在24小时内将有关情况报告学校所在地的区、县教育行政部门；属于重大事故的，应当在2小时内报告区、县教育行政部门及有关部门，区、县教育行政部门接到报告后，应当在2小时内报告同级人民政府和市教育行政部门，并及时派人指导、协助事故处理。"第20条规定"事故处理结束后，学校应当将事故处理结果书面报告学校所在地的区、县教育行政部门；对重大事故的处理结果，区、县教育行政部门应当上报同级人民政府和市教育行政部门。"《浙江省中小学校学生人身安全事故预防与处理办法》第25条规定："学生安全事故发生后，学校应当在24小时内将有关情况报告主管的教育行政部门和其他有关部门及所在地乡（镇）人民政府、街道办事处；发生重大学生安全事故的，应当立即报告。主管的教育行政部门接到重大学生安全事故报告后，应当立即报告本级人民政府和上级教育行政部门。发生违法犯罪活动、交通事故以及出现食物中毒、急性传染病症状等情况的，学校应当立即报告公安、卫生等有关部门。公安、卫生等有关部门接到报告后应当立即组织人员前往处理。"第32条规定："学生安全事故处理结束后，学校应当将事故处理结果书面报告主管的教育行政部门；其中重大学生安全事故的处理结果，教育行政部门应当报告本级人民政府和上级教育行政部门。"

根据1989年11月30日最高人民检察院印发的《人民检察院直接受理的侵犯公民民主权利人身权利和渎职案件标准的规定》，对重大责任事故罪有两个标准作的量化规定：重大伤亡，是指致人死亡一人以上，或者致人重伤三人以上；严重后果，是指造成直接经济损失五万元以上的，以及经济损失虽不是规定数，但情节严重，使生产、工作受到重大损害的。

这些法律法规都规定了学校安全事故发生后，学校应当及时向主管教育行政部门及有关部门报告的制度，即规定了学校安全事故发生时的及时上报制度；这些法律法规也规定了学校、各级教育行政部门应当在学校安全事故处理完结后，对事故的发生情况、原因、整改措施等进行总结、分析、上报和通报的法律制度。笔者所称的“学校安全事故报告制度”，包括学校安全事故及时上报制度和学校安全事故总结通报制度。但是，当前，我们比较重视学校安全事故及时上报制度，却经常忽视学校安全事故总结通报制度。《教育部办公厅关于加强学校事故报告工作的通知》对学校事故报告制度提出了全面、细致的要求，其中就包括学校安全事故及时上报制度和总结通报制度。

学校安全事故及时上报制度，是指发生学校安全事故后，学校应当及时向主管教育行政部门及有关部门报告；属于重大伤亡事故的，教育行政部门应当按照有关规定及时向同级人民政府和上一级教育行政部门报告的法律制度。

二　当前学校安全事故报告制度执行中存在的主要问题

当前，在学校安全事故报告制度的执行上，主要存在以下几个问题：

（一）隐瞒不报，封锁消息，私下了结，不了了之

有些学校、教育行政部门或其他政府机关，唯恐学校安全事故上报后相关责任人受到责任追究，就想方设法将学校安全事故隐瞒不报，封锁消息，私下了结，不了了之。其中，有学校隐瞒不上报的；也有学校上报到教育行政部门或其他政府机关，而被这些机关封锁消息了的。然后，通过给受害者及其家属一定的物质补偿等方式，将其私了。这样，相关责任人就被“保护”了起来，其法律责任也就得不到追究了。这种大事化小、小事化了的方式，对事故的处理和防范有百害而无一利。

（二）制造假象，掩盖真相，改变性质

特别是发生了学校、教育行政部门或其他政府机关有重大过错所致的学校安全事故之后，有些学校、教育行政部门或其他政府机关唯恐学校安全事故的真相暴露后相关责任人受到责任追究，就想方设法制造假象，掩盖真相，改变性质，避重就轻，以逃避、减轻责任。比如，分明是学校未建立健全安全管理制度，或者安全管理混乱，存在重大安全隐患，未及时采取补救措施，致使发生学校安全事故的，却推说学校管理没有问题，伤害乃是意外事件；分明是学校使用的教育教学、生活设施

设备不符合安全、卫生标准，或者是学校对教育教学、生活设施设备等管理、使用不当，致使发生学校安全事故的，却推说是学生过于顽劣所致；分明是学校向学生提供的食品、药品、饮用水、教学用具及其他物品不符合安全、卫生标准，致使发生学校安全事故的，却推说这些物品本身没有问题，学生受伤害乃是意外；分明是学校组织学生参加教育教学活动或者社会实践等校外活动，未按规定对学生进行相应的安全教育，或者未采取必要的安全保护措施，致使发生学校安全事故的，却推说是学生自己不服教育管理所致；分明是学校组织学生从事有危险性的活动或者在有危险性的活动场所活动，致使发生学校安全事故的，却推说是学生自己进入危险场所或自己组织进行危险活动的；分明是学校知道或应当知道学生有不适应某种场合或者某种活动的特殊体质、异常心理状态、特殊疾病，未采取必要措施，致使发生学校安全事故的，却推说学生和学生家长隐瞒病情，学校对学生的特殊情况并不知情或并不应知情；分明是学校发现学生突发疾病或者受伤害，未及时采取相应救护措施致使损害扩大的，却推说学校已经及时采取相应救护措施，损害并未扩大，或损害扩大不可避免；分明是教师及其他职工侮辱、殴打、体罚或者变相体罚学生，致使发生学校安全事故的，却推说是学生自己不小心磕碰所致；分明是教师及其他职工擅离工作岗位，或者虽在工作岗位但未履行职责，或者违反工作要求、操作规程，致使发生学校安全事故的，却推说教师及其他职工一直在岗，教育管理符合要求；分明是教师及其他职工在负有组织、管理学生职责期间，发现学生行为具有危险性，但未进行必要的管理、告诫或者制止，致使发生学校安全事故的，却推说教师已经进行劝止；分明是教师及其他职工患有可能对学生人身安全造成危害的身心疾病，或者具有其他对学生人身安全造成危害的行为倾向，学校未采取有效措施，致使发生学校安全事故的，却推说学校对此并不知情；分明是学校发现学生应到校而未到校、擅自离校或者获知学生身心异常及其他可能危及学生人身安全的相关信息，未及时告知学生的父母或者其他监护人，致使发生学校安全事故的，却推说学校已经及时尽量联系，只是一直未能联系上；分明是乱收费导致学生压力过重自杀，就说是学生心理素质过差、同学关系或家庭关系不和谐等造成；分明是教师私拆信件，却说是为了更好地教育管理学生的需要；分明是学生在课堂上受到伤害，就说是在课堂外受到伤害……

（三）重案报轻，避重就轻

在一些学校安全事故发生后，有些学校、教育行政部门或其他政府机关为了减轻责任或减少社会影响，就采取重案报轻、避重就轻的方式进行事故报告。典型表现是少报死伤人数，轻报不良影响，淡化受伤害学生的后遗症等。

（四）寻找借口，粉饰过错

在一些学校安全事故发生后，有些学校、教育行政部门或其他政府机关为了减轻责任或减少社会影响，就寻找各种借口、理由，为自己的过错进行开脱。典型表现是以资金缺乏、为了保障学生人身安全等为由，为私建危房致使学生受到伤害辩白。分明是侮辱、体罚学生，却说是学生素质差，说是为了学生的未来，为了更好地教育学生……

三　健全学校安全事故及时上报制度的意义

学校安全事故及时上报制度的建立健全，有助于迅速查明学校安全事故发生的原因、性质、严重程度，尽快采取预防和控制措施，防止事故进一步发展和再次发生，以保护广大师生的身心健康和生命安全，维护正常的教育教学秩序和社会生活秩序。

我们知道，对事故的调查要及时准确。如果发生学校安全事故后，不及时按规定报告，出现迟报、漏报、瞒报、谎报等现象，将影响学校安全事故原因的查明，影响事故定性的正确性。在学校安全事故发生后，有的相关责任人总是出于各种考虑，千方百计地对事故原因、事故性质进行掩饰、伪造，以减轻责任、逃避责任。因此，在学校安全事故发生后，报告越及时，相关部门介入越早，事故原因等调查的真实性往往越有保障，事故定性就越准确。

在学校安全事故发生后，及时按规定报告，也有利于各单位、各部门协同努力，尽快采取预防和控制措施，防止事故进一步发展和再次发生，尽快妥善解决事故。特别是一些具有牵连性、继续发展性的学校安全事故，及时上报制度的建立健全，可以使相关责任人和领导干部在第一时间赶到事故现场指挥事故的处理和善后工作。

在学校安全事故发生后，及时按规定报告，也有利于及时总结有关事故的经验教训，对于防范和减少学校安全事故，具有非常积极的意义。

四 健全学校安全事故及时上报制度

（一）学校安全事故及时上报制度的程序

根据《办法》第16条、《教育部办公厅关于加强学校事故报告工作的通知》等的规定，“学校发生食物中毒、传染病流行、安全事故、师生非正常死亡事件后，应在2小时内向所在地教育行政部门及卫生、公安等相关部门报告。接到报告的各级教育行政部门应在2小时内向上级教育行政部门报告，并同时向本级人民政府报告。省级教育行政部门接到报告后，应在2小时内向教育部及本级人民政府报告”。据此，我们可以看到，学校安全事故发生后，应当坚持如下的及时上报程序：

第一，学校发生食物中毒、传染病流行、财物被盗（破坏）、群体性治安事件、各类安全事故、自然灾害、师生非正常死亡等涉及师生生命健康安全和学校财产安全的事故后，事故现场人员应当立即报告学校负责人。学校负责人接到安全事故报告后，除按学校有关应急预案迅速采取有效措施组织抢救和妥善处置外，应及时如实报告教育主管部门和与事故种类相关的有关求助机构和职能部门。教育主管部门应视事故的严重程度在2小时内向上级教育主管部门报告，并向同级人民政府报告。不得隐瞒不报、谎报、误报或拖延不报。

学校发生安全事故后，应当按事故的类别向相关部门报告：（1）火灾事故。学校发生火灾事故后，事故现场人员应当在第一时间内拨打火警电话“119”，向消防部门报告和求援施救；事故现场人员在求援施救的同时，应当立即报告学校负责人；学校负责人再按层级向上级有关部门报告。（2）治安（刑事）事故。学校发生治安事故后，事故现场人员应当在第一时间内拨打匪警电话“110”，向公安部门报告和求援施救；事故现场人员在求援施救的同时，应当立即报告学校负责人；学校负责人再按层级向上级有关部门报告。（3）食品中毒事故。学校发生食品中毒事故后，事故现场人员应当拨打急救电话“120”，向卫生防疫部门报告和求援施救；事故现场人员在求援施救的同时，应当立即报告学校负责人；学校负责人再按层级向上级有关部门报告。(4) 其他事故（意外事故、自然灾害事故等）。学校发生其他事故后，事故现场人员应当立即报告学校负责人，由学校负责人再按层级向上级有关部门报告。

学校发生安全事故后，应当根据事故的性质，按规定的时间和方式向相关部门报告：(1) 一般事故。学校发生无人员死亡，重伤 1 人以下或财产损失 1 万元以下的安全事故后，学校应当在 24 小时内电话或口头向教育主管部门报告，事故处理结束后向教育主管部门提交书面结案报告。(2) 重大事故。学校发生死亡 1 人或重伤 3 人或财产损失 1 万元以上 5 万元以下的安全事故后，学校应当在 2 小时内电话或口头向教育主管部门报告，24 小时内向教育主管部门提交书面报告，事故处理结束后向教育主管部门提交书面结案报告。(3) 重特大事故。学校发生死亡 3 人或重伤 10 人或财产损失 5 万元以上的安全事故，以及大规模群体性治安事件后，学校应当在其知道事故发生时，立即通过电话或口头向教育主管部门和与事故种类相关的安全职能部门报告，随后应当根据事故的具体情况随时补充报告，8 小时内向教育主管部门提交书面报告，事故处理结束后向教育主管部门提交书面结案报告。

第二，发生学校安全事故，情形严重的，学校应当及时向主管教育行政部门及有关部门报告。从时限上看，由于《办法》第 16 条规定的是“及时”，《教育部办公厅关于加强学校事故报告工作的通知》对于未发生人员死亡后果的学校安全事故未规定上报时限。笔者认为，以及早上报为宜。一般地，最迟不宜超过 24 小时。

第三，学校发生食物中毒、传染病流行、安全事故、师生非正常死亡事件后，应在 2 小时内向所在地教育行政部门及卫生、公安等相关部门报告。接到报告的各级教育行政部门应在 2 小时内向上级教育行政部门报告，并同时向本级人民政府报告。省级教育行政部门接到报告后，应在 2 小时内向教育部及本级人民政府报告。由于出现学生非正常死亡的事件即属于重大伤亡事故，因此对于其上报的时限和层级关系应当尤其注意。

第四，地方教育行政部门在获悉所辖学校发生食物中毒、传染病流行及安全事故后，应详细了解情况，在积极协助卫生等有关部门对师生进行救治的同时，主动配合有关部门对造成食物中毒、传染病流行及安全事故的原因进行调查，及时追踪了解事故的发生发展等情况，并应将相关情况及时逐级报告上级主管部门。学校食物中毒、传染病流行及安全事故等得到控制后，地方教育行政部门必须将该事件的有关情况、处理结果及改进措施报告上级主管部门。

（二）学校安全事故及时上报制度的内容

食物中毒事件报告内容主要包括食物中毒事故发生的时间、地点（校内或校外）、中毒人数、中毒原因、主要症状等。传染病流行事件报告内容主要包括传染病开始流行的时间、地点、感染人数、主要症状、卫生医疗机构的初步诊断等。安全事故及师生非正常死亡事件报告内容，主要包括事故发生的时间、地点、伤亡人数、事故原因等。除上述各类学校安全事故应当分别上报的内容外，对所有学校安全事故，还应当上报事故简要经过、采取的施救和处理措施、事故可能出现的发展趋势、事故发生的初步原因、报告单位、报告人及其他应当报告的事项。

五 违反学校安全事故及时上报制度的法律后果

相关法律法规明确规定，各地各校要把及时、准确地报送学校事故信息放在信息工作的首位。要层层建立责任制，哪一级发生迟报、漏报、瞒报问题由哪一级负责。对学校发生食物中毒、传染病流行、安全事故和师生非正常死亡事件后，隐瞒、缓报或者谎报的，必须严肃追究有关领导人和直接责任人的行政责任；对造成严重后果的，要依法追究有关人员的法律责任。这里的“法律责任”，包括行政责任，也应当包括刑事责任——如果隐瞒、缓报或者谎报学校安全事故造成严重后果（如致使学生伤亡进一步扩大）的，应当追究相关责任人的刑事责任。

各地各校要从实践科学发展观和维护社会稳定的高度出发，以对师生身体健康和生命安全极端负责的精神，进一步提高对做好学校事故报告工作的认识，加强领导，采取措施，切实做好学校事故报告工作，确保学校事故信息及时如实上报。[①] 要进一步健全和完善事故报告制度，落实责任人和责任制度，确保事故报告工作的畅通无阻。

---

① 《教育部办公厅关于加强学校事故报告工作的通知》（教电〔2003〕290号）。

第二节　学校安全事故调查处理和总结通报法律制度

学校安全事故调查处理和总结通报制度，是指学校、各级教育行政部门应当在对学校安全事故做出紧急应急处置后，对事故的发生情况、原因、整改措施等进行调查、处理、总结、分析、上报和通报的法律制度。

一　健全学校安全事故调查处理和总结通报制度的意义

学校安全事故调查处理和总结通报制度的建立健全，对于努力减少并杜绝学校事故的发生，切实保障师生的身体健康和生命安全，具有非常重要的意义。

学校安全事故调查处理和总结通报制度的建立健全，可以促使学校和各级教育行政部门及时对学校安全事故进行经验教训的总结，寻找事故发生的原因，分析学校整改的措施，帮助学校堵住可能造成学校安全事故的缺口和漏洞。

学校安全事故调查处理和总结通报制度的建立健全，也有利于学校和各级教育行政部门做到警钟长鸣，时刻牢记将学生的身心健康和生命安全放在首位，防微杜渐，尽职尽责，忠于职守，努力寻找和消除可能造成学校安全事故的各种隐患，最大限度地保障学生的合法权益。

二　健全学校安全事故调查处理制度

事故发生后，学校应立足于尽量减少人员伤亡及财产损失，在第一时间充分调动各方面力量投入抢险救助工作。学校应组织、指挥、调度现场的抢险救助工作并保护好现场，防止事态进一步扩大。学校领导应及时赶赴现场主动参与组织抢险救助工作。

处置事故现场最高负责人由在场最高级别的党政领导担任，并根据事故性质、危害程度成立相应的工作小组：抢险组、抢救伤员组、维护现场秩序警戒组、善后处理组、后勤保障组等，以确保抢险、救助工作有序地进行，将事故损失降到最低程度。

安全事故发生后，责任人或临时责任人要根据现场条件和自身能力对事故作最好的应急处理。责任人或临时责任人在应急处理后要以最快速度报告校长室。学校要做好相关现场保护工作。事故调查必须采取“四不放过”原则（事故原因没有查清不放过，事故责任没有追究不放过；师生员工没有受到教育不放过；没有防范措施不放过），任何部门或个人不得违反规定，隐瞒事故调查。

责任人或临时责任人应在最短时间内对事故作深入调查分析，写出详细的书面报告，呈校长室参考。校长室及时召集有关人员对事故作进一步调查分析，确定事故性质。校长室及时召开有关会议，对事故相关人员作公正处理，并加强对责任人和当事人的教育。处理结果备案归档并在教职工大会上公告。

三 健全学校安全事故总结通报制度

第一，学校安全事故的情况调查程序。在学校安全事故发生后，应当及时组织调查处理；学校无法调查处理的，由教育行政部门组织调查处理。发生重大学生安全事故的，由学校所在地人民政府组织教育、公安、卫生等有关部门组成联合调查组进行事故调查，并在事故发生之日起 30 日内提出事故调查处理意见。投保学生安全事故学校责任险的，学校应当及时通知保险机构参与事故的调查处理。学生安全事故的调查应当遵循客观、公正、及时、合法的原则，查明事故的原因、性质和责任。学校有关人员和受伤害学生父母或者其他监护人，应当积极协助、配合事故调查，提供真实情况和相关证据材料，不得拒绝、阻挠、推诿，不得弄虚作假。受伤害学生父母或者其他监护人有权了解事故调查的有关情况，事故调查者应当如实告之。①

第二，学校应当在学校安全事故得到积极处理后，及时将学校安全事故的发生情况、原因、性质、处理情况、整改措施等，通过撰写“学校安全事故报告书”的形式，报告主管的教育行政部门。其中重大学生安全事故的处理结果，教育行政部门应当报告本级人民政府和上级

---

① 《北京市中小学生人身伤害事故预防与处理条例》第 17 条，《浙江省中小学校学生人身安全事故预防与处理办法》第 26、27 条等对此作了明确规定。《学生伤害事故处理办法》等则未作出相关规定。笔者认为作出这样的规定是必要的和重要的。

教育行政部门。

第三，各级教育行政部门应定期对所辖学校食物中毒、传染病流行、安全事故、师生非正常死亡事件发生情况、原因进行汇总分析，并根据分析结果制定切实有效的学校卫生与安全工作整改措施。

第四，省级教育行政部门应在每月月初将上一个月本地区学校事故发生情况汇总并上报教育部。

第五，各级教育行政部门要定期对所辖学校发生的事故情况进行通报。

第六，教育部要定期对全国学校发生食物中毒、传染病流行、安全事故和师生非正常死亡事件等情况进行通报。

第七，连续发生某类学校安全事故的，或者突发严重的学校安全事故的，教育部应当及时向全国发出情况通报，要求各级各类学校和教育行政部门做好事故的防范工作。

第三节　学校安全事故的协商解决法律制度

学校安全事故的协商解决制度，是指在学校安全事故发生后，学校、受害学生及其监护人、应承担责任的其他人、有利害关系的第三人（如体罚学生的教职员工）等通过协商的方式，解决学校安全事故赔偿等相关问题的法律制度。

《办法》第 18 条规定："发生学生伤害事故，学校与受伤害学生或者学生家长可以通过协商方式解决。"《上海市中小学校学生伤害事故处理条例》第 16 条规定："学生伤害事故发生后，学校应当及时成立事故处理小组或者指派专人负责事故的处理工作。当事人可以自愿协商处理学生伤害事故。"《北京市中小学生人身伤害事故预防与处理条例》第 18 条规定："对事故的处理，当事人可以通过协商方式解决。"《浙江省中小学校学生人身安全事故预防与处理办法》第 28 条："学生安全事故的损害赔偿，当事人可以自行协商解决；协商解决的，应当制作协议书。协议书应当载明当事人的基本情况和学生安全事故的原因、损害情况以及协商确定的赔偿方式、数额等，并由当事人在协议书上签名、盖章。"

因和发生、发展过程，事故的损害情况，对事故各方当事人的责任认定，协商确定的赔偿方式、数额，协议的约束力，协议的生效时间等，并由各方当事人在协议书上签名、盖章。如果受伤害学生是未成年人，其监护人有多人的（如父亲和母亲），该多位监护人和受伤害学生本人都应当作为协商当事人一方，在协议上签名、盖章。

第四节　学校安全事故的调解解决法律制度

学校安全事故的调解制度，是指在学校安全事故发生后，学校、受害学生及其监护人、应承担责任的其他人、有利害关系的第三人（如体罚学生的教职员工）等请求有关调解机构或调解组织通过调解的方式，解决学校安全事故赔偿等相关问题的法律制度。

《办法》第 18 条规定：“发生学生伤害事故……双方自愿，可以书面请求主管教育行政部门进行调解。”《上海市中小学校学生伤害事故处理条例》第 16 条规定：“当事人不愿协商或者协商不成的，可以向学校所在地的区、县教育行政部门要求调解。当事人要求调解的，区、县教育行政部门应当自受理之日起三个月内调解结束。市教育行政部门应当指导区、县教育行政部门的调解工作。”《北京市中小学生人身伤害事故预防与处理条例》第 18 条规定：“对事故的处理，当事人……也可以按照自愿的原则，书面请求学校所在地的区、县教育行政部门协调。经协调，当事人对事故处理达成一致意见的，应当签订事故处理协议。区、县教育行政部门自接到请求之日起超过 60 日，经协调仍不能达成一致意见的，可以终止协调。”《浙江省中小学校学生人身安全事故预防与处理办法》第 29 条：“当事人对学生安全事故的损害赔偿……可以向学校的主管教育行政部门或者政府设立的学生安全事故调解机构申请调解。教育行政部门或者学生安全事故调解机构应当尊重当事人意愿，及时、公正、客观地进行调解，并自收到调解申请书之日起 60 日内结束调解。经调解达成协议的，应当制作调解书。调解书应当载明当事人的基本情况、调解机构名称以及学生安全事故的原因、损害情况和调解确定的赔偿方式、数额等，由当事人在调解书上签名、盖章，并加盖调解机构印章。”

相形之下，上述诸多规定中，《浙江省中小学校学生人身安全事故预防与处理办法》的规定是比较科学的。因为，当事人请求调解的机构或组织，不一定就得是学校的主管教育行政部门，也可以是政府设立的学生安全事故调解机构，甚至还应当包括人民调解委员会等调解组织。如果对调解组织作出单一化的规定，并将其指定为“学校的主管教育行政部门”，则学校之外的当事人完全可能或有理由担心该调解机构在调解活动中的公正性——人们会普遍认为，作为学校的主管教育行政部门，“当然会偏袒学校，这有些像父亲会偏袒自己的孩子一样普遍”。由于学校的主管教育行政部门与学校有行政上的管理关系；更何况，根据法律规定，学校如果承担了相应的赔偿责任却又缺乏支付能力，应当由学校的举办者（公立学校的举办者即当地人民政府教育行政部门）支付。这样，在现实实践中，由学校的主管教育行政部门进行调解活动，难免给学校之外的当事人“既当运动员，又当裁判员”的感觉。因此，学校之外的当事人经常可能出于对该调解机构在调解活动中的公正性的怀疑，而拒绝通过调解解决学校安全事故赔偿等相关问题。这样，这种有利于缓和各方当事人的矛盾和冲突，有利于维护学校的教育教学秩序，有利于节省司法资源，也比较经济和高效的争端解决方式就可能形同虚设。可见，调解组织的多元化，是通过调解方式解决学校安全事故的必然要求和必然选择。

不论是通过哪个机构来调解解决学校安全事故赔偿等相关问题，都应当注意以下问题。

一　调解解决应当基于自愿原则

《办法》第 18 条、《上海市中小学校学生伤害事故处理条例》第 16 条、《北京市中小学生人身伤害事故预防与处理条例》第 18 条、《浙江省中小学校学生人身安全事故预防与处理办法》第 29 条等都明确规定，选择通过调解方式解决学校安全事故的争端，必须出于当事人之自愿。该自愿包括是否愿意调解解决、愿意以何种方式调解解决、对调解机构的选择、调解解决的内容等，都应当建立在当事人相互协商、取得共识的基础之上。在调解实践中，有时出现某一方欺骗、威逼、强迫另一方接受某种调解方案的现象，这是应当予以杜绝的。如果欺骗、威逼、强迫情节严重、影响恶劣的，应当依法追究其法律责任。实际上，如果调解解决的结果并非出于自愿，当事人即使在签名、盖章后，也还可以通过诉讼等方式解决争端，获得法律救济。因此，自愿原则也正是为了保证调解解决的结果得到尊重，而不至于浪费调解的时间和人财物力。

二 调解解决的调解机构在调解中必须基于公正、客观的理念

调解机构应当尊重当事人意愿，及时、公正、客观地进行调解。主要是在分析事故事实、性质、责任归属和赔偿额度时，要基于事实，要尊重法律，不能歪曲事实，也不能故意曲解法律。如果该调解机构在调解实践中不能做到不偏不倚，而是通过采取打压、欺骗、威逼、强迫某一方的方式进行调解，即使各方当事人在调解协议上签名、盖章了，该协议仍然是无效的，当事人可以通过诉讼等方式获得法律救济。《办法》第 21 条即明确规定："对经调解达成的协议，一方当事人不履行或者反悔的，双方可以依法提起诉讼。"尤其是由学校的主管教育行政部门作为调解机构的，更要坚持公正、客观的理念，以免给人偏袒之印象。

三 在调解程序上，应当严格依照法定步骤

各方当事人共同协商确定通过调解方式解决学校安全事故的相关法律问题；各方当事人共同协商选择确定调解机构；各方当事人共同签署调解申请书提交调解机构申请调解；调解机构组织和主持各方当事人进行调解活动，在调解过程中各方当事人有对事故事实和性质提出自己的看法并进行举证和质证、提出解决方案并阐明理由等权利；调解机构组织和主持各方当事人互相协商解决方案；调解成功的，制作调解书，由各方当事人在调解书上签名、盖章，并加盖调解机构印章；调解破裂的，也应当制作调解情况报告书，对调解具体情况作详细记录，载明各方当事人取得的共识和存在的分歧所在，并由各方当事人在调解情况报告书上签名、盖章，并加盖调解机构印章。

四 在调解时限上，应当有所限制

《办法》对此未作明确规定。《上海市中小学校学生伤害事故处理

条例》第16条规定的是“应当自受理之日起三个月内调解结束”；《北京市中小学生人身伤害事故预防与处理条例》第18条和《浙江省中小学校学生人身安全事故预防与处理办法》第29条规定的是“自收到调解申请书之日起60日内结束调解”。[①] 应当说，“60日”的规定所确定的调解时限是比较合理的。也就是说，自接到调解请求之日起超过60日，经调解仍不能达成一致意见的，调解机构可以终止调解，并明确告知当事人可以通过诉讼等方式解决争端。

五　学校安全事故经调解解决的，应当制作调解协议书

在调解过程中，应当有调解具体情况的详细记录。调解成功后制作的调解书应当载明各方当事人的基本情况、调解机构名称以及学校安全事故的发生原因和发生、发展过程，事故的损害情况，对事故各方当事人的责任认定，调解确定的赔偿方式、数额，调解书的约束力，调解书的生效时间等，由当事人在调解书上签名、盖章，并加盖调解机构印章。如果受伤害学生是未成年人，其监护人有多人的（如父亲和母亲），该多位监护人和受伤害学生本人都应当作为调解当事人一方，在调解书上签名、盖章。

第五节　学校安全事故的诉讼解决法律制度

学校安全事故的诉讼解决制度，是指在学校安全事故发生后，学校、受害学生及其监护人、应承担责任的其他人、有利害关系的第三人（如体罚学生的教职员工）等通过诉讼的方式，解决学校安全事故赔偿等相关问题的法律制度。

《办法》第20条规定：“在调解期限内，双方不能达成一致意见，或者调解过程中一方提起诉讼，人民法院已经受理的，应当终止调解。调解结束或者终止，教育行政部门应当书面通知当事人。”第21条规

---

① 《北京市中小学生人身伤害事故预防与处理条例》第18条规定：“自接到请求之日起超过60日，经协调仍不能达成一致意见的，可以终止协调。”因此，可以将其调解时限视为“自收到调解申请书之日起60日内”。

定："对经调解达成的协议，一方当事人不履行或者反悔的，双方可以依法提起诉讼。"《上海市中小学校学生伤害事故处理条例》第 17 条规定："学生伤害事故发生后，受伤害学生、其父母或者其他监护人不愿协商、调解的，或者协商、调解不成的，可以依法向人民法院提起诉讼。"《北京市中小学生人身伤害事故预防与处理条例》第 18 条规定："对事故的处理……当事人不愿协商、协调，或者经协商、协调不能达成一致意见的，可以依法向人民法院提起诉讼。"《浙江省中小学校学生人身安全事故预防与处理办法》第 30 条："当事人对学生安全事故的损害赔偿不愿协商、调解，或者协商、调解不成的，可以依法向人民法院提起诉讼。"

这些规定实际上都仅涉及民事赔偿问题。实际上，学生及其监护人可以就学校侵权所致之学校安全事故提起行政诉讼（如教育行政机关工作人员在执行职务时致使学生受到伤害的）或者行政附带民事诉讼、刑事诉讼（如教职员工侮辱、体罚等致使发生严重的学校安全事故的）或者刑事附带民事诉讼、民事诉讼。由于学生及其监护人就学校侵权所致之学校安全事故提起行政诉讼或者行政附带民事诉讼、刑事诉讼或者刑事附带民事诉讼并不具有特殊性，也不具有普遍性，因此，本文主要阐述学生及其监护人就学校侵权所致之学校安全事故提起民事诉讼之情况，并主要谈学校在诉讼实务中应当注意的几个问题。

一　注意收集证据

这是一项极端重要的工作。对于民事诉讼，尤其是在民事审判方式已经改革为当事人主义诉讼模式的情况下，证据是民事诉讼的核心内容，甚至被称为"诉讼之王"。因为，民事诉讼的首要目标是公正地解决当事人之间的争端。为此，必须首先查明案件真相，然后准确地适用法律。借以查明案件真相的手段有两种：证据和推理。其中证据是主要手段，推理是一种辅助性手段。假若证据缺乏或不完整，就无法澄清民事纠纷发生的因果关系，民事纠纷就不能获得正确的解决。[①] 尤其是当前的司法环境下，学校对学校安全事故的一般归责原则是过错责任原则

① 叶自强：《民事证据研究》（第二版），法律出版社 2002 年版，第 1 页。

的观念还没有深入人心，在学校安全事故中举证责任不明的领域还非常多。因此，一些本应当由其他当事人举证的方面，经常会通过各种方式强加于学校。特别是关于学校教育管理制度健全，学校教育教学设施设备不存在安全隐患，学校教育教学设施设备管理得当，学校向学生提供的食品、药品、饮用水、教学用具及其他物品符合安全、卫生标准，学校组织学生参加教育教学活动或者社会实践等校外活动已按规定对学生进行相应的安全教育或者已采取必要的安全保护措施，学校不知道学生有不适应某种场合或者某种活动的特殊体质、异常心理状态、特殊疾病，学校发现学生突发疾病或者受伤害已及时采取相应救护措施，教师及其他职工未侮辱、殴打、体罚或者变相体罚学生，教师及其他职工并未擅离工作岗位，教师及其他职工正确履行职责并无违反工作要求、操作规程，教师及其他职工发现学生行为具有危险性并已进行必要的管理、告诫或者制止，学校不知道或不应当知道教师及其他职工患有可能对学生人身安全造成危害的身心疾病，学校发现学生应到校而未到校、擅自离校，或者获知学生身心异常及其他可能危及学生人身安全的相关信息并已及时告知学生的父母或者其他监护人……在这些方面，法院经常要求学校承担举证责任。如果学校对此能予以充分举证，就可能不承担或少承担民事责任。相反，如果学校不能充分举证证明自己并无过错，就可能因此承担或多承担民事责任。当前，学校在民事诉讼中失利的经常性因素即在于学校缺乏证据观念，举证不足或不能所致。并且，很多证据在当事人提起诉讼、学校委托律师取证时，已经不存在或者举证难度已大大增加。所以说，学校应当有很强的证据意识，在学校安全事故发生后，要积极取证、保留证据，以备不时之需。

二　注意寻找法律依据

在学校安全事故中，经常出现既可以适用这一法律规定，也可以适用另一法律规定；适用这一法律规定学校就不承担法律责任或仅承担较轻的法律责任，适用另一法律规定学校就要承担法律责任或承担更重的法律责任之情况。并且，由于法律法规极其浩繁，特别是法官、对方当事人和学校委托的代理人可能对教育法律法规比较陌生，经常出现在学校安全事故的裁判中适用法律不正确的现象。所以，学校教职工应当努力学习教育法律法规，熟悉和掌握教育法律法规，维护其合法权益。

三　争取和解

学校在举证和寻找法律依据上取得实质性进展，对于厘清案件事实、正确适用法律将起到重要作用。在这时，案件事实已经基本明白，是非已经基本清楚，各方责任承担情况也大体明了。此时，学校在自愿的前提下，通过摆事实、讲道理，分析利害得失，与当事人和解的可能性就比较大了。如果各当事人能互相谅解，并达成和解协议，不仅可以达到维护自身合法权益的目标，而且有利于协调和缓和与当事人之间的关系，有利于维护教职工的人身财产安全，也有利于维护教育教学秩序。但是，学校在谋求通过和解方式解决争端时，一定要基于事实和法律，一定要坚持有理、有利、有节的方针，不能以盲目牺牲学校合法权益为代价谋求当事人的和解。

四　学校追偿权之行使，也得以民事诉讼方式为之

教师及其他职工在履行职务中故意或者过失造成学生安全事故的，学校承担损害赔偿责任后，向有责任的教师及其他职工行使追偿权时，也应当通过民事诉讼方式予以解决。当前，有的学校采取从教职工的工资、奖金等收入中直接予以扣除的方式，是非常不合适的，也是违背法律规定的。如果其他单位和个人为学校提供产品与服务造成学生安全事故的，提供产品与服务的单位和个人应当承担损害赔偿责任；学校已先行支付赔偿费用的，应当向提供产品与服务的单位和个人行使追偿权。该行使追偿权之行使，也是通过民事诉讼之方式而为之。

中华人民共和国学校安全法
（试拟稿）

目　录

第一章　总则

第一条　为了保障学校的安全，维护学校正常的教育教学秩序，保护学生、教职工的合法权益，积极预防、妥善处理学校安全事故，根据《中华人民共和国教育法》等法律法规，制定本法。

第二条　本法所称学校安全是指学校校园和学校周边环境安全、学校组织的校外活动安全以及学生上下学的安全。

第三条　国家或者社会力量举办的幼儿园、中小学校（含特殊教育学校）、中等专业（技术）学校、中等职业学校（以下统称学校）的安全管理适用本法。

第四条　学校安全工作遵循以人为本、安全第一、预防优先、依法管理、综合治理的原则。

第五条 学校安全工作主要包括：

（一）构建学校安全工作保障体系，全面落实安全工作责任制和事故责任追究制，保障学校安全工作规范、有序进行；

（二）健全学校安全预警机制，制定突发事件应急预案，完善事故预防措施，及时排除安全隐患，不断提高学校安全工作管理水平；

（三）建立校园周边整治协调工作机制，维护校园及周边环境安全；

（四）加强安全宣传教育培训工作，提高师生安全意识和防护能力；

（五）事故发生后启动应急预案，开展应急救援工作，追究安全事故责任等。

第六条 各级政府部门在本级人民政府的领导下，依法履行学校周边治理和学校安全的监督与管理职责。

学校应当按照本法履行安全管理和安全教育职责。

社会团体、企业事业单位、其他社会组织和个人应当积极参与和支持学校安全工作，依法维护学校安全。

第二章 安全管理职责

第七条 各级人民政府及其有关部门应当依法履行对辖区内学校安全管理的领导、协调、监督、检查职责，维护学校及周边秩序，保障学校安全。

第八条 教育行政部门对学校安全工作履行下列职责：

（一）全面掌握学校安全工作状况，制定学校安全工作考核目标，指导学校开展安全工作，督促学校建立健全并落实安全管理制度；

（二）建立安全工作责任制和事故责任追究制，指导学校妥善处理安全事故；

（三）及时了解学校安全教育情况，指导学校有针对性地开展学生安全教育，不断提高教育实效；

（四）组织学校校长、幼儿园园长和学校负责安全保卫工作的人员等，定期接受有关安全管理培训；

（五）协调政府其他相关职能部门共同做好学校安全管理工作，协助当地人民政府组织对学校安全事故的救援和调查处理。

第九条 公安机关对学校安全工作履行下列职责：

（一）将学校及周边地区作为治安巡逻重点区域，及时发现和消除各类安全隐患，处置和打击扰乱学校秩序和侵害师生人身、财产安全的违法犯罪行为；

（二）指导和监督学校做好消防安全工作；

（三）指导学校完善技防物防设施，将学校校园及周边的信息监控设备纳入治安防控体系建设范围；

（四）协助学校处理学校突发事件；

（五）在学校门前及周边道路上设置完备的警告、限速、让行等交通标志，完善各类道路交通安全设施，加强对学校及周边道路交通安全管理工作。

第十条 卫生部门对学校安全工作履行下列职责：

（一）检查、指导学校卫生防疫和卫生保健工作，落实疾病预防控制措施；

（二）监督、检查教学区、学校食堂、学校饮用水和游泳池的卫生状况。

第十一条 食品药品监督管理部门应当加强学校食堂食品安全监管，减少和预防食品安全事故，保障师生饮食安全。

第十二条 住房和城乡建设部门对学校安全工作履行下列职责：

（一）加强对学校建筑、燃气设施设备安全状况的监管，发现安全事故隐患的，应当依法责令立即排除；

（二）指导校舍安全检查鉴定工作；

（三）加强对学校工程建设各环节的监督管理，发现校舍、楼梯护栏及其他教学、生活设施违反工程建设强制性标准的，应责令纠正；

（四）依法督促学校定期检验、维修和更新相关设施设备。

第十三条 国土资源部门应当对学校校址安全进行鉴定，对迁建、新建学校校址进行评估，确保校址安全。

第十四条 质量技术监督部门应当定期检查学校特种设备及相关设

施的安全状况。

第十五条 财政部门应当将公办学校安全保卫人员工资、学校安全保卫条件建设经费、校舍安全经费等费用纳入学校年度经费预算，予以保证；每年应当安排一定额度的专项经费，用于实施学校安全工作的监督检查。

第十六条 公安、卫生、交通等部门应当定期向教育行政部门和学校通报与学校安全管理相关的社会治安、疾病防治、公共交通等情况，提出具体预防措施。

第十七条 县级以上地方人民政府对本行政区域的校车安全管理工作负总责，组织有关部门制定并实施与当地经济发展水平和校车服务需求相适应的校车服务方案，统一领导、组织、协调有关部门履行校车安全管理职责。

县级以上地方人民政府教育、公安、交通运输、安全生产监督管理等有关部门按照《校车安全管理条例》以及本级人民政府的规定，履行校车安全管理的相关职责。

第十八条 文化、新闻出版、工商等部门应当对校园周边的有关经营服务场所加强管理和监督，依法查处违法经营者，维护有利于青少年成长的良好环境。

第十九条 水利部门应当及时发布校舍所处地区的防汛信息，为洪涝灾害易发区域校舍选址提出防汛要求，宣传防汛知识。

第二十条 气象部门应当指导学校对校舍及附属设施采取防雷击等避险措施；地震部门应当指导学校落实地震灾害预防措施。

第二十一条 举办学校的地方人民政府、企业事业组织、社会团体和公民个人，应当对学校安全工作履行下列职责：

（一）保证学校符合基本办学标准，保证学校围墙、校舍、场地、教学设施、教学用具、生活设施和饮用水源等办学条件符合国家安全质量标准；

（二）保证学校依据有关规定建设符合要求的安全保卫人员队伍，配足配齐监控报警设施与防卫器械；

（三）每年对校舍安全进行检查，对需要维修的，及时予以维修，对确认的危房，及时予以改造或者拆除。

第三章 学校内部安全管理

第二十二条 学校内部安全管理的主要任务是：

（一）制定学校安全管理工作目标，建立学校安全管理工作制度并组织实施；

（二）对师生进行安全教育和管理，提高师生安全意识和防范能力；

（三）健全学校安全预警机制，及时排查并消除安全隐患，制定学校安全应急预案，组织师生有针对性地开展安全演练；

（四）对学校安全管理工作进行检查，建立安全管理工作责任制和事故责任追究制；

（五）配合地方政府部门共同做好学校治安综合治理工作，对学校安全事故进行应急救援与调查处理。

第二十三条 学校应当遵守有关安全工作的法律、法规和规章，建立健全并组织实施安全管理制度，主要包括：

（一）门卫、值班、巡逻制度；

（二）校内安全定期检查和安全隐患报告制度；

（三）消防、防震、防雷安全制度；

（四）用水、用电、用气等相关设施设备的安全管理制度；

（五）食品卫生安全管理制度；

（六）医务室药品安全管理制度；

（七）交通安全管理制度；

（八）实验室和实训场所安全管理制度；易燃易爆物品、放射性物质、剧毒物品、危险化学品的使用、保管等安全管理制度；

（九）住宿学生安全管理制度；

（十）学校用车管理制度；

（十一）突发地震、气象灾害预警应对制度；

（十二）学校安全信息通报制度；

（十三）安全管理工作的检查、监督制度和考核、评比、奖惩制度；

（十四）需要建立的其他安全管理制度。

第二十四条 学校应当建立校内安全工作领导机构，实行校长负责制；应当设立保卫机构，配备专职安全保卫人员，明确其安全保卫职责。

第二十五条 学校应当严格门卫管理，建立外来人员和车辆出入学校登记查验制度。禁止将非教学用易燃易爆物品、有毒物品和管制器具等危险物品带入校园。

学校门卫应当由专职保安或者其他能够切实履行职责的人员担任。

第二十六条 学校应当加强校内安全定期检查，按照国家有关规定安排对学校建筑物、构筑物、设备、设施进行安全查验；发现存在安全隐患的，应当停止使用，及时维修或者更换；维修、更换前应当采取必要的防护措施或者设置警示标志。学校无力解决或者无法排除的重大安全隐患，应当及时书面报告主管部门和其他相关部门。

第二十七条 学校应当落实消防安全制度和消防工作责任制，加强对消防设施和器材的日常维护，保证其能够有效使用，依法设置消防安全标志，保证疏散通道、安全出口和消防车通道畅通。

第二十八条 学校应当加强对用水、用电、用气等相关设施设备的安全管理，定期进行检查或者按照规定接受有关主管部门的定期检查，发现老化或者损毁的，及时进行维修或者更换。

第二十九条 学校应当严格执行《学校食堂与学生集体用餐卫生管理规定》、《餐饮业和集体用餐配送单位卫生规范》等规定，建立食堂物资定点采购、索证和登记制度，建立食堂饭菜留验和记录制度，检查饮用水的卫生安全状况，保障师生饮食卫生安全。

第三十条 学校医务室应当制定医疗安全和医务室药品安全管理制度，配备具有从业资格的专职医务（保健）人员，购置必需的急救器材和药品，保障对学生常见病的治疗。学校医务室应做好对学生常见病、多发病、传染病的预防、治疗和管理工作，并负责学校传染病疫情及其他突发公共卫生事件的报告。

新生入学应当提交体检证明。幼儿园、小学在学生入园、入学时应当查验预防接种证。学校应当建立学生健康档案，组织学生定期体检。

第三十一条 配备校车的学校应当按照《校车安全管理条例》建

立健全校车安全管理制度，加强对校车的安全维护，定期对校车驾驶人进行安全教育。使用校车的学校应当规范学生乘车行为，采取有效措施保障学生乘坐校车安全。

第三十二条 学校在日常的教育教学活动中应当遵循教学规范，落实安全管理要求，合理预见、积极防范可能发生的风险。

学校组织学生参加的集体劳动、教学实习或者社会实践活动，应当符合学生的心理、生理特点和身体健康状况。

学校以及接受学生参加教育教学活动的单位必须采取有效措施，为学生活动提供安全保障。

第三十三条 学校组织学生参加大型集体活动，应当采取下列安全措施：

（一）成立临时的安全管理组织机构；

（二）有针对性地对学生进行安全教育；

（三）安排必要的管理人员，明确所担负的安全职责；

（四）制定安全应急预案，配备相应设施。

第三十四条 学校应当按照《学校体育工作条例》和教学计划组织体育教学和体育活动，并根据教学要求采取必要的保护和帮助措施。

学校组织学生开展体育活动，应当避开主要街道和交通要道；开展大型体育活动以及其他大型学生活动，必须经过主要街道和交通要道的，应当事先与公安机关交通管理部门共同研究并落实安全措施。

第三十五条 学校对教学、科研、社会实践等活动需要的易燃、易爆、有毒、放射源等危险品，应当设立符合条件的专门场所，指派专人保管，并制定购买、运输、保管、使用、登记、注销的安全管理措施。

学校在进行物理、化学、生物等实验、教学演习、实训课教学前，应当对仪器、电路、化学试剂、药品等进行检查，确保其安全。

第三十六条 学校应当在校内具有危险性的教育教学和生活服务设施、设备、建筑物、场所设置安全警示标志牌或者安全警示围栏；在教学楼、图书馆、食堂和集体宿舍等场所配备应急照明装置，设置安全出口标志，保证疏散通道、安全出口畅通。

中小学校、幼儿园应当在学生上学、放学、课间以及遇紧急情况需要疏散学生的时段，安排教职工引导学生有序通过校内易发生人群拥挤的通道，避免拥挤踩踏事故的发生。

第三十七条 学校不得组织学生参加抢险、救火等应当由专业人员或者成年人从事的活动，不得组织学生参与制作烟花爆竹、有毒化学品等具有危险性的活动，不得组织学生参加商业性活动。

第三十八条 学校教职工应当符合相应任职资格和条件要求。学校不得聘用因故意犯罪而受到刑事处罚的人，或者有精神病史的人担任教职工。

学校教师应当遵守职业道德规范和工作纪律，不得侮辱、殴打、体罚或者变相体罚学生；发现学生行为具有危险性的，应当及时告诫、制止，并与学生监护人沟通。

第三十九条 学生在校学习和生活期间，应当遵守学校纪律和规章制度，服从学校的安全教育和管理，不得从事危及自身或者他人安全的活动。

第四十条 监护人发现被监护人有特异体质、特定疾病或者异常心理状况的，应当及时告知学校。学校对已知的有特异体质、特定疾病或者异常心理状况的学生，应当给予适当关注和照顾。生理、心理状况异常不宜在校学习的学生，应当休学，由监护人安排治疗、休养。

第四十一条 学校应当建立安全工作档案，记录日常安全工作、安全责任落实、安全检查、安全隐患消除等情况。安全档案作为实施安全工作目标考核、责任追究和事故处理的重要依据。

第四章　学校周边安全管理

第四十二条 县级以上人民政府应当建立由教育、公安、司法行政、建设、交通、文化、卫生、工商、质检、新闻出版等部门组成的联席会议制度，定期研究部署学校安全管理工作，依法维护学校周边秩序。

第四十三条 建设、公安、环境保护等部门应当加强对学校周边建设工程的执法检查。禁止任何单位或者个人违反有关法律、法规、规章、标准，在学校围墙或者建筑物边建设工程，在校园周边建设集中使用大型电磁辐射发射设施或者高频设备项目，设立易燃易爆、剧毒、放射性、腐蚀性等危险物品的生产、经营、储存、使用场所或者设施以及其他可能影响学校安全的场所或者设施。

第四十四条 公安机关应当建立联防机制，把学校周边地区作为重点治安巡逻区域，在治安情况复杂的学校周边和学校集中的区域设立治安岗亭和报警点，及时发现和消除各类安全隐患。

第四十五条 文化新闻出版部门应当依法禁止在中小学校园周围200米范围内设立互联网上网服务营业场所，并加强对网络服务营业场所的管理，依法查处接纳未成年人进入的互联网服务营业场所；依法查处学校周边兜售非法出版物，制售含有淫秽色情、凶杀暴力等内容的出版物的单位和个人。

第四十六条 卫生、工商行政管理部门应当对校园周边饮食单位的卫生状况进行监督，依法取缔非法经营的小卖部、饮食摊点。

第五章 安全教育和事故处理

第四十七条 学校应当按照国家《中小学公共安全教育指导纲要》的规定，将消防、交通、公共卫生、社会治安、自然灾害、意外伤害、信息安全和防震减灾等安全教育内容纳入教学计划，落实教学计划、安全教材、授课教师、教学课时。

学校应当每学期至少开展一次针对洪水、地震、火灾等灾害事故的紧急疏散演练，使师生掌握避险、逃生、自救的方法。

学校应当配备专（兼）职心理咨询教师，做好教职工、学生的心理咨询和疏导工作。

第四十八条 学校应当利用学校网站、校报、板报、宣传橱窗、讲座等形式，并针对季节、地理、气候特点，开展安全知识教育。

第四十九条 学校应当在开学初、放假前以及开展群体性活动时，集中对学生进行安全教育。

第五十条 公安机关消防机构及地震、卫生等行政部门应当指导、帮助学校开展安全教育，制定应急预案，组织应急疏散、逃生自救互救演练。

第五十一条 县级以上人民政府教育行政部门应当定期开展学校安

全保卫人员的培训教育活动，使其掌握安全管理知识，提高安全管理水平。

第五十二条 学生的监护人应当履行法定监护义务，配合学校加强对学生的安全教育和管理。

第五十三条 学校发生安全事故，应当及时采取措施救助受伤害学生，并立即向学校主管部门和事故主管部门报告，同时通知受伤害学生的监护人。

属于重大安全事故的，学校主管部门应当按有关规定及时向本级人民政府和上一级主管部门报告，并按有关规定报安全生产监督管理行政部门处理。

学校发生安全事故不得隐瞒、谎报或拖延不报。

第五十四条 学校发生安全事故，学校主管部门和事故主管部门接到报告后，应当立即指导学校进行处置，属于重大安全事故的，应当赶赴事故现场进行处置。学校应当予以配合，尽快恢复正常的教学秩序。

第五十五条 学校安全事故发生后，学校主管部门应当及时组织进行行政责任调查和处理。属于重大安全事故的，由有关部门依法进行调查和处理。

学校应当配合有关部门开展安全事故调查和处理工作，不得对安全事故调查进行阻挠和妨碍。

第五十六条 学生伤害事故的赔偿责任、范围和标准，依据《中华人民共和国侵权责任法》等有关法律、法规和国家的有关规定确定。

第五十七条 在学校安全事故处理期间，当事人和其他相关人员不得扰乱学校正常的教育教学秩序，不得泄露涉及教职工和学生隐私的情况，不得侮辱、殴打教职工，不得侵占、毁损学校财产。

第六章 法律责任

第五十八条 学校主管部门、有关行政部门及其工作人员违反本法规定，有下列情形之一的，由其所在单位或者上级主管部门依法给予处分；构成犯罪的，依法追究刑事责任：

（一）不依法履行学校安全管理职责的；

（二）对学校的建筑、教育教学设施设备及消防安全设施存在的重大安全隐患不采取措施解决的；

（三）对扰乱学校秩序或者侵害教职工及学生人身、财产安全案件不依法查处的；

（四）接到学校安全事故报告，不及时指导学校进行处置的；

（五）对影响学校周边治安、交通秩序的行为不依法查处导致发生重大安全事故的；

（六）其他玩忽职守、滥用职权、徇私舞弊的行为。

第五十九条 学校及其教职工不履行安全管理职责，有下列情形之一的，由学校主管部门对学校负责人和其他直接责任人员给予处分；构成犯罪的，依法追究刑事责任：

（一）违反本法有关规定，造成重大事故的；

（二）瞒报、缓报和谎报事故，造成严重后果的；

（三）妨碍事故调查或者提供虚假情况的；

社会力量举办的学校有前款情形之一的，由学校审批机关或者其他有关部门责令限期改正，并予以警告；情节严重的，责令停止招生直至吊销办学许可证，学校举办人、学校安全责任人或直接责任人五年内不得从事学校管理事务；构成犯罪的，依法追究刑事责任。

第六十条 学生及其监护人或者其他人员在学校安全事故处理中违反本法规定，扰乱学校正常教育教学秩序的，由公安机关依照《中华人民共和国治安管理处罚法》予以处罚；造成学校财产损失的，依法承担赔偿责任；构成犯罪的，依法追究刑事责任。

第七章 附则

第六十一条 本法自 年 月 日起施行。

第六十二条 本法的解释和修订由全国人大常委会负责组织进行。

主要参考文献

一　中文论著类

《2006年全国中小学安全形势分析报告》，《人民教育》2007年第8期。

《瞭望》周刊记者：《消融社会“失意群体”》，《瞭望新闻周刊》2010年第32期。

步立建：《当前中小学安全工作的问题与对策》，《中小学管理》2007年第10期。

蔡德辉、杨士隆：《青少年暴力行为：原因、类型与对策》，五南图书出版股份有限公司2002年版。

蔡定剑：《历史与变革》，中国政法大学出版社1999年版。

蔡屹：《浦东新区学校社会工作本土化发展历程及经验反思》，《华东理工大学学报》2006年第2期。

曹诗权：《未成年人监护制度研究》，中国政法大学出版社2004年版。

陈慈幸：《青少年法治教育与犯罪预防》，台湾涛石文化事业有限公司2002年版。

陈鹤琴：《家庭教育》，教育科学出版社1981年版。

陈兴良：《正当防卫论》，中国人民大学出版社1987年版。

褚宏启：《学校法律问题分析》，法律出版社1998年版。

褚宏启：《中小学法律问题分析》（理论篇），红旗出版社2003年版。

崔英杰：《学校实验课和实习课安全预案的制订》，《中国应急救援》2007 年第 3 期。

邓国林、朱蓉蓉：《试论高校校园安全文化建设》，《江苏高教》2008 年第 2 期。

董安生：《民事法律行为》，中国人民大学出版社 2002 年版。

董立山：《自治与法治之间——高校行使学生惩戒权问题研究》，湖南大学出版社 2007 年版。

方展画、王东：《美国校园危机管理的组织架构分析》，《高等教育研究》2008 年第 9 期。

冯军：《刑事责任论》，法律出版社 2003 年版。

傅剑锋：《“黑龙会”的少年江湖》，《南方周末》2007 年 9 月 13 日。

公丕祥：《马克思法哲学思想述论》，河南人民出版社 1992 年版。

龚向和：《受教育权论》，中国人民公安大学出版社 2004 年版。

古代勋：《对农村辍学现象的思考及对策》，《成都教育学院学报》2002 年第 7 期。

郭东、赵玺雅、戴彬：《高校安全工作责任体系研究》，《煤炭高等教育》2010 年第 5 期。

郝铁川：《教育法基础》，上海教育出版社 1998 年版。

郝维谦、李连宁：《各国教育法制比较研究》，人民教育出版社 1999 年版。

胡黎明：《“焦点现象”研究》，新华出版社 2004 年版。

胡平：《精神损害赔偿制度研究》，中国政法大学出版社 2003 年版。

胡远远：《教育惩戒在国外》，《青年导报》2008 年第 14 期。

黄崴、胡劲松：《教育法学概论》，广东高等教育出版社 1999 年版。

黄崴：《教育法学》，广东高等教育出版社 2002 年版。

贾晓红、张铁牛：《体罚和变相体罚学生现象评析》，《许昌师专学报》2002 年 1 月。

江振华、胡鸿保：《社区概念发展的历程》，《中国青年政治学院学报》2002 年第 7 期。

劳凯声、孙云晓：《新焦点——当代中国少年儿童人身伤害研究》，北京师范大学出版社 2002 年版。

劳凯声、郑新蓉：《规矩方圆：教育管理与法律》，中国铁道出版社 1997 年版。

劳凯声：《变革社会中的教育权与受教育权：教育法学基本问题研究》，教育科学出版社 2003 年版。

劳凯声：《教育法论》，江苏教育出版社 1993 年版。

劳凯声：《中小学学生伤害事故及责任归结问题研究》，《北京师范大学学报》（社会科学版）2004 年第 2 期。

黎明：《保安：功过是非几多》，《决策探索》2003 年第 10 期。

李浩：《民事证明责任研究》，法律出版社 2003 年版，第 169—171 页。

李红雁：《关于制定〈校园安全法〉的若干思考》，《湖南师范大学》2002 年第 8 期。

李进忠：《美国校园暴力走向及其治理模式》，《基础教育参考》2007 年第 11 期。

李连宁、孙葆森：《学校教育法制基础》，教育科学出版社 1997 年版。

李林：《试论立法价值及其选择》，《天津社会科学》1996 年第 3 期。

李树峰：《国外学校的“零忍受”策略》，《外国中小学教育》2005 年第 9 期。

李晓明：《校园安全综合防控机制的构建与运行》，《黑龙江高教研究》2011 年第 5 期。

李晓燕：《教育法学》，高等教育出版社 2001 年版。

梁莹：《媒体信任与公民的社区志愿服务参与》，《理论探讨》2012 年第 1 期。

林菊枝：《亲属法新论》，五南图书出版公司 1996 年版。

林曦：《利益相关者管理理论的发展脉络与研究方向》，《学习与实践》2010 年第 5 期。

刘士国、张道功、李春：《我国校园安全立法相关问题的深层次思考——以一起校园伤害事故为视角》，《巢湖学院学报》2008 年第 1 期。

刘士国：《现代侵权损害赔偿研究》，法律出版社 1998 年版。

刘亚轩：《国外小学安全教育及其启示》，《教学与管理》2010 年第 26 期。

刘艳虹：《北京市中小学安全管理现状调查》，《教学与管理》2008 年第 19 期。

罗朝猛：《日本：全民动员给孩子个安全的校园》，《上海教育》2010 年第 11 期。

罗朝猛：《日本：全民动员给孩子个安全的校园》，《上海教育》2010 年第 11 期。

马长山：《国家、市民社会与法治》，商务印书馆 2005 年版。

马克昌：《刑罚通论》，武汉大学出版社 1999 年第 2 版。

马维麟：《民法债编注释书（一）》，五南图书出版公司 1997 年版。

马晓春：《中小学教师权压行为、体罚及变相体罚行为的比较研究》，《教育科学研究》2006 年第 3 期。

马颖：《政治治理视角下的非营利性组织》，《通化师范学院学报》2012 年第 3 期。

潘启雯、吴婷、郭潇雅：《保障校园安全要有长效机制——校园恶性犯罪事件频发背后》，《中国社会科学报》2010 年 5 月 27 日。

钱丽霞、郭琳、徐新容：《国外中小学安全教育比较研究及启示》，《基础教育参考》2009 年第 7 期。

秦德君：《制度设计的前在预设》，《上海社会科学院学术季刊》2002 年第 4 期。

曲凌杰、田振山：《强化学校安全 不可因噎废食》，《中国教育报》2001 年 8 月 7 日。

曲正伟：《关于制定“校园安全法”的几点思考》，《教学与管理》2001 年第 13 期。

曲正伟：《日本中小学生学校安全保护简况》，《外国中小学教育》2001 年第 4 期。

任旭娇：《基于善治理论的公共危机治理中的政府责任研究》，《知识经济》2011 年第 4 期。

史尚宽:《亲属法论》,中国政法大学出版社 1999 年版。

史尚宽:《债法总论》,中国政法大学出版社 1999 年版。

史云贵、王海龙:《合作治理视域中的我国乡镇治理结构重塑》,《社会主义研究》2010 年第 3 期。

宋冰:《程序、正义与现代化》,中国政法大学出版社 1998 年版。

宋远升、陈熙:《解构与比较:校园警察制度及安全立法探究》,《青少年犯罪问题》2007 年第 1 期。

孙葆森:《教育法学基础》,吉林教育出版社 1998 年版。

孙凌寒、朱静:《校园暴力与学校社会工作》,《河北青年干部学院学报》2005 年第 4 期。

孙霄兵:《教育法哲学论纲》,载劳凯声主编《中国教育法制评论》(第 7 辑),教育科学出版社第 2009 年版。

孙霄兵:《受教育权法理学》,教育科学出版社 2003 年版。

谭晓玉:《教育惩戒权的行使与未成年学生违纪行为管理》,《青少年犯罪问题》2008 年第 4 期。

藤瑞萍:《落实"一岗双责制"确保校园安全稳定》,《中国现代教育装备》2009 年第 12 期。

佟丽华:《未成年人法学》,中国民主法制出版社 2001 年版。

佟丽华: 《学生伤害事故预防及处理手册》,群众出版社 2004 年版。

万赟:《美国校园欺侮对策及其实用性借鉴》,《外国中小学教育》2006 年第 9 期。

汪新科、胡信勤、徐雄伟:《论和谐校园的安全基础》,《学校党建与思想教育》2005 年第 12 期。

王洪明:《美国公立中小学安全措施变革》,《国中小学教育》2010 年第 6 期。

王辉:《论教师的惩戒权》,《教育研究与实验》2001 年第 2 期。

王均平:《安全,还是秩序——治安理论与实践之上位概念分析及选择》,《中国人民公安大学学报》(社会科学版)2009 年第 6 期。

王岚:《守护学校:日本制订〈学校安全法〉草案》,《科研与决策》2006 年第 27 期。

王利明：《民法·侵权行为法》，人民出版社1993年版。

王利明：《民法典·侵权责任法研究》，人民法院出版社2003年版。

王利明：《民法疑难案例研究》，中国法制出版社2003年版。

王利明：《侵权行为法归责原则研究》，中国政法大学出版社1992年版。

王思斌：《社会政策的实施与社会工作的发展》，《江苏社会科学》2006年第2期。

王卫国：《过错责任原则：第三次勃兴》，中国法制出版社2000年版。

王鹰：《创建安全的学校——学校安全管理与法律研究》，北京师范大学出版社2010年版。

王鹰：《外国中小学校的校园安全》，载劳凯声主编《中国教育法制评论》（第2辑），教育科学出版社2003年版。

王泽鉴：《民法学说与判例研究》（第2册），中国政法大学出版社1998年版。

王泽鉴：《侵权行为法》（第1册），中国政法大学出版社2001年版。

文达：《关于我国校园安全立法和校园警察制度的思考》，《法学杂志》2009年第12期。

文军：《学校社会工作略论》，《社会》2003年第1期。

吴开华：《教育惩戒合法化：原则、要求及其保障》，《教育理论与实践》2008年第5期。

吴忠俐：《推进学校及周边治安防范体系建设，大力构建学校及周边安全稳定屏障》，《教师》2010年第8期。

夏保成：《国家安全论》，长春出版社1999年版。

肖远军：《教师的法律视野》，浙江大学出版社2001年版。

谢明辉：《英国发布基础教育改革白皮书》，《思想理论教育》2009年第22期。

邢冀源：《我国企业社会责任研究发展述评》，《科级创业》2011年第1期。

熊节春、陶学荣：《公共事务管理中政府“元治理”的内涵及其启示》，《江西社会科学》2011 年第 8 期。

徐爱国：《英美侵权行为法》，法律出版社 1999 年版。

徐国栋：《民法基本原则解释——成文法局限性之克服》，中国政法大学出版社 1992 年版。

徐泓、朱秀霞：《低碳经济视角下企业社会责任评价指标分析》，《中国软科学》2012 年第 1 期。

徐久生：《校园暴力研究》，中国方正出版社 2004 年版。

阎卫东：《建立高等职业院校校园安全管理体系的探讨》，《中国职业技术教育》2005 年第 26 期。

杨立新：《侵权损害赔偿》，吉林人民出版社 1990 年版。

杨立新：《人身权法论》（修订版），人民法院出版社 2002 年版。

杨启富、周全保、叶胜富：《多校区办学格局下校园安全现状的调查与思考》，《台州学院学报》2008 年第 5 期。

杨霞：《历史进步与人的解放》，中国社会科学出版社 1996 年版。

杨艳、孙晓丛：《校园安全立法探析》，《现代教育科学·高教研究》2009 年第 5 期。

杨颖秀：《美国学校安全措施及其启示》，《现代中小学教育》2001 年第 2 期。

姚建龙：《帮派对校园之渗透与对策——以广州“黑龙会”为例的研究》，《中国青年研究》2008 年第 1 期。

姚建龙：《校园暴力：一个概念的界定》，《中国青年政治学院学报》2008 年第 4 期。

姚建龙：《校园暴力控制研究》，复旦大学出版社 2010 年版。

殷景录：《学校教育惩戒功能缺失与对策研究》，《中国教师》2009 年第 4 期。

尹琳：《从未成年人法律体系看日本的儿童权利保护》，《青少年犯罪问题》2005 年第 2 期。

应松年：《行政法与行政法学》，法律出版社 2005 年版。

于敏：《日本侵权行为法》，法律出版社 1998 年版。

袁媛、曲铁华：《农村中小学校舍维修改造问题的病与解》，《河北师范大学学报（教育科学版）》2009年第1期。

曾祥瑞：《日本国家赔偿特别领域要论》，《行政法学研究》2004年第1期。

展万程：《农村治安与构建和谐社会》，中国人民公安大学出版社2008年版。

张殿军：《加强民族法律清理促进民族立法和谐统一》，《内蒙古社会科学》（汉文版）2010年第1期。

张桂蓉：《企业社会责任与城市社区建设》，《城市问题》2011年第1期。

张宏业：《我在美国当警察》，《辽宁法制报》2002年第12期。

张俊浩：《民法学原理》，中国政法大学出版社1997年版。

张康之：《行政伦理的观念与视野》，中国人民大学出版社2008年版。

张康之：《走向合作治理的历史进程》，《湖南社会科学》2006年第4期。

张民安：《过错侵权责任制度研究》，中国政法大学出版社2002年版。

张善根：《学校社会工作与校园暴力的防控》，《青少年犯罪问题》2010年第1期。

张维平、翁莹秀：《〈校园安全法〉立法原则性问题研究》，《教育理论与实践》2005年第10期。

张维平、陆鑫、唐立杰：《中小学校学法用法案例评析》，辽宁大学出版社1995年版。

张维平：《平衡与制约——20世纪的教育法》，山东教育出版社1995年版。

张文显：《法哲学范畴研究》（修订版），中国政法大学出版社2001年版。

张小虎：《转型期犯罪率明显增长的社会分层探析》，《社会学研究》2002年第1期。

张新宝：《侵权责任法原理》，中国人民大学出版社2005年版。

张新宝：《侵权责任构成要件研究》，法律出版社2007年版。

张新宝：《人身损害赔偿案件的法律适用》，中国法制出版社 2005 年版。

张新宝：《中国侵权行为法》，中国社会科学出版社 1995 年版。

张馨：《公共财政论纲》，经济科学出版社 1999 年版。

张幼文、周建明：《经济安全：金融全球化的挑战》，上海社会科学院出版社 1999 年版。

张瑜：《民办高校周边环境的治理和对策》，《赤峰学院学报》2012 年第 4 期。

张昭瑞、张建明、张瑞清：《社区警务》，中国人民公安大学出版社 2003 年版。

张兆端：《社区警务论——社会治安综合治理的社区化理论与实践》，中国人民公安大学出版社 2003 年版。

张振喜：《日本〈学校保健安全法〉相关法律法规》，《中国疫苗和免疫》2009 年第 6 期。

赵若辉、张鸿巍：《少年帮派的特征、催生因素与防治刍议》，《广西大学学报》2008 年第 2 期。

赵震江：《现代法理学》，北京大学出版社 1999 年版。

郑布英：《关于校园安全立法的几个问题》，《武汉大学学报》（哲学社会科学版）2005 年第 4 期。

郑永年、黄彦杰：《暴力的蔓延及其社会起源》，《文化纵横》2010 年第 4 期。

周博文：《美国校园警察制度及其对我国校园安全管理工作的启示》，《公安研究》2010 年第 10 期。

周成泓：《规则、原则、程序——对法律原则的一个诠释》，《贵州大学学报》（社会科学版）2006 年第 3 期。

周丽等：《深圳市中小学校校园安全状况分析》，《中国学校卫生》2006 年第 8 期。

周明成：《城市社区危机管理能力提升研究》，广州大学出版社 2011 年版。

周义程、黄菡：《用“合作的治理”取代“民主的治理”》，《理论探讨》2010 年第 4 期。

周志宏：《教育法与教育改革》，台北高等教育文化事业有限公司2007年版。

朱国平：《解决校园安全问题的5步计划》，《安防科技》2003年第12期。

卓泽渊：《法的价值总论》，人民出版社2001年版。

子杉：《国家的选择与安全——全球化进程中国家安全观的演变与重构》，上海三联书店2005年版。

二 外文译作类

《马克思恩格斯全集》（第2卷），人民出版社1957年版。

《马克思恩格斯选集》（第4卷），人民出版社1972年版。

B. П. 格里巴诺夫、C. M. 科尔涅耶夫主编：《苏联民法》，法律出版社1984年版。

E. 博登海默：《法理学：法律哲学与法律方法》，邓正来译，中国政法大学出版社1999年版。

澳大利亚昆士兰大学高级法律教程：《民法导论》，澳门PYT有限公司、法律书籍公司1962年版。

鲍里奇·加里：《有效教学方法》，易东平译，江苏教育出版社2003年版。

彼得·斯坦、约翰·香德：《西方社会的法律价值》，王献平译，中国人民公安大学出版社1990年版。

彼得哈伊：《美国法律概论》（第二版），沈宗灵译，北京大学出版社1997年版。

大须贺明：《生存权论》，林浩译，法律出版社2001年版。

狄骥：《宪法论》（第1卷），钱克新译，商务印书馆1962年版。

蒂姆·佛西：《合作型环境治理：一种新模式》，《国家行政学院学报》2004年第3期。

弗里德利希·冯·哈耶克：《法律、立法与自由》（第1卷），邓正来、张守东、李静冰译，中国大百科全书出版社2000年版。

戈德斯坦、哈鲁图年、康诺利：《学生攻击行为——预防与管理》，林丽纯译，江苏教育出版社2010年版。

古斯塔夫·拉德布鲁赫：《法学导论》，米健等译，中国大百科全书出版社1997年版。

兼子仁：《教育法》（新版），东京有斐阁1978年版。

结诚忠：《父母在学校教育中的权利》，东京海鸣社1994年版。

金勇义：《中国与西方的法律观念》，陈国平等译，辽宁人民出版社1989年版。

克雷斯蒂安·冯·巴尔：《欧洲比较侵权行为法》（上），张新宝译，法律出版社2001年版。

克雷斯蒂安·冯·巴尔：《欧洲比较侵权行为法》（下），焦美华译，法律出版社2001年版。

鲁道夫·冯·耶林：《罗马私法中的过错要素》，柯伟才译，中国法制出版社2009年版。

路德维希·冯·米瑟斯：《自由与繁荣的国度》，韩光明等译，中国社会科学出版社1995年版。

罗纳德·德沃金：《论规则的模式——略论法律规则与原则、政策的法律效力》，潘汉典译，《法学译丛》1982年第2期。

罗斯科·庞德：《通过法律的社会控制》，沈宗灵等译，商务印书馆1984年版。

洛克：《政府论》（上、下），叶启芳译，商务印书馆1996年版。

马丁·因尼斯：《解读社会控制——越轨行为、犯罪与社会秩序》，陈天本译，中国人民公安大学出版社2009年版。

马卡连柯：《马卡连柯教育文集》（上、下），吴式颖等译，人民教育出版社1986年版。

孟德斯鸠：《论法的精神》，张雁深译，商务印书馆1982年版。

米切尔·L.耶尔、安东尼斯·凯茨亚尼斯：《美国保障校园安全的法律措施》，王石磊编译，《世界教育信息》2005年第9期。

纳雷什金娜：《资本主义国家民商法》（上、下），中国政法大学出版社1989年版。

斯宾塞：《教育论》，胡毅译，人民教育出版社1962年版。

亚里士多德：《政治学》，吴寿彭译，商务印书馆1997年版。

约菲：《损害赔偿的债》，中央政法干校翻译室译，法律出版社

1956年版。

约翰·洛克：《教育漫话》，傅任敢译，教育科学出版社1999年版。

三　外文论著类

A Dictionary of Law. Oxford University Press, 1994.

Campbell and Cosans v. The United Kingdom, *European Human Rights Report*, 1985.

De Tocqueville, *Alexis. Democracy in America*, *Nxew York*: *Harper Perennial*, 1988.

Deeda Sessoms. A Safety Project in Elementary School. *The American Journal of Nursing. Sep*, 2000.

Department of Homeland Security. *National Response Plan* . Washington, D. C: 2001. 12.

Freeman, R. E. *Strategic Management*: *A Stakeholder Approach*, Pitman Publishing Inc, 1984.

George Bush. *America* 2000: *An Education Strategy*, Washington, D. C: 1991.

Jeffrey L. Dunoff, Joel P. Trachman. *Economic Analysis of International Law*. The Yale Journal of International Law, Vol. 24, 1999.

Julius Menacker, Ward Weldon and Emanuel Hurwitz. *School Order and Safety as Community Issues*. The Phi Delta Kappan. Sep, 1989.

Takayuki Nakamura . *Approaches to School Security In Japan*, The PEB/USDOE seminar on School Safety and Security, Paris, 12 – 14 November 2003.

Safeguarding Our Children: *An Action Guide*. U. S Department of Education & U. S Department of Justice, 2000.

Early Warning, *Timely Response*: *A Guide to Safe Schools*. U. S Department of Education & U. S Department of Justice, August 1998.

Practical Information on Crisis Planning: *A Guide for School and Communities*. U. S. Department of Education, 2003.

后　记

当前，中国已进入社会矛盾的凸显期，学校安全形势日益严峻，已成为和谐社会建设必须面对的治理难题。曾宪义先生说：法律的进步和法制的完善，一方面取决于社会的客观条件和客观需要，另一方面则取决于法学研究和法学教育的发展状况。面对日益复杂严峻的我国学校安全形势，唯有在加强学校安全法学研究的基础上，建立一套理性和完善的法律体制，给多元社会中的人们提供一套合理而可行的共同的行为规则，在维护学校安全的前提下，给社会成员提供一定的发挥个性的自由空间。唯此，才能达到稳定与发展、整体与个人、精神文明与物质文明皆能并行不悖的目的。

颇为遗憾的是，我国至今尚无《学校安全法》的制定实施，在学校安全和学校安全立法的相关研究中，也颇多缺憾：与近年我国学校安全事件频发、治理手段单一、治理效果不佳的现状相映照，国内学界学校安全及其立法研究严重滞后于治理实践的现实需要；零散的补丁式的学校安全法律制度建构既不系统，又存在一定的法律空白；既无“亡羊补牢”之功，更无“主动防范”之效。并且，现有相关研究大多注重理念层面，较少触及具体的制度建构与系统的机制完善，学校安全政府责任、社区责任之研究及其立法严重缺位，缺少政府、社区、学校、家长有效协调的安全机制等。

虽在法律文化传统、社会经济发展状况等方面存在颇多差异，但日、法、英、美等国与我国在学校安全形势和学校安全立法等方面也存在诸多交集之处。这些国家大多致力于通过加强立法，构建社会各方通力合作的网络式学校安全管理体制，增强全社会对学校突发安全事件的治理能力；努力制定详尽的可操作性强的遵循“计划（Plan）、实施

(DO)、评价 (Check)、改善 (Action)” 等步骤的学校安全计划，不断进行制度评估和完善，提升学校安全教育、安全管理的实效；并多从社会安全视野，求诸法律手段，构建完善的学校安全保障体系，明确学校安全机构管理理念和工作职能、学校安全管理具体措施和运作机制等。这些属于人类文明的共同成果，应该是我们可以汲取和借鉴的。

基于此，加强学校安全立法的系统研究和比较研究值得期待，《学校安全法》法律文本建构之探究更显必要。基于这一共识，温州大学教育法学研究所的同人，在主持并完成多项省哲学社会科学规划项目、教育部人文社会科学研究项目的基础上，主持了该项教育部人文社会科学研究项目——《中国校园安全立法研究》(编号 10YJA820016)，并尽力写作了本书。

本书作者包括：温州大学教育法学研究所方益权、浙江树人大学尹晓敏、温州大学法政学院朱美宁、温州大学教务处易招娣、河南郑州市公证处张浩。

本书由方益权统稿。在本书写作过程中，廖钰做了大量的文字校对等辅助工作。

由于当前关于我国学校安全及其立法研究的相关成果并不特别丰盈，更由于作者水平有限，该课题的研究显得比较艰难，本书也必然存在诸多疏漏、差错及不足之处。为此，除感谢引文作者的艰辛劳动所给予的支撑外，也要感谢可能疏漏了的引文作者的默默贡献，并诚祈各界闳达以极大包容宽厚之心对拙作的疏漏、差错及不足给予谅慰。

篇末补记，最主要的目的还是感恩。本书的完成，得到了许多人的帮助。我想，感恩在于心之铭记，而不在于诸如“感谢……感谢……感谢……”式的超长菜单罗列——所有知道我们心存感激和值得我们心存感激的人，都应该能在其中很轻易地读懂我们的用心和感恩！

作者
2012 年 10 月 20 日